D1664786

sehr gut:
- Forschungsfragen
  • Anlage   -> 2-3 !
  ⟶ Akteure | institutionelle Einsätze/w
- Materialgrundmodell: Rekonstruktion
  aus Beständen d. Archivs

                    -> S. 5

-> Machinationen:
  • 15: Vorgängesbestimmt + XF
  -> 16/17 | S. 76 D WB ? ⟨

  Warum über 3 Frauen?
Pers -> Walter Brecht / S 40f /46! /7
  -> strukturell: Bedeutungsverlust
  Zanetliche Gewinne Probat oberd
  Masia e Tenakmanns Habil-
  schrift als Vorlage für
  TM ZAUBERBERG
    + Geheimbund-Passagen
    S. 158 ff
  ⟨) sehe in Abott + komentar zu
  Frankf Ausgabe/
  unausführlich =
  + in Verbindg mit Praxis des
  „kürzeren Abschreibens" -

Elisabeth Grabenweger
Germanistik in Wien

4!) Integrationsfigur! 47 [74!] Bedeut
– WB + Joseph Roth (S. 49 f) – 75
WB + H. von Hofmannsthal S. 58!
→ Unverständnis
→ Belastungen: S. 61
Studis + Promotionen:
316 Diss + 111 Diss auswärts
+ 6 Habilitationen! S. 67
: oder unter Herbert Cysarz
Heinz Kindermann
+ [illegible]
+ Franz Koch
(vgl. München S. 73)

Quellen und Forschungen zur Literatur- und Kulturgeschichte

Begründet als

Quellen und Forschungen zur Sprach- und Kulturgeschichte der germanischen Völker

von

Bernhard Ten Brink und
Wilhelm Scherer

Herausgegeben von

Ernst Osterkamp und
Werner Röcke

85 (319)

De Gruyter

Germanistik in Wien

Das Seminar für Deutsche Philologie
und seine Privatdozentinnen (1897–1933)

von

Elisabeth Grabenweger

De Gruyter

Lektorat: Rainer Rutz

Veröffentlicht mit Unterstützung des Austrian Science Fund (FWF): PUB 362-G23

Der Wissenschaftsfonds.

ISBN 978-3-11-044941-9
e-ISBN (PDF) 978-3-11-045927-2
e-ISBN (EPUB) 978-3-11-045867-1
ISSN 0946-9419

Library of Congress Cataloging-in-Publication Data
A CIP catalogue record for this book has been applied for at the Library of Congress.

Bibliografische Information der Deutschen Nationalbibliothek
Die Deutsche Nationalbibliothek verzeichnet diese Publikation in der Deutschen
Nationalbibliografie; detaillierte bibliografische Daten sind im Internet
über http://dnb.dnb.de abrufbar.

© 2016 Elisabeth Grabenweger, published by Walter de Gruyter GmbH, Berlin/Boston

Druck und buchbinderische Verarbeitung: Hubert & Co. GmbH & Co. KG, Göttingen
♾ Gedruckt auf säurefreiem Papier

Printed in Germany

www.degruyter.com

Inhaltsverzeichnis

Anhang

Einleitung

„Daß die männliche Herrschaft sich nicht mehr mit der Evidenz dessen, was sich von selbst versteht, aufzwingt, ist sicher die wichtigste Veränderung", schrieb Pierre Bourdieu in seiner Analyse der gesellschaftlichen Ordnung und ihrer Geschlechterverhältnisse.[1] Und tatsächlich lässt sich diese Aussage auch hinsichtlich der Zulassung von Frauen zum akademischen Studium in Österreich bestätigen. Dieser Zulassungsprozess war zunächst nämlich von einem Verbot gekennzeichnet: Am 6. Mai 1878 verfügte das Ministerium für Kultus und Unterricht erstmals einen Erlass, der Frauen die Immatrikulation an den Universitäten ausdrücklich untersagte.[2] Anlass für diese Abwehrreaktion waren konkrete Anträge von Studienbewerberinnen, durch die sich das Ministerium nach einem jahrhundertelangen, stillschweigend praktizierten Ausschluss zum ersten Mal genötigt sah, diesen auch explizit zu formulieren. Der Erlass lässt sich als Akt patriarchaler Machtdemonstration lesen; mit Blick auf Funktionsprinzipien sozialer Ordnung und Mechanismen der Exklusion verweist das 1878 erlassene Verbot aber eher darauf, dass die Macht dieses Ausschlusses dadurch, dass er nun in legitimatorischen Diskursen artikuliert werden musste, bereits im Schwinden begriffen war. Knapp zwanzig Jahre später, im Wintersemester 1897, wurden Frauen an der philosophischen und 1900 an der medizinischen Fakultät der Universität Wien zum Studium zugelassen.[3]

Das Fach Deutsche Philologie gehörte von Anfang an zu den von Frauen am häufigsten gewählten Studienrichtungen. Bis 1938 promovierten an der Wiener Germanistik über 600 Studentinnen.[4] Dass das

---

1   Bourdieu: Die männliche Herrschaft (2005), S. 154.
2   Verordnung des Ministers für Cultus und Unterricht an die Rectorate sämmtlicher Universitäten betreffend die Zulassung von Frauen zu Universitäts-Vorlesungen vom 6. Mai 1878.
3   Zur Zulassung von Frauen zum Studium in Österreich vgl. Heindl/Tichy (Hg.): „Durch Erkenntnis zu Freiheit und Glück …" (1990).
4   Zusammengestellt nach [Gebauer:] Verzeichnis über die seit dem Jahre 1872 an der Philosophischen Fakultät der Universität Wien eingereichten und approbierten Dissertationen. Bd. 2 (1936), S. 1–106, Bd. 4 (1937), S. 37–61; Alker: Ver-

Studium der deutschen Sprache und Literatur eine besondere Attraktivität auf Frauen ausübte, unterschied das Wiener Institut nicht von anderen Germanistikinstituten im deutschsprachigen Raum.[5] Einen Sonderfall stellte die Wiener Germanistik aber im Hinblick auf die Zulassung von Frauen zur Privatdozentur dar. In den 1920er Jahren wurde in Wien innerhalb von nur sechs Jahren drei Wissenschaftlerinnen die Venia Legendi verliehen: 1921 der Literaturhistorikerin und Jakob Minor-Schülerin Christine Touaillon (1878–1928) aufgrund ihrer über 600 Seiten umfassenden Arbeit *Der deutsche Frauenroman des 18. Jahrhunderts*, 1924 der Romantikforscherin Marianne Thalmann (1888–1975) aufgrund ihres zum Standardwerk avancierten Buchs *Der Trivialroman und der romantische Roman* und 1927 der Volkskundlerin und späteren *Ahnenerbe*-Mitarbeiterin Lily Weiser (1898–1987) aufgrund der nur knapp neunzig Seiten starken Broschüre *Altgermanische Jünglingsweihen und Männerbünde*. Mit diesen drei Wissenschaftlerinnen nahm die Wiener Germanistik bezüglich der Zulassung von Frauen zur Habilitation sowohl im Vergleich mit allen anderen Fächern der damaligen philosophischen Fakultät[6] als auch im Vergleich mit allen anderen Germanistikinstituten im deutschsprachigen Raum eine Ausnahmestellung ein. So konnten sich in Deutschland bis zum Ende der Weimarer Republik insgesamt zwar fünf Germanistinnen habilitieren, jede von ihnen bezeichnenderweise aber an einer anderen Universität.[7] Die Schweiz, die bei der Zulassung von Frauen zum Studium im europäischen Vergleich eine Vorreiterrolle einnahm, hat im selben Zeitraum nur eine einzige Privatdozentin der Germanistik vorzuweisen.[8]

    zeichnis der an der Universität Wien approbierten Dissertationen 1937–1944 (1954), S. 77–101.

5   Vgl. u. a. Birn: Bildung und Gleichberechtigung (2012); Harders: Studiert, promoviert, arriviert? (2004); Dickmann/Schöck-Quinteros (Hg.): Barrieren und Karrieren (2000); Verein Feministische Wissenschaft Schweiz (Hg.): „Ebenso neu als kühn" (1988).

6   An der Universität Wien wurde bis 1938 die Lehrbefugnis (neben den drei Germanistinnen) der Romanistin Elise Richter, der Psychologin Charlotte Bühler, der Historikerin Erna Patzelt, der Klassischen Philologin Gertrud Herzog-Hauser, den Physikerinnen Franziska Seidl und Bertha Kralik, der Biologin Elisabeth Hofmann, der Chemikerin Anna Simona Spiegel-Adolf und den Medizinerinnen Carmen Coronini-Cronberg, Helene Wastl und Carla Zawisch-Ossenitz verliehen.

7   1919 Agathe Lasch in Hamburg, 1923 Luise Berthold in Marburg, 1924 Johanna Kohlund in Freiburg, 1925 Edda Tille-Hankammer in Köln und 1927 Melitta Gerhard in Kiel.

8   Adeline Rittershaus habilitierte sich 1902 in Zürich.

Ausgehend von dieser Feststellung stellt sich die Frage, wie es möglich war, dass in Wien in den 1920er Jahren drei Privatdozentinnen an der Germanistik lehrten, während an allen anderen Instituten des deutschen Sprachraums zeitgleich keine Frau oder eben nur eine Frau zur Habilitation zugelassen wurde. Bei der Beantwortung dieser Frage gehe ich davon aus, dass die Sonderstellung der Wiener Germanistik auf grundlegende Veränderungen des Wissenschaftsbetriebs im ersten Drittel des 20. Jahrhunderts zurückzuführen ist, die sich sowohl auf institutioneller, fachlicher, habitueller als auch auf politischer und rechtlicher Ebene zeigen. Die vorliegende Studie beschäftigt sich also mit dem Zusammenhang zwischen der spezifischen Verfasstheit einer lokalen Wissenschaftskultur und der Position der dem akademischen Betrieb neu hinzutretenden Frauen. Um Handlungsspielräume, Machtkonstellationen, Abhängigkeiten sowie wissenschaftliche und institutionelle Bedingungen sichtbar zu machen, werden Strukturen und Funktionsmechanismen des Feldes ebenso analysiert wie soziale Praktiken der diesem Kräftefeld innewohnenden Akteure. Darüber hinaus werden aber auch das jeweilige Verhalten der Wissenschaftlerinnen zu den sie umgebenden Strukturen, Möglichkeiten der wissenschaftlichen und institutionellen Etablierung sowie Formen des Widerstands untersucht. Ich gehe also davon aus, dass nicht die Leistung und das Verhalten von Einzelnen die personelle Zusammensetzung eines Universitätsinstituts bestimmen, sondern dessen Strukturen und Funktionsmechanismen wesentlichen Einfluss auf den Status und die Akzeptanz von Außenseitern, mithin von Frauen, im Wissenschaftsbetrieb haben.

Bei der Beantwortung der Forschungsfrage unterscheide ich zwischen zwei Ebenen, die die strukturbedingte Logik der Integration und des Ausschlusses von Wissenschaftlerinnen beeinflussen und die gleichzeitig den Aufbau der vorliegenden Studie bestimmen. Der erste Abschnitt behandelt die Verfasstheit und das Selbstverständnis der Wiener Germanistik, die in der Zusammenschau von sowohl Wissenschafts-, Institutionen- als auch Studierendengeschichte analysiert werden. Dabei werden der Abfolgemodus von Lehrstuhlbesetzungen, innerfachliche Richtungskonflikte, Aufgabe und Funktion der Privatdozentur sowie das Verhältnis zwischen Lehrenden und Studierenden beschrieben. Einen besonderen Stellenwert nimmt dabei die Amtszeit Walther Brechts ein, der von 1914 bis 1926 das neugermanistische Ordinariat innehatte, also für zwei der insgesamt drei Habilitationen von Frauen verantwortlich zeichnete. Darauf aufbauend folgen Einzeldarstellungen der ersten habilitierten Germanistinnen Christine Touaillon, Marianne Thalmann und Lily Weiser, in denen ihre Positionierungsbemühungen innerhalb des wissenschaftlichen Feldes ebenso in den Blick genommen werden wie ihre fachlichen Spezialisierungen und institutionellen Netzwerke. Im Abschnitt über Christine Touaillon findet sich außerdem eine Auseinandersetzung mit den rechtlichen Bedingungen der Habilitation von Frauen, die trotz der Gleichstellung von Männern und Frauen durch die Verfassung der Ersten Republik an den Universitäten teilweise auf erheblichen Widerstand stieß. Besonderes Augenmerk wird im Zuge der Besprechung von Touaillons Habilitationsschrift *Der deutsche Frauenroman des 18. Jahrhunderts* in diesem Kapitel auch dem Stellenwert von Literatur von Frauen in der universitären Literaturwissenschaft geschenkt, um den Ort von Touaillons Forschung innerhalb des akademischen Themenkanons bestimmen zu können. Im Abschnitt über Marianne Thalmann werden ihre Forschungen über die Romantik und das Drama des 19. Jahrhunderts dargestellt und die methodischen, stilistischen und politischen Veränderungen innerhalb der deutschsprachigen Literaturwissenschaft in den 1920er und frühen 1930er Jahren diskutiert. Zudem wird die prominente und in der Universitätsgermanistik erstmalige Verwendung des Begriffs ‚Trivialroman‘ in ihren historischen, innerfachlichen und karriereökonomischen Bedingungen analysiert. Das letzte Kapitel befasst sich mit Lily Weiser, der einzigen Germanistin, die sich in den 1920er Jahren nicht im neueren, sondern im älteren Fach habilitierte. Die Geschichte und die wissenschaftlichen Voraussetzungen der älteren Abteilung werden hier ebenso besprochen wie die aus ihr resultierenden Spezialisierungen auf Altertums-, Germanen- und Volkskunde. Vor allem die Tätigkeit des Altertumskundlers Rudolf Much, bei dem sich Weiser habilitierte, führte zu einer universitätspolitischen, thematischen und methodischen Verschiebung des Status der älteren Abteilung. Weisers Dissertation *Jul. Weihnachtsgeschenke und Weihnachtsbaum* sowie ihre Habilitationsschrift *Altgermanische Jünglingsweihen und Männerbünde* werden innerhalb dieser Konstellation besprochen und in ihren ideologischen Folgen sowie ihrer auf germanische Kontinuitätserzählungen konzentrierten Wissenschaftsauffassung dargestellt. Wie gezeigt werden wird, stand Weisers Habilitation in engem Zusammenhang mit Muchs Bemühungen um den Aufbau einer ganzen ‚Männerbundschule‘.

Die Zäsuren, die im Titel gesetzt sind, die Jahre 1897 und 1933, beziehen sich zum einen auf die Zulassung von Frauen zum Studium an der philosophischen Fakultät in Wien, zum anderen auf den Weggang von Marianne Thalmann an das Wellesley College in Massachusetts, der das Ende dieser ersten Phase von Privatdozentinnen an der Wiener Germanistik bedeutete. Bis mit Blanka Horacek 1955 erneut eine Frau an der Wiener Germanistik habilitiert wurde, dauerte es über zwanzig Jahre. Die

Jahre 1897 und 1933 markieren also den Beginn der universitären Akkreditierung von Frauen und das vorläufige Ende ihrer akademischen Lehrtätigkeit.

Meine Studie stützt sich nicht nur auf literaturwissenschaftliche, historische, politikwissenschaftliche und soziologische Forschungsliteratur, sondern zu einem Gutteil auch auf zeitgenössische Publikationen, Zeitungsberichte, Gesetzestexte und vor allem auf Archivmaterialien.[9] Zu danken ist deshalb einer großen Anzahl von Institutionen, die mir bei der Recherche und Bereitstellung der benutzten Quellen behilflich waren. Für Österreich sind hier die Universitätsarchive in Wien und Graz, das Wiener Stadt- und Landesarchiv, das Österreichische Staatsarchiv, die Handschriftensammlungen der Österreichischen Nationalbibliothek und der Wienbibliothek im Rathaus, das Adalbert-Stifter-Institut des Landes Oberösterreich und die Sammlung Frauennachlässe am Institut für Geschichte der Universität Wien zu nennen. In Deutschland war es mir möglich, Handschriftenbestände der Bayerischen Staatsbibliothek in München, der Universitätsbibliothek Heidelberg und des Deutschen Literaturarchivs in Marbach zu sichten. Außerdem konnte ich im Zuge eines Forschungsaufenthalts am Wellesley College in Massachusetts im Oktober 2012 im dortigen Archiv wichtige Dokumente zu Marianne Thalmann einsehen.

Beim vorliegenden Buch handelt es sich um die geringfügig veränderte Fassung meiner Dissertationsschrift, die im Dezember 2014 von der Philologisch-Kulturwissenschaftlichen Fakultät der Universität Wien angenommen wurde; später erschienene Forschungsliteratur konnte nur im Einzelfall nachgetragen werden. Die Finanzierung meiner Studie wurde durch ein Junior-Fellowship des Internationalen Forschungszentrums Kulturwissenschaften (IFK, Wien), ein DOC-Stipendium der Österreichischen Akademie der Wissenschaften und eine Praedoc-Stelle am Institut für Germanistik der Universität Wien ermöglicht. All diesen Institutionen bin ich nicht nur für die finanzielle Unterstützung, sondern ihren Mitarbeitern auch für die wissenschaftliche Förderung meiner Arbeit dankbar. Dem FWF danke ich für die gewährte Druckkostenförderung, Ernst Osterkamp und Werner Röcke für die freundliche Aufnahme in die von

---

9　Die zitierten Originaldokumente sind in der Studie getreu der Vorlage wiedergegeben. Hervorhebungen durch Sperrungen werden ebenso beibehalten wie Kursivierungen, Unter- und Durchstreichungen. Offensichtliche Fehler werden entweder mit [!] gekennzeichnet oder, wenn sie das Verständnis erschweren, in eckigen Klammern korrigiert.

Wilhelm Scherer begründete Reihe *Quellen und Forschungen zur Literatur- und Kulturgeschichte* und De Gruyter, insbesondere Anja-Simone Michalski und dem Lektor Rainer Rutz, für die verlegerische Betreuung.

Im Laufe der Jahre, in denen diese Studie entstanden ist, haben sich viele unterstützende und ratgebende Helfer eingefunden: In der Phase, in der ich das Thema entwickelte und das Forschungskonzept ausarbeitete, war Werner Michler, der auch Teile der Arbeit einer kritischen Lektüre unterzog, ein wichtiger Gesprächspartner. Wesentliche Hinweise und Korrekturen ergaben sich außerdem im Austausch mit Sebastian Meissl, Konstanze Fliedl und Wendelin Schmidt-Dengler, der die Arbeit bis zu seinem Tod 2008 betreute. Darüber hinaus waren mir Mirko Nottscheid, Herbert Posch und Myriam Richter mit fachlichem Rat und Hinweisen auf wichtige Dokumente behilflich. Thomas Assinger, Florian Bettel, Nina Hacker, Katharina Krčal, Nora Ruck und Manuel Swatek haben freundlicherweise die Endlektüre übernommen. Besonderer Dank gebührt schließlich den beiden Betreuern meiner Dissertation: Michael Rohrwasser, der stets unterstützend, wohlwollend und, wenn nötig, korrigierend den Fortgang meiner Arbeit begleitete, und Hans-Harald Müller, der mir nicht nur bei kleinen und großen Fragen zur Fachgeschichte der Germanistik behilflich war, sondern mir auch mit recherchepraktischen Hinweisen zur Seite stand und bei seinen Archivgängen oftmals für meine Arbeit relevante Dokumente zutage förderte.

I. Die Verfasstheit der Wiener Germanistik

I.1. Kategorien der Ordnung – Lehrstuhlbesetzungen 1848–1912

In der Habsburgermonarchie erfolgte die Institutionalisierung der Germanistik als universitäres Fach im Zuge der Universitätsreform von 1848/49. Innerhalb kürzester Zeit wurden an allen Universitäten des Landes Lehrkanzeln für *Deutsche Sprache und Literatur* eingerichtet, die sowohl den Bedarf an Philologen für das höhere Schulwesen abdecken sollten als auch nationalpolitischen Interessen des Vielvölkerstaats zu genügen hatten.[1] Mangels akademisch ausgebildeter Germanisten wurden diese Lehrstühle in der Konsolidierungsphase des Faches mit nicht-habilitierten Privatgelehrten oder mit Wissenschaftlern anderer Fachrichtungen besetzt. In Wien berief Leo Graf von Thun-Hohenstein, der 1849 das neu geschaffene Ministerium für Kultus und Unterricht übernommen hatte, 1850 den germanistischen Autodidakten und Bibliothekar an der Wiener Hofbibliothek Theodor Georg von Karajan als Professor für *Deutsche Sprache und Literatur*.[2] Karajan trug jedoch nur bedingt zum Aufbau des Faches bei, da er aufgrund konfessioneller Auseinandersetzungen an der Fakultät bereits drei Semester später die Universität wieder verließ.[3] Zum Nachfolger

---

1   Zur Gründungsphase des Fachs in Österreich vgl. Thaler: „Die so sehr aus Leben und Zeit herausgefallene deutsche Philologie" [erscheint 2016]; Michler/Schmidt-Dengler: Germanistik in Österreich (2003), S. 193–201; Egglmaier: Die Einrichtung von Lehrkanzeln für Deutsche Philologie in Österreich nach der Universitätsreform der Jahre 1848/49 (1981); Fuchs: Die Geschichte der germanistischen Lehrkanzel von ihrer Gründung im Jahre 1850 bis zum Jahre 1912 (1967). – Zur Beziehung zwischen Universität und (Deutsch-)Lehrer-Ausbildung im 19. Jahrhundert vgl. Gönner: Die Lehrerbildung in Österreich von der Aufklärung bis zum Liberalismus (1974); für Preußen vgl. Meves: „Wir armen Germanisten …" (1991). – Einen Überblick über die Geschichte der Wiener Germanistik bietet Grabenweger: Germanistik an der Universität Wien (2015).

2   Ernennungsdekret des Ministeriums für Kultus und Unterricht vom 12. Jänner 1850; UAW, Phil. Fak., Zl. 306 ex 1849/50, PA 3844 Theodor Georg von Karajan. – Zur Besetzungspolitik an den österreichischen Universitäten in der Ära Thun vgl. Zikulnig: Restrukturierung, Regeneration, Reform (2002).

3   Nachdem der Protestant und Klassische Philologe Hermann Bonitz im Juli 1851 zum Dekan gewählt worden war, verhinderte das Professorenkollegium der

Karajans ernannte Thun den habilitierten Klassischen Philologen Karl
August Hahn, der die Wiener Professur noch im Wintersemester 1851
antrat und sie bis zu seinem Tod 1857 behielt. In Hahns Amtszeit fielen die
ersten Promotionen im Fach Deutsche Philologie; und auch die erste
Habilitation erfolgte.[4] Trotzdem war auch Hahns Nachfolger noch kein
habilitierter Universitätsgermanist, sondern der Privatgelehrte Franz
Pfeiffer, der in München Medizin studiert und dort ohne formalen Abschluss auch germanistische Vorlesungen besucht hatte. Pfeiffer lehrte
sowohl Neuere deutsche als auch Ältere deutsche Literatur und setzte sich
während seiner Amtszeit vehement für die Errichtung einer zweiten germanistischen Lehrkanzel ein.[5] Diesem Ansinnen wurde seitens des Ministeriums 1868, im Jahr von Pfeiffers Tod, auch stattgegeben.

Insgesamt kann das Jahr 1868 als das Ende der ersten Phase der Wiener
Universitätsgermanistik betrachtet werden. In dieser wurden die Lehrstühle, wie es seit 1848 üblich war, direkt vom Ministerium und ohne
Fakultätsvorschlag besetzt. Die Professoren kamen nicht nur aus Österreich
(Karajan), sondern auch aus der Schweiz (Pfeiffer) und aus Deutschland
(Hahn); sie waren nicht nur katholisch (Pfeiffer), sondern auch griechisch-
orthodox (Karajan) und protestantisch (Hahn); und sie waren keine ausgebildeten Germanisten, sondern entweder Vertreter eines anderen universitären Fachs oder Privatgelehrte. Dieser speziellen Ausgangssituation ist
es auch zuzuschreiben, dass sich in den ersten knapp zwanzig Jahren kein
fachlicher oder schulischer Zusammenhang bei Berufungen erkennen lässt.
Nach 1868 änderten sich die Kriterien der Professorenfolge jedoch
grundlegend. Die nationale und konfessionelle Offenheit und die fachliche

---

theologischen Fakultät die Einsetzung von Bonitz mit der Begründung, dass dadurch der katholische Charakter der Universität, der durch den Stiftsbrief verbürgt
war, verletzt werde. Karajan kündigte daraufhin seine Stellung, da er als nicht-
katholischer, sondern griechisch-orthodoxer Professor mit dieser, wie er selbst
betonte, „nur Pflichten auf sich genommen [hatte], aus denen er keinerlei Rechte
ableiten durfte". Zit. n. Fuchs: Die Geschichte der germanistischen Lehrkanzel von
ihrer Gründung im Jahre 1850 bis zum Jahre 1912 (1967), S. 14. Zu Karajan vgl.
außerdem Faerber: Theodor Georg Ritter von Karajan (1997).

4   Die erste germanistische Habilitation in Wien war die des Neugermanisten Karl
Tomaschek 1855, vgl. dazu die nachfolgenden Ausführungen.

5   Fuchs: Geschichte der germanistischen Lehrkanzel von ihrer Gründung im Jahre
1850 bis zum Jahre 1912 (1967), S. 27–37. Zu Pfeiffer vgl. auch Scherer: Briefe
und Dokumente aus den Jahren 1853–1886 (2005), S. 110–118, S. 372–376;
Nottscheid: Franz Pfeiffers Empfehlungskarte für Wilhelm Scherer bei Jacob
Grimm (2003); Kofler: Das Ende einer wunderbaren Freundschaft (1998);
Bartsch: Franz Pfeiffer (1870).

Unbestimmtheit der Professionalisierungsphase wurden von einer zunehmend strikten Nachbesetzungspraxis abgelöst, die die Wiener Germanistik bis ins Jahr 1912 prägen sollte.

1868 bildete auch insofern eine Zäsur, als zum ersten Mal nun statt einer, wie bisher, zwei Professuren für *Deutsche Sprache und Literatur* zu besetzen waren und die erste „Generation der professionellen Germanisten"[6] die Ordinarien erhielt. Die neu eingerichtete, zweite Lehrkanzel wurde im März 1868 mit dem ersten Wiener Neugermanisten Karl Tomaschek besetzt, der sich 1855 für *Deutsche neuere literatur auß aesthetischen gesichtspuncten* habilitiert hatte.[7] Mit der Differenzierung der beiden Lehrstühle vollzog die Wiener Germanistik als erste im gesamten deutschen Sprachraum die Fächertrennung in Ältere und Neuere deutsche Literaturforschung.[8] Die Nachfolge Pfeiffers trat im selben Jahr ein weiterer Germanist der Wiener Universität an, nämlich der von Pfeiffer nicht besonders geschätzte, aber von der Fakultät, die zum ersten Mal in ein germanistisches Nachbesetzungsverfahren involviert war, in Vorschlag gebrachte Wilhelm Scherer. Vor allem der zu diesem Zeitpunkt erst 27 Jahre alte Scherer sollte der Hoffnung der Fakultät, dass er „in 10 bis 15 Jahren auf [der] ersten Stufe deutscher Gelehrsamkeit zu stehen erwarten läßt"[9], sowohl in fachlicher als auch wissenschaftsorganisatorischer Hinsicht mehr als gerecht werden.

1872, vier Jahre nach seinem Amtsantritt, verließ Wilhelm Scherer die Wiener Universität bereits wieder und folgte einem Ruf nach Straßburg. Daraufhin unterbreitete die Fakultät dem Ministerium eine Viererliste, auf der sie an erster Stelle den früheren Grazer und danach Kieler Ordinarius Karl Weinhold, an zweiter den Kärntner Matthias Lexer, der zu dieser Zeit Professor in Würzburg war, und an dritter den Königsberger Lehrstuhlinhaber Oskar Schade sowie den Grazer Ordinarius Richard Heinzel, der

---

6 Michler/Schmidt-Dengler: Germanistik in Österreich (2004), S. 199.
7 UAW, Phil. Fak., Zl. 412 ex 1854/55, PA 3450 Karl Tomaschek.
8 Weimar: Geschichte der deutschen Literaturwissenschaft bis zum Ende des 19. Jahrhunderts (1989), S. 429–442. – Auch wenn damit die Fächertrennung in Wien vollzogen worden war, waren beide Lehrstühle bis zum Beginn des Ersten Weltkriegs mit der Bezeichnung *Deutsche Sprache und Literatur* versehen. – Zur Situation der jungen Forschungsrichtung *Neuere deutsche Literaturgeschichte* vgl. jüngst Müller/Nottscheid (Hg.): Disziplinentwicklung als „community of practice" (2016).
9 Karl Tomaschek in seinem, dem Ministerium übermittelten Kommissionsbericht über die Nachbesetzung der Lehrkanzel, o.D.; UAW, Phil. Fak., Zl. 407 ex 1867/68, PA 3282 Wilhelm Scherer.

sich in Wien habilitiert hatte, in Vorschlag brachte. Da das Ministerium seit Ende des Deutschen Bundes 1866 der Praxis folgte, nur mehr Österreicher und unter ihnen vor allem Katholiken zu berufen, zog es den Erstgereihten Weinhold erst gar nicht in Betracht und entschied sich nach der Absage Lexers für den einzig übrig gebliebenen Österreicher Richard Heinzel.[10] Heinzel hatte gemeinsam mit Wilhelm Scherer bei Pfeiffer studiert, bezeichnete sich selbst aber, obwohl drei Jahre älter als Scherer, „als dessen ältesten und ersten Schüler"[11] und war Scherers ausdrücklicher Wunschkandidat für die Wiener Professur. Damit entsprach die Berufung Heinzels nicht nur den nationalen Anforderungen des Ministeriums, sondern leitete auch einen Berufungsmechanismus ein, nach dem der Favorit des scheidenden Lehrstuhlinhabers dessen Nachfolge antrat.

Der nächste Lehrstuhl, der zu besetzen war, war der Karl Tomascheks, der im September 1878 starb. Dieser, obwohl ebenso wie der andere Lehrstuhl mit der Bezeichnung *Deutsche Sprache und Literatur* versehen, sollte jedoch nicht mit einem Altgermanisten, sondern erneut mit einem Vertreter der Neueren deutschen Literaturgeschichte besetzt werden. In dieser Hinsicht stand die Wiener und mit ihr die gesamte österreichische Germanistik jedoch vor dem Problem, dass es sich um „eine junge Wissenschaft" handelte und deshalb „die Zahl ihrer Vertreter beschränkt"[12] war. Vor allem Richard Heinzel, der sich auf das ältere Gebiet spezialisiert hatte, war daran interessiert, dass der zweite germanistische Lehrstuhl von einem Wissenschaftler besetzt wurde, der die vom Ministerium geförderte Lehre in der neueren Abteilung übernehmen konnte. Gegenüber Fakultät und Ministerium setzte sich Heinzel in einer ausführlichen Programmschrift für das von ihm nicht vertretene neuere Fach ein, in der er unter den Prämissen unbedingt philologischer Ausrichtung dessen wissenschaftlichen Anspruch und dessen universitäre Notwendigkeit betonte.[13] In der für die Frage der Nachbesetzung im Dezember 1878 einberufenen Kommis-

---

10 Wiesinger/Steinbach: 150 Jahre Germanistik in Wien (2001), S. 46.
11 Heinzel: Rede auf Scherer (1886), S. 802. – Zur Beziehung zwischen Scherer und Heinzel vgl. Heinzel/Scherer: Die Korrespondenz Richard Heinzels mit Wilhelm Scherer [in Vorbereitung].
12 Richard Heinzel im Bericht der Kommission über die Besetzung der erledigten Lehrkanzel für deutsche Sprache und Literatur, o.D.; UAW, Phil. Fak., Zl. 4347 ex 1878/79, PA 3328 Erich Schmidt.
13 Vgl. Heinzel im Bericht der Kommission über die Besetzung der erledigten Lehrkanzel für deutsche Sprache und Literatur, o.D.; UAW, Phil. Fak., Zl. 4347 ex 1878/79, PA 3328 Erich Schmidt.

sion schlug Heinzel auf Empfehlung Wilhelm Scherers dessen ‚Meister-schüler' Erich Schmidt vor.

Der aus Jena stammende Erich Schmidt hatte nach Graz in Straßburg studiert und ebendort 1877 den Lehrstuhl Scherers übernommen, als dieser nach Berlin wechselte. Die Kommission konnte sich jedoch nicht eindeutig zwischen dem Grazer Ordinarius Anton Schönbach, einem Altgermanisten, und dem Neugermanisten Erich Schmidt entscheiden,[14] und die Wiener Professur blieb vorerst vakant.[15] Der Minister für Kultus und Unterricht Conrad von Eybesfeld, der von Heinzel über den knappen Vorsprung Schönbachs informiert wurde – in der Sitzung des Professo-renkollegiums am 15. März 1879 hatte Schönbach 14 und Schmidt nur zwölf Stimmen erhalten –, war aber geneigt, Heinzels Wunsch zu ent-sprechen: Wie der Minister in seinem Bericht an den Kaiser betonte, wollte er nicht „Schönbach, der nur in altdeutscher Philologie wissenschaftliche Leistungen aufzuweisen hat", sondern mit Schmidt „einen Mann gewin-nen, der sich in der strengen Schule altdeutscher Philologie jene Methode der Forschung angeeignet hat, welche erst seit einigen Jahrzehnten auf die Behandlung der neueren Literatur Anwendung gefunden hat".[16]

Das einzige Problem blieb, dass Schmidt nicht ohne Weiteres als österreichischer Wissenschaftler durchgehen konnte. Mit welcher durchaus eigenwilligen Interpretation der Minister und mit ihm der Kaiser dieses Problem lösten, berichtete Schmidt seinem „freundlichste[n] Nothelfer

---

14 Scherer selbst mischte sich aus Berlin nicht offiziell in die Nachbesetzung ein, veröffentlichte aber am 10. Jänner 1879, kurz nach der ersten Kommissionssit-zung, in der *Neuen Freien Presse* einen Artikel, in dem er zwar nicht direkt auf die vakante Wiener Lehrkanzel einging, aber ein Plädoyer für die institutionelle Stärkung der Neueren deutschen Literaturgeschichte hielt und auf die Verant-wortung des Ministeriums in dieser Hinsicht hinwies. Scherer: Die deutsche Li-teratur an den österreichischen Universitäten (1879).

15 Den universitären Unterricht in Neuerer deutscher Literatur deckte ab Sommer-semester 1879 der Privatdozent Josef Seemüller ab, dessen Spezialgebiet jedoch die Ältere deutsche Literatur war. Abhilfe für die Lehre erhoffte sich Heinzel zwi-schenzeitlich vom Neugermanisten August Sauer, der bei ihm und Tomaschek in Wien und bei Wilhelm Scherer in Berlin studiert hatte. Sauer habilitierte sich auch tatsächlich im Juni 1879 in Wien, wurde aber noch im Sommer desselben Jahres an die Universität Lemberg berufen. Fuchs: Geschichte der germanistischen Lehr-kanzel von ihrer Gründung im Jahre 1850 bis zum Jahre 1912 (1967), S. 69–73. Zu Sauer vgl. auch Höhne (Hg.): August Sauer (2011).

16 Zit. n. Fuchs: Geschichte der germanistischen Lehrkanzel von ihrer Gründung im Jahre 1850 bis zum Jahre 1912 (1967), S. 79.

und Berater"[17] Scherer, mit dem er während der gesamten Nachfolgeverhandlungen Informationen über die „Wiener Angelegenheit"[18] aus-
tauschte, in einem Brief vom 16. August 1880:

> Ich schreibe jetzt so viel durcheinander, daß ich gar nicht weiß, ob ich Ihnen
> nach der Audienz beim Minister schon eine Meldung gemacht habe. Excellenz
> Conrad, der eine rührende Naivität in Bezug auf Universitätssachen verrät, hat
> mir alles zugestanden, was der gute David[19] mit mir ausgemacht. C., der echte
> steirische Großgrundbesitzer mit bequemen Formen, Bonhomme, sehr un-
> gebildet, als Minister für Cultus und Unterricht wäre er komisch, müßte man
> sich nicht ärgern über seine Beschränktheit.
> [...] Er sprach weise Worte über schriftstellerische Arbeit und Lehrtätigkeit,
> ferner, daß er das Hauptgewicht auf Seminar lege, (hatte keine Ahnung davon,
> was ein Seminar ist), daß man mit Ausländern neuerdings üble Erfahrungen
> gemacht, daß er mich als halben Oesterreicher betrachte und von meiner
> großen Anhänglichkeit an Oesterreich gehört habe; ob ich in Graz vom
> juristischen Studium ausgegangen sei. Ein kundiger Thebaner. In Wien verrate
> ich dies Gespräch nicht.
> Der Kaiser sei jetzt schwierig in Bestätigung von Nichtoesterreichern, aber bei
> mir altem Grazer etc.[20]

Nachdem der Minister und der Kaiser einander versichert hatten, dass
Schmidt aufgrund seiner Grazer Studienzeit „ja kein eigentlicher Ausländer
sei"[21], wurde er mit Dekret vom 27. August 1880 zum außerordentlichen
Professor für *Deutsche Sprache und Literatur* in Wien bestellt und ein Jahr
später zum ordentlichen Professor ernannt.[22] Damit waren beide Lehrstühle an der Wiener Germanistik mit Wissenschaftlern besetzt, die
Österreicher waren oder zumindest als solche präsentiert werden konnten
und aus der Lehre oder zumindest dem Einflussbereich Wilhelm Scherers
kamen.

---

17 Scherer/Schmidt: Briefwechsel (1963), S. 144 (Brief von Schmidt an Scherer vom
    1. August 1880).
18 Scherer/Schmidt: Briefwechsel (1963), S. 140 (Brief von Schmidt an Scherer vom
    28. Mai 1880).
19 Benno von David war Ministerialdirektor und Sektionschef für das Hochschul-
    wesen im Ministerium für Kultus und Unterricht, außerdem ein ehemaliger
    Mitschüler Scherers und dessen Kontaktmann im Ministerium. Vgl. Scherer/
    Schmidt: Briefwechsel (1963), S. 110 (Brief von Scherer an Schmidt vom
    25. September 1879).
20 Scherer/Schmidt: Briefwechsel (1963), S. 146–147 (Brief von Schmidt an Scherer
    vom 16. August 1880).
21 Scherer/Schmidt: Briefwechsel (1963), S. 146 (Brief von Schmidt an Scherer vom
    12. August 1880).
22 UAW, Phil. Fak., PA 3328 Erich Schmidt.

In die Zeit der gemeinsamen Leitung des Seminars für Deutsche Philologie in Wien durch Heinzel und Schmidt fielen die Gründung und der Ausbau des Seminars für Neuere deutsche Literatur und damit die endgültige institutionelle Etablierung der neueren Abteilung, die ab 1881 selbständig und mit demselben Gewicht neben der älteren existierte.[23] Schmidt selbst blieb aber nur fünf Jahre in Wien, da er 1885 aufgrund der Vorbereitung Scherers[24] zunächst als Direktor an das neu eröffnete Goethe-Archiv in Weimar wechselte und nach Scherers Tod 1888 dessen Lehrstuhl in Berlin übernahm. Diese Laufbahn war, wie aus einem Brief Scherers an Schmidt vom 30. Mai 1880 hervorgeht, bereits vor und mit Schmidts Wiener Amtsantritt beabsichtigt: *„Sie können von Wien leichter nach Berlin kommen, als von Straßburg.“*[25]

Ähnlich geplant und komplikationslos verlief auch die Nachbesetzung von Schmidts Lehrstuhl in Wien. Noch bevor seine eigene Entlassung vom Kaiser bestätigt wurde und demnach auch vor der Bildung einer Berufungskommission für seine eigene Nachfolge informierte Schmidt am 24. Juni 1885 seinen Wunschkandidaten Jakob Minor:

> Ich gehe definitiv im October nach Weimar u. lege mein Scepter in Ihre Hände. Das unterliegt gar keinem Zweifel; habs auch David heut früh (gleich nach meiner Rückkehr) gesagt und er billigt die Wahl, die in der Comm. ganz sicher auf Sie primo wenn nicht unico loco fällt. Sie würden schon zum Herbst herberufen werden; zunächst als Eo. [Extraordinarius, E.G.] wie ich 1880.[26]

Jakob Minor gehörte zum engeren Kreis der von Scherer beobachteten germanistischen Nachwuchswissenschaftler.[27] Er hatte in Wien studiert und 1878 promoviert, war danach mit einem Stipendium zu Scherer und Karl Müllenhoff nach Berlin in die Lehre gegangen und nach seiner Wiener Habilitation 1882 zum außerordentlichen Professor an der Universität

---

23 Zur Etablierung des neueren Fachs vgl. Egglmaier: Entwicklungslinien der neueren deutschen Literaturwissenschaft in Österreich in der zweiten Hälfte des 19. Jahrhunderts und zu Beginn des 20. Jahrhunderts (1994).

24 Vgl. Scherer/Schmidt: Briefwechsel (1963), S. 202–204 (Brief von Scherer an Schmidt vom 21. Mai 1885).

25 Scherer/Schmidt: Briefwechsel (1963), S. 141 (Brief von Scherer an Schmidt vom 30. Mai 1880).

26 Castle: Zu Jakob Minors 100. Geburtstag (1955), S. 84 (Brief von Schmidt an Minor vom 24. Juni 1885).

27 So wollte Scherer z. B. für die Weimarer Goethe-Ausgabe „alles junge Volk anstellen: Seuffert, Minor, Sauer, Waldberg, Weilen, Burdach, Schröder". Scherer/Schmidt: Briefwechsel (1963), S. 141 (Brief von Scherer an Schmidt vom 21. Mai 1885).

Prag bestellt worden.[28] Minor passte als österreichischer Neugermanist ganz ausgezeichnet in das Berufungskonzept des Ministeriums und auch in die Pläne Scherers, die in wissenschaftsorganisatorischer Hinsicht vor allem darin bestanden, alle wichtigen Lehrstühle im deutschsprachigen Raum mit Vertrauten, Schülern und Anhängern zu besetzen – was in erstaunlich hohem Ausmaß auch gelang.[29] Darüber hinaus konnte Minor mit der Zustimmung der Berufungskommission und des Professorenkollegiums rechnen, da er zum einen aus der eigenen Fakultät kam, zum anderen aufgrund seiner Tätigkeit in Prag dem Laufbahnmodell von Bewährung und Rückgewinnung entsprach.

Tatsächlich benötigte die Kommission nur eine einzige Sitzung, um zu einem Entschluss zu kommen. Am 6. Juli 1885 entschied sie: „primo loco Dr. Jacob Minor, außerordentlicher Professor an der Prager Universität; secundo und tertio loco ex aequo Dr. Bernhard Seuffert, Privatdocent an der Universität zu Würzburg und Dr. August Sauer, außerordentlicher Professor an der Universität Graz."[30] War bei den Nachfolgeverhandlungen Tomascheks, bei denen 1880 nach eineinhalb Jahren schließlich Schmidt berufen wurde, noch eine Diskussion darüber entbrannt, ob ein Alt- oder Neugermanist den zweiten Lehrstuhl bekommen sollte, und die Fakultät deshalb unentschieden, ob sie Anton Schönbach oder Erich Schmidt in Vorschlag bringen sollte, so war die Sachlage jetzt klar. Noch am Tag der Kommissionssitzung schrieb Schmidt an Minor:

> Brennen Sie die ersten Böller ab!
> Eben aus der Sitzung.
> Heinzels Antrag: neuere Litteratur (also nicht Schönbach etc.) 1 einstimmig angenommen
> Meine Terna: Minor I.° Seuffert, Sauer aequo. 1. einst. angen.
> Der Facultät sind wir nun sicher.[31]

---

28 Zu Minor vgl. Faerber: Ich bin ein Chinese (2004).

29 In Österreich waren Ende des 19. Jahrhunderts alle neugermanistischen und teilweise auch die altgermanistischen Lehrstühle mit Schülern Scherers der ersten oder zweiten Generation besetzt: Richard Heinzel und Jakob Minor in Wien, Anton E. Schönbach und Bernhard Seuffert in Graz, Josef Eduard Wackernell in Innsbruck, Richard Maria Werner in Lemberg und August Sauer in Prag. – Zu Scherers und seiner Schüler Bemühungen um die Ausgestaltung der *Neueren deutschen Literaturgeschichte* vgl. Müller/Nottscheid (Hg.): Disziplinentwicklung als „community of practice" (2016).

30 Protokoll der Kommissionssitzung zur Nachbesetzung der Lehrkanzel nach Erich Schmidt vom 6. Juli 1885, zit. n. Faerber: Ich bin ein Chinese (2004), S. 121.

31 Castle: Zu Jakob Minors 100. Geburtstag (1955), S. 87 (Brief von Schmidt an Minor vom 6. [Juli] 1885). – Der betreffende Brief ist nicht vollständig datiert und

Die Gewissheit Schmidts hinsichtlich der Fakultät sollte sich in vollem Maße bestätigen. Bereits fünf Tage später, am 11. Juli, wurde dieser Vorschlag, nachdem Schmidts Vertrauensmann und „beste[r] College von der Welt"[32] Richard Heinzel aus „Opportunitätsgründen"[33] als Referent fungiert hatte, vom Professorenkollegium der philosophischen Fakultät einstimmig bestätigt. Und am 23. August 1885 berief der Kaiser Jakob Minor zum außerordentlichen Professor der *Deutschen Sprache und Literatur* an der Universität Wien.[34] Die „Wünsche" Schmidts „erfüllt[en]" sich, wie er selbst feststellte, so „prächtig" und „glatt", dass das gesamte Berufungsverfahren „[o]hne jede Debatte"[35] verlief und in einer Kürzestzeit von nicht einmal acht Wochen, in denen die Entscheidungsträger aller Instanzen problemlos überzeugt werden konnten, beendet war.

Das Prinzip, dass der scheidende Ordinarius seinen Nachfolger auswählte, konnte bei der nächsten Berufung nur indirekt angewendet werden. Richard Heinzels Lehrstuhl wurde nämlich vakant, weil er sich im April 1905 das Leben nahm. Trotzdem wurde sich die am 25. Mai 1905 zum ersten Mal tagende Kommission in nur einer einzigen Sitzung einig. Sie nannte für den Dreiervorschlag, der dem Ministerium zu übermitteln war, an erster Stelle Josef Seemüller, an zweiter Carl von Kraus und an dritter Konrad Zwierzina.[36] Alle drei Wissenschaftler hatten in Wien studiert, promoviert und sich habilitiert und zählten zu den erfolgreichsten und von Heinzel am nachdrücklichsten geförderten Schülern der Wiener Altgermanistik. Konrad Zwierzina ging nach seiner Wiener Habilitation 1897 als Privatdozent nach Graz und war seit 1899 ordentlicher Professor an der einzigen katholischen Universität der Schweiz, in Fribourg. Carl von Kraus hatte 1894 seine Habilitationsschrift in einer längeren Widmung seinem Lehrer Heinzel zugeeignet,[37] war daraufhin in Wien als Privatdo-

---

hier als Nr. 20 fälschlicherweise nach Nr. 19 (Brief vom 26. Dezember 1885) eingereiht, gehört aber zwischen Nr. 16 (Brief vom 4. Juli 1885) und Nr. 17 (Brief vom 12. Juli 1885).

32 Castle: Zu Jakob Minors 100. Geburtstag (1955), S. 85 (Brief von Schmidt an Minor vom 12. Juli 1885).

33 Castle: Zu Jakob Minors 100. Geburtstag (1955), S. 87 (Brief von Schmidt an Minor vom 6. [Juli] 1885).

34 Faerber: Ich bin ein Chinese (2004), S. 121, S. 123.

35 Castle: Zu Jakob Minors 100. Geburtstag (1955), S. 85 (Brief von Schmidt an Minor vom 12. Juli 1885).

36 Protokoll der Kommissionssitzung zur Besetzung der Lehrkanzel nach Herrn Hofrat Prof. Heinzel vom 25. Mai 1905; UAW, Phil. Fak., Zl. 3529 ex 1904/05, PA 3135 Josef Seemüller.

37 Kraus (Hg.): Deutsche Gedichte des zwölften Jahrhunderts (1894), S. III.

zent und außerordentlicher Professor tätig, bevor er 1904 als Ordinarius für
Ältere germanische Sprachen und Literatur an die Deutsche Universität in
Prag ging. Der Erstgereihte Josef Seemüller, der mit kaiserlichem Dekret
vom 1. August 1905 und mit Rechtswirksamkeit vom 1. Oktober desselben
Jahres zum Ordinarius berufen wurde,[38] war 1879 der erste Habilitand
Heinzels und nach seiner Wiener Privatdozententätigkeit seit 1890 zu-
nächst außerordentlicher und dann ordentlicher Professor an der Uni-
versität Innsbruck. Die gesamte Liste – allen voran Josef Seemüller, der zum
Wintersemester 1905 die Nachfolge Heinzels antrat – entsprach also einem
Berufungsmodus, bei dem im Sinne problemfreier Kontinuität allein die
jeweiligen Schüler des scheidenden Ordinarius als dessen Nachfolger in
Betracht gezogen wurden.

Die letzte Lehrstuhlbesetzung, die an der Wiener Germanistik dieser
Reihe der aufgebauten und gefestigten Ordnung der professoralen Erbfolge
entsprach, war die Nachfolge Josef Seemüllers 1912. Seemüller ließ sich
mit 1. April 1912 in den ständigen Ruhestand versetzen,[39] hatte aber schon
fast ein Jahr zuvor erste Vorbereitungen für seine eigene Nachfolge getroffen. Am 22. Mai 1911 schrieb er an seinen früheren Wiener Kollegen
Carl von Kraus, der mittlerweile eine Professur in Bonn innehatte:

> Meinem Urteil nach können nur Sie zur Nachfolge in betracht kommen. [...]
> Minor hatte <u>Sie</u> nach Heinzel an 2. Stelle genannt: er muß Sie nun wol an 1ᵉ
> ziehen, in der Fakultät haben Sie, das weiß ich, warme Freunde.
> <u>Ich</u> persönlich halte Sie in dem Maße für geeignet, daß ich für einen unico-
> Vorschlag wäre.[40]

Die Kommission, die zur Wiederbesetzung der Lehrkanzel vom Professorenkollegium der philosophischen Fakultät am 11. Mai 1912 einberufen
wurde, holte zunächst schriftliche Gutachten von Jakob Minor, dem
„Vertreter des nächstangrenzenden Faches"[41], der aus Krankheitsgründen

---

38 Brief des Ministeriums für Kultus und Unterricht an das Dekanat der philoso-
    phischen Fakultät der Universität Wien vom 8. August 1905; UAW, Phil. Fak.,
    Zl. 4349 ex 1904/05, PA 3135 Josef Seemüller.
39 Brief des Ministeriums für Kultus und Unterricht an das Dekanat der philoso-
    phischen Fakultät der Universität Wien vom 24. März 1912; UAW, Phil. Fak.,
    Zl. 1128 ex 1911/12, PA 3135 Josef Seemüller.
40 Brief von Seemüller an Kraus vom 22. Mai 1911; BSB München, Nachlass Carl
    von Kraus, Krausiana I.
41 Bericht der Kommission zur Nachbesetzung der Lehrkanzel nach Josef Seemüller
    vom 4. Juli 1912 (Referent: Rudolf Much); ÖStA, AVA, Unterricht allgemein,
    Professoren und Lehrkräfte: Anstellungen, Rang, Entlassungen 1912–1914,
    MCU, Zl. 33439 ex 1912.

nicht an den Sitzungen teilnehmen konnte, und von Josef Seemüller selbst ein. Beide Gutachten sprachen sich, wie es verabredet war, für Carl von Kraus an erster Stelle aus. Die Kommission, die für die Besetzungsangelegenheit nur deshalb statt einer zwei Sitzungen anberaumte, um auf die Gutachten zu warten, folgte diesen Empfehlungen mehr als vorbildlich. Sie schlug Carl von Kraus nicht nur als Erstgereihten, sondern sogar sine et unico loco vor. In ihrem Bericht vom 4. Juli 1912 begründete sie das folgendermaßen:

> Ohne dass dies in einem besonderen Beschluss zum Ausdruck gekommen wäre, war doch der Wunsch der Kommission deutlich erkennbar, dass der Zusammenhang mit der grossen Vergangenheit der Altgermanistik an unserer Universität gewahrt und wiederum ein Schüler Heinzels auf dessen Lehrstuhl berufen werden sollte. [...]
> Gerade an C. v. Kraus zunächst zu denken, lag deshalb schon nahe, weil er bereits nach Heinzels Tode für die Neubesetzung der altgermanistischen Lehrkanzel an zweiter Stelle durch die Fakultät in Vorschlag gekommen war. [...]
> Es ist endlich begreiflich, dass in Erinnerung an die ehrenvolle Stellung, die durch die überragende Persönlichkeit Heinzels der österreichischen Germanistik gesichert war, es schmerzlich empfunden werden muss, dass wir den anerkannt tüchtigsten seiner Schüler dem Auslande überlassen sollen.[42]

Das Ministerium nahm daraufhin sogleich Kontakt zu Carl von Kraus auf und wollte ihn noch mit Wintersemester 1912 als Ordinarius nach Wien bestellen. Kraus zeigte sich zwar geneigt, bat aber in einem Brief vom 7. August um Verschiebung der Berufung auf das Sommersemester 1913, um der Bonner Universität und dem preußischen Ministerium genügend Zeit für eine Nachbesetzung seines dortigen Lehrstuhls zu geben.[43] Einen Tag später informierte das preußische Kultusministerium das Wiener Ministerium für Kultus und Unterricht, dass es „versuchen werde[ ], den verdienten Gelehrten zu veranlassen, seinem derzeitigen Wirkungskreise

---

42 Bericht der Kommission zur Nachbesetzung der Lehrkanzel nach Josef Seemüller vom 4. Juli 1912 (Referent: Rudolf Much); ÖStA, AVA, Unterricht allgemein, Professoren und Lehrkräfte: Anstellungen, Rang, Entlassungen 1912–1914, MCU, Zl. 33439 ex 1912.
43 Brief von Kraus an Carl von Kelle (Sektionschef im Ministerium für Kultus und Unterricht) vom 7. August 1912; ÖStA, AVA, Unterricht allgemein, Professoren und Lehrkräfte: Anstellungen, Rang, Entlassungen 1912–1914, MCU Zl. 33439 ex 1912.

treu zu bleiben"[44], was vor allem bedeutete, dass Kraus in der Lage war, für die Zusage in Wien Bedingungen zu stellen.

Und das tat er auch: Wie das Unterrichtsministerium dem Finanzministerium mitteilte, forderte Kraus zusätzlich zu den „höchsten systemmäßigen Ordinariatsbezügen von 13.840 K" und „der mit der Lehrkanzel verbundenen Seminarremuneration von 800 K" eine „Personalzulage" von weiteren „11.500 K", außerdem die vollständige Anrechnung seiner im Inland wie im Ausland verbrachten Dienstjahre für die Pensionsbemessung, die Befreiung von der Diensttaxe, die Übernahme der Übersiedlungskosten von Bonn nach Wien, die Entschädigung für die seinerzeitige Übersiedlung von Prag nach Bonn, die er dem preußischen Ministerium zurückzahlen musste, „2000 K [...] zum Zwecke der Ergänzung der Seminarbibliothek" und weitere 1.000 Kronen für deren „dringend nötige Neukatalogisierung". „Außerdem würde er noch", so das Unterrichtsministerium weiter, „Wert legen auf eine Erweiterung der Seminarlokalitäten [...] und endlich auf die Errichtung einer besonderen Seminarabteilung für germanische Altertumskunde", deren Leitung Kraus' ehemaliger Studienkollege und nunmehriger Wiener Professor für *Germanische Sprachgeschichte und Altertumskunde* Rudolf Much[45] übernehmen sollte. Im Unterrichtsministerium musste man zwar zugeben,

> daß die gestellten Forderungen ziemlich bedeutend sind [...], nichtsdestoweniger muß die Unterrichtsverwaltung mit allem Nachdrucke für deren Gewährung eintreten, da es sich um die Rückgewinnung eines ganz hervorragenden Gelehrten handelt, von dem zu erwarten ist, daß er die altberühmte Wiener germanistische Schule, aus welcher er selbst hervorgegangen ist, nicht nur auf ihrer Höhe erhalten, sondern ihr neuen Glanz und neue Anziehungskraft verleihen werde.[46]

Das Ministerium und das Professorenkollegium waren sich, wie die vorangegangenen Zitate zeigen, darin einig, dass es sich bei dieser Berufung um die Fortführung einer Wiener germanistischen Tradition und die

---

44 Brief des preußischen Kultusministeriums an das Ministerium für Kultus und Unterricht in Wien vom 8. August 1912; ÖStA, AVA, Unterricht allgemein, Professoren und Lehrkräfte: Anstellungen, Rang, Entlassungen 1912–1914, MCU, Zl. 33439 ex 1912.

45 Zu Much vgl. Kap. IV.1.

46 Alle Zitate: K.K. Ministerium für Kultus und Unterricht: Referenten-Erinnerung betr.: Univ. in Wien, Wiederbesetzung der nach Hofrat Seemüller erledigten ordentlichen Lehrkanzel der deutschen Sprache und Literatur vom 28. August 1912; ÖStA, AVA, Unterricht allgemein, Professoren und Lehrkräfte: Anstellungen, Rang, Entlassungen 1912–1914, MCU Zl. 40042 ex 1912.

wichtige Rückgewinnung eines österreichischen Gelehrten handelte, die es mit allen, auch finanziellen Mitteln durchzusetzen galt. Das Finanzministerium versuchte jedoch, die Ausgaben zu beschränken, und „beehrt[e] sich",

> vor allem zu bemerken, daß die Bewilligung derart exorbitanter Begünstigungen [...] h.o. Wissens in letzter Zeit [...] überhaupt nicht vorgekommen ist. So wurden denn auch sogar anläßlich der im Jahre 1902 erfolgten Rückberufung Boltzmann's an die Universität viel weniger weitgehende Begünstigungen bewilligt.[47]

Doch „angesichts des besonderen Wertes, welchen das k.k. Ministerium der Berufung des Dr. Karl von Kraus [...] beilegt", war das Finanzministerium „ausnahmsweise" bereit, die „Weiterführung der Verhandlungen" zu erlauben, wenn es gelänge, „eine beträchtliche Reduktion der gestellten überaus hoch gespannten Mehransprüche zu erzielen".[48] In der Folge einigten sich von Kraus, das Unterrichts- und das Finanzministerium zwar auf eine Reduktion, so beträchtlich, dass von Kraus weniger verdiente als der in dem Schreiben erwähnte Physiker Ludwig Boltzmann, war sie aber nicht.[49] Damit zählte mit Carl von Kraus bei seinem Amtsantritt im Sommersemester 1913 ein Germanist zu den bestbezahlten Ordinarien der Wiener Universität.

Mit Blick auf die Lehrstuhlbesetzungen an der Wiener Germanistik bis 1912 ist hinsichtlich der Ordnung der Professorenfolge Folgendes zu bemerken: Nach einer (semiprofessionellen) Konsolidierungsphase, in der

---

47 Brief des Finanzministeriums an das Ministerium für Kultus und Unterricht vom 25. Oktober 1912; ÖStA, AVA, Unterricht allgemein, Professoren und Lehrkräfte: Anstellungen, Rang, Entlassungen 1912–1914, MCU Zl. 48224 ex 1912. – Die Abkürzung „h.o." steht in der österreichischen Amtssprache für ‚hierorts' bzw. ‚hierortig'.

48 Brief des Finanzministeriums an das Ministerium für Kultus und Unterricht vom 25. Oktober 1912; ÖStA, AVA, Unterricht allgemein, Professoren und Lehrkräfte: Anstellungen, Rang, Entlassungen 1912–1914, MCU Zl. 48224 ex 1912. – Carl von Kraus schrieb sich selbst zunächst ‚Karl'. Als sein Namensvetter Karl Kraus in Wien aber die satirische Zeitschrift *Die Fackel* herauszugeben begann und dort häufig über die Wiener Germanistik herzog, änderte er die Schreibweise in ‚Carl'.

49 Im Vergleich zu den gestellten Forderungen verringerte sich lediglich die Personalzulage um 2.000 Kronen auf 9.500 Kronen jährlich, seine Privatdozentenzeit wurde nicht für die Pension angerechnet und die Übersiedlungskosten von Prag nach Bonn wurden nicht bezahlt. Brief des Finanzministeriums an das Ministerium für Kultus und Unterricht vom 25. Oktober 1912; ÖStA, AVA, Unterricht allgemein, Professoren und Lehrkräfte: Anstellungen, Rang, Entlassungen 1912–1914, MCU Zl. 48224 ex 1912.

die Entscheidung über Lehrstuhlbesetzungen allein beim Unterrichtsministerium lag und ausschließlich Privatgelehrte oder fachfremde Wissenschaftler berufen wurden, entwickelte sich ein Berufungsmechanismus, der schließlich zum ‚Normalmodell' avancierte. Beteiligt an der Entscheidungsfindung waren dabei der Vorgänger des zu Berufenden sowie die Kommission und das Professorenkollegium der Fakultät, das dem Ministerium den jeweiligen Besetzungsvorschlag unterbreitete. Das Ministerium wiederum mischte sich ab 1868 in die Wahl nicht mehr ein, sondern folgte – vor allem nachdem bei der Berufung Erich Schmidts endgültig klargestellt worden war, dass von den beiden germanistischen Lehrstühlen einer mit einem Altgermanisten und der andere mit einem Neugermanisten zu besetzen war – der Fakultätsentscheidung. In der Altgermanistik ist ein klares Lehrer-Schüler-Verhältnis auszumachen, wobei „die jeweiligen Schüler in der Nachfolge von Ordinarien gezielt etabliert wurden"[50]. Berufen wurden nur Wissenschaftler, die ihre ‚Lehrjahre' an der Wiener Universität verbracht hatten und dem Professorenkollegium bekannt waren. Als weitere Anforderung kann die Absolvierung einer ‚Professorenerprobungsphase' bezeichnet werden. Damit ist gemeint, dass die zu Berufenden nach der Habilitation in Wien ihre erste Zeit als außerordentliche oder ordentliche Professoren an einem anderen, meist kleineren Institut im In- oder Ausland verbracht hatten und erst danach ‚zurückgeholt' wurden. In der Neugermanistik wurden ab der Amtszeit Wilhelm Scherers, der in Wien die altgermanistische Abteilung geleitet hatte, ausschließlich Fachvertreter berufen, die bei ihm studiert hatten und die, wie die Berufungen Schmidts und Minors zeigen, von ihm auch für den Wiener Lehrstuhl gewünscht wurden.[51] In beiden Fachbereichen wurde der Nachfolger vom jeweiligen Vorgänger, so dieser nicht verstorben war, gezielt ausgesucht; außerdem hatte er Österreicher zu sein und musste einem von der Fakultät vertretenen Konzept der schulischen Kontinuität entsprechen. Bis zum Jahr 1912 und der Berufung von Carl von Kraus stand an der Wiener Germanistik also alles im Zeichen konfliktfreier Traditionsbewahrung. Dies änderte sich jedoch grundlegend, nachdem im selben Jahr auch der

---

50 Höppner: Eine Institution wehrt sich (1993), S. 376. Die Diagnose Wolfgang Höppners über die Berliner Germanistik bis zum Beginn des 20. Jahrhunderts lässt sich auch auf die Wiener anwenden.

51 Die engen persönlichen Verbindungen in der Abfolge Scherer–Schmidt–Minor zeigen sich in außeruniversitärer Hinsicht auch darin, dass sie nacheinander dieselbe Wohnung in der Landstraßer Hauptstraße 88 im dritten Wiener Gemeindebezirk bezogen. Faerber: Ich bin ein Chinese (2004), S. 119.

neugermanistische Lehrstuhl durch den Tod Jakob Minors neu zu besetzen war.

I.2. Der Bruch – Die Verhandlungen um die Nachfolge für den neugermanistischen Lehrstuhl nach dem Tod Jakob Minors 1912

Wenige Monate nach der altgermanistischen wurde 1912 in Wien auch die neugermanistische Lehrkanzel vakant. Ihr Vertreter Jakob Minor starb am 7. Oktober 1912 im Alter von 57 Jahren noch während seiner Amtszeit. Bereits im Juli desselben Jahres hatte Minor ein ausführliches, mehrteiliges Testament verfasst, in dem er präzise Regelungen bezüglich seines wissenschaftlichen Nachlasses und des Umgangs mit seinem Oeuvre getroffen hatte.[52] Hinweise auf einen von ihm gewünschten Nachfolger als Professor für *Deutsche Sprache und Literatur* finden sich darin jedoch nicht. Und auch abseits dieser letzten Verfügungen hatte sich Minor – anders als die meisten seiner Kollegen und Vorgänger – zu Lebzeiten nicht um die eigene Erbfolge an der Universität gekümmert. Einer seiner ehemaligen Schüler, Eduard Castle, meinte 1955 rückblickend, dass Minor, „so wenig er sonst Scharfblick für die realen Verhältnisse aufbrachte", dieses Ansinnen schon immer für aussichtslos gehalten habe und ihnen, „seinen Adepten", bereits zu seinem 50. Geburtstag, als er erstmals „erwog […], seinen Platz zu räumen", vorausgesagt habe, „daß keinem seine Nachfolgerschaft zufallen werde".[53]

Das Problem der Wiener Neugermanistik, dass es zu wenige Fachvertreter gab, um einen Österreicher berufen zu können, das sich bei der Nachfolge Tomascheks 1878 noch gestellt hatte, existierte aber nicht mehr. Ganz im Gegenteil: Die Anzahl der germanistischen Promovenden, die eine Universitätslaufbahn eingeschlagen und sich auf Neuere deutsche Literatur spezialisiert hatten, war so hoch wie nie zuvor. Die Germanistik, vor allem die neuere Abteilung, gehörte zu jenen Fächern, die am Ende des 19. und zu Beginn des 20. Jahrhunderts den stärksten Zuwachs an Studierenden zu verzeichnen hatten.[54] Minor selbst hatte seit seinem Amts-

---

52 Das Testament ist abgedruckt bei Faerber: Ich bin ein Chinese (2004), S. 558– 563.

53 Castle: Zu Jakob Minors 100. Geburtstag (1955), S. 77.

54 Zur Bildungsexpansion um die Jahrhundertwende und zum starken Anstieg der Hörerzahlen an den philosophischen Fakultäten vgl. detailliert Cohen: Education and Middle-Class Society in Imperial Austria 1848–1918 (1996).

antritt im Wintersemester 1885 im Schnitt 14 Dissertationen pro Jahr betreut[55] und insgesamt fünf neugermanistische Habilitationen abgenommen: 1887 die Habilitation Alexander von Weilens, 1893 die Oskar Walzels, 1900 die Robert Franz Arnolds, 1905 die Stefan Hocks und 1907 die Eduard Castles.[56] Diese fünf Wissenschaftler lehrten 1912 als Privatdozenten, außerordentliche oder ordentliche Professoren in Wien bzw. an einer deutschen Hochschule[57] und hätten die Voraussetzungen für die Minor-Nachfolge erfüllt, wäre das Auswahlverfahren dem bisher praktizierten Berufungskonzept gefolgt, das vor allem der Aufrechterhaltung einer nationalen und schulischen Kontinuität geschuldet war. Auch hatten sich alle fünf mit einem Nachruf auf Jakob Minor als dessen Schüler präsentiert und sich somit für seine Nachfolge in Stellung gebracht.[58] Darüber hinaus gab es noch zwei weitere Germanisten, die für den prestigeträchtigen Wiener Lehrstuhl in Frage gekommen wären und bereits 1885 bei der Berufung Minors ex aequo an zweiter und dritter Stelle ge-

---

55 Insgesamt betreute Minor in Wien 361 Doktorarbeiten als Referent und etwa ebenso viele als Koreferent. Bis 1901 wurden jährlich bis zu acht Arbeiten bei ihm eingereicht, 1903 sind es zehn, 1904 13, 1905 22, 1906 40 und 1910 bereits 54. Faerber: Ich bin ein Chinese (2004), S. 155. – Auch der Privatdozent Stefan Hock wies in seinem Nachruf darauf hin, dass Minor, der vor „Tausenden von Studenten" gelehrt habe, sich oft darüber beklagte, „daß die Ueberfüllung der Wiener Hochschule, zumal der philosophischen Fakultät, und hier wiederum die germanistischen Kollegien, notwendig eine Art Massenbetrieb bedinge". Hock: Jakob Minor [Nekrolog] (1912), S. 33.

56 Zu den einzelnen Habilitationsverfahren vgl. Faerber: Ich bin ein Chinese (2004), S. 157–168.

57 Alexander von Weilen war Titularprofessor für Neuere deutsche Literaturgeschichte in Wien, Oskar Walzel ordentlicher Professor für Literatur und Kunstgeschichte an der Technischen Hochschule in Dresden, Robert Franz Arnold außerordentlicher Titularprofessor für Neuere deutsche Literaturgeschichte in Wien, Stefan Hock und Eduard Castle waren Privatdozenten für Neuere deutsche Literaturgeschichte in Wien.

58 Alexander von Weilen am prominentesten und bereits einen Tag nach Minors Tod in der *Neuen Freien Presse*, aber auch im *Jahrbuch der Grillparzer-Gesellschaft* und als offizieller Vertreter der Wiener Universität in deren jährlichem Berichtsorgan *Die feierliche Inauguration des Rektors*. Weilen: Jakob Minor [Nekrolog] (1912); ders.: Jakob Minor [Nekrolog] (1913); ders.: Jakob Minor [Nekrolog] (1913/1914). – Oskar Walzel etwas weiter abseits in der *Frankfurter Zeitung*. Walzel: Jakob Minor [Nekrolog] (1912). – Robert Franz Arnold in der von August Sauer herausgegebenen germanistischen Fachzeitschrift *Euphorion*. Arnold: Jakob Minor [Nekrolog] (1913). – Stefan Hock im Literaturblatt der *Neuen Freien Presse* und Eduard Castle in der populärwissenschaftlichen Zeitschrift *Das Wissen für alle*. Hock: Jakob Minor [Nekrolog] (1912); Castle: Jakob Minor [Nekrolog] (1912).

nannt worden waren, die also nicht zu Minors Schülern, sondern zu seinen
Altersgenossen gehörten: den Grazer Ordinarius Bernhard Seuffert und
den Prager Professor August Sauer, der gemeinsam mit Minor in Wien und
bei Scherer in Berlin studiert hatte und der trotz mehrerer vergeblicher
Versuche, wieder stärker ins Zentrum der Monarchie zu rücken, immer
noch an der akademischen Peripherie Österreich-Ungarns sein Amt versah.[59]

Die Kommission, die über die „Besetzung der zur Erledigung gelangten
germanistischen Lehrkanzel" zu beraten hatte, wurde unter dem Vorsitz des
Dekans und Indologen Leopold von Schroeder am 9. November 1912
einberufen.[60] Sie bestand aus den Professoren Jakob Schipper (Anglistik),
Josef Strzygowski (Kunstgeschichte), Hans von Arnim (Klassische Philologie), Philipp August Becker (Romanistik), Oswald Redlich (Geschichte),
Guido Adler (Musikwissenschaft), Richard Wettstein (Botanik), Karl
Luick (Anglistik), Wilhelm Meyer-Lübke (Romanistik) und Rudolf Much
(Germanistik). Da zu dieser Zeit aufgrund der Emeritierung Josef Seemüllers neben der zu besetzenden neugermanistischen auch die zweite,
altgermanistische Professur vakant war, war Much als Altertumswissen-
schaftler der einzige Germanist in der Kommission.

Bereits in der ersten Sitzung am 27. November 1912 zeigte sich die
abwartende und wenig entscheidungsfreudige Haltung der Kommissionsmitglieder, die das Besetzungsverfahren noch die nächsten sechs Monate bis zum Amtsantritt des Seemüller-Nachfolgers Carl von Kraus im
April 1913 prägen sollte. So wurde zwar ein Brief Erich Schmidts, des
Berliner Scherer-Nachfolgers und Wiener Minor-Vorgängers, verlesen, in
dem dieser für den Dreiervorschlag an erster Stelle August Sauer, an zweiter
Oskar Walzel und an dritter Alexander von Weilen empfahl, eine weitere
Diskussion über etwaige Kandidaten fand aber nicht statt. Vielmehr beschloss man, ein Gutachten des emeritierten Altgermanisten Josef Seemüller einzuholen, und vertagte daraufhin die Sitzung.[61] Das Gutachten

---

59 Sauer lehrte als Nachfolger Jakob Minors seit 1886 als außerordentlicher und seit
    1892 als ordentlicher Professor für *Deutsche Sprache und Literatur* an der Deut-
    schen Universität in Prag. – Zu Sauer vgl. Sauer/Seuffert: *Der Briefwechsel zwischen
    August Sauer und Bernhard Seuffert (1880–1926)* [in Vorbereitung].
60 Protokoll der 1. Sitzung des Professorenkollegiums der philosophischen Fakultät
    am 9. November 1912; UAW, Phil. Fak., PH 31.11, fol. 420.
61 Protokoll der 1. Sitzung der Kommission zur Beratung über die Besetzung der
    germanistischen Lehrkanzel nach Hofrat Professor Minor am 27. November 1912;
    UAW, Phil. Fak., Zl. 495 ex 1912/13, PA 1113 Walther Brecht. – Der Origi-

Seemüllers führte nahezu dieselben Namen an wie der Brief Erich Schmidts und stimmte in seiner Argumentation exakt mit den traditionellen Berufungskriterien des Fachs überein. Seemüller sprach sich „unter den österreichischen Gelehrten", die allein er in Betracht zog, primo loco ebenfalls für August Sauer aus. Sauer sei, so Seemüller, „heute der anerkannte Vertreter der speziell österreichischen Literaturgeschichte", stehe aber ebenso „in Mitte des Betriebes der allgemeinen deutschen Literarhistorie". Secundo loco nannte Seemüller den in Graz lehrenden Professor Bernhard Seuffert, dessen Arbeiten, wie er betonte, „wie die Sauers (und unseres verstorbenen Jakob Minor) unter dem Einflusse Wilhelm Scherers" stünden. Für den dritten Platz, doch nur wenn „die Kommission der Fakultät einen Ternar vorzulegen wünsche[ ]", schlug Seemüller Oskar Walzel vor, an dem er hervorhob, dass er „ein Schüler Minors und Erich Schmidts" sei.[62]

Mit diesen ersten Vorschlägen für die Besetzung der neugermanistischen Lehrkanzel in Wien stand die Minor-Nachfolge zunächst im Zeichen problemfreier, d. h. über Jahrzehnte hinweg eingeübter Kontinuität. Sowohl Sauer und Walzel als auch Weilen hatten sich an der Wiener Germanistik habilitiert; Sauer 1879 noch bei Richard Heinzel, Weilen 1887 und Walzel 1894 bereits bei Jakob Minor. Nur Seuffert absolvierte seine akademischen Qualifikationsprüfungen nicht in Wien, sondern in Würzburg. Dort aber bei Erich Schmidt, der wiederum von 1880 bis 1885, also vor Jakob Minor, den Wiener neugermanistischen Lehrstuhl innehatte. Außerdem war er Katholik. Alle vier vorgeschlagenen Wissenschaftler ließen sich problemlos für eine österreichische Germanistik reklamieren oder waren selbst Österreicher. Darüber hinaus gehörten alle vier der ersten (Sauer, Seuffert) oder zweiten (Walzel, Weilen) Schüler-Generation Wilhelm Scherers an, der das Fach über Jahrzehnte hinweg sowohl methodisch als auch institutionell und wissenschaftspolitisch bestimmt hatte. Für Walzel und Weilen sprach im Sinne einer Aufrechterhaltung der bislang selbstverständlichen professoralen Erbfolge außerdem, dass sie sich bei Jakob Minor habilitiert hatten. Doch der traditionelle Berufungsmechanismus, demzufolge ein Schüler des scheidenden Ordinarius zu dessen Nachfolger gewählt wurde, ließ sich nach dem Tod Jakob Minors nicht mehr reproduzieren. Auch eine Berufung anhand der beiden anderen

---

nalbrief von Schmidt befindet sich nicht bei den Unterlagen, sein Inhalt geht aber aus dem Protokoll hervor.

62 Gutachten Seemüllers über die Nachfolge nach Hofrat Minor vom 29. Dezember 1912; UAW, Phil. Fak., Zl. 494 ex 1912/13, PA 1113 Walther Brecht.

bislang maßgeblichen Auswahlkriterien (Scherer-Schule, Österreicher) sollte gänzlich scheitern.

In der zweiten Sitzung der Kommission am 11. Jänner 1913 wurde zwar das Gutachten Seemüllers verlesen, über mögliche Minor-Nachfolger aber erneut nicht diskutiert. Diesmal verzögerte man die Beratung mit der Begründung, dass der mittlerweile zu erwartende Seemüller-Nachfolger Carl von Kraus ebenfalls ein Gutachten verfassen sollte.[63] Kraus kam diesem Ansuchen, das ihm von Rudolf Much übermittelt wurde,[64] jedoch nicht nach, sondern forderte die Kommission auf, die weiteren Verhandlungen bis zu seinem Amtsantritt zu vertagen,[65] was ihm vom Dekan und Vorsitzenden der Berufungskommission Leopold von Schroeder auch anstandslos bewilligt wurde:

> Daß die Besetzung der Stelle nach Minor sich so stark verzögert, ist mir leid. Doch jetzt ist die Zeit schon so weit vorgeschritten, daß es in der That wohl angezeigt sein dürfte zu warten, bis Sie hier am Orte sind und uns berathen können, worauf die Kollegen allgemein das größte Gewicht legen.[66]

Diese Zusage bedeutete nicht nur einen Aufschub der Verhandlungen um weitere drei Monate, sondern führte schließlich auch zur deutlichen Zurücksetzung des bisherigen Favoriten August Sauer. Hinzu kam, dass sich die publizistische Öffentlichkeit in das Berufungsverfahren einzumischen begann und inneruniversitär Intrigen gesponnen wurden. Während die *Neue Freie Presse* noch im Jänner 1913 kolportierte, dass Sauer „in erster Reihe [...] als Nachfolger Minors genannt"[67] werde, wurde an der Universität selbst bereits gegen ihn polemisiert. Stefan Hock, Privatdozent an der Wiener Germanistik, verfasste nämlich eine „gegen Sauer gerichtete Schrift", die „unter den Mitgliedern der Besetzungs-Kommission circu-

---

63 Protokoll der 2. Sitzung der Kommission zur Beratung über die Besetzung der germanistischen Lehrkanzel nach Hofrat Professor Minor am 11. Jänner 1913; UAW, Phil. Fak., Zl. 495 ex 1912/13, PA 1113 Walther Brecht. – Carl von Kraus war zwar noch nicht offiziell berufen, die Verhandlungen mit dem Ministerium waren aber bereits zu einem erfolgreichen Abschluss gekommen, worüber nicht nur die Kommission informiert war, sondern auch die Tagespresse schon am 14. Jänner berichtet hatte. [Anonym:] Eine Neuberufung an die Wiener philosophische Fakultät (1913).

64 Brief von Much an Kraus vom 21. Jänner 1913; BSB München, Nachlass Carl von Kraus, Krausiana I.

65 Brief von Kraus an Rudolf Much (für die Kommission) vom 30. Jänner 1913 (Abschrift); BSB München, Nachlass Carl von Kraus, Krausiana I.

66 Brief von Schroeder an Carl von Kraus vom 12. Februar 1913; BSB München, Nachlass Carl von Kraus, Krausiana I.

67 [Anonym:] Vom Wiener germanistischen Seminar (1913).

lierte"[68] und einiges Aufsehen verursachte. Die Schrift selbst ist nicht erhalten, aus den Reaktionen auf sie lässt sich aber ersehen, welche Positionen
die einzelnen Kommissionsmitglieder, deren Haltung bisher – zumindest
in den Protokollen – nicht erkennbar war, einnahmen. So informierte
Richard Wettstein August Sauer am 16. Februar über das „Hock'sche
Pamphlet", versicherte ihm, dass „er eine solche Kampfesart für absolut
unakademisch halte", und unterrichtete ihn „bei diesem Anlasse [...]
gleich, allerdings streng vertraulich, über die Sachlage":

> Von den Commissions-Mitgliedern sind für Sie außer mir Adler, Redlich,
> Much und Seemüller, der allerdings nicht Mitglied ist, sondern nur als Beirat
> figuriert. Nicht zu vergessen der Decan Schroeder, der unbedingt für Sie ist.
> Eine mir ganz unverständliche Haltung nimmt Meyer-Lübke ein, dessen
> Einfluß es bisher gelang, die Sache immer wieder zur Vertagung zu bringen. Er
> scheint die Berufung verschieben zu wollen, bis Kraus hier ist. Die übrigen
> Commissions-Mitglieder scheinen verschiedene Meinungen zu vertreten.
> Strzygowski ist für Seuffert, [?] für den Germanisten aus Dresden (Namen mir
> momentan entfallen)[69], Schipper, Becker unentschieden, Arnim ist gegen Sie,
> doch weiß ich nicht für wen er eintritt.
> Sehr stark für Sie tritt Adler ein, doch trachte ich unter uns gesagt, ihn tunlichst
> abzuhalten, zu sehr hervorzutreten. Er ist in der Fakultät sehr unbeliebt und
> kann eher schaden als nützen.
> Im Allgemeinen halte ich Ihre Chancen für günstig, einigermaßen besorgt bin
> ich nur für den Fall, daß Kraus eine Ihnen unerfreuliche Haltung einnimmt.[70]

Der Germanist Rudolf Much beschrieb die Situation Ende Jänner 1913 in
einem Brief an Carl von Kraus, den er bereits seit Beginn der Berufungsverhandlungen über jede Einzelheit der Kommission, vor allem auch
über das Gutachten Seemüllers und die bisherige Favorisierung August
Sauers informiert hatte, folgendermaßen:

> Für Minor ist nichts weiter geschehen als daß Hock Material gegen Sauer in
> Circulation gebracht hat, das vielfach Eindruck macht! Aber auch an Walzel
> findet man nicht recht Geschmack. Selber getraue ich mir, wenn ich erst mit
> mir einig geworden, zu, für den einen oder anderen oder auch für Seuffert den
> Anschlag zu geben, aber um die Kommission für einen andern ferner ste
> henden zu gewinnen habe ich nicht Einfluß genug. Anders stünde die Sache
> allerdings, wenn wir erst Ihrer sicher sind, und Sie sich für eine bestimmte
> Person einsetzen. [...] Zu Gunsten der Kandidatur Sauers könnte man sagen,

---

68   Brief von Richard Wettstein an den Dekan Leopold Schroeder, o.D.; UAW, Phil.
      Fak., PA 1113 Walther Brecht.
69   Wettstein meinte Oskar Walzel, der zu dieser Zeit Professor für Literatur- und
      Kunstgeschichte an der Technischen Hochschule in Dresden war.
70   Brief von Wettstein an Sauer vom 16. Februar 1913; Wienbibliothek im Rathaus,
      Handschriftensammlung, H.I.N. 184.963.

daß sie nur das Interim bedeuten würde, denn er hat jetzt schon die vollen
Dienstjahre und wird die schwere Last, die grade auf dem Wiener Neugermanisten liegt, gewiß nicht allzu lange tragen, vielmehr den Ruf nach Wien als
ehrenvollen Abschluß seiner Karriere betrachten. Und nach ein paar Semester
wird sich wohl eine gute junge Kraft leichter finden als es jetzt der Fall ist.[71]

Die von Wettstein geäußerte Befürchtung, dass Kraus gegenüber August
Sauer ablehnend gesinnt sein könnte, bestätigte sich nach dessen Amtsantritt im Sommersemester 1913 in vollem Maße. Bereits in der ersten
Nachfolgesitzung, der er beiwohnte, am 3. Mai 1913, trat Kraus gegenüber
seiner durchweg unentschiedenen Kollegenschaft sogleich als Wortführer
auf. Aus seiner Abneigung gegen den bisherigen Favoriten Sauer machte er
keinen Hehl und „wünschte, [ihn] in dem Vorschlage nicht zu nennen".
Diese Einschätzung untermauerte Kraus laut Sitzungsprotokoll mit einer
unerwartet drastischen und umfassenden wissenschaftlichen Diskreditierung Sauers:

> In der Jugend hat er einige hübsche Abhandlungen veröffentlicht, späterhin
> nicht eigentlich viel mehr von Bedeutung.
> Er ist Herausgeber und Bibliograph. Als Herausgeber hat er eine weitum-
> fassende Thätigkeit entfaltet – außer Grillparzer und Stifter noch sehr viel
> Andres. Als Bibliograph werthvoll, in seinem „Euphorion", wie auch im
> „Goedeke". Viel Arbeitsenergie u. Fleiß. Aber es fehlt ihm das Methodische,
> Methoden Andrer ahmt er sklavisch nach, oft wo sie keine Berechtigung haben
> [.] Spezialwörterbuch zu Stifter ist in dieser Richtung voll des Guten zu viel.
> Aehnliches gilt auch von andern Arbeiten Sauers: historisch-kritische Ausgabe
> Stifters, […] u.s.w. Stoffanhäufung ohne disciplinierende Beschränkung ist da
> charakteristisch. Die Sichtung und Bearbeitung fällt dann Anderen zu (cf. die
> Grillparzer-Gespräche). Der „Euphorion" ist [!] in Deutschland keinen guten
> Ruf, weil er 3 oder 4 Mal so viel enthält, wie er enthalten sollte – Hypertrophie
> des Inhalts. Dies auch für die Schülerarbeiten sehr bedenklich. Massenhafte
> Produktion ohne gehörige Ausreifung. Auch andre Thätigkeiten noch nehmen
> die Arbeitskraft Sauers in Anspruch – eine Vielgeschäftigkeit, wodurch die
> ernste Vertiefung unmöglich wird. Dabei hält er sich doch einige Pagen. Mit
> Metrik hat er sich nie beschäftigt, nie darüber gelesen. Ein Interpretations-
> colleg hat er kaum jemals gelesen. Es mangelt ihm an innerster ästhetischer
> Bildung, er ist kein Humanist im höchsten Sinn des Wortes.

Aber auch für die drei anderen Genannten konnte sich Kraus nicht er-
wärmen. Vielmehr hatte er eine für die Wiener Verhältnisse überraschende
Lösung parat, der zufolge „[e]ine einzige Persönlichkeit […] allen Anforderungen, die in diesem Falle zu stellen sind", genüge: „und zwar Prof.

---

71 Brief von Rudolf Much an Carl von Kraus (Fragment), o.D. [Ende Jänner 1913];
    BSB München, Nachlass Carl von Kraus, Krausiana I.

Köster in Leipzig".[72] Albert Köster hatte zunächst in Leipzig Geschichte und danach Deutsche Philologie bei Erich Schmidt in Berlin studiert, er war seit 1899 ordentlicher Professor in Leipzig, 1912 Dekan der philosophischen Fakultät und ab 1914 Rektor der Universität Leipzig. Köster war ein ausgewiesener Theaterhistoriker, beschäftigte sich mit Edition und Textkritik (Schiller, Goethe, Storm) und gehörte in den 1910er Jahren zu den anerkanntesten Germanisten im deutschsprachigen Raum.[73] Kraus charakterisierte Köster in der Kommissionssitzung mit Blick auf die innerfachliche Differenzierung der Neugermanistik als einen

> Literarhistoriker, der nicht nur auf die Literaturgeschichte des 19ᵗ, resp. 18ᵗ Jahrh. sich beschränkt, sondern sehr weit ausschaut. Er beherrscht die phi-lologische Methode in souveräner, geradezu klassischer Weise. Doch ist die philologisch-kritische Arbeit nur eine Seite seiner Thätigkeit – er ist nicht minder der Meister der literarischen Charakteristik. Er verbindet den Blick für das Kleine mit dem Weitblick für das Große. Metrik, Faustsage, Theaterge-schichte, die Realien der Literaturgeschichte, Methodenlehre, Interpretati-onscollegia (Faust, Theil II). Die Arbeiten seiner Schüler ("Probefahrten")[74] legen rühmlichstes Zeugniß von seiner Lehrthätigkeit ab. Als Redner ist er einer der besten an der Univ. Leipzig. Die Gewinnung Kösters ließe sich als das "große Loos" bei dieser Besetzung bezeichnen.

Für einen möglichen zweiten und dritten Platz nannte Kraus Bernhard Seuffert und Oskar Walzel, beide jedoch nur mit Einschränkungen. So sei Seuffert zwar "sehr solid und tüchtig" und ein "Philologe" könne "seine Freude an ihm haben", doch da er "in der Produktion einigermaßen dürftig" sei, wollte Kraus ihn nur "in bedeutendem Abstand" genannt wissen. Ähnlich verfuhr Kraus mit Oskar Walzel: Gewiss sei dieser "[u]nter den Kennern der Romantik [...] weitaus der Beste", aber eben auch "zu fein konstruktiv oft allerdings".

Ebenso überraschend wie Kraus' Empfehlung von Köster war auch die Reaktion der Kommissionsmitglieder. Von allen Anwesenden widersprach als einziger Adler Kraus' Einschätzung von August Sauer und wies darauf hin, dass "[d]as oesterreichische Moment [...] doch auch zu beachten" sei. Ungeachtet dieses Einwands entschied sich die Mehrheit der Kommission

---

72 Alle Zitate: Protokoll der 3. Sitzung der Kommission zur Beratung über die Be-setzung der germanistischen Lehrkanzel nach Hofrat Professor Minor am 3. Mai 1913; UAW, Phil. Fak., Zl. 495 ex 1912/13, PA 1113 Walther Brecht.

73 Zu Köster vgl. Korn/Stockinger: "Ist das Gehirn so eng, daß nur eine Betrach-tungsweise darin Platz hat?" (2013); Kirschstein: "Der Berufensten einer" (2009).

74 Mit "Probefahrten" ist folgende Reihe gemeint: Köster (Hg.): Probefahrten. Erstlingsarbeiten aus dem Deutschen Seminar in Leipzig (1905–1930).

ohne weitere Diskussion dafür, Köster dem Ministerium sine et unico loco in Vorschlag zu bringen.[75] Doch Köster, an den gleichzeitig auch ein Ruf nach Berlin als Nachfolger Erich Schmidts ergangen war, lehnte beide Lehrstühle ab und blieb in Leipzig.[76]

Nach der Absage Kösters wurden die ohnehin schon langwierigen und konfliktbeladenen Debatten um die Nachfolge Jakob Minors zusehends komplizierter und verwickelter. Zwar trat Kraus in der Sitzung am 13. Juni 1913 erneut mit einem klaren Vorhaben auf und erklärte, dass es „unbedingt nothwendig [sei], nunmehr an erster Stelle Seuffert", an zweiter Oskar Walzel und an dritter Ernst Elster sowie den zu diesem Zeitpunkt zum ersten Mal in den Protokollen erwähnten Walther Brecht zu nominieren. Doch trotz der Befürwortung Seufferts durch die gesamte Kommission konnte man sich auf keinen Dreiervorschlag einigen, da abermals über die Eignung August Sauers gestritten wurde: Während Kraus, wie der Protokollant notierte, Sauer „in nahezu vernichtender Weise" kritisierte, weigerten sich Adler, Wettstein, Redlich und Becker einem Vorschlag ohne Sauer zuzustimmen, woraufhin die Entscheidung ein weiteres Mal vertagt wurde.[77]

Ohne Auflösung der Patt-Situation zwischen den Sauer-Befürwortern und Carl von Kraus begann die nächste und letzte Zusammenkunft der Kommission am 21. Juni 1913; seit dem Tod Minors waren mittlerweile mehr als sieben Monate vergangen. Kraus versuchte wiederum, diejenigen Kollegen, die der Ansicht waren, dass Sauers „Leistungen doch zu blendend sind, um ihn aus dem Vorschlage wegzulassen"[78], von seinem Standpunkt zu überzeugen – diesmal mit dem Argument, dass es nicht notwendig wäre, bei der Besetzung der Professur auf die Behandlung österreichischer Li-

---

75　Alle Zitate: Protokoll der 3. Sitzung der Kommission zur Beratung über die Besetzung der germanistischen Lehrkanzel nach Hofrat Professor Minor am 3. Mai 1913; UAW, Phil. Fak., Zl. 495 ex 1912/13, PA 1113 Walther Brecht.

76　Vgl. Protokoll der 4. Sitzung der Kommission zur Beratung über die Besetzung der germanistischen Lehrkanzel nach Hofrat Professor Minor am 24. Mai 1913; UAW, Phil. Fak., Zl. 495 ex 1912/13, PA 1113 Walther Brecht. – Zu den gleichzeitig stattfindenden Nachfolgeverhandlungen in Berlin vgl. Höppner: Eine Institution wehrt sich (1993).

77　Protokoll der 5. Sitzung der Kommission zur Beratung über die Besetzung der germanistischen Lehrkanzel nach Hofrat Professor Minor am 13. Juni 1913; UAW, Phil. Fak., Zl. 495 ex 1912/13, PA 1113 Walther Brecht.

78　Wortmeldung des Romanisten Philipp Becker. – Protokoll der 6. Sitzung der Kommission zur Beratung über die Besetzung der germanistischen Lehrkanzel nach Hofrat Professor Minor am 21. Juni 1913; UAW, Phil. Fak., Zl. 495 ex 1912/13, PA 1113 Walther Brecht.

teratur zu achten, und mit dem Anspruch, dass vor allem er mit dem zu
Berufenden gut auskommen müsse:

> Wir haben an ~~Hock~~ Castle, Hock, Weilen bereits Kräfte, die sich der österreich.
> Literaturgeschichte widmen. Keineswegs beansprucht Kraus, daß der neue
> Kollege genau zu ihm stimmen müsse. Wenn aber Jemand, wie Sauer, haupt-
> sächlich Herausgeber, also Philologe ist, dann muß er das auch gut machen.
> Unmöglich wäre ein Zusammenwirken mit Sauer natürlich nicht, doch ist die
> Verschiedenheit des Wesens zu groß, um Gedeihliches erwarten zu können.[79]

In den folgenden durchweg kontrovers verlaufenden Diskussionen wurde
erneut keine Einigung erzielt, da weder Kraus noch die Fraktion der Sauer-
Befürworter von den jeweiligen Standpunkten abwichen. Aus den Verhandlungen resultierte somit nicht wie üblich eine einzige Entscheidung,
vielmehr endeten sie mit insgesamt drei unterschiedlichen Vorschlägen: In
einem äußerst schwachen Majoritätsvotum stimmten Kraus, Luick, Much,
Meyer-Lübke und Arnim für 1. Seuffert, 2. Brecht, 3. Elster und Walzel.
Redlich, Adler und Wettstein bildeten ein Minoritätsvotum für Sauer und
Seuffert ex aequo an erster Stelle und Becker gab ein Separatvotum für
1. Seuffert, 2. Sauer, 3. Brecht und Elster ab. Schipper enthielt sich unter
Hinweis auf seine baldige Emeritierung der Stimme.[80]
Genau in dieser Uneinigkeit gingen die Vorschläge zur weiteren Abstimmung in die Sitzung des Professorenkollegiums der philosophischen
Fakultät am 5. Juli 1913. Dort wurde die Entscheidung jedoch keineswegs
eindeutiger. „Nach mehrstündigen Diskussionen" – die Sitzung begann
um 17.15 Uhr und endete um 21.00 Uhr – wurde, wie im knapp gehaltenen Ergebnisprotokoll vermerkt ist, „die Abstimmung vorgenommen,
welche folgende Resultate" ergab:

> Zunächst wird die Frage, ob SEUFFERT an erster Stelle zu nennen sei, en-
> ergisch bejaht, mit 49 Ja, 2 Nein, 2 Enthaltungen, dann die Frage, ob nicht
> auch SAUER neben ihm ex aequo an erster Stelle zu nennen sei, verneint, mit
> 35 Nein, 16 Ja, 2 Enthaltungen; weiter die Frage, ob BRECHT an zweiter
> Stelle zu nennen sei, ebenfalls verneint, mit 29 Nein, 21 Ja, 4 Enthaltungen.
> Die Frage, ob ELSTER an 3. Stelle zu nennen sei, wird bejaht mit 26 Ja, 17
> Nein, 3 Enthaltungen; BRECHT aber auch für die 3. Stelle / ex aequo /
> abgelehnt, mit 23 Nein, 18 Ja, 4 Enthaltungen.

---

79 Protokoll der 6. Sitzung der Kommission zur Beratung über die Besetzung der
    germanistischen Lehrkanzel nach Hofrat Professor Minor am 21. Juni 1913; UAW,
    Phil. Fak., Zl. 495 ex 1912/13, PA 1113 Walther Brecht.
80 Vgl. Protokoll der 6. Sitzung der Kommission zur Beratung über die Besetzung der
    germanistischen Lehrkanzel nach Hofrat Professor Minor am 21. Juni 1913; UAW,
    Phil. Fak., Zl. 495 ex 1912/13, PA 1113 Walther Brecht.

Ueber WALZEL wird nicht abgestimmt, nachdem Prof. JELLINEK einen Brief von ihm vorgelegt, nach welchem er sich verpflichtet hat, in Dresden zu bleiben und keinen Ruf, auch nach Wien nicht, anzunehmen.

Somit erscheinen vorgeschlagen:

1./ primo loco: SEUFFERT Bernhard, o.ö. Professor an der Univ. Graz,
2./ secundo loco: vacat,
3./ tertio loco: ELSTER Ernst, o.ö. Professor an der Univ. in Marburg.

Professor v. KRAUS hält in einem Minoritätsvotum den Antrag aufrecht, es möge in der Liste der Vorgeschlagenen an zweiter Stelle, für die sich ein Majoritätsbeschluss in der Fakultät nicht ergeben hat, genannt werden: Dr. Walther BRECHT, derzeit Professor an der Ritterakademie zu Posen.[81]

Mit diesem Resultat waren die Verhandlungen über die Nachfolge Jakob Minors, die an der Universität zu führen waren, vorerst beendet. Der Bericht, der daraufhin am 10. Juli 1913 im Ministerium eintraf, enthielt nicht nur ein dreiseitiges, handschriftliches Schreiben des Dekans, in dem dieser das oben zitierte Ergebnis der letzten Sitzung des Professorenkollegiums übermittelte, sondern darüber hinaus auch drei maschinenschriftliche Beilagen, die weitere 22 Seiten mit allen im Diskussionsprozess entstandenen Voten umfassten.[82] Da „vollkommene Uebereinstimmung der Anschauungen über die […] zu präsentierenden Persönlichkeiten nicht zu erreichen"[83] war, wie im Bericht der Majorität der Kommission korrekt festgestellt wurde, geht aus dem ungewöhnlich umfangreichen Schreiben an das Ministerium als einzige Übereinstimmung hervor, dass Bernhard Seuffert primo loco gewünscht wurde.

Da „Seufferts Person […] gegenwärtig stark umworben" war und er nach der Absage Kösters nunmehr auch in Berlin an erster Stelle genannt wurde, drängte das Professorenkollegium, dass „die Unterrichtsverwaltung tunlichst rasch und in besonders nachdrücklicher Form an ihn herantrete,

---

81 Protokoll der 8. Sitzung des Professorenkollegiums der philosophischen Fakultät am 5. Juli 1913; UAW, Phil. Fak., PH 31.11.

82 In den Beilagen befindet sich sowohl das Minoritätsvotum von Carl von Kraus für Walther Brecht an zweiter Stelle, das sich auf die Verhandlungen des Professorenkollegiums bezieht, als auch der Bericht der Majorität der Berufungskommission, in dem Kraus, Luick, Much, Meyer-Lübke und Arnim für 1. Seuffert, 2. Brecht, 3. Elster und Walzel plädieren, und schließlich der Bericht der Minorität der Kommission, in dem Redlich, Adler und Wettstein neben Bernhard Seuffert auch August Sauer an erster Stelle genannt wissen wollen. – Der Bericht mit allen Beilagen ist zu finden im ÖStA, AVA, MCU, Zl. 32739 ex 1913.

83 Bericht der Majorität der Berufungskommission vom 2. Juli 1913 (Abschrift); ÖStA, AVA, MCU, Zl. 32739 ex 1913, fol. 10.

um ihn zur Uebernahme der Wiener Lehrkanzel zu bewegen".[84] Ebenfalls
mit Eingangsstempel vom 10. Juli 1913 meldete sich aber auch Robert
Sieger, Dekan der Grazer philosophischen Fakultät, beim Ministerium, um
es – mit denselben Argumenten wie die Wiener Universität – dazu auf-
zufordern, „Schritte zu tun, um den Professor Seuffert unserer Universität
zu erhalten" und ihm gegebenenfalls „durch entsprechende Konzessionen
das Verbleiben an der Grazer Universität [zu] ermöglichen".[85] Bernhard
Seuffert war damit im Alter von bereits sechzig Jahren für kurze Zeit zum
meist umworbenen Germanisten des deutschen Sprachraums geworden.
Das Ministerium stand vor der Entscheidung, ihn entweder an der einen
österreichischen Universität zu halten und eine weitere langwierige Diskussion um die Besetzung des Lehrstuhls an der anderen österreichischen
Universität zu riskieren oder ihn umgekehrt für Wien zu gewinnen und
damit eine Vakanz in Graz zu verursachen.

Aus Sicht der Unterrichtsverwaltung konnte Seuffert für eine Neuberufung aufgrund seines fortgeschrittenen Alters kein idealer Kandidat
sein. Trotzdem entschloss sich das Ministerium, in Ermangelung eines von
der Mehrheit getragenen Vorschlags für den zweiten Platz, mit ihm Verhandlungen aufzunehmen. Seuffert stellte jedoch, wie zu erwarten war,
höhere finanzielle Ansprüche als es sonst bei Neuberufungen üblich war.
Nach einem intensiven Briefverkehr zwischen Seuffert und dem Unterrichtsministerium, zwischen dem Unterrichtsministerium und dem Finanzministerium sowie einer persönlichen Besprechung von Seuffert mit
dem Unterrichtsminister scheiterte die Berufung Ende Oktober 1913
schließlich am Veto der Finanzverwaltung, die – anders als bei der Berufung
des Altgermanisten Carl von Kraus ein Jahr davor – nicht gewillt war, den
deutlich geringeren Forderungen des Neugermanisten Seufferts zuzustimmen.[86]

Wie aus den Akten des Unterrichtsministeriums hervorgeht, war man
daraufhin geneigt, die Angelegenheit zur erneuten Verhandlung an die
Wiener Universität zurückzugeben.[87] Davor besprach man sich aber noch

---

84 Bericht der Majorität der Berufungskommission vom 2. Juli 1913 (Abschrift);
    ÖStA, AVA, MCU, Zl. 32739 ex 1913, fol. 11 verso.
85 Brief des Dekanats der philosophischen Fakultät der Universität Graz an das
    Ministerium für Kultus und Unterricht vom 8. Juli 1913; ÖStA, AVA, MCU,
    Zl. 32739 ex 1913.
86 Die Briefe und Dokumente zur Verhandlung des Ministeriums mit Bernhard
    Seuffert befinden sich im ÖStA, AVA, MCU, Zl. 37083, Zl. 38890, Zl. 39831,
    Zl. 45157 und Zl. 55234 ex 1913.
87 ÖStA, AVA, MCU, Zl. 55233 ex 1913.

mit Carl von Kraus, der dem Minister brieflich vehement davon abriet, diesen „unter normalen Verhältnissen durchaus zweckentsprechenden Plan geltend zu machen", da „es schon das erstemal schwierig war, einen Vorschlag zu erzielen, der in der Hauptsache die Zustimmung der Kommissionsmitglieder fand". Vielmehr plädierte Kraus dafür, mit dem von ihm „an zweiter Stelle vorgeschlagenen Professor Dr Brecht" Verhandlungen aufzunehmen, obwohl, wie er einräumte, für diesen „die Majorität bekanntlich nicht erzielt" wurde.[88] Die gegen Brecht ins Treffen geführten Argumente widerlegte Carl von Kraus in seinem zehnseitigen Schreiben, das er selbst als „Promemoria" verstanden wissen wollte, folgendermaßen:

> Zunächst erregte die verhältnismässige Jugend des 37jährigen Kandidaten Bedenken. Dieses Bedenken, das bei unbeteiligten alten Mitgliedern einer Fakultät erfahrungsgemäss ebenso leicht Eindruck macht wie bei etwa beteiligten jüngeren, wird durch die Erfahrungen, die an der Wiener Fakultät gerade mit Berufungen für das Fach der deutschen Sprache und Literatur gemacht wurden, nicht bekräftigt: Wilhelm Scherer erhielt im 27. Jahre die Berufung auf das Ordinariat unserer Universität, Erich Schmidt im 28., Jakob Minor im 30. und Richard Heinzel im selben Alter wie Brecht. Auch braucht man durchaus nicht mit W. Ostwald[89] die ἀκμή [akmé, E.G.] eines Mannes in die Zeit vor seinem 30. Jahre zu verlegen, um den von vielen Seiten laut werdenden Wunsch nach Verjüngung unserer grossen Universitäten berechtigt zu finden und eine blühende Hoffnung für besser zu halten als eine dürre Gewisheit.
>
> Ferner wurde der Einwand erhoben, dass von den drei im Bericht charakterisierten Arbeiten Brechts die eine (über Ulrich von Liechtenstein) dem altdeutschen Gebiet entstamme, daher für seine Wertung als moderner Literarhistoriker nicht in betracht komme. Dieser Einwand verkennt, dass die ernste Beschäftigung mit dem älteren Teil dieses oder irgend eines anderen Faches, das sich im laufe langer Jahre eine straffe Methode erarbeitet hat, für den modernen Literarhistoriker dieselbe erziehliche Bedeutung hat wie eine gute Kinderstube für den späteren Mann. So haben auch Minor, Erich Schmidt, Creizenach[90], Elster und Köster ihren Ausgang abseits von ihrem eigentlichen Fachgebiete genommen; und so bildet an einer Reihe der höchst angesehenen Universitäten des Deutschen Reiches der Nachweis erfolgreicher Betätigung auf dem älteren Gebiete eine der Vorbedingungen für die Erlangung der venia docendi als moderner Literarhistoriker.

---

88 Brief von Kraus an das Ministerium für Kultus und Unterricht vom 15. November 1913; ÖStA, AVA, MCU, Zl. 55233 ex 1913.

89 Wilhelm Ostwald (1853–1932) war ein deutsch-baltischer Chemiker und Philosoph. Er beschäftigte sich auch mit Fragen der Wissenschaftsorganisation sowie dem Zusammenhang von Lebensalter und wissenschaftlicher Produktivität.

90 Gemeint ist der deutsche Germanist Wilhelm Creizenach (1851–1919), der bis 1913 eine Professur an der Universität Krakau innehatte.

Wenn schliesslich geltend gemacht worden ist, dass Brecht in seiner derzeitigen
Stellung kaum Gelegenheit gehabt habe, über den ganzen Umfang des von
dem Wiener Literarhistoriker zu vertretenden Gebietes Vorlesungen zu halten,
so darf wol darauf hingewiesen werden, dass Brecht durch die 6jährige Dozententätigkeit an der Universität Göttingen mit akademischer Tradition und
akademischem Stil genau vertraut wurde, und dass sein Vortrag von Albert
Köster, einem Meister akademischer Beredsamkeit, in einem brieflich abge-
gebenen Gutachten, das der Kommission vorgelegen hat, als ‚lebhaft und
anregend' gerühmt wurde.[91] Wieviele der früheren Inhaber der Wiener
Lehrkanzel, wieviele Professoren überhaupt, sind wol mit dem schweren
Gespäck ihres ganzen Vorlesungszyklus in ihr Amt getreten? Man darf wol
sagen: Berufungen, bei denen die Hoffnung auf weitere künftige Leistungen
nicht mitwirkt, wären vom Standpunkt unserer Universitäten kaum zu
wünschen; denn sie müssten allmählich zur Stagnation führen.[92]

Kraus wies den Minister darauf hin, dass „ein einheitlicher Vorschlag" zum
jetzigen Zeitpunkt „nicht [mehr] zu erreichen" sei, und die Gefahr bestehe,
dass es zu den selben „Schwierigkeiten" kommen würde wie an der
„Berliner Fakultät [...], die sich einstweilen mit dem Notbehelf eines
Provisoriums abgefunden hat". Kraus war der Meinung, dass bei erneuten
Verhandlungen nicht mehr „die Fachmänner [...] die Zügel in der Hand
hielten", sondern sich „eine Liste zweiter Garnitur", die er nicht weiter
konkretisierte, durchsetzen würde:

> Infolgedessen würden voraussichtlich alle Strömungen, die bei den Vor-
> schlägen gerade dieser Lehrkanzel schon zu beobachten waren, mit verstärkter
> Macht wiederkehren.
> Diese Strömungen sind z. T. fachlicher, z. T. politischer und persönlicher Art.
> Fachlicher: indem die einen vom modernen Literarhistoriker wünschen, dass
> er in erster Linie nach der philosophisch-ästhetischen Seite orientiert sei;
> andere geben der rein historischen Richtung den Vorzug; wieder andere stellen
> den philologischen Betrieb allen übrigen Methoden voran.
> Schlimmer als die grundsätzliche Verschiedenheit der Auffassung (denen der
> erste Vorschlag übrigens Rechnung getragen hat, indem er keine Richtung
> einseitig bevorzugte) sind die Gefahren, die drohen, wenn politische Erwä-
> gungen auf den Vorschlag bestimmend wirken.

Kraus prognostizierte dem Minister, dass, sollte er erneute Verhandlungen
zulassen, „die Unterrichtsverwaltung" in Österreich „in dieselbe peinliche
Lage" käme wie die preußische angesichts der „aus parteipolitischen
Überzeugungen aufgestellte[n] Kampfkandidaten" für die Professur an der

---

91 Das erwähnte Gutachten von Albert Köster findet sich weder im Universitätsarchiv
    noch im Staatsarchiv.
92 Brief von Kraus an das Ministerium für Kultus und Unterricht vom 15. November
    1913, ÖStA, AVA, MCU, Zl. 55233 ex 1913.

Berliner Germanistik. Er verwies auf die publizistischen Einmischungen des deutschnationalen und antisemitischen Verfassers von populären Literaturgeschichten Adolf Bartels, auf „die von anderer Seite für den Berliner Extraordinarius Richard Moses [!] Meyer[93] [geschlagene] Trommel" und auf die Wortmeldungen der „ganz rechts stehende[n] katholische[n] Kampfblätter", die „für die Vertreter ihrer Anschauungen" allesamt „Stimmung zu machen" trachteten.[94]

Tatsächlich waren die Nachfolgeverhandlungen um den Berliner Lehrstuhl Erich Schmidts von einer bis dahin unbekannten publizistischen Einmischung verschiedenster Blätter geprägt. Die öffentliche Aufmerksamkeit für die Nachbesetzungsverhandlungen in Wien war, wenn sie sich auch mit den Berliner Agitationen nicht gleichsetzen ließ, ebenfalls höher als bei allen anderen Berufungsangelegenheiten zuvor. Die Tagespresse berichtete kontinuierlich über den Stand der Verhandlungen, war also erstaunlich gut informiert und propagierte neben Bernhard Seuffert[95] vor allem den zunächst favorisierten August Sauer.[96] Sogar Karl Kraus sparte in seiner Zeitschrift *Die Fackel* nicht mit sarkastischen Kommentaren, mit denen er sich jedoch nicht an der Kandidatensuche beteiligte, sondern die Notwendigkeit eines Lehrstuhls für Literatur überhaupt in Frage stellte.[97]

Carl von Kraus zeichnete mit dem Hinweis auf die öffentlichen Aufregungen um die Berliner Besetzungsangelegenheit ein unheilvolles Bild, das er jedoch nicht mit ähnlichen Beispielen aus Österreich versah. Worum

---

93 Gemeint ist der jüdische Germanist Richard Moritz Meyer, dem Carl von Kraus, wie andere Kollegen auch, in antisemitischem Populismus den zweiten Vornamen Moses gab.

94 Alle Zitate: Brief von Kraus an das Ministerium für Kultus und Unterricht vom 15. November 1913, ÖStA, AVA, MCU, Zl. 55233 ex 1913.

95 So bezeichnete Robert Hohlbaum Seuffert als „jenen Mann", „der jetzt die Führerschaft der österreichischen Literaturhistoriker übernehmen wird". Hohlbaum: Jakob Minor (1912), S. 9.

96 Bereits drei Tage nach dem Tod Minors hatte die *Neue Freie Presse* von der „feststehende[n] Tatsache" berichtet, „daß der Professor an der hiesigen deutschen Universität, Hofrat August Sauer, als Nachfolger Jakob Minors nach Wien berufen wird". [Anonym:] Hofrat Professor Dr. Minor (1912). Ähnlich auch noch Anfang 1913, vgl. [Anonym:] Vom Wiener Germanistischen Seminar (1913). Zu den publizistisch ausgetragenen Querelen vgl. außerdem Hock: Die Nachfolge Jakob Minors (1914); [Anonym:] Die Besetzung der Lehrkanzel Minors (1914); [Anonym:] Zur Neubesetzung der Lehrkanzel Professor Minors (1914); [Anonym:] Der Nachfolger Minors in Wien (1914).

97 Karl Kraus: Wenn die Lehrkanzel nicht besetzt ist (1914); ders.: Die Katastrophe (1914); ders.: Besetzt (1914).

es ihm eigentlich ging, war, die Berufung eines Wiener Schülers von Jakob Minor zu verhindern, wie aus dem folgenden Zitat hervorgeht:

> Eine gewisse Agitation zugunsten Zweier, an unserer Fakultät seit Jahren als moderne Literarhistoriker tätigen Gelehrten hat sich schon im früheren Stadium der Verhandlungen geltend zu machen versucht. Bei der Zerklüftung der Anschauungen würde diese Agitation jetzt verschärft einsetzen und vielleicht größere Erfolge erzielen als das erstemal. Und das wäre, – bei aller Anerkennung, die man jenen in ihrem Teilgebiet sehr tüchtigen Gelehrten zollen und wünschen muss – nicht im Interesse des Faches, dessen Hauptvertreter eine starke Kraft und einen weiten Blick haben soll.[98]

Kraus nannte in seinem Schreiben keine Namen, doch kann es sich bei den beiden angesprochenen „moderne[n] Literarhistoriker[n]" nur um Robert Franz Arnold und Alexander von Weilen handeln, auf die im letzten Absatz des dem Ministerium übermittelten Kommissionsberichts lobend hingewiesen wurde.[99] Der anfängliche Favorit und spätere Streitfall August Sauer wird in Kraus' Brief mit keinem Wort erwähnt, wohl deshalb, weil er, betrachtet man die einzelnen Abstimmungsergebnisse genauer, in der Kommission und in der Fakultät erheblich mehr Zuspruch fand als der von Kraus gewünschte Walther Brecht. Die darauffolgenden Überlegungen im Ministerium sind aus den Akten nicht mehr rekonstruierbar. Auf der ersten Seite des Schreibens von Kraus befindet sich jedoch eine kurze handschriftliche Notiz, die lautet: „mit Brecht Verhandlungen einleiten".[100] Und tatsächlich wurde Brecht bald darauf vom Ministerium kontaktiert und bereits am 9. Dezember 1913 antwortete dieser, dass er „bereit [sei],

---

98 Brief von Carl von Kraus an das Ministerium für Kultus und Unterricht vom 15. November 1913; ÖStA, AVA, MCU, Zl. 55233 ex 1913.

99 Dort heißt es: „Dieser Bericht soll nicht geschlossen werden, ohne dass der Leistungen der an unserer Universität wirkender Literarhistoriker dankbar gedacht wird, die der Fakultät über die schwierige Zeit der Vakanz mit vollen Kräften hinweggeholfen haben. Sowie es dankbar begrüsst wird, dass die Unterrichtsverwaltung Prof. ARNOLD die von ihm ohne Rücksicht auf materielle Einbusse gewünschte Möglichkeit gewähren will, vom Wintersemester ab seine wertvolle Kraft ungeteilt in den Dienst der Universität zu stellen, so sei auch dem Wunsche Ausdruck gegeben, dass Prof. v. WEILEN, der gründlichste Kenner der Theatergeschichte, […] auch in offizieller Form die verdiente Anerkennung zuteil werde." Bericht der Majorität der Berufungskommission vom 2. Juli 1913 (Abschrift); ÖStA, AVA, MCU, Zl. 32739 ex 1913, fol. 16.

100 Brief von Kraus an das Ministerium für Kultus und Unterricht vom 15. November 1913; ÖStA, AVA, MCU, Zl. 55233 ex 1913.

die Lehrkanzel für deutsche Sprache und Literatur an der Universität in Wien [...] mit dem 1. April 1914 zu übernehmen"[101].

Von all diesen Verhandlungen wurde das Professorenkollegium der Wiener philosophischen Fakultät weder von Carl von Kraus noch offiziell vom Ministerium unterrichtet. Am 15. Dezember 1913, sechs Tage nach Brechts Zusage, richtete der Dekan einen Brief an das Ministerium mit der Bitte, über den „Stand[ ] der Besetzung der freien germanistischen Lehrkanzel" in Kenntnis gesetzt zu werden, und forderte es dazu auf, sollten die mit Seuffert „geführten Verhandlungen gescheitert" sein, „der Fakultät tunlichst umgehend zur Erstattung neuer Vorschläge Gelegenheit zu geben".[102] Wie aus einem Vermerk der Unterrichtsverwaltung auf diesem Schreiben hervorgeht, reagierte das Ministerium auf diese Anfrage jedoch nicht.

Am 3. Februar 1914 schaltete sich aber Stefan Hock, der ein Jahr zuvor schon mit einer Streitschrift gegen August Sauer aufgetreten war, erneut in die Verhandlungen ein. In einem ausführlichen Artikel in der *Neuen Freien Presse* trat Hock entschieden gegen Walther Brecht und das Ansinnen des Ministeriums auf, sich über die Entscheidung der Berufungskommission hinwegzusetzen. Hock befürchtete, dass die Neuere deutsche Literaturgeschichte, die sich mit Wilhelm Scherer von der Älteren losgelöst und ihre eigenen, der „Menge und Mannigfaltigkeit des Materials" angemessenen Methoden entwickelt habe, durch die allein vom Altgermanisten Kraus gewünschte Berufung Brechts – eines, wie Hock betonte, „Gelehrten dritten Ranges" – erneut zu einem „Anhängsel der älteren Germanistik" deklassiert werde. Dabei wäre es gerade jetzt, nach dem Tod Jakob Minors und Erich Schmidts, angezeigt, den „Zustand der Unruhe" und der „Resignation", in dem sich die Neugermanistik befände, durch die Berufung eines „Mann[es], [...] der über reiche akademische Erfahrung verfügt", zu beenden. Brecht wäre dazu nicht in der Lage. Weder dürften seine Forschungen „Anspruch auf außergewöhnliche Bedeutung" erheben, noch könnte er, dessen „Arbeitskraft [...] in etwa zehn Jahren [nur] zwei größere Publikationen hervorgebracht" hatte, mit den Anforderungen einer großen Universität wie der Wiener umgehen. Seine Ausführungen schloss Hock mit dem Ausdruck demonstrativer Verwunderung über das Vorgehen des Ministeriums und entschiedener Missachtung Walther Brechts: Auch

---

101 Brief von Brecht an das Ministerium für Kultus und Unterricht vom 9. Dezember 1913; ÖStA, AVA, MCU, Zl. 56210 ex 1913.

102 Brief von Rudolf Wegscheider an das Ministerium für Kultus und Unterricht vom 15. Dezember 1913; ÖStA, AVA, MCU, Zl. 57312 ex 1913.

wenn er die Lehrkanzel bekäme, würde „Professor Brecht" – schon allein
aufgrund seines geringen wissenschaftlichen Formats – „nicht Minors
Nachfolger werden".[103]

Für Hock hatten seine öffentlichen und halböffentlichen Interventionen ein disziplinarisches Nachspiel an der Universität.[104] Ungeachtet des
Urteils über sein Verhalten lassen sich Hocks Sauer-Streitschrift und sein
Presse-Artikel allerdings als Symptom dessen lesen, was die Nachfolgeverhandlungen für den neugermanistischen Lehrstuhl zu einer derart
chaotischen und langwierigen Angelegenheit werden ließ. Zunächst zeigte
sich das spezifische Wiener Problem der germanistisch äußerst schwach
besetzten Kommission, das anfangs ein Machtvakuum erzeugte; gleichzeitig waren die Entscheidungsschwierigkeiten aber auch methodischen
Richtungskämpfen innerhalb der Neueren deutschen Literaturgeschichte
geschuldet, die zu Beginn des 20. Jahrhunderts alle Universitäten des
deutschen Sprachraums beschäftigten. Mit der Ablösung von der älteren
Abteilung, die sich vor allem auf Textkritik, Edition und Kommentar
konzentrierte, ging im Laufe der 1880er und 1890er Jahre der neueren
Abteilung die Orientierung bietende, unbedingte philologische Ausrichtung verloren. Bereits Wilhelm Scherer und nach ihm auch Jakob Minor
hatten sich nicht nur um die Bewahrung, sondern auch um die Erweiterung
und Erneuerung wissenschaftlicher Zugangsweisen zu literarischen Texten
bemüht.[105] Wirkungsvolle Experimente unternahmen dann – oftmals in
falsch verstandener Opposition zu Scherer – vor allem die jüngeren
Neugermanisten, die außerphilologische Konzepte der Ästhetik, der
Kunstwissenschaft, der Psychologie und – im Gefolge Wilhelm Diltheys –
vor allem der Philosophie zur Texterklärung heranzogen.[106]

Diese vielfach als Krise des Fachs wahrgenommenen Veränderungen
lassen sich auch als Generationenkonflikt begreifen, dem in Wien – im

---

103 Hock: Die Nachfolge Jakob Minors (1914).
104 Verweis für Stefan Hock wegen Vernachlässigung der Amtsverschwiegenheit;
      UAW, Phil. Fak., Zl. 868 ex 1913/14.
105 Vgl. u. a. Scherer: Jacob Grimm (1865); ders.: Wissenschaftliche Pflichten (1894);
      Minor: Centralanstalten für die literaturgeschichtlichen Hilfsarbeiten (1894);
      ders.: Die Aufgaben und Methoden der neueren Literaturgeschichte (1904). – Zur
      Wissenschaftsauffassung der Genannten vgl. Faerber: Ich bin ein Chinese (2004),
      S. 184–240; Michler/Schmidt-Dengler: Germanistik in Österreich (2003),
      S. 193–209; Müller: Wilhelm Scherer (2000).
106 Vgl. dazu u. a. Müller: Die Lebendigen und die Untoten (2007); Dainat: Von der
      Neueren Deutschen Literaturgeschichte zur Literaturwissenschaft (1994); König/
      Lämmert (Hg.): Literaturwissenschaft und Geistesgeschichte (1993).

Sinne eines Stabilisierungsverhaltens – mit der anfänglichen Favorisierung von zwei Vertretern der älteren Generation, August Sauer und Bernhard Seuffert, begegnet wurde. Als zusätzliche Schwierigkeit entpuppte sich das neue, aber umso intensivere Interesse der Öffentlichkeit; die Besetzung einer germanistischen Lehrkanzel wurde nicht mehr als inneruniversitäres Problem wahrgenommen, sondern, wie Hock sich ausdrückte, als „Frage [...], die für die geistige Kultur der Reichshauptstadt, ja ganz Deutsch-österreichs von der größten Bedeutung"[107] war. In Wien kollidierte außerdem das Selbstverständnis der neueren Abteilung als souveräner, der älteren Abteilung gleichberechtigter Teil des Fachs mit der großen Bedeutung, die man der Teilnahme des Altgermanisten Carl von Kraus an den Verhandlungen beimaß.[108] Als sich dieser aber, wie zu erwarten war, als ‚großer Mann' präsentierte, verweigerte ihm ein Gutteil der Kommission wiederum die Gefolgschaft. Kraus und mit ihm die Altgermanistik[109] setzten sich dennoch durch. Mit einem Schreiben vom 16. März 1914 teilte das Ministerium dem Dekanat nämlich mit, dass

> Seine k.u.k. Apostolische Majestät [...] mit allerhöchster Entschließung vom 9. März 1914 den Professor an der Königl. Preußischen Akademie in Posen, Dr. Walter Brecht, zum ordentlichen Professor der deutschen Sprache und Literatur an der Universität in Wien [...] allergnädigst zu ernennen geruht.[110]

---

107 Hock: Die Nachfolge Jakob Minors (1914), S. 1.
108 Obwohl die neuere Abteilung gegen Ende des 19. Jahrhunderts zusehends an Attraktivität gewann und auch mehr Studierende als die ältere Abteilung aufzuweisen begann, beklagte sich Minor noch 1910, dass „die neuere deutsche Literaturgeschichte auch heute noch in den akademischen Kreisen nicht jene Stellung einnimmt, die ihr gebührt". Minor: Erich Schmidt (1910), Sp. 39.
109 Der einzige Wiener Germanist, der sich Kraus anschloss, war der Altertumskundler Rudolf Much.
110 Brief des Ministeriums für Kultus und Unterricht an das Dekanat der philosophischen Fakultät vom 16. März 1914, UAW, Phil. Fak., Zl. 495 ex 1912/13, PA 1113 Walther Brecht.

I.3. Philologie und moderate Geistesgeschichte – Walther Brecht am neugermanistischen Lehrstuhl in Wien 1914–1926

Die Berufung Walther Brechts, der das Wiener neugermanistische Ordinariat zum Sommersemester 1914 übernahm, wurde, wenn nicht als „Katastrophe"[111], so doch zumindest als „Kompromiß"[112] wahrgenommen. Tatsächlich entsprach Brecht keinem der Kriterien, die bis 1912 bei Berufungen an der Wiener Germanistik ausschlaggebend gewesen waren: Er kam nicht aus Österreich, war nicht katholisch, er hatte nicht bei Scherer oder einem seiner österreichischen Schüler und auch nicht in Wien promoviert. Darüber hinaus war er nicht für das neuere Fach habilitiert wie seine drei Vorgänger Karl Tomaschek, Erich Schmidt und Jakob Minor. Und trotzdem wurde Brecht, der „als öffentlich Unbekannter" nach Wien kam und bis heute als einer der „wenigst berühmt gewordenen Germanisten"[113] der ersten Hälfte des 20. Jahrhunderts bezeichnet werden kann, zu einem ausgleichenden Vermittler österreichischer Literatur, zu einem Wissenschaftler, der die divergierenden methodischen Richtungen der 1910er und 1920er Jahre anzunähern trachtete, und zum ausgewiesenen Förderer einer ganzen Generation von Neugermanisten.[114]

---

111 Karl Kraus: Die Katastrophe (1914). – Die öffentliche Aufregung, die Brechts Berufung hervorrief, wurde nach einem Artikel Stefan Hocks vor allem von der *Neuen Freien Presse* dirigiert. Dort hieß es am 10. März 1914: „Die Unterrichtsverwaltung hat sich auch in diesem Falle über die deutlich genug geäußerten Wünsche und Ansichten des Professorenkollegiums der philosophischen Fakultät hinweggesetzt und beruft […] Walter Brecht, dessen Eignung für die Nachfolge Jakob Minors […] von berufener Seite in Zweifel gezogen worden ist." Hock: Die Nachfolge Jakob Minors (1914); [Anonym:] Die Besetzung der Lehrkanzel Minors (1914). – In der aggressiv antisemitischen *Reichspost* konnte man einen Tag später Folgendes lesen: „Es lagen wohl besondere Gründe für die Unterrichtsverwaltung vor, einen Ausländer zu wählen, nachdem im Inland hervorragende Kräfte, wie z. B. Seuffert = Graz, sich finden. Das eine Gute hat die Berufung jedenfalls, daß nicht etwa ein Semit für Germanistik berufen wird." [Anonym:] Der Nachfolger Minors in Wien (1914).

112 So z. B. Herbert Cysarz noch 1976 über seinen Lehrer Walther Brecht: „Er war […] in Wien angetreten, als Kompromißkandidat am Ende harter Fakultätszwiste und langwieriger Verhandlungen", viele hatten ihn, so Cysarz weiter, „gerade auf Minors Lehrstuhl fehl am Platz gewähnt". Cysarz: Vielfelderwirtschaft (1976), S. 35.

113 Cysarz: Vielfelderwirtschaft (1976), S. 34.

114 Zu Brecht selbst gibt es wenig Sekundärliteratur; eine Ausnahme in dieser Hinsicht stellt seine Freundschaft zu Hugo von Hofmannsthal dar, über die bereits verhältnismäßig viel geschrieben wurde. Zu Walther Brecht vgl. Erika Brecht: Er-

Walther Brechts maßgebliche wissenschaftliche Orientierungsgeber waren der Germanist Gustav Roethe und der Kunsthistoriker Robert Vischer.[115] Brecht studierte in Freiburg, Göttingen und Bonn Deutsche Philologie und Kunstgeschichte und promovierte 1903 bei Gustav Roethe in Göttingen mit einer Arbeit über die Dunkelmännerbriefe.[116] 1906 habilitierte er sich in Göttingen bei Roethes Freund, Schwager und Kollegen, dem Altgermanisten Edward Schröder, mit der mediävistischen Studie *Ulrich von Lichtenstein als Lyriker*[117] und begann, nachdem er 1910 an die preußische Ritterakademie in Posen berufen worden war, auch über Neuere Literaturgeschichte zu publizieren.[118] Brecht vertrat also sowohl aufgrund seiner Ausbildung als auch gemäß den Vorstellungen seines Doktorvaters Roethe, der sich stets gegen die Teilung der Germanistik ausgesprochen hatte,[119] das gesamte Fach.

---

innerungen an Hugo von Hofmannsthal (1946); König: „Geistige und private Verbündung" (1993); Osterkamp: Formale, inhaltliche und politische Akzeptanz von Gegenwartsliteratur (1993); Bonk: Deutsche Philologie in München (1995), S. 67–72, S. 81–83, S. 240–254; König: Hofmannsthal (2001), S. 212–241; Dittmann: Walther Brecht (2003); Hofmannsthal/Brecht: Briefwechsel (2005); Oels: „… denn unsere Berufe sind doch so ineinander verhäkelt" (2007); Oels: „Denkmal der schönsten Gemeinschaft" (2007); Wolf: „Hybrid wie die Dichtkunst" (2012).

115 Noch 1941 bekannte Brecht: „Von meinen akademischen Lehrern haben mir Gustav Roethe und Robert Vischer in Göttingen den stärksten Eindruck gemacht, der umfassende Germanist und der künstlerische Kunsthistoriker [...]." Brecht: Student und Professor (1941), S. 2. – Vgl. auch Friedrich von der Leyen: Leben und Freiheit der Hochschule (1960), S. 230: „Ich war ein frisch gebackener Doktor, da kam ein dem Gymnasium eben entronnener zukünftiger Student zu mir, *Walter Brecht*; ein Freund meines Vaters hatte ihn mir geschickt. Er wollte Germanist werden: welche Universität ich ihm raten würde? Ich empfahl ihm, mit Erfolg, Göttingen und *Gustav Roethe*. Neben diesem wurde *Robert Vischer* sein Heiliger. Göttingen blieb für ihn *die* Universität, seine unvergeßliche akademische Heimat."

116 Brecht: Die Verfasser der Epistolae obscurum virorum (1904).

117 Brecht: Ulrich von Lichtenstein als Lyriker (1907).

118 Vgl. Brecht: Heinse und der ästhetische Immoralismus (1911).

119 Gustav Roethe (1859–1926) war Zeit seines Lebens daran gelegen, die Neuere deutsche Literaturgeschichte nicht aus dem Hoheitsbereich der Philologie zu entlassen; so schrieb er 1892, „daß wir Philologen die neuen Literarhistoriker nie ohne Controle lassen dürfen", und 1906 sprach sich Roethe gegen ordentliche Professuren für das neuere Fach aus: „Die scharfe Trennung ist gewis von Übel. [...] Im Grunde halte ich, wenn schon reine neure Literarhistoriker da sein sollen, das Extraordinariat für die richtige Form: dann behält der philolog. Ordinarius die Möglichkeit einzugreifen." Roethe/Schröder: Regesten zum Briefwechsel (2000), Bd. 1, S. 433 und Bd. 2, S. 306–307.

Brecht war durch seinen Lehrer und Förderer Roethe, auch wenn die Reaktionen auf seine Berufung nach Wien das glauben machen könnten, von der Wiener Scherer-Schule zunächst nicht sehr weit entfernt. Tatsächlich war es lange Zeit möglich, Gustav Roethe „neben Erich Schmidt" als „bedeutendste[n] Schüler Wilhelm Scherers" zu bezeichnen.[120] Als Roethe 1902 an die Berliner Universität, das deutsche „Hauptquartier der Scherer-Schule"[121], berufen wurde, um neben dem Neugermanisten Erich Schmidt das ältere Fach zu vertreten, rekurrierte er gerade auch auf diese Traditionslinie:

> Ich denke in dieser Stunde bewegt des Mannes, der uns beiden so teuer ist und der mir der mächtigste geistige Wecker war, Wilhelm Scherers. Und wenn sich mir durch manchen ernsthaften Zweifel auch an der eigenen Kraft doch ein stolzes Glücksgefühl durchzuringen beginnt, da ich vorwärts schaue, so wurzelt es in dem Bewußtsein, daß ich zu den Männern, an deren Wirkungsstätte ich künftig lehren soll, zu Lachmann und Jac. Grimm, zu Müllenhoff und Scherer gehöre, nicht durch meine Potenz, gewiß aber durch meine Auffassung unserer Wissenschaft, durch die Ziele und Wege meiner Arbeit.[122]

Diese ‚Ziele und Wege' sah Roethe, der sich stets „zur Freude und Strenge rein philologischer Arbeit"[123] bekannte, in einer klaren Ausrichtung der Germanistik auf Textkritik, Editionstechnik, Quellen- und Einflussforschung, Stoff- und Entstehungsgeschichte sowie Metrik und Poetik. Ab 1891 zeichnete Roethe gemeinsam mit Edward Schröder verantwortlich für die Herausgabe der *Zeitschrift für deutsches Altert[h]um und deutsche Litteratur*, er war ab 1890 an der Neubearbeitung der *Grammatik* von Jacob Grimm, an der *Weimarer Ausgabe* der Werke Johann Wolfgang Goethes und 1908 an der Reorganisation des *Deutschen Wörterbuchs* beteiligt; eigene größere Arbeiten blieben dabei jedoch aus.[124] Roethes Auffassung von

120 Osterkamp: „Verschmelzung der kritischen und der dichterischen Sphäre" (1989), S. 348. – Roethe hatte zunächst zwar nicht bei Scherer studiert, sondern in Göttingen und Leipzig, ging aber 1880 nach Berlin, wo er die „wissenschaftliche und persönliche Förderung von Wilhelm Scherer" erhielt. Gohl: Die ersten Ordinarien am Germanischen Seminar: Gustav Roethe (1987), S. 785.
121 Judersleben: Philologie als Nationalpädagogik (2000), S. 100.
122 Scherer/Schmidt: Briefwechsel (1963), S. 320 (Brief von Roethe an Erich Schmidt vom 14. Dezember 1901).
123 Roethe: Leipziger Seminarerinnerungen (1923), S. 8.
124 Bereits 1894 schrieb Roethe an Schröder: „Das ‚dicke u. schöne' Buch bringe ich [...] eben nicht fertig." Roethe/Schröder: Regesten zum Briefwechsel (2000), Bd. 1, S. 584. – Mit dieser Einschätzung sollte Roethe auch in der Folgezeit Recht

Wissenschaft offenbarte sich aber nicht nur in einem an Scherer, Carl Lachmann, Grimm und Müllenhoff orientierten philologischen Arbeitsprogramm, sondern auch in einem zutiefst konservativen und reaktionären Dienst-, Pflicht- und Persönlichkeitsethos, das die Abwehr demokratischer Gesellschaftsformen ebenso einschloss wie die wissenschaftlicher Neuerungen.[125] Spätestens die im Jahr 2000 publizierten Regesten zum immerhin 45 Jahre umfassenden Briefwechsel mit Edward Schröder[126] zeigen ihn als unbeirrbaren „Vorkämpfer des Rückschritts"[127], als dezidiert antisemitischen, nationalistischen und frauenfeindlichen Wissenschaftspolitiker.

Walther Brecht gehörte zunächst zu Roethes Nachwuchshoffnungen; seine Roethe gewidmete Dissertation *Die Verfasser der Epistolae obscurorum virorum* (1904) stand auch noch ganz im Zeichen philologischer Literaturbetrachtung. So erklärte Brecht die Stiluntersuchung, mit der er die Autoren der Dunkelmännerbriefe ermittelte, zwar nur dann als zielführend, wenn sie vom „besonderen künstlerischen Charakter des Werkes" ausging; diesen zu erfassen, vermöge aber, wie Brecht hervorhob, „allein die philologische Betrachtung".[128] Indem Brecht das „Kunstwerk" ins Zentrum des Interesses rückte, betonte er „weniger die textkritische als die hermeneutische Komponente der Philologie"[129] und bestimmte gleichzeitig den Unterschied zu einer rein historischen Herangehensweise:

> Ich habe das Thema im engeren Sinne philologisch aufgefaßt; das heißt, ich habe, wie sich dies bei einer auf Feststellung der Verfasserschaft gerichteten Stiluntersuchung von selbst ergibt, die Epistolae wesentlich als Kunstwerk betrachtet, nicht als Zeitdokument. Vom Kunstwerke bin ich immer ausgegangen: immer habe ich die Zeit zur Erklärung des Kunstwerks herangezogen, niemals aber das Kunstwerk nur zur Illustration der Zeit, wie es der Historiker tut.[130]

Brechts Arbeit über die in lateinischer Sprache verfassten Dunkelmännerbriefe verfolgte zudem den Zweck, „den deutschen Humanismus so fest wie möglich in die deutsche Litteratur- und Geistesgeschichte einzuglie-

---

behalten; in seinem ersten Berliner Jahrzehnt veröffentlichte er mit „Nibelungias und Waltharius" (1909) nur einen einzigen Aufsatz.

125 Vgl. Judersleben: „Philister" contra „Dilettant" (1998); ders.: Philologie als Nationalpädagogik (2000).

126 Roethe/Schröder: Regesten zum Briefwechsel (2000).

127 See: Gustav Roethe und Edward Schröder (2006), S. 155.

128 Brecht: Die Verfasser der Epistolae obscurum virorum (1904), S. 2.

129 Bonk: Deutsche Philologie in München (1995), S. 246.

130 Brecht: Die Verfasser der Epistolae obscurum virorum (1904), S. VII.

dern"[131]. Über die Zugehörigkeit zur deutschen Literatur entschied dabei nicht die Sprache der Texte, sondern die Herkunft der Autoren.

Für seine Habilitation wurde Brecht, der sich inzwischen mit der Schwägerin seines Doktorvaters Roethe, Adelheid von Koenen, verlobt hatte,[132] von diesem an Schröder verwiesen.[133] Schröder verlangte von Brecht den Nachweis, dass er „mit Texten deutscher Sprache umzugehen" wüsste, und empfahl deshalb eine Studie über den Minnesänger Ulrich von Liechtenstein.[134] Auch in dieser Arbeit ging es Brecht nicht – wie in der zeitgenössischen Mediävistik üblich – um ein zu rekonstruierendes Textdenkmal, sondern um den „individuellen kunstcharakter" von Ulrichs Lyrik, um „die motive, die composition, den stil des poetischen ausdrucks, die literarhistorische stellung ulrichs und seinen charakter".[135] Textkritik, d. h. die sprachmaterielle Seite, spielte so gut wie keine Rolle; vielmehr bezog sich Brecht auf die 1841 von Carl Lachmann besorgte Gesamtausgabe der Werke Ulrichs,[136] um sich der mittelalterlichen Lyrik interpretativ zu nähern.

Nach Abgabe der Habilitationsschrift, die dann 1907 erschien, und erfolgreich absolvierter Probevorlesung wurde Brecht im Mai 1906 an der Universität Göttingen als Privatdozent zugelassen. In seinem Habilitationsgutachten vom 23. Mai 1906 wies Schröder auf die „[s]tilistische Untersuchung und Anlage der künstlerischen Mittel" als „die Stärke von B[recht]s wissenschaftlicher Arbeit" hin und prognostizierte, dass Brecht, für den die „Sprachforschung selbst [...] außerhalb seines Arbeitsfeldes" läge, als „Literarhistoriker mit zunehmender Bevorzugung der Neuzeit" zu sehen sein werde.[137] Tatsächlich widmete sich Brecht ab diesem Zeitpunkt

---

131 Brief von Brecht an Carl von Kraus vom 27. Oktober 1904; BSB München, Nachlass Carl von Kraus, Krausiana I.

132 Adelheid von Koenen war die jüngere Schwester von Dorothea Roethe. Die Verlobung mit Brecht fand im Herbst 1904 statt.

133 Ab 1903 korrespondierten Roethe und Schröder intensiv über Brechts (akademische) Zukunft und bemühten sich um Stipendien für ihn. Vgl. Oels: „Denkmal der schönsten Gemeinschaft" (2007), S. 20–28.

134 Roethe/Schröder: Regesten zum Briefwechsel (2000), Bd. 2, S. 263 (Brief von Schröder an Gustav Roethe vom 23. September 1904).

135 Brecht: Ulrich von Lichtenstein als Lyriker (1907/1908), S. 1–2.

136 „Ich habe den text zu grunde gelegt, den Lachmann in seiner gesamtausgabe Ulrichs (Berlin 1841) gegeben hat. Die von bechstein in seiner commentierten ausgabe des FD (Leipzig 1888) vorgeschlagenen änderungen sind so gut wie durchweg zu verwerfen." Brecht: Ulrich von Lichtenstein als Lyriker (1907/1908), S. 1.

137 Zit. n. Oels: „Denkmal der schönsten Gemeinschaft" (2007), S. 24.

ausschließlich der Erforschung Neuerer deutscher Literatur. Nach seiner Berufung auf die wenig renommierte und schlecht dotierte Professur an der Königlichen Ritterakademie in Posen erschien 1911 als nächste größere Arbeit Brechts Studie *Heine und der ästhetische Immoralismus.* Darin zeigte sich zum ersten Mal deutlich Brechts methodische Positionierung zwischen Philologie und Geistesgeschichte. Neben ausgedehnten Quellenstudien, die vor allem im zweiten Abschnitt „Mitteilungen aus Heinses Nachlass" zum Tragen kommen, widmete sich Brecht nämlich auch der Frage, „auf welchem Boden [Heinses] individualistische Ideen gewachsen" seien. Diese beabsichtigte Brecht sowohl „nach rückwärts [zu] verbinden" als auch im „Zusammenhang mit neuesten Ideen" zu betrachten, um den Autor in „seiner historischen Gesamtbedeutung [zu] erfassen".[138]

Posen als akademische Wirkungsstätte war nicht nach Brechts Geschmack; bereits ein Jahr nach seiner Berufung beklagte er in einem Brief an Edward Schröder die „vollständige Traditionslosigkeit" der Hochschule, den „heterogenen Lehrkörper" und die Niveaulosigkeit der Studenten („ziemlich übeles Material"): „Auf die Dauer möchte ich nicht hier sein."[139] Hatten sich Roethe und Schröder bis dahin stets um Brechts universitäre Karriere bemüht, Roethe Brechts wissenschaftliche Begabung zeitweise sogar als eine ihm überlegene eingestuft,[140] so endete Brechts Rolle als Protegé spätestens im Winter 1912/13: Nach dem Tod Adelheid Brechts im August 1911 verlobte sich Brecht im Dezember 1912 mit Erika Leo, der Tochter des Göttinger Latinisten Friedrich Leo. Roethe war entsetzt: „Ist denn dem Menschen so ganz das Gefühl geschwunden, daß solche germ.-jüdische Allianzen etwas Häßliches und Unnatürliches sind? Meine Schätzung B[recht]s ist in letzter Zeit sowieso nicht gestiegen; diese

---

138 Brecht: Heine und der ästhetische Immoralismus (1911), S. VII.
139 Brief von Brecht an Schröder vom 6. Februar 1911; zit. n. Oels: „Denkmal der schönsten Gemeinschaft" (2007), S. 26.
140 So zum Beispiel in einem Brief an Edward Schröder vom 26. September 1904: „Was sich der weniger begabte und ursprünglich auch weniger selbständige Manheimer in unermüdlicher strenger höchst respectabler Selbstzucht aneignete, das fiel Brecht, der damals übrigens auch angespannt, ja enthusiastisch fleißig war, mit einer Selbstverständlichkeit zu, die ich bewundert habe und in der ich etwas mir Überlegenes empfand. [...] Ich habe an ihn die Anhänglichkeit, die ein mir im Wesentlichen überlegenes Talent erweckt [...]." Zit. n. Oels: „Denkmal der schönsten Gemeinschaft" (2007), S. 14. – Der hier erwähnte Victor Manheimer (1877–1943) studierte in Berlin, Freiburg, München und Göttingen, wo er 1903 aufgrund der Arbeit *Die Lyrik des Andreas Gryphius* promovierte.

egoistische Weichlichkeit ging mir doch über den Spaß."[141] Dass bereits die
Großeltern von Erika Leo konvertiert waren, war für Roethe, „dessen
Antisemitismus in den Zehner- und Zwanzigerjahren auch zu seinem
beherrschenden wissenschaftspolitischen Argument"[142] wurde, nicht von
Belang: „Mischehen [werden] durch das Taufwasser auch nicht erträglicher
[…]."[143] Brechts Hoffnungen auf eine Professur in Königsberg oder Berlin
wurden von Roethe ab diesem Zeitpunkt untergraben; „als Jüdinnengatte
und durch seine geringe Leistungsfähigkeit"[144] kam Brecht für Roethe
nicht mehr in Frage.

Nahezu zeitgleich erfuhr Brecht jedoch im Jänner 1913, dass Carl von
Kraus ihn für die Wiener Professur in Betracht zog.[145] Nach langen Verhandlungen, Separatvotum und der persönlichen Empfehlung durch Albert Köster, der das Wiener Ordinariat abgelehnt hatte, war die Angelegenheit, wie erwähnt, im März 1914 zugunsten Brechts entschieden.[146] In
Wien traf Brecht hinsichtlich der Richtungsstreitereien innerhalb der
Neueren deutschen Literaturgeschichte auf eine heikle Situation; noch in
den Nachrufen wurde gerade darauf hingewiesen. Bei Heinz Kindermann,
Brechts Wiener Schüler und späterem nationalsozialistischen Opponenten,
hieß es 1950:

> Als […] Brecht […] 1914 als Nachfolger Jakob Minors an die Wiener Uni-
> versität berufen wurde, stand er vor einer fachlich unsagbar schwierigen
> Aufgabe. Die Wiener Lehrkanzel für neuere deutsche Literaturgeschichte galt
> seit den Zeiten Scherers und Erich Schmidts als Hochburg des Positivismus.
> Auch Minor war neuerlich ein hervorragender Vertreter der positivistisch-
> philologischen Methode gewesen. Indessen aber hatte sich im übrigen deut-
> schen Sprachgebiet seit dem Vorstoß Diltheys und Ungers vieles verändert.
> Die geistesgeschichtliche Richtung der Literaturwissenschaft war in voller
> Entwicklung. So betrachtete es Brecht, der selbst einer ästhetischen For-
> schungsweise zuneigte, als eine seiner wichtigsten Aufgaben, den Übergang
> vom Positivismus zur geistesgeschichtlichen Literaturbetrachtung zu schaffen.
> Ohne das gesicherte philologische Fundament zu verlassen, eröffnete er in

---

141 Roethe/Schröder: Regesten zum Briefwechsel (2000), Bd. 2, S. 619 (Brief von
     Roethe an Schröder vom 16. Dezember 1912).
142 Oels: „Denkmal der schönsten Gemeinschaft" (2007), S. 28
143 Brief von Roethe an Schröder vom 16. Dezember 1912; zit. n. Oels: „Denkmal der
     schönsten Gemeinschaft" (2007), S. 28.
144 Roethe/Schröder: Regesten zum Briefwechsel (2000), Bd. 2, S. 636 (Brief von
     Roethe an Schröder vom 7. Mai 1913).
145 Brief von Brecht an Edward Schröder vom 7. Jänner 1913; zit. n. Oels: „Denkmal
     der schönsten Gemeinschaft" (2007), S. 29.
146 Vgl. Kap. I.2.

seinen Vorlesungen und Übungen die ganze Weite des neuen, philosophisch und kulturhistorisch unterbauten Blickfeldes.[147]

Josef Nadler, der von 1931 bis 1945 die Wiener neugermanistische Lehrkanzel innehatte, auf den Brecht jedoch nicht viel hielt,[148] bemerkte in seinem Nachruf, dass Brecht, der „zwischen zwei wissenschaftlichen Generationen" anzusiedeln sei, „in der glücklichen Lage [war], die ältere zu beerben und die jüngere anzuleiten": „Die Schule, die er genossen hat, befähigte ihn, das Vertrauen der älteren Generation zu rechtfertigen und das der jüngeren zu gewinnen."[149]

Brecht selbst äußerte sich öffentlich nie zu dieser innerfachlichen Methoden- und Generationenproblematik, in einem Brief an seinen späteren Wiener Nachfolger Paul Kluckhohn reflektierte er 1922 jedoch seine Herangehensweise:

> Ich fasse die Litt.Gesch. als Geistesgeschichte aber ebenso sehr als Kunstge schichte auf, d.h. als eine Entwicklungsgeschichte geistiger, ich betone fast noch mehr, auch seelischer Werte in Gestaltungen [...]; daher gehe ich immer vom Kunstwerk aus und gehe von dort zum Dichter als dem Hervorbringer und als dem Träger der oder der Zeitströmung. Weder also ist mir die Biographie das erste wie Minor, noch sind mir Dichtungen nur Entwicklungsdokumente einer Zeit, analog philosoph. Gedankenbildgen abstrakter Natur, wie nicht selten bei Dilthey. Bei Walzel waren oft die Dichter nicht viel [mehr] als (notwendig) schlechte Philosophen, als bildliche Menschen, die sie sind. Auf diese Weise verbindet sich mir der geistesgeschichtliche Standp. mit einem ästhetisch-philologischem. Und diesen letzteren möchte ich durchaus nicht missen, schon wegen des soliden Fundamentes der philologischen Einzeluntersuchung.[150]

Brecht verstand also die Dichtung explizit als Kunstwerk, von dem es stets auszugehen galt. Dabei ließen sich seines Erachtens sowohl das Einzel- als auch das Gesamtwerk als Ausdruck der unverwechselbaren Persönlichkeit des Dichters lesen, der zusammen mit seinem Werk wiederum die Möglichkeit kultur- und geistesgeschichtlicher Rekonstruktionen bot. Diese geistesgeschichtlichen Erkenntnisse müssten aber auf der Grundlage philologischer Detailstudien erfolgen. Damit nahm Brecht eine Position ein, die die philologische Herangehensweise eines Jakob Minor genauso zu integrieren vermochte wie philosophische, kunsttheoretische und formal-

---

147 Kindermann: Walther Brecht [Nekrolog] (1950), S. 413.
148 Vgl. Kap. I.4.
149 Nadler: Walther Brecht [Nekrolog] (1952), S. 375.
150 Brief von Brecht an Kluckhohn vom 15. Juli 1922; DLA Marbach, Bestand: Deutsche Vierteljahrsschrift.

ästhetische Ansätze sowie dezidiert geistesgeschichtliche Arbeitsweisen. Hatte sich Minor – trotz zunehmender Skepsis – stets an das Programm der Philologie gehalten,[151] so öffnete Brecht seine wissenschaftlichen Interessen nach allen Seiten, was, wie noch zu zeigen sein wird, auch die Auswahl der von ihm geförderten Germanisten beeinflusste.

Brechts erste Wiener Veröffentlichung *Deutsche Kriegslieder sonst und jetzt*, die 1915 im Berliner Weidmann-Verlag erschien und die er nur wenige Monate nach Beginn des Ersten Weltkriegs verfasst hatte,[152] steht ganz im Zeichen deutscher Siegesgewissheit. Der Text ging aus einem Vortrag hervor, den Brecht im März und April 1915 in Wien und Naumburg/Saale gehalten hatte,[153] und verbindet sein wissenschaftliches Programm der (formal-)ästhetischen und historischen Betrachtung mit einer – an Roethes im Jahr zuvor publizierten Rede *Wir Deutschen und der Krieg* angelehnten –[154] deutschnationalen Kriegsbegeisterung. Brecht durchmisst darin deutschsprachige Kriegslyrik vom Mittelalter bis zur unmittelbaren Gegenwart, um die Voraussetzungen für das „moderne ethische Kriegslied, wie wir es allein wünschen", zu ermitteln: „*Vaterland*, als real erlebtes Ideal; höchstausgebildetes *Individuum:* so reif entwickelte Individualität, daß sie auch den Gedanken fassen kann, sich aufzugeben, sich zu opfern für die Gesamt-Volksindividualität, die Nation, das Vaterland."[155] Im Unterschied zur Kriegslyrik des Deutsch-Französischen Kriegs von 1870/71, der die „patriotische Leidenschaft" gefehlt habe, zeige laut Brecht „die Produktion von 1914 ein auffallend hohes Niveau", womit er sich vor allem auf die Lyrik von Ludwig Thoma, Richard Dehmel, Albrecht Schaeffer und Rudolf Alexander Schröder bezog.[156] Den Krieg und die Kriegslyrik begrüßte Brecht „als Befreiung aus ästhetischer Isoliertheit", als „Ausfüllung theoretischer Lehre", als Erlösung durch „gemeinsames *Handeln*",[157] das einen neuen „Aufschwung" bringen werde, wie es auch 1813 der Fall gewesen sei, als „eine neue Frömmigkeit begann nach all den Orgien der Aufklärung".[158] Die Versicherung der moralischen,

---

151 Zu Minor vgl. Faerber: Ich bin ein Chinese (2004).
152 Brecht schloss die Arbeit an diesem Text am 12. Juni 1915 ab. Brecht: Deutsche Kriegslieder sonst und jetzt (1915), S. 47.
153 Vgl. Oels: „Denkmal der schönsten Gemeinschaft" (2007), S. 31.
154 Roethe: Wir Deutschen und der Krieg (1914); zu Brechts Reaktion auf Roethes Rede vgl. Oels: „Denkmal der schönsten Gemeinschaft" (2007), S. 32–33.
155 Brecht: Deutsche Kriegslieder sonst und jetzt (1915), S. 16.
156 Brecht: Deutsche Kriegslieder sonst und jetzt (1915), S. 27 und S. 38.
157 Brecht: Deutsche Kriegslieder sonst und jetzt (1915), S. 39–40.
158 Brecht: Deutsche Kriegslieder sonst und jetzt (1915), S. 44–45.

ethischen und ästhetischen Bedeutsamkeit des Kriegs verband Brecht mit
einer, aus antienglischem Ressentiment gewonnenen Beschreibung ‚deutscher Kultur‘, in der er sich vor allem dagegen verwehrte, dass deutscher
‚Idealismus‘ mit deutschem ‚Militarismus‘ nicht einhergehen könne:

> Was tat England unterdessen? Es rechnete, rechnete fieberhaft. Es rechnete, ob
> das neue, kriegerische Geschäftsunternehmen auch wirklich profitabel wäre;
> es rechnete damit es profitabel würde. Es will aushalten „bis zum letzten
> Penny"; wir bis zum letzten Mann.
> England rechnet, Deutschland dichtet. Es dichtet im ungewissen Beginn des
> furchtbarsten Krieges, den es je gegeben. Dieselben Menschen, die sich rüsten,
> sind es vielfach, die jetzt dichten. Das allein widerlegt bündig den törichten
> Wahn, als sei der deutsche „Militarismus" etwas anderes als der alte deutsche
> „Idealismus" Schillers und Goethes. Nein, gerade das zeigt: wir sind noch
> dieselben![159]

Mit seiner Kriegsbegeisterung und der Oppositionsstellung von engli-
schem Merkantilismus und deutschem Idealismus stand Brecht, der 1914
sehnlichst wünschte, nicht in Österreich, sondern in Deutschland zu
sein,[160] bei Weitem nicht allein. Während deutsche Hochschullehrer bereits im September 1914 eine Erklärung unterschrieben, mit der sie aus
„deutschem Nationalgefühl" englische Auszeichnungen zurück gaben,[161]
fand Brecht in Österreich vor allem in Hugo von Hofmannsthal, den er
1917 kennenlernte und mit dem ihn eine lebenslange Freundschaft verbinden sollte, in der symbolischen Aufladung des Ersten Weltkriegs einen
Verbündeten.[162]

Brecht selbst äußerte sich nach *Deutsche Kriegslieder sonst und jetzt* nicht
mehr publizistisch zum Ersten Weltkrieg und verfasste auch sonst keinen
propagandistischen Text mehr, seine politische Gesinnung blieb jedoch
ambivalent. Joseph Roth, der von 1914 bis 1916 in Wien Germanistik
studiert hatte, also zu Brechts ersten Wiener Studenten gehörte,[163] cha-

---

159 Brecht: Deutsche Kriegslieder sonst und jetzt (1915), S. 3–4.
160 „Wir bedauern sehr nicht in Deutschland zu sein u. ein so großes Erlebnis zu
     verlieren." Brief von Brecht an Gustav Roethe vom 3. Oktober 1914; zit. n. Oels:
     „Denkmal der schönsten Gemeinschaft" (2007), S. 33.
161 Vgl. Kellermann: Der Krieg der Geister 1914 (1915), S. 29.
162 Zu Hofmannsthals Kriegsbegeisterung vgl. seine politischen Schriften aus dem
     Ersten Weltkrieg in: Hofmannsthal: Sämtliche Werke. Bd. 34 (2011); außerdem
     Schumann: „Mach mir aber viel Freude" (2000).
163 Roths Freund und Studienkollege Józef Wittlin erinnerte sich 1944: „Zum ers-
     tenmal begegnete ich Roth im Jahre 1915 auf der Wiener Universität. […] Wir
     besuchten zusammen die Vorlesungen über deutsche Literatur von Professor
     Walther Brecht. […] Es stellte sich heraus, daß Roth Lieblingsschüler von Professor

rakterisierte seinen verehrten Lehrer 1926 in einem Brief an Benno Reifenberg, den Feuilletonchef der *Frankfurter Zeitung*, folgendermaßen:

> Ich habe etwas *Unerhörtes* erlebt: Hören Sie: Mein lieber Professor der Ger-
> manistik Dr Brecht, der jetzt nach Breslau geht, hat mir schon 6 Jahre nicht
> geschrieben. Als ich noch sein Schüler war, war ich deutschnational, wie er. Ich
> glaube natürlich, daß er infolge meiner Publikationen mich aus seinem Herzen
> gewischt hat. Ich lese aber im Kaukasus in einer alten Zeitung, daß er 50 Jahre
> alt geworden ist. Gratuliere ihm. Und heute schickt mir die F.Z. seinen Brief:
> Er schickt mir seine Photographie. 1912/13[164] war ich sein Schüler. Er sieht
> genau so aus, wie damals. Und er hat mich soeben einer *Preisstiftung für junge
> Autoren* eingereicht. Er hat alles von mir gelesen. Er ist eben beim Aufräumen
> und packt – meine ersten Arbeiten, die ich noch im germanistischen Seminar
> geschrieben habe. *Er packt sie ein!* Er nimmt sie mit nach Breslau! Er hat mich
> damals für Stipendien eingegeben und heute für Preise. Ein deutschnationaler
> Mann! Sohn eines Professors, Schwiegersohn eines Professors, war ein Freund
> von Roethe! *Das ist ein deutscher Professor.*[165]

Mit dem soziologischen Scharfblick eines Autors, der auch die familiäre
Komponente universitärer Aufstiegsmechanismen mitbedenkt, zeigte sich
Roth begeistert und gleichzeitig verwundert über das Wohlwollen eines
Mannes, der seine deutschnationale Gesinnung auch in der Lehre zum
Ausdruck brachte, diese aber nicht – wie bei Gustav Roethe – als kultur-
politisches Hauptmovens fungierte. Tatsächlich dürfte sich Brecht ohne
Schwierigkeiten in die konservative und deutschgläubige Grundstimmung
unter den österreichischen Germanisten eingeordnet haben, ohne jedoch
den zu Beginn des 20. Jahrhunderts an Schärfe gewinnenden Antisemitismus mitzutragen.[166]

Das Selbstverständnis der österreichischen Deutschen Philologie äu-
ßerte sich in den 1920er Jahren weniger in explizit programmatischen
Texten als in Berufungskommissionen[167] sowie Vorworten und Festreden.
So hieß es 1925 in der Einleitung zur Festschrift des *Wiener Akademischen*

Brecht war, den er häufig besuchte. Er zeigte ihm dann seine Gedichte, die der
Professor sehr lobte." Wittlin: Erinnerungen an Josef Roth (1949), S. 49–52.
164 Joseph Roth irrt sich im Jahr. Brecht kam erst im Sommersemester 1914 nach
Wien.
165 Brief von Brecht an Benno Reifenberg [von Oktober 1926]; zit. n. Eckert/Bert-
hold: Joseph Roth (1979), S. 45.
166 Zur politischen Ausrichtung der Wiener Germanisten im späten 19. und im ersten
Drittel des 20. Jahrhunderts vgl. Kap. I.4. und Kap. IV.1.; darüber hinaus Michler:
Lessings „Evangelium der Toleranz" (2003); Meissl: Germanistik in Österreich
(1981).
167 Zu Brechts (politischem) Vorgehen in dieser Hinsicht vgl. Kap. I.4.

Germanistenvereins, für die auch Brecht einen Beitrag verfasste,[168] dass „gerade die der romantischen Vorstellungs- und Empfindungswelt entspringende Nationalphilologie dazu berufen sei, gegenwärtig die wichtigsten Dinge zu leisten", weshalb es von besonderer Bedeutung sei, „die wissenschaftlichen Erkenntnisse des germanistischen Studiums auf dem Gebiete der Volkserziehung und Pflege des Heimatgedankens nutzbar zu machen".[169] Und als im Wintersemester 1924/25 auf Drängen der *Deutschen Studentenschaft*, einer Dachorganisation klerikalkonservativer und deutschvölkischer Studenten, unter dem Titel „Wesen und Entwicklung des deutschen Geistes" ein Vorlesungszyklus für Hörer aller Fakultäten über ‚Deutschtumskunde‘ eingerichtet wurde, war Brecht mit einem Vortrag über „Deutsche Dichtung" von Beginn an beteiligt.[170] Brecht selbst schrieb noch 1941, nachdem er in München wegen seiner „nichtarische[n] Ehefrau"[171] zwangspensioniert worden war, dass es darauf ankomme, „die strömende Fülle und endlose Weite des deutschen Wesens zu unmittelbarer Anschauung" zu bringen, und dass „Männer da sind, die einen Kosmos, einen deutsch gesehenen Kosmos in sich tragen", um „durch ihr Beispiel auf diejenigen [zu] wirken, die vor ihnen sitzen".[172]

Während sich in der politischen Gesinnung Brechts über Orts- und Regimewechsel hinweg eine Kontinuität ausmachen lässt, fällt seine Wiener Berufung mit einer Zäsur hinsichtlich seiner wissenschaftlichen Ausrichtung zusammen. Hatte Brecht bislang – mit Ausnahme seines Buchs über Wilhelm Heinse – seinen Forschungsschwerpunkt auf die Literatur des Mittelalters und des 16. Jahrhunderts gelegt, spezialisierte er sich nun zusehends im Bereich Neuerer und neuester deutscher Literatur. In seiner zweiten selbständigen Wiener Veröffentlichung nach *Deutsche Kriegslieder sonst und jetzt* beschäftigte sich Brecht 1918 erneut mit Lyrik, diesmal aber mit Conrad Ferdinand Meyer. Brecht zeigte in seinem Buch *Conrad Ferdinand Meyer und das Kunstwerk seiner Gedichtsammlung*, dass die Anordnung und Kompositionsprinzipien, die Meyer seinem Ge-

168 Brecht: Heine, Platen, Immermann (1925).
169 Akademischer Verein der Germanisten in Wien (Hg.): Germanistische Forschungen (1925), S. 1 (Vorwort der Herausgeber).
170 Höflechner: Die Baumeister des künftigen Glücks (1988), S. 346–347.
171 UAM, PA Walther Brecht; zit. n. Oels: „Denkmal der schönsten Gemeinschaft" (2007), S. 80.
172 Brecht: Student und Professor (1941), S. 2.

dichtband von 1882[173] angedeihen ließ, ein zweites „unsichtbares Kunstwerk [hervorbrachten], das in und zwischen den einzelnen Gedichten sein
Leben führt"[174]. Dabei ging Brecht davon aus, dass durch den kunstvollen
Aufbau des Lyrikbands das einzelne Gedicht „an spezifischer Schwere"
gewann, da es in Korrespondenz zu den unmittelbar nach- und vorge-
reihten Gedichten modifiziert erschien und darüber hinaus sein „Sinn
innerhalb des Ganzen" hinzukam, der den „Einzelsinn" noch unterstrich.[175] Nicht um die Genese einzelner Gedichte, nicht um eine rein
formalistische oder biographistische Lesart war Brecht in seiner Kompo-
sitionsanalyse bemüht, sondern um den Ausgleich zwischen zeitgenössisch
widerstreitenden Herangehensweisen. Zu seiner Auffassung der Deutschen
Philologie heißt es in der Vorrede des Buches:

> [D]as Werk ist und bleibt die Hauptsache, worauf es ankommt; denn des
> Werkes wegen beschäftigen wir uns mit dem Dichter. Es sollte kaum nötig
> sein, das noch zu sagen. Aber das kann nicht ausschließen, daß wir, wie na-
> türlich, auch mit unserer sonstigen Kenntnis der Persönlichkeit des Dichters
> wie mit der seiner anderen Werke, auch an dieses Werk herantreten [...]. Den
> Dichter vom Kunstwerk überhaupt zu trennen und das Kunstwerk allein zu
> betrachten, wie es manche heute für die ästhetische Kenntnis verlangen, wäre
> jedenfalls dem hier vorliegenden Ziele gegenüber sinnwidrig und unmöglich,
> denn der spezielle Charakter der Komposition einer bestimmten Gedicht-
> sammlung, ihr „So und nicht anders" kann nur aus dem Charakter dieses
> bestimmten Autors hervorgehen.[176]

Brecht erteilte in seiner Erklärung sowohl den biographisch-monogra-
phischen Großunternehmungen des 19. Jahrhunderts als auch den
formalästhetischen, allein auf das Werk konzentrierten Herangehensweisen, wie sie in den 1910er und 1920er Jahren prominent von Fritz Strich
und Oskar Walzel propagiert wurden, eine Absage.[177] Jedoch war diese
Absage weder in die eine noch in die andere Richtung eine derart entschiedene, dass er ohne Bedenken als ausgewiesener Vertreter einer be-

---

173 Meyers Gedichtband von 1882 wurde vom Autor selbst bis zur fünften Auflage
    1892 immer wieder bearbeitet und erweitert und war 1917 bereits in der
    80. Auflage erschienen.
174 Brecht: Conrad Ferdinand Meyer und das Kunstwerk seiner Gedichtsammlung
    (1918), S. 209.
175 Brecht: Conrad Ferdinand Meyer und das Kunstwerk seiner Gedichtsammlung
    (1918), S. 207–208.
176 Brecht: Conrad Ferdinand Meyer und das Kunstwerk seiner Gedichtsammlung
    (1918), S. X.
177 Zur zeitgenössischen formalästhetischen Literaturforschung vgl. Benda: Der ge-
    genwärtige Stand der deutschen Literaturwissenschaft (1928), S. 38–46.

stimmten Wissenschaftsauffassung gelten kann. Zeitgenössisch führte diese Zwischenstellung dazu, dass er je nach Selbstverständnis der Beurteiler für verschiedene Standpunkte in Anspruch genommen wurde. Dass diese Vereinnahmungsversuche nicht immer ohne Ambivalenzen möglich waren, zeigt eine ausführliche Rezension von Brechts Buch über Conrad Ferdinand Meyer in der *Zeitschrift für Ästhetik und Allgemeine Kunstwissenschaft*. Darin nennt Alfred Baeumler Brechts Studie nicht nur „einen beachtlichen Fortschritt [...] [i]nnerhalb der neueren, aufs Objekt gerichteten wissenschaftlichen Bestrebungen", er bezeichnet sie sogar als „Höhepunkt der objektivistischen Methode", da Brecht zeige, „daß unsere ästhetische Kritik den toten Biographismus innerlich überwunden hat", indem er „das Biographische [...] in die Form aufhebt".[178] Gleichzeitig und im Widerspruch zu seiner bisherigen Beurteilung der Studie warf Baeumler Brecht aber auch vor, noch tief in einer auf der Sammlung von Fakten beruhenden, d.h. in einer positivistischen Wissenschaftsauffassung verwurzelt zu sein, weshalb seine Studie, wie Baeumler abwertend feststellte, vor allem „als Quelle der Belege" wertvoll sei:

> Es ist kein Buch, was uns vorliegt, sondern nur das Material zu einem. [...] Sie [die Untersuchung, E.G.] gibt zu viel unaufgelösten Stoff. Die philologische Treue läßt sich wahren, auch wenn man zusammenfaßt. Brechts Werk hätte ein Buch für die Gebildeten werden können, es ist ein Buch für Philologen geworden.[179]

Einen besonderen Platz unter Brechts Wiener Publikationen nehmen seine Arbeiten zur österreichischen Literatur, vor allem zu Hugo von Hofmannsthal, ein. Mit österreichischer Literatur hatte sich Brecht vor seiner Berufung nach Wien 1914 nicht beschäftigt. Über österreichische Literatur zu publizieren, begann Brecht mit seinem Aufsatz „Wesen und Werden der deutsch-österreichischen Literatur" von 1920.[180] Die österreichische Literaturgeschichte war eine der Herausforderungen, mit denen sich die Vertreter der Lehrstühle für Deutsche Philologie in der österreichisch-ungarischen Monarchie seit der Institutionalisierung des Fachs nach der Universitätsreform von 1848/49 zu befassen hatten.[181] Selbst Wilhelm

---

178 Baeumler: Konrad Ferdinand Meyer [Rez.] (1921), S. 468

179 Baeumler: Konrad Ferdinand Meyer [Rez.] (1921), S. 470. Baeumlers „Vorschlag", Brecht solle „das wichtigste in einem Aufsatz" zusammenfassen und in der nächsten Auflage „den Gedichten bei[geben]", wurde schließlich realisiert, vgl. Brecht: Einleitung (1924).

180 Brecht: Wesen und Werden der deutsch-österreichischen Literatur (1920).

181 Zum Folgenden vgl. Michler: „Das Materiale für einen österreichischen Gervinus" (1995); Zeman: Der Weg zur österreichischen Literaturforschung (1986).

Scherer, der – unterstützt durch seine antikatholische Haltung und seine gesamtdeutsche Kulturauffassung – immer gegen die Eigenständigkeit einer spezifisch österreichischen Literaturgeschichte auftrat, publizierte, wenn auch nur in seiner Wiener Zeit während der 1860er und frühen 1870er Jahre, zu österreichischen Autoren.[182] Eine systematische Erfassung der österreichischen Literatur, ihre biblio- und biographische sowie editorische Erarbeitung begann in größerem Maße aber erst mit der Schülergeneration von Scherer. Sowohl August Sauer, Richard Maria Werner, Josef Wackernell und Bernhard Seuffert als auch Jakob Minor und Josef Seemüller, die zeitgleich die Lehrstühle in Prag, Lemberg, Innsbruck, Graz und Wien innehatten,[183] setzten einen „deutlichen Österreich-Akzent“[184] und prägten damit sowohl Forschung als auch Lehre an den Universitäten der Monarchie von den 1880er Jahren bis zum Ende des Ersten Weltkriegs.[185] Die Konzeption einer eigenen österreichischen Literaturgeschichtsschreibung war in den Studien dieser Generation von Universitätsprofessoren wie auch in der von Privatgelehrten erarbeiteten, vierbändigen *Deutsch-Österreichischen Literaturgeschichte* (1899–1937) an den Gegebenheiten des Vielvölkerstaats orientiert.[186] Ihre wesentliche Aufgabe sahen diese Forscher darin, die deutschsprachige Literatur innerhalb der österreichisch-ungarischen Monarchie, also innerhalb eines

---

182 Scherers Arbeiten sind nur mit großen Vorbehalten für die Konstitution einer österreichischen Literaturgeschichtsschreibung zu vereinnahmen; vor allem verkündeten sie nämlich, wie Michler überzeugend darstellte, „die Wanderung des deutschen Geistes aus dem österreichischen Gebiet nach Preußen“ oder waren, wie im Falle seines Grillparzer-Aufsatzes, „in Wahrheit Scherers Totalabrechnung mit den österreichischen Verhältnissen“. Michler: „Das Materiale für einen österreichischen Gervinus“ (1995), S. 181–182. – Gesammelt finden sich Scherers Arbeiten zur österreichischen Literatur bei Scherer: Vorträge und Aufsätze zur Geschichte des geistigen Lebens in Deutschland und Oesterreich (1874).

183 August Sauer war 1886–1925 in Prag, Richard Maria Werner 1884–1913 in Lemberg, Josef Eduard Wackernell 1888–1920 in Innsbruck, Bernhard Seuffert 1886–1923 in Graz, Jakob Minor 1885–1912 und Josef Seemüller 1905–1911 bzw. 1917–1920 in Wien.

184 Zeman: Der Weg zur österreichischen Literaturforschung (1986), S. 30.

185 Zu den Forschungsschwerpunkten der einzelnen österreichischen Germanisten dieser Generation vgl. Zeman: Der Weg zur österreichischen Literaturforschung (1986).

186 Die Herausgeber der *Deutsch-Österreichischen Literaturgeschichte* waren der Gymnasiallehrer Jakob Zeidler, der Gymnasiallehrer und Privatdozent Johann Willibald Nagl sowie der Gymnasiallehrer, Privatdozent und ab 1915 tit. a.o. Professor Eduard Castle. – Nagl/Zeidler/Castle (Hg.): Deutsch-Österreichische Literaturgeschichte. 4 Bde. (1899–1937).

mehrsprachigen Spannungsfeldes, zu beschreiben und darüber hinaus ihre Eigenständigkeit gegenüber den übrigen deutschsprachigen Literaturen zu betonen. Vor allem August Sauers berühmte Prager Rektoratsrede *Literaturgeschichte und Volkskunde* von 1907 und auch sein Aufsatz „Die besonderen Aufgaben der Literaturgeschichtsforschung in Österreich", in dem er noch im letzten Jahr der Monarchie ein eigenes „Reichsinstitut für österreichische Literaturforschung" verlangte, waren dahingehend richtungsweisend.[187]

Eine wirkungsvolle Neubewertung der österreichischen Literatur forcierte zu Beginn des 20. Jahrhunderts ein Schüler August Sauers. Josef Nadler baute in seiner *Literaturgeschichte der deutschen Stämme und Landschaften*, deren erster Band 1912, also zwei Jahre vor der Berufung Brechts nach Wien, erschien, auf Überlegungen seines Lehrers zur Regionalliteraturforschung auf, übernahm dessen stammes- und volkskundliches Bewertungsschema, das die Literatur eines Stammes bzw. einer Landschaft in ihren regionalen, sozialen und politischen Besonderheiten bestimmbar machen sollte. Anders als sein Lehrer legte Nadler diesem Koordinatensystem aber eine geschichtsphilosophische, teleologisch auf das „Reich" bzw. die deutsche Nation gerichtete Konstruktion zugrunde. Mit dem von ihm entworfenen Gedanken einer Sonderstellung der bairisch-österreichischen Dichtung verhalf Nadler zwar der österreichischen Literatur innerhalb einer gesamtdeutschen Darstellung zum ersten Mal zu gleichberechtigter Anerkennung, das ‚alte' Interesse an der gesonderten Beschreibung der österreichischen Literatur innerhalb des Spannungsfeldes verschiedensprachiger Literaturen der Monarchie und in Abgrenzung zu den anderen deutschsprachigen Literaturen trat dabei jedoch in den Hintergrund. Nadlers Interesse zielte darauf ab, die österreichische Literaturforschung nicht mehr als eine eigenständige zu betrachten, sondern sie „in die Sehnsucht nach der Einheit der Nation, deren geistigen Raum sie mitschrieb"[188], zu integrieren.[189]

---

187 Dieses „Reichsinstitut" sollte sich der deutschen Literatur in Österreich in Zusammenhang mit den anderssprachigen Literaturen der Monarchie widmen und sie als eine, den anderen deutschen Literaturen des deutschsprachigen Raums ebenbürtige zeigen. Sauer: Die besonderen Aufgaben der Literaturgeschichtsforschung in Österreich (1917), S. 68.

188 Zeman: Der Weg zur österreichischen Literaturforschung (1986), S. 44.

189 Zu Sauers und Nadlers Literaturgeschichtekonzeption vgl. Ranzmaier: Stamm und Landschaft (2008); Höppner: Die regionalisierte Nation (2007); Meissl: Zur Wiener Neugermanistik der dreißiger Jahre (1985).

Walther Brecht hätte der Nadler'schen Konzeption, betrachtet man seine kulturpolitischen Aussagen, in denen er stets für eine gesamtdeutsche Kulturauffassung eintrat und sich zudem für die Zusammenführung Deutschlands und Österreichs aussprach, eigentlich uneingeschränkt positiv gegenüberstehen müssen. Tatsächlich nahm Brecht zu dieser Forschungs- und kulturpolitischen Frage aber wechselnde Positionen ein. Sein erster Aufsatz zur österreichischen Literatur, die erwähnte Überblicksdarstellung „Wesen und Werden der deutsch-österreichischen Literatur" von 1920, stand noch ganz im Zeichen gesamtdeutscher Interessen. Darin heißt es gleich zu Beginn, dass die „deutsch-österreichische Literatur [...] ein integrierender Teil der deutschen" sei und dass es deshalb „keine nur für sich existierende deutsch-österreichische Literatur geben" könne. Darüber hinaus sei die österreichische Literatur auch nur zu den Zeiten „gut [gewesen], wo sie mit der des übrigen Deutschland in lebendiger [...] Wechselwirkung stand".[190] Das zeige sich vor allem daran, dass der österreichischen Literatur des 16. Jahrhunderts aufgrund der „geistige[n] Abschnürung Österreichs vom übrigen Deutschland" durch die Gegenreformation ein hoher „geistige[r] und wirtschaftliche[r] Schade[n]" entstand.[191] Nach einem nicht ohne Klischees auskommenden Durchgang von Walther von der Vogelweide über die Zeit Kaiser Maximilians, den österreichischen Barock und die Volksbühne des 18. und frühen 19. Jahrhunderts bis hin zu Franz Grillparzer, in dem der österreichischen Literatur eine starke „Nähe zum Volkstum"[192], „Naivität", „Verspätung im Geistigen" und eine geringere „Gefahr theoretischer Überbildung"[193] attestiert wird, was sie als kongeniale Schwester der deutschen, stärker abstrakt konstruierten Literatur ausweise, kam Brecht zu folgendem Schluss:

> Heutige österreichische und reichsdeutsche Literatur gehören zusammen: in natürlicher organischer Ergänzung!
> Nicht gerade wie Kopf und Herz, aber wie Geist und Natur, Vernunft und Sinne, Leib und blühende Farbe, kühne Neueroberung und feste Stiltradition, Licht und Wärme. Diese Wärme Österreichs Kulturmission!
> Das Österreichische ist vielleicht diejenige Form des Deutschen, in der es dem Ausländer am leichtesten, am liebenswürdigsten zugänglich wird; Grillparzer für ihn vielleicht der beste Weg zu Goethe.
> Aber diesen Weg zu betreten, müssen wir ihm heute selber überlassen. Wir haben genug mit uns zu tun.

---

190 Brecht: Wesen und Werden der deutsch-österreichischen Literatur (1920), S. 337.
191 Brecht: Wesen und Werden der deutsch-österreichischen Literatur (1920), S. 340.
192 Brecht: Wesen und Werden der deutsch-österreichischen Literatur (1920), S. 339.
193 Brecht: Wesen und Werden der deutsch-österreichischen Literatur (1920), S. 341.

Der Weg ist da, aber das Land, durch das er führt, wird bald unkenntlich sein. Nur als Teil des großen Mutterlandes kann Österreich sich retten; wird Österreich Österreich bleiben.[194]

Brechts Überlegungen zur österreichischen Literatur, die ihn hier unter dem Eindruck des Zusammenbruchs der Monarchie und in Abgrenzung zur Ersten Österreichischen Republik wie selbstverständlich den – nicht nur kulturellen – Anschluss an Deutschland postulieren ließen, bekamen elf Jahre später eine ganz andere Färbung. In dem 1931 erschienenen, seine bisherigen Erörterungen zur österreichischen Literatur zusammenfassenden Aufsatz „Österreichische Geistesform und österreichische Dichtung",[195] den Brecht bereits als Ordinarius in München verfasste, änderte er seinen Blickwinkel nachdrücklich. Brecht vertrat darin nicht mehr auf ein einheitliches Deutsches Reich gerichtete Standpunkte, sondern knüpfte – Nadler rückwärts überspringend – an ältere, differenziertere Forschungsparadigmen an, wie sie August Sauer und seine Generation vertreten hatten. So bestimmte er nun die Ausrichtung einer österreichischen Literaturforschung im Sinne von Sauers Charakteristik, nach der die österreichische Literatur im Spannungsfeld zwischen den anderen deutschen und den andersprachigen Literaturen der Habsburgermonarchie beschrieben werden sollte:

Wie denn die schwierige Aufgabe einer allgemeinen österreichischen Literaturgeschichte, die vom alten Gesamtstaate ausginge, eigentlich darin zu bestehen hätte, die deutsch geschriebene, aber von andern Nationalitäten des Reiches an bestimmten Punkten vielfach tingierte Literatur der Deutschösterreicher von der fremdsprachig oder auch noch deutsch geschriebenen Literatur der „Nationalitäten" einerseits zu unterscheiden, aber auch an den Punkten, wo diese Elemente unlöslich und ununterscheidbar sich amalgamiert haben, diese von Geschichte und Natur geschaffene Verbundenheit anzuerkennen und die so komplexen Gebilde methodisch zu untersuchen. Trifft es nicht zu, in der deutsch geschriebenen österreichischen Literatur ausschließlich die literarische Hervorbringung eines deutschen Stammes zu sehen wie andrer auch – niemand wird von ihr rein in dem Sinne sprechen wie von einer rheinländischen oder hessischen – so geht es auf der anderen Seite wohl zu

---

194 Brecht: Wesen und Werden der deutsch-österreichischen Literatur (1920), S. 349–350.

195 In dem Aufsatz übernahm Brecht Überlegungen und Formulierungen aus Brecht: Wien und die deutsche Literatur (1924); ders.: Oesterreichische Geistesform und oesterreichische Dichtung I (1929); ders.: Die Wesensart des Oesterreichers (1929).

weit, die österreichische Literatur einfach als eine „südeuropäische in deutscher Sprache" zu bezeichnen.[196]

Als Brecht 1931 diese Bestimmung der österreichischen Literaturforschung veröffentlichte, war – nach Paul Kluckhohn – gerade Josef Nadler sein Nachfolger auf dem Wiener Lehrstuhl für die neuere Abteilung der Deutschen Philologie geworden. Von den Vertretern einer eigenen österreichischen, auf empirische Einzelstudien bauenden Literaturgeschichte war nur noch Eduard Castle an der Wiener Universität tätig, sodass trotz der späten Anknüpfung Brechts an wissenschaftliche Paradigmen seiner Vorgängergeneration, an methodische Überlegungen Minors und Sauers, diese Forschungsrichtung innerhalb der Germanistik nicht fortgesetzt wurde und insgesamt ohne Echo blieb.

Wiederum anders gewendet sind Brechts Arbeiten zu Hugo von Hofmannsthal, mit dem er von Mai 1917 bis zu dessen Tod im Juli 1929 freundschaftlich verbunden war und als dessen Nachlassverwalter er zeitweilig auch fungierte.[197] Das Verhältnis zwischen Brecht und Hofmannsthal war von Beginn an von gegenseitigen Ansprüchen geprägt, in denen eine Annäherung der wissenschaftlichen und der dichterischen Sphäre, also eine „Komplizenschaft zwischen Dichter und Wissenschaftler"[198] beabsichtigt wurde.[199] Bereits Anfang 1919 übergab Hofmannsthal Brecht seine werkbiographischen Notizen „Ad me ipsum", um, wie Brecht 1930 erklärte, „eine Art von innerlich authentischer Einwirkung auf die Diskussion zu nehmen" und dadurch „richtiger verstanden [zu] werden".[200] Hofmannsthal erwartete von ‚seinem‘ Germanisten Brecht, wie Christoph König feststellte, „die Individualität und Einheit seines Oeuvres zu propagieren"[201], und sprach prinzipiell davon, dass ihre beiden „Berufe […] doch so ineinander verhäkelt"[202] wären. Brecht wiederum nannte Hofmannsthal einen „Philologorum poetissimus, poetarum philologissi-

---

196 Brecht: Österreichische Geistesform und österreichische Dichtung (1931), S. 614.

197 Zu den Konflikten um Hofmannsthals Nachlass vgl. Oels: „Denkmal der schönsten Gemeinschaft" (2007), S. 62–79.

198 Oels: „… denn unsere Berufe sind doch so ineinander verhäkelt" (2007), S. 57.

199 Vgl. dazu auch König: „Geistige, private Verbündung" (1993).

200 Brecht: Hugo von Hofmannsthals „Ad me ipsum" und seine Bedeutung (1930), S. 319.

201 König: Hofmannsthal (2001), S. 212.

202 Hofmannsthal/Brecht: Briefwechsel (2005), S. 146 (Brief von Hofmannsthal an Brecht vom 12. Jänner 1928).

mus"[203] und hätte, wie David Oels zu Recht bemerkte, „vermutlich auch gern sich selber so bezeichnet"[204].

Tatsächlich äußerte sich Brecht bereits im Dezember 1919 in der nicht erhaltenen Rede „Hofmannsthals Märchen ‚Die Frau ohne Schatten' im Zusammenhange seines Dichtens" öffentlich zu dessen Werk,[205] 1923 verwendete er in seiner Publikation „Grundlinien im Werke Hugo v. Hofmannsthals" zum ersten Mal das „Ad me ipsum" und veröffentlichte in Folge Aufsätze über „Hofmannsthals Weltbild", den *Jedermann*, den literarischen Nachlass, *Das Bergwerk zu Falun*, *Die Ägyptische Helena*, seine Gespräche und Begegnungen mit dem Dichter und edierte das „Ad me ipsum".[206] Bemerkenswert an diesen Beiträgen ist neben deren Bedeutung für die Hofmannsthal-Forschung, deren Anfänge Brecht maßgeblich und nachhaltig mitprägte,[207] vor allem der Stil von Brechts Wissenschaftsprosa und seine daraus resultierende Auffassung der Deutschen Philologie. Schon Brechts Beitrag zur Festschrift für Bernhard Seuffert von 1923 über die „Grundlinien im Werke Hugo v. Hofmannsthals" zeigt deutlich seine Distanzierung von wissenschaftlichen und seine Annäherung an literarische Ausdrucksformen. Bei diesem Beitrag handelt es sich nicht um eine sachlich-distanzierte Darstellung, sondern vielmehr um eine mit Zitaten aus Hofmannsthals Werk versehene und umstrukturierte Version des „Ad me ipsum", also um eine Erklärung des Dichters mit Worten des Dichters oder, wie Oels feststellte, um „dichtende Philologie"[208]. Brechts Fachkol-

---

203 Erika Brecht: Erinnerungen an Hugo von Hofmannsthal (1946), S. 40.

204 Oels: „... denn unsere Berufe sind doch so ineinander verhäkelt" (2007), S. 51.

205 Oels: „... denn unsere Berufe sind doch so ineinander verhäkelt" (2007), S. 40.

206 Vgl. u. a. Brecht: Grundlinien im Werke Hugo v. Hofmannsthals (1923); ders.: Fragmentarische Betrachtung über Hofmannsthals Weltbild (1924); ders.: Die Vorläufer von Hofmannsthals „Jedermann" (1924); ders.: Hugo von Hofmannsthals „Ad me ipsum" und seine Bedeutung (1930); ders.: Über den literarischen Nachlaß Hugo von Hofmannsthals (1930); ders.: Über Hugo von Hofmannsthals „Bergwerk zu Falun" (1932); ders.: Gespräch über die „Ägyptische Helena" (1949).

207 Vgl. Osterkamp: Formale, inhaltliche und politische Akzeptanz von Gegenwartsliteratur (1993), S. 174: „Im Falle Brechts, bei dem er das größte Verständnis für sein Spätwerk vermuten durfte, hatte Hofmannsthal ganz auf den Richtigen gesetzt, als er ihm seine werkbiographische Selbstdeutung ‚Ad me ipsum' übergab: Brechts Edition und Kommentar haben, wohl ganz im Sinne des Dichters, die Deutung von Hofmannsthals Werk als eines Ganzen auf viele Jahrzehnte hin bestimmt (und dies keineswegs immer auf klärende Weise)."

208 Oels: „Denkmal der schönsten Gemeinschaft" (2007), S. 41. – Christoph König bezeichnet den Aufsatz Brechts über das „Ad me ipsum" sogar als „Plagiat"; König: Hofmannsthal als Interpret seiner selbst (1999), S. 62 (Anm. 3).

lege Carl von Kraus war gelinde irritiert. Auf einen nicht erhaltenen Brief des Altgermanisten antwortete Brecht im Juli 1923:

> Was Sie in u. an meinem Aufsatz ‚ungewöhnlich graziös' finden, kommt natürlich durchaus auf Hofmannsthals Rechnung und zwar wörtlich: denn ich habe ja nicht nur viele seiner Begriffe, Symbole, Motive, sondern auch eine Anzahl seiner besonderen Ausdrücke (z. B. „Präexistenz", „Verschuldung", „Süßigkeit in der Verschuldung") aus seinem mir gelegentlich überlassenen ganz privaten zerstreuten Aufzeichnungen „Ad se[!] ipsum" herübergenommen. Es war keine Kleinigkeit, diese Geheimschrift zu deuten u. ihre Züge mit meinen seit je bestehenden Auffassungen von ihm zu einem leidlich philologisierten, nat[ürlich] noch vereinfachten u. geklärten Bilde zu vereinigen. Sie finden es, mir völlig begreiflich, graziös, er natürlich vergröbert.[209]

Bei Brechts Versuch, gleichzeitig sowohl literarischen als auch wissenschaftlichen Darstellungs- und Ausdrucksweisen gerecht zu werden, handelte es sich um eine Gratwanderung, die eine Annäherung der beiden Sphären im Sinn hatte und zeitgenössisch durchaus keine singuläre Erscheinung innerhalb des wissenschaftlichen Feldes war.[210] Brecht verhalf diese Hinwendung zu ästhetisch und stilistisch prononcierten Darstellungsverfahren aber, wie sein Brief an Carl von Kraus zeigt, weder zu besonderer Anerkennung von Fachvertretern noch vom Dichter selbst. Ähnliches lässt sich über Brechts Beitrag zur Eranos-Festschrift anlässlich Hofmannsthals 50. Geburtstags 1924 sagen, in dem er eine „Fragmentarische Betrachtung über Hofmannsthals Weltbild" anstellte, die auf eine einheitliche Gesamtschau von Hofmannsthals Werk abzielte. Die von Brecht angenommene Weiter- und Höherentwicklung in Hofmannsthals Oeuvre erklärte der Germanist mit folgenden – wissenschaftlich wenig erhellenden – Worten, die stilistisch offenkundig nicht Ausdruck einer an Nüchternheit und Sachlichkeit orientierten akademischen Sprache sind:

> Traf man früher manchmal auf, unendlich reizvolle, Addition, wenn der vergröbernde Vergleich erlaubt ist, so herrscht jetzt Integration. Dies ist nicht nur der allgemeine menschlich-dichterische Vorgang, nicht nur Sache des Lebensalters: ein tieferes scheint sich anzuzeigen. Wer auf das „Große Welttheater", auf den „Turm" nur einen eindringenderen Blick richtet, erkennt, wie die rätselhafte Verschlungenheit aller Geschicke hier dunkelklar in bezie-

---

209 Brief von Brecht an Kraus vom 20. Juli 1923; BSB München, Nachlass Carl von Kraus, Krausiana I.
210 Zu diesem Themenkomplex vgl. Trommler: Geist oder Gestus? (1997); Osterkamp: Friedrich Gundolf zwischen Kunst und Wissenschaft (1993); Weimar: Das Muster geistesgeschichtlicher Darstellung (1993); sowie Kap. III.1. und Kap. III.2.

hungsreichen Konfigurationen bedeutend ans Licht tritt und treten soll, als Hauptsache des Weltbildes [...].[211]

„[R]ätselhafte Verschlungenheit aller Geschicke", „dunkelklar in beziehungsreichen Konfigurationen" – das hört sich verdächtig nach einem Versuch an, sich durch dichterische Ausdrucksformen einem Sinn zu nähern, der mit dem Erkenntnisinstrumentarium der akademischen Wissenschaft nicht zu fassen war. Tatsächlich war Hofmannsthal aber auch diesmal nicht zufrieden: „Nein, Sie müssen schon bei Ihrer Weise, die Dinge darzustellen bleiben [...]. Es gibt eben jene andere Darstellungsweise, und es gibt die Ihre, beide sind giltig, und uns Deutschen ist vielleicht doch jene andere, auf die Typen und Canones ausgehende, minder gewiß."[212]

Ein weiteres Projekt, das ebendiese Zwischenstellung haben sollte, war Hofmannsthals Idee vom „Buch des Dichters", das er von Brecht geschrieben haben wollte. Es sollte, wie sich Erika Brecht erinnerte, „ganz groß angelegt, ohne Zitate oder sonstigen gelehrten Apparat, ohne jeden Anklang an Biografie" sein, demnach „ein Buch, in dem der Prozeß des dichterischen Schaffens, selbst eine Art Dichtung, in klassischer Weise dargestellt werden sollte".[213] Dieses „Hofmannsthal-Buch als Gundolfsche Gestaltmonographie"[214] schrieb Brecht aber nicht mehr. Sein Dilemma bemühte sich Brecht im November 1923 Paul Kluckhohn zu erklären:

> M. Gespräche mit Hofm. lassen sich nicht wiedergeben. Sie betreffen meist das Innerste des dichter. Prozesses. Sehr eigentümlich ist auch das Phänomen, wenn einer plötzlich innerlich zu dichten beginnt, numine afflatus. Ich verlasse H. dann stets. Er stirbt plötzlich der Außenwelt ab. [...] Die Philosophen u. Ästhetiker reden eigentlich nur so herum. Je mehr man davon verstehen lernt, um so mehr neigt man dazu, über diese geheimnisvollen Dinge den Schnabel zu halten. Die ältere Generation verstand freilich davon garnichts.[215]

Wenn Brecht in seinem Versuch, das „Innerste des dichter. Prozesses" darzustellen, auch scheiterte, so zeigen seine Veröffentlichungen zu Hofmannsthal doch den von ihm festgestellten Unterschied zur vorherigen, dem Wissenschaftsideal strenger Philologie verpflichteten Germanisten-

---

211 Brecht: Fragmentarische Betrachtung über Hofmannsthals Weltbild (1924), S. 24.
212 Hofmannsthal/Brecht: Briefwechsel (2005), S. 68 (Brief von Hofmannsthal an Brecht vom 1. Juli 1924).
213 Erika Brecht: Erinnerungen an Hugo von Hofmannsthal (1946), S. 41–42.
214 Osterkamp: Formale, inhaltliche und politische Akzeptanz von Gegenwartsliteratur (1993), S. 176.
215 Brief von Brecht an Kluckhohn vom 27. November 1923; DLA Marbach, Bestand: Deutsche Vierteljahrsschrift.

generation auf. Die Annäherung zwischen Dichter und Germanist, zwischen Kunst und Wissenschaft war kein auf Brecht und Hofmannsthal beschränktes Phänomen, sondern markiert einen „wissenschaftsgeschichtlichen Umschwung in der Deutschen Philologie der zwanziger Jahre"[216], der nicht nur die Erkenntnis- und Darstellungsweise des Fachs beeinflusste, sondern auch konkrete institutionelle Auswirkungen hatte. Ein „aufschlußreiches Symptom" dieses Wandels lässt sich nämlich, wie Ernst Osterkamp konstatierte, im Konflikt um die Nachfolge von Franz Muncker in München 1926/27 feststellen: „[N]ie zuvor wohl und auch später nicht haben bedeutende deutsche Schriftsteller in solchem Ausmaß auf die Besetzung eines Lehrstuhls für Neuere deutsche Literaturgeschichte Einfluß zu nehmen versucht [...]."[217] Nutznießer dieser Auseinandersetzung, an der sich neben Hugo von Hofmannsthal auch Thomas Mann, Rudolf Borchardt, Rudolf Alexander Schröder und Mitglieder des George-Kreises beteiligten, war Walther Brecht, der im Mai 1927 nach München berufen wurde.[218]

Uneingeschränkte Anerkennung sowohl von Hofmannsthal als auch von Vertretern des Fachs und Studierenden erhielt Brecht für seine universitäre Lehre. In den zu seinen Lebzeiten unveröffentlicht gebliebenen „Notaten für einen Aufsatz über Walther Brecht" ging Hofmannsthal anlässlich von Brechts Weggang aus Wien 1926 gerade auch auf diesen Aspekt des Aufgabenbereichs eines Universitätsprofessors ein: „Das Semester geht zu Ende. Es ist das letzte, das ~~Professor~~ W. Brecht lehrend an dieser Universität verbringen wird. Die Universität besitzt viele Gelehrte von Rang: in Brecht verliert sie was schlechthin niemals ~~zu~~ ersetzbar ist: eine Lehrerpersönlichkeit."[219] Das Gutachten, das Carl von Kraus für die Muncker-Nachfolge verfasste, konzentrierte sich ebenfalls auf Brechts Lehrtätigkeit:

> Der ungewöhnliche Lehrerfolg tritt auch nach Außen hin zu Tage: in der warmen Anerkennung, mit der Studenten, Kollegen und die Oeffentlichkeit den von Wien Scheidenden bedachten, vor allem aber in der Tatsache, dass er dort vier Dozenten zurücklässt, die seine Schüler sind (Touaillon und Thalmann, Kindermann und Cysarz). Die Verschiedenheit ihrer Richtungen be-

---

216 Osterkamp: „Verschmelzung der kritischen und der dichterischen Sphäre" (1989), S. 348.

217 Osterkamp: „Verschmelzung der kritischen und der dichterischen Sphäre" (1989), S. 348.

218 Vgl. dazu Osterkamp: „Verschmelzung der kritischen und der dichterischen Sphäre" (1989); Dittmann: Carl von Kraus über Josef Nadler (1999).

219 Hofmannsthal: Notate für einen Aufsatz über Walther Brecht (2005), S. 182.

kundet, wie mannigfaltig die Anregungen sind, die der feinorganisierte und für jede, nicht bloss für die literarische Kunst verständnisvolle Mann zu geben vermag.

Die Universität würde an ihm einen hervorragenden Lehrer und einen ebenso methodisch wie ästhetisch gebildeten Forscher gewinnen.[220]

Herbert Cysarz erinnerte sich 1976 an seinen „literaturhistorische[n] Lehr- und Fechtmeister" Walther Brecht, bei dem er nach dem Ersten Weltkrieg studiert hatte und von dem er auch über seine Dozententätigkeit hinaus gefördert wurde, ebenfalls als „eine[n] der weitaus begabtesten [...] Germanisten", dessen „allseitige Offenheit [...] ihn jeden Dissertanten zu dessen Bestmöglichen anspornen" ließ und von dem „[v]iele seiner produktiven Einfälle in die Arbeiten seiner Schüler eingegangen" waren. „[E]r half immer so freigebig wie unvermerkt" und vereinte, so Cysarz weiter, „seine philologische Gewissenhaftigkeit" mit der Fähigkeit, „Dichtungen [...] wie ein schöpferischer Musiker Partituren" zu lesen. Welche Bedeutung Brecht für seine eigene Arbeit hatte und wie er Brechts Unterricht mit Blick auf methodische und thematische Auseinandersetzungen innerhalb des Fachs und im Unterschied zur universitären Lehre vor dessen Amtsantritt wahrnahm, erklärte Cysarz mit dem ihm eigenen Hang zum metaphernreichen Sprachgebrauch:

> In meinem Fall hat Brecht mit freundwilliger Sympathie Erz und Schlacke zu scheiden, die originären Energien monoklin zu entwickeln, zugleich in Fühlung mit der Sprach- und Werk-Untersuchung zu halten getrachtet. Er hat die Ideenhistorie, die theoretischen Konvergenzen von Bild und Begriff usw., immer als eine Richtung unter anderen und als Forschungsfeld einer besonderen Anlage angesehen. Aber die Richtung dünkte ihn hier nicht nur mit überzeugender Potenz ergriffen, sondern auch entscheidender Sprengungen der amusischen Stoffhuberei, neuer Lichtungen und Leistungen fähig. Krieg und Nachkriegselend riefen nach primordialer, universeller Rechtfertigung des „Luxus" Literaturwissenschaft. Der Expressionismus, die ungeheuren Umschwünge insgemein verlangten auf viele Weisen danach, Denken und Formen in eine umfassende Esse zu werfen. Und gerade damals drohte viel hergebrachter Literatur-Unterricht in dichtungsfremde Materialienkunde und Biographik zu versacken.[221]

Doch nicht nur Brechts Bemühungen um einen Ausgleich zwischen verschiedenen Ansätzen in der zeitgenössischen Literaturwissenschaft und seine Fähigkeit, diplomatisch Übergänge zu schaffen, wurden gerühmt,

---

220 Gutachten von Carl von Kraus über Walther Brecht, o.D.; zit. n. Bonk: Deutsche Philologie in München (1995), S. 69.
221 Alle Zitate: Cysarz: Vielfelderwirtschaft (1976), S. 34–36.

sondern auch eine ganz basale, gleichwohl nicht zu überschätzende
Kompetenz, die den verständnisvollen Umgang mit verzweifelten Erst-
und Zweitsemestern betraf. „At the beginning I was quite lost", schrieb der
spätere Lyriker, Essayist und New Yorker Germanistikprofessor Ernst
Waldinger, der 1938 aus Österreich fliehen konnte, über seinen Studien-
beginn in Wien 1918:

> [A] freshman at the Vienna University was in a rather difficult situation; at
> least during the first two semesters he was at loss and without any orientation
> on part of the academic authorities; this applied at least to the majority of
> disciplines within the Faculty of Philosophy which, except for those of science,
> have no regulated syllabus. Professor Brecht, one of my professors, once told us
> in a seminar that at the beginning of his university career he was completely at a
> loss when facing the extensiveless [!] of his chosen field, which seemed endless
> to him.[222]

Brechts Wiener Lehre umfasste neben den obligatorischen Vorlesungen zur
Literaturgeschichte, in denen er das gesamte Spektrum der neueren Abteilung, also die Zeit vom Ende des Mittelalters bis zum Beginn des
20. Jahrhunderts abdeckte, vor allem Seminare zur Lyrik. In neun seiner
insgesamt 25 Semester, in denen er an der Universität Wien Lehrveranstaltungen hielt, konzentrierte sich sein Programm auf Gedichte (Opitz,
Mörike, Schiller, Goethe, Klopstock, Hölderlin, Balladen des 18. und
19. Jahrhunderts, C.F. Meyer). Daneben finden sich, was einen klar er-
kennbaren Unterschied zu seinem Vorgänger Jakob Minor ausmacht,
deutlich mehr stilkritische als biographische Übungen. Insgesamt war
Brecht in seiner zwölf Jahre dauernden Amtszeit in Wien für 63 Lehrveranstaltungen verantwortlich.[223] Da diese pro Semester von mehreren
hundert Studierenden besucht wurden, war die Kapazität der Universi-
tätsräumlichkeiten bei Weitem überschritten: „[M]eine fast 400 Zuhörer
[sitzen] auch auf den Kathederstufen [...]."[224] Tatsächlich hatte die philosophische Fakultät bei Brechts Amtsantritt im Sommersemester 1914
bereits 2.161 Studierende, wovon 438, also etwa ein Fünftel, Studentinnen
waren. Im darauffolgenden Wintersemester 1914/15 fiel die Studieren-
denzahl kriegsbedingt auf 1.712, darunter nun bereits 641 Studentinnen,
etwas mehr als ein Drittel; im Wintersemester 1918/19 waren an der

---

222 Waldinger: My Vienna University Career (1965), S. 85.
223 Vgl. hierzu und zum Vorigen die gedruckten Verzeichnisse: Öffentliche Vorlesungen an der K.K. Universität zu Wien (1914–1918); Öffentliche Vorlesungen
an der Universität zu Wien (1919–1926).
224 Brief von Brecht an Paul Kluckhohn vom 19. November 1925; DLA Marbach,
Bestand: Paul Kluckhohn.

philosophischen Fakultät 2.906 Studierende, darunter 929 Frauen, in-
skribiert und in Brechts letztem Wiener Semester, im Wintersemester
1925/26 gab es fast doppelt so viele Hörer und Hörerinnen wie bei seinem
Amtsantritt, nämlich insgesamt 3.857, darunter 1.147 Studentinnen, also
etwas weniger als 30 Prozent.[225] In den Erinnerungen der männlichen
Kommilitonen waren es freilich viel mehr Frauen: „[T]he lecture room
where Professor Walter Brecht held his lectures on history of literature [...]
was crowded, but crowded with girls", schrieb Ernst Waldinger 1965.[226]
Und Józef Wittlin meinte gar, dass die männlichen Studierenden in der
absoluten Minderheit gewesen wären: „Die Vorlesungen von Professor
Brecht, im ersten Jahr des ersten Weltkrieges, erfreuten sich großer Be-
liebtheit, besonders bei den Hörerinnen. Männer gab es dort wenig, es ist
also nicht zu verwundern, wenn diese sofort auffielen."[227]

Auch wenn sich zu den Studenten in den 1910er und 1920er Jahren
nicht ganz so viele Studentinnen gesellten, wie die Erinnerungen von
Waldinger und Wittlin vermuten ließen, so war das Ausmaß von Brechts
Betreuungspflichten doch enorm: Während Jakob Minor in 26 Jahren
insgesamt 361 Dissertationen, also im Schnitt nicht ganz 14 pro Jahr, als
Referent beurteilte,[228] stieg die Zahl der von Brecht betreuten Promotionen
in der neueren Abteilung in den 1910er und 1920er Jahren nahezu auf das
Doppelte an. In zwölf Jahren begutachtete Brecht als Referent 316 Dissertationen, also durchschnittlich 26 pro Jahr, als Koreferent noch einmal
111 Dissertationen, also durchschnittlich neun pro Jahr.[229] Dabei handelte
es sich um eine Arbeitsbelastung, die selbst seinen früheren Förderern
Gustav Roethe und Edward Schröder Respekt abverlangte (auch wenn
diese von einer etwas höheren Zahl ausgingen). Am 4. Juni 1925 schrieb
Schröder an Roethe über deren ehemaligen Schützling: „[G]rausige Ar-
beitsüberhäufung! 600 Dissertationen in 12 Jahren!"[230]

---

225 Die angegebenen Studierendenzahlen umfassen ordentliche und außerordentliche
    Studierende und sind den einzelnen, semesterweisen Vorlesungsverzeichnissen
    entnommen, in denen sich am Ende jeweils eine „Summarische Übersicht der an
    der Universität Wien inskribierten ordentlichen und außerordentlichen Hörer"
    befindet.
226 Waldinger: My Vienna University Career (1965), S. 84.
227 Wittlin: Erinnerungen an Josef Roth (1949), S. 49.
228 Faerber: Ich bin ein Chinese (2004), S. 155.
229 Die Zahlen wurden ermittelt nach UAW, Phil. Fak., Rigorosenprotokolle 1914–
    1926.
230 Brief von Schröder an Roethe vom 4. Juni 1925; zit. n. Oels: „Denkmal der
    schönsten Gemeinschaft" (2007), S. 33.

Nichtsdestotrotz engagierte sich Brecht für seine Studierenden über die Promotion hinaus und verhandelte – teilweise mit Unterstützung von Hugo von Hofmannsthal – über Jahre hinweg mit dem Wiener Verlag Kola über eine eigene Reihe, in der Dissertationen aus der Neugermanistik veröffentlicht werden sollten.[231] Diese „Sammlung à la Probefahrten"[232] konnte Brecht in Wien jedoch nicht mehr realisieren. Einige der von Brecht betreuten Dissertationen erschienen aber in der *Literarhistorischen Reihe* des Sammelwerks *Deutsche Kultur*, die Brecht ab 1924 herausgab. Das Sammelwerk *Deutsche Kultur*, das als Publikationsorgan für Angehörige der Wiener Universität diente, betreute Brecht gemeinsam mit dem Historiker Alfons Dopsch, der für die *Historische Reihe* verantwortlich war. Im Verlagsprospekt hieß es 1925 zum Programm der Sammlung, dass beide Publikationsreihen, obgleich jede für sich bestünde, „ein höheres Ganzes" bildeten: „Deutsche Kultur, sowohl die geistige als die materielle, soll Forschungsgebiet wie Idealziel beider sein."[233] Ideologisch stand dieses Unterfangen durch Dopsch, der früh für den Anschluss Österreichs an Deutschland Stimmung machte[234] und wie der Altgermanist Rudolf Much dem katholisch-deutschnationalen und betont antisemitischen Verein *Deutsche Gemeinschaft* angehörte, dem völkischen Lager nahe.[235] In der von Brecht geleiteten *Literaturhistorischen Reihe* erschienen aber auch Dissertationen von jüdischen Studierenden, wie die von Marianne Beyer-Fröhlich,[236] einer Wiener Studentin von Brecht und späteren Mitarbeiterin des monumentalen Sammelwerks *Deutsche Literatur in Entwicklungsreihen*, das

---

231 Vgl. Brief von Brecht an Paul Kluckhohn vom 2. August 1921; DLA Marbach, Bestand: Paul Kluckhohn; Hofmannsthal/Brecht: Briefwechsel (2005), S. 40 (Brief von Hugo von Hofmannsthal an Brecht vom 8. Februar 1922); Brief von Brecht an Kluckhohn vom 16. Juli 1923; DLA Marbach, Bestand: Deutsche Vierteljahrsschrift.

232 Brief von Brecht an Paul Kluckhohn vom 2. August 1921; DLA Marbach, Bestand: Paul Kluckhohn. – Mit „Probefahrten" nahm Brecht Bezug auf die bereits erwähnte, ähnliche Reihe *Probefahrten. Erstlingsarbeiten aus dem Deutschen Seminar in Leipzig* (1905–1930), die Albert Köster herausgab.

233 [Anonym/Verlagsprospekt:] Deutsche Kultur (1925), S. 257.

234 Vgl. Dopsch: Der Anschluß Deutsch-Österreichs an das Deutsche Reich (1919).

235 Vgl. Rosar: Deutsche Gemeinschaft (1971).

236 Beyer-Fröhlich: Johann Jakob Moser in seinem Verhältnis zum Rationalismus und Pietismus (1925). Weitere von Brecht betreute Dissertationen, die in dieser Reihe erschienen, sind Rudolf Henz: Die Landschaftsdarstellung bei Jean Paul (1924); Robert Hartl: Versuch einer psychologischen Grundlegung der Dichtungsgattungen (1924); Franz Horch: Das Burgtheater unter Heinrich Laube und Adolf Wilbrandt (1925); Alice Tröthandl-Berghaus: Die Dramen des Martin Hayneccius (1927).

Brecht gemeinsam mit Dietrich Kralik und Heinz Kindermann herausgab.[237]

Von besonderer Bedeutung für den akademischen Betrieb und singulär
im deutschsprachigen Raum war Brechts großer Erfolg bei seinem Ansinnen, ihm förderungswürdig erscheinende Dissertanten zu Akteuren in
der Universitätsgermanistik zu machen. Während sich in der älteren Abteilung im selben Zeitraum nur zwei Wissenschaftler habilitierten,[238] war
Brecht von 1914 bis 1926 an nicht weniger als sechs Habilitationen beteiligt. Auffällig ist neben der Anzahl dabei zweierlei: zum einen die unterschiedlichen thematischen und methodischen Ausrichtungen ‚seiner'
Privatdozenten, die auf Brechts offene wissenschaftliche Haltung zurückzuführen sind, zum anderen auch, dass sich unter den sechs Privatdozenten zwei Privatdozentinnen befanden, was jedoch nicht einer explizit
frauenfreundlichen Position Brechts geschuldet war. Brechts Einstellung zu
Frauen in der Wissenschaft war zwar nicht grundsätzlich ablehnend wie die
vieler seiner Kollegen; mit Blick auf die Begebenheiten des akademischen
Betriebs, in dem die Mitarbeit von Frauen dem Prestige eines Unterfangens
nicht unbedingt förderlich war, nahm er aber eine vorsichtige bis abweh-
rende Haltung ein. Beispielhaft dafür ist seine Reaktion auf Paul Kluckhohns Frage, ob sie versuchen sollten, die 1920 in Freiburg promovierte
Germanistin und Dilthey-Spezialistin Sigrid Gräfin von der Schulenburg
als Referentin für die *Deutsche Vierteljahrsschrift für Literaturwissenschaft
und Geistesgeschichte* zu gewinnen. Brecht antwortete: „Gegen die Schulenburg habe ich garnichts, sage nur aus Erfahrung mit Bezug auf weibliche
Beteiligung: Präzedenzfall zu vermeiden! Hat der ZsfdA[239] ihre schroffe
Männlichkeit geschadet?"[240] Dass sich bei Brecht auch zwei Wissenschaftlerinnen habilitieren konnten, war also seiner insgesamt integrativen
und Unterschiede zulassenden Haltung geschuldet. Eine ‚Schule' in dem

---

237 Das Sammelwerk *Deutsche Literatur. Sammlung literarischer Kunst- und Kultur-
denkmaler in Entwicklungsreihen* war auf insgesamt 250 Bände konzipiert und
umfasste 25 verschiedene Reihen. Marianne Beyer-Fröhlich war von 1930 bis 1936
Herausgeberin der ersten neun Bände der Reihe *Deutsche Selbstzeugnisse*; 1938
wurde sie entlassen und von Ernst Volkmann ersetzt. Brecht wurde ab 1937,
nachdem er in München zwangsemeritiert worden war, ebenfalls nicht mehr als
Herausgeber genannt. Zu Beyer-Fröhlich vgl. die Erinnerungen ihres Sohns
Martin Beyer: A Wet World (1997).
238 Dietrich Kralik und Anton Pfalz.
239 *Zeitschrift für deutsches Altertum und deutsche Litteratur.*
240 Brief von Brecht an Kluckhohn vom 3. bis 13. Februar 1923; DLA Marbach,
Bestand: Deutsche Vierteljahrsschrift.

Sinn, dass er Nachwuchswissenschaftler um sich scharte, die methodische, thematische, habituelle und soziale Ähnlichkeiten mit ihm aufwiesen oder zumindest versuchten, sich diese Ähnlichkeiten anzueignen, hat Brecht damit nicht begründet. Seine Protegés machten – mit Ausnahme der „habilit. älteren Frau Dr. Touaillon u. Payer von Thurn"[241] – trotzdem Karriere.

Nach Christine Touaillon, deren Habilitationsverfahren Brecht von seinen Grazer Kollegen übernahm und die 1921 die Venia Legendi erhielt,[242] und dem hier erwähnten Bibliothekar Rudolf Payer von Thurn, der sich nur zwei Jahre vor seiner Pensionierung ebenfalls 1921 in Wien habilitierte, war Brecht noch für vier weitere Privatdozenten verantwortlich. Unter ihnen befanden sich auch (spätere) Nationalsozialisten.

So habilitierte sich 1922 unter der Ägide von Brecht Herbert Cysarz mit der Arbeit *Deutsche Barockdichtung*, die 1924 auch als Buch erschien und mit der sich Cysarz in die geistesgeschichtlich ausgerichtete Neubewertung der Literatur des 17. Jahrhunderts in den 1920er Jahren einschrieb.[243] Cysarz erhielt 1926 den Titel eines außerordentlichen Professors in Wien, wurde 1929 als Nachfolger August Sauers nach Prag berufen und übernahm 1938 nach dessen Zwangspensionierung das Ordinariat seines Lehrers Walther Brecht in München. Cysarz, der sich stets der geistesgeschichtlich orientierten Literaturbetrachtung widmete, wurde in Prag Mitglied der Sudetendeutschen Partei und beantragte 1939 die Übernahme in die NSDAP. 1945 wurde Cysarz vom Dienst enthoben und 1946 entlassen.[244]

1924 habilitierten sich bei Brecht Heinz Kindermann und Marianne Thalmann. Kindermann war bereits während seiner Studienzeit in Wien ab 1915 mit der Leitung der Bibliothek des Seminars für Deutsche Philologie betraut und fungierte als studentischer Mitarbeiter von Walther Brecht.[245]

---

241 Brief von Brecht an Kluckhohn vom 2. August 1921; DLA Marbach, Bestand: Paul Kluckhohn.
242 Zu Touaillon vgl. Kap. II.
243 Zu Cysarz' Barockdarstellung vgl. Kiesant: Die Wiederentdeckung der Barockliteratur (1993), S. 86–87; Müller: Barockforschung (1973), S. 149–160.
244 Vgl. Müller: Das Konzept einer „Gesamtwissenschaft" bei Herbert Cysarz (2006); Bonk: Deutsche Philologie in München (1995), S. 290–321.
245 In dieser Funktion begegnete Kindermann seinen jüdischen Kommilitonen mit Ausgrenzung und Verachtung: „Der Assistent von Brecht dagegen, Dr. Heinz Kindermann, konnte Roth nicht leiden, ebenso auch uns nicht als Nicht-Germanen. Kaum, daß er sich herabließ, unsere Fragen zu beantworten. [...] Heute, von einer so entfernten Perspektive aus gesehen, erscheint mit Dr. Kindermann als

Wissenschaftlich trat er 1918 mit einer Dissertation über Hermann Kurz, 1924 mit seiner Habilitationsschrift *J.M.R. Lenz und die Deutsche Romantik* und in Folge mit einer langen Reihe theaterwissenschaftlicher Texte hervor. 1927, nur drei Jahre nach Erhalt der Venia Legendi, wurde Kindermann als Nachfolger Paul Kluckhohns ordentlicher Professor in Danzig. Nach einem Lehrstuhl in Münster übernahm er 1943 die nationalsozialistische Gründung des ‚Zentralinstituts für Theaterwissenschaft‘ an der Universität Wien. Kindermann war von 1918 bis 1926 Mitglied der Großdeutschen Partei in Österreich und trat früh, im Mai 1933, der NSDAP bei. Er war ein glühender Anhänger der NS-Wissenschaft, unterzeichnete 1933 das *Bekenntnis der Professoren an den deutschen Universitäten und Hochschulen zu Adolf Hitler und dem nationalsozialistischen Staat*, gab 1939 die ‚Anschluss‘-Anthologie *Heimkehr ins Reich* heraus und war Lektor im ‚Amt Schrifttumspflege‘ des NS-Ideologen Alfred Rosenberg. 1945 wurde Kindermann entlassen, 1954 aber wieder eingestellt und bis zu seiner Emeritierung 1969 erneut mit der Leitung des Wiener Instituts für Theaterwissenschaft betraut.[246]

Marianne Thalmann hatte 1918 bei Walther Brecht mit der Arbeit *Probleme der Dämonie in Ludwig Tiecks Schriften* promoviert, bevor sie 1923 ihre Habilitationsschrift *Der Trivialroman und der romantische Roman* vorlegte und 1924 als zweite Germanistin nach Christine Touaillon die Venia Legendi erhielt. Thalmann führte in ihren Forschungen nicht nur den wissenschaftlichen Terminus ‚Trivialroman‘ in die universitäre Wissenschaft ein, sondern leistete mit ihren Studien auch einen wesentlichen Beitrag zur geistesgeschichtlich orientierten Romantikforschung in den 1920er Jahren. Während ihrer Wiener Zeit veröffentlichte sie darüber hinaus zu formalästhetischen und von der Kunstwissenschaft beeinflussten Fragestellungen zur Gegenwartslyrik und zu Henrik Ibsen.[247] Außerdem verfasste sie eine vitalistisch-biologistische Zeitdiagnose über das Drama des 19. und frühen 20. Jahrhundert.[248] 1933 erhielt Thalmann in Wien noch den Titel eines außerordentlichen Professors, im selben Jahr nahm sie

---

der ideale Prototyp eines Nazi. Und tatsächlich – er wurde Nazi.“ Wittlin: Erinnerungen an Josef Roth (1949), S. 52.

246 Zu Kindermann vgl. Peter: Theaterwissenschaft als Lebenswissenschaft (2009); Peter/Payr (Hg.): „Wissenschaft nach der Mode“? (2008); Kirsch: Heinz Kindermann – ein Wiener Germanist und Theaterwissenschaftler (1996).

247 Thalmann: Gestaltungsfragen der Lyrik (1925); dies.: Henrik Ibsen, ein Erlebnis der Deutschen (1928).

248 Thalmann: Die Anarchie im Bürgertum (1932).

aber eine Berufung ans Wellesley College in den USA an, wo sie bis zu ihrer Emeritierung 1953 blieb.[249]

Der letzte Wiener Privatdozent, für dessen Habilitation Brecht verantwortlich zeichnete, war Franz Koch, der bereits 1912, noch kurz vor Minors Tod, bei diesem mit der Arbeit *Albert Lindner als Dramatiker* promoviert hatte und danach bis 1935 als Bibliothekar in der Hofbibliothek respektive Nationalbibliothek tätig war. Nach Publikationen über die Geschichte des Burgtheaters, über Aspekte des Bibliothekswesens, über Goethe und Schiller habilitierte sich Koch 1926 mit seiner Studie *Goethe und Plotin* und war fortan (nebenberuflich) als Lehrbeauftragter am Seminar für Deutsche Philologie tätig. 1932 erhielt Koch den Titel eines außerordentlichen Professors, 1935 wurde er als Nachfolger Gerhard Frickes an die Friedrich-Wilhelms-Universität in Berlin berufen. Koch war wie Kindermann Mitglied der Großdeutschen Partei in Österreich und ab 1937 Mitglied der NSDAP. Während des Nationalsozialismus trat Koch außerdem als Hauptlektor des ‚Amtes Schrifttumspflege‘ für das Fachgebiet Neuere Literatur und Geistesgeschichte, als Leiter des *Wissenschaftlichen Einsatzes Deutscher Germanistik im Kriege* und als Mitglied im Sachverständigenbeirat des sogenannten Reichsinstituts für Geschichte des neuen Deutschlands hervor. Koch wurde 1945 entlassen, bereits 1949 aber rehabilitiert.[250]

Walther Brecht litt Zeit seiner Wiener Professur, besonders nach Zusammenbruch der Monarchie unter materiellen Schwierigkeiten. Die Besoldung eines ordentlichen Universitätsprofessors in Österreich, der nicht auf ein Familienvermögen zurückgreifen konnte, reichte vor allem in Wien in den 1920er Jahren nicht aus, um ein dem Bildungsbürgertum angemessenen Lebensstil zu führen. 1918 musste Brecht seine Kinder in einem Sanatorium in Königsfeld in Baden unterbringen, da zu wenig Essen verfügbar war.[251] Als Hofmannsthal von der finanziellen Lage der Brechts erfuhr, begann er, mit Kleidern und Lebensmitteln auszuhelfen.[252] 1921

---

249 Zu Thalmann vgl. Kap. III.
250 Zu Koch und den genannten Institutionen vgl. Höppner: Wissenschaft und Macht (2010); ders.: Ein „verantwortungsbewußter Mittler" (1998).
251 Oels: „Denkmal der schönsten Gemeinschaft" (2007), S. 34–35.
252 Vgl. Erika Brecht: Erinnerungen an Hugo von Hofmannsthal (1946), S. 60–62: „Da kam dieser [Hofmannsthal, E.G.] einmal an einem grauen Novembernachmittag […] und bat mich um eine Erklärung. […] So blieb mir denn nichts übrig, als auf die immer eindringlicheren Fragen endlich auch unsere ewige, jahrelange Geldnot zu erwähnen, die mit dem Heranwachsen der Kinder naturgemäß auch immer größer wurde. Als ich Zahlen nannte, fiel unser Freund fast vom Stuhl! Die

erhielt Brecht einen Ruf an die Universität Frankfurt am Main, den er für Bleibeverhandlungen mit dem österreichischen Unterrichtsministerium nutzte. Das Ministerium bewilligte ihm daraufhin die „systemisierten Höchstbezüge" und eine jährliche Personalzulage von 20.000 Kronen,[253] was insgesamt ein Jahresgehalt von 399.725 Kronen ergab.[254] Trotzdem versuchte Brecht wegzukommen. Neben den Sachzwängen war vor allem die immense Arbeitsbelastung dafür verantwortlich. Am 19. November 1925 schrieb er an Paul Kluckhohn:

> Es ist ein schneidend schmerzhafter Zirkel: ich bleibe in Wien, weil ich angeblich nichts produziere, und weil ich in Wien bleibe [...] und Arbeiten von Anderen begutachten muß, veröffentlichen Andere, Schüler, meine Ideen und werden bekannt und geschätzt dafür und kommen auf Grund meiner Ideen nach Deutschland womöglich.[255]

Brecht beklagte sich in seinen Briefen an Kluckhohn durchgehend darüber, dass er zu viel zu tun hätte. Mitte der 1920er Jahre kamen darüber hinaus Beschwerden über ‚seine' Privatdozenten hinzu, denen er die Verwertung seines „geistige[n] Eigentum[s]"[256] vorwarf.

Dass Brecht ein relativ schmales Oeuvre aufwies, verringerte nicht nur seine Chancen auf eine Professur, sondern wurde auch noch posthum

---

‚Absurdität' war ihm klar geworden, und nun wurde er ganz unglücklich: ‚Aber das habe ich ja nicht geahnt, daß es Euch so schlecht geht! In der Stellung! Wer soll denn darauf kommen? [...].' [...] Wie es einem ‚Festbesoldeten' auch in glänzender Stellung im Wien der Nachkriegszeit eigentlich erging, das war ihm unvorstellbar. Aber nun begriff er es auf einmal und handelte danach. [...] Zu Weihnachten [1925, E.G.] erschien ein Korb mit Eßwaren [...]. Dazu aber auch ein Haufen Bücher [...]. [...] Als ich das nächste Mal in Rodaun war, wurde ich von Gerty [Hofmannsthals Ehefrau, E.G.] schüchtern gefragt, ob ich wohl von abgelegten Sachen der Hofmannsthalschen Kinder [...] etwas brauchen könnte. [...] [I]ch wählte begeistert unter Bergen von Bubenmänteln, Jacken, Mützen, Mädchenkleidern und Schuhen aus, was ich brauchen konnte, und es blieb nicht viel übrig."

253 Brief des Bundesministeriums für Inneres und Unterricht an das Dekanat der philosophischen Fakultät der Universität Wien vom 22. Oktober 1921; UAW, Phil. Fak., PA 1113 Walther Brecht. – Der Ausdruck ‚systemisiert' meint in der österreichischen Amtssprache so viel wie ‚von der Behörde/dem System genehmigt/zugelassen'.

254 ÖStA, AVA, Unterricht allgemein, Universität Wien, Philosophie Professoren, PA Walther Brecht.

255 Brief von Brecht an Kluckhohn vom 19. November 1925; DLA Marbach, Bestand: Paul Kluckhohn.

256 Brief von Brecht an Kluckhohn vom 19. November 1925; DLA Marbach, Bestand: Paul Kluckhohn.

beanstandet. In den Nachrufen hieß es entweder verständnisvoll von seinem langjährigen Freund Carl von Kraus, dass ihn „[d]ie Fülle der an ihn
herandrängenden sonstigen Pflichten […] zu[r] Verwirklichung seiner
Pläne nicht kommen"[257] ließ, oder süffisant von Josef Nadler, dass man
„das Opfer an Zeit und Arbeit, das ihm all [seine] Unternehmungen
auferlegten, […] mitwiegen [müsse], wenn man gegenüber dem äußeren
Umfang seines wissenschaftlichen Lebenswerkes gerecht sein will, wie man
es muß"[258].

1925 erreichte Brecht nach Rudolf Unger nur den zweiten Platz in
Göttingen,[259] zum Wintersemester 1926/27 wurde er jedoch Ungers
Nachfolger in Breslau. Die weit weniger renommierte Professur in Breslau
zog Brecht dem Wiener Ordinariat vor. An Carl von Kraus schrieb er
diesbezüglich im Oktober 1926:

> Mir wird es furchtbar schwer, jetzt von Wien wegzugehn, und von Österreich,
> wo ich so vieles Unersetzliche zurücklasse, und eine Wirksamkeit aufzugeben,
> wie sie wohl nur wenigen beschieden ist. Ihre Früchte sind immer mehr in
> Erscheinung getreten, und wenn es äußerer Zeichen bedurft hätte, hätten die
> einfachen, herzlichen und mich herzlich beglückenden Kundgebungen von
> Schülern aus allen Generationen, und auch Kollegen, 1924 und jetzt im
> Abschiedssemester, auch einige Abschiedsartikel in Zeitungen, mich darüber
> belehren können. Diese ganze Tätigkeit ruhte auf Ihnen, nicht nur weil Sie
> mich ins Land gerufen haben.
>
> Ich gebe sie auf und gehe im vollen Bewußtsein eines gefährlichen Ex-
> periments in eine nüchterne Gegend, eine glanzlose Stadt und an eine rel[ativ]
> enge Hochschule, weil die für mich selbst verbleibende Zeit, großenteils ge-
> rade infolge der steigenden Wirkung[,] die von der Lehrkanzel ausgeht[,]
> immer geringer wird und die vorwiegend mündliche Tätigkeit mich, gelinde
> gesagt, immer weniger befriedigt. Es ist sehr möglich, daß ich nach den großen
> Auditorien, an die ich jetzt so selbstverständlich gewöhnt bin, u. vor allem
> nach der herrlichen Aufnahmsfähigkeit der österreichischen Studenten, sowie
> nach der Atmosphäre des deutschen Südens das größte Heimweh empfinden
> werde, aber das darf keine Rolle spielen gegenüber der erkannten geistigen und
> sittlichen Notwendigkeit. Ich versuche, mir gar keine Illusionen zu machen
> über Breslau, es müßte auch nicht gerade Br. sein, es ist nur der sich gerade
> bietende Ort von der Art[,] daß ich hoffen kann[,] mich nicht ganz in dem
> Maß der letzten Jahre den Anforderungen Anderer, so vieler Dissertanten, der
> 6 Privatdozenten, des Volksbildungsamtes, Bundesverlages pp. hingeben zu
> müssen. In all solchen Dingen habe ich reichlich soviel zu thun gehabt als

---

257 Kraus: Walther Brecht [Nekrolog] (1950), S. 184.
258 Nadler: Walther Brecht [Nekrolog] (1951), S. 382–383.
259 Roethe/Schröder: Regesten zum Briefwechsel (2000), Bd. 2, S. 870 (Brief von
    Edward Schröder an Gustav Roethe vom 25. September 1925).

beispielsweise Petersen,[260] der diesen Sommer 5 Dissertanten hatte, und die Technik des Urlaubnehmens war für mich schon aus pekun. Gründen hier nicht möglich.[...]

Die Zukunftsfrage für mich ist die, ob und wie rasch es mir gelingen wird, an anderem Orte, unter Verhältnissen die namentlich in materieller Hinsicht leichter, aber mir auch fremdgeworden sein werden, den nicht ausgemünzten Rohertrag dieser meiner innerlich produktivsten u. reichsten Jahre wenigstens teilweise in Buchform zu bringen. Hoffentlich bin ich nicht mittlerweile so an die Rieseneditionen und das Mitwirken an allen Kulturdingen (notgedrungen!) gewöhnt, daß es mir schwer fällt, darauf zu verzichten. Hypertroph auf der einen Seite, muß ich die andere damit wieder in Übereinstimmung bringen. Lehrer u. fertigstellender Forscher gleichmäßig ist das Gottgewollte, das ich wieder erreichen muß, womöglich auf recht günstigem Boden, wenn nicht, auf kargem.[261]

Lange blieb Brecht jedoch nicht in Breslau. Mit 1. Oktober 1927 wechselte er nach München, wohin er nach komplizierten Auseinandersetzungen um die Nachfolge des durch den Tod Franz Munckers vakant gewordenen Lehrstuhls unter maßgeblicher Schützenhilfe von Carl von Kraus und Hugo von Hofmannsthal berufen wurde.[262] Damit war für Brecht scheinbar die ideale Wirkungsstätte gefunden, da er, wie er Kraus im März 1927 erfreut mitteilte, mit der Münchner Professur sowohl seinen „Wunsch[ ], den übergroß gewordenen Wiener Wirkungskreis [...] zu verkleinern", erfüllt sah als auch „in dem [ihm] lieb und vertraut gewordenem bairisch-österreichischen Milieu" wirken konnte.[263] Tatsächlich hielt sich das Ausmaß der Arbeitsbelastung in München im Vergleich zu demjenigen in Wien in Grenzen. Innerhalb von zehn Jahren hatte Brecht ‚nur' 52 Dissertationen zu begutachten, durchschnittlich demnach fünf pro Jahr, also nicht einmal ein Fünftel so viele wie in Wien. Mit insgesamt zwei Habilitationen[264] waren auch die Betreuungspflichten Privatdozenten gegenüber nicht allzu groß.[265]

---

260 Der Germanist Julius Petersen (1848–1941) war seit 1920 der Nachfolger von Erich Schmidt an der Friedrich-Wilhelms-Universität in Berlin. Zu Petersen vgl. Boden: Julius Petersen (1994).

261 Brief von Brecht an Kraus vom 4. und 24. Oktober 1926; BSB München, Nachlass Carl von Kraus, Krausiana I.

262 Vgl. Osterkamp: „Verschmelzung der kritischen und der dichterischen Sphäre" (1989).

263 Brief von Brecht an Kraus vom 9. März 1927; BSB München, Nachlass Carl von Kraus, Krausiana I.

264 Walther Rehm und Johannes Alt.

265 Zur Anzahl der von Brecht betreuten Münchner Dissertationen und Habilitationen vgl. Bonk: Deutsche Philologie in München (1995), S. 244–245.

Mit dem Machtantritt der Nationalsozialisten 1933 wurde Brechts
Lage jedoch zusehends schwieriger. Bereits 1934 versuchte die Hoch-
schulkommission der NSDAP Brecht, den sie als „untragbar und nicht
mehr dienstfähig"[266] bezeichnete, von seiner Professur zu entfernen.
Endgültig in den zwangsweisen Ruhestand versetzt wurde Brecht im Juli
1937 aufgrund des ‚Gesetzes zur Wiederherstellung des Berufsbeamten-
tums‘ wegen „nichtarischer Ehefrau".[267] Brecht blieb mit seiner Frau
während der Zeit des Nationalsozialismus in München, wo er am 1. Juni
1950 starb.

In Wien hatte Brecht in den 1910er und 1920er Jahren den Übergang
zur Massenuniversität geleitet und dafür gesorgt, dass die methodische
Ausweitung und Differenzierung des Fachs nicht zu einer zum Stillstand
führenden Machtdemonstration widerstreitender Akteure wurden, indem
er sich, wie selbst Nadler in seinem Nachruf zugeben musste, „aus den
völlig unergiebigen ‚Richtungskämpfen‘ nach 1918 herausgehalten"[268]
hatte. Brecht trat nicht durch ein ausgeprägtes eigenes wissenschaftliches
Profil hervor; er schlug sich weder auf die Seite der Wissenschaftler, die die
‚alte‘ philologische Ausrichtung vertraten, noch auf die Seite derer, die eine
unbedingt geistesgeschichtliche Neuorientierung des Fachs propagierten.
Vielmehr vereinte er eine „philologische und gleichzeitig moderat geistesgeschichtliche Ausrichtung"[269]: Er betrieb Quellenstudien, biographische
Forschungen und Textkritik, war aber an keiner der großen Autorenedi-
tionen beteiligt und lieferte keine reinen Materialsammlungen. Zugleich
war Brecht vom ersten Heft an einer der Mitherausgeber der von Paul
Kluckhohn und Erich Rothacker geleiteten *Deutschen Vierteljahrsschrift für
Literaturwissenschaft und Geistesgeschichte*,[270] in der, wie es zielsetzend im
Eröffnungsband heißt, „[n]eben der geistesgeschichtlichen Richtung,
vornehmlich Diltheyscher Schule, [...] besonders die form- und stilanalytische gepflegt werden"[271] sollte. Für die Literaturgeschichte als reine
Geistesgeschichte interessierte sich Brecht aber, wie Cysarz in Bezug auf

---

266 Aktennotiz vom 31. Oktober 1934 (Referent Dr. v. Kloeber); zit. n. Bonk:
   Deutsche Philologie in München (1995), S. 82.
267 UAM, PA Walther Brecht; zit. n. Oels: „Denkmal der schönsten Gemeinschaft"
   (2007), S. 80. Zu Brechts Amtsenthebung vgl. auch Bonk: Deutsche Philologie in
   München (1995), S. 81–83.
268 Nadler: Walther Brecht [Nekrolog] (1951), S. 381.
269 Oels: „Denkmal der schönsten Gemeinschaft" (2007), S. 30.
270 Brecht erscheint von 1923 bis 1936 auf dem Titelblatt der Zeitschrift.
271 [Kluckhohn/Rothacker:] Vorwort [zum ersten Heft der *Deutschen Vierteljahrsschrift*] (1923), S. VI.

seine programmatische Schrift *Literaturgeschichte als Geisteswissenschaft* von 1926 bemerkte, „mehr rezeptiv als aktiv; sie erschien ihm zukunftshaltig, ohne daß er die Neugermanistik mit den neuen Sichten identifiziert wissen wollte"[272]. Über zeitgenössische Bemühungen, allein den Kunstwerkcharakter von Literatur zum Gegenstand der Forschung zu machen, schrieb Brecht 1924 an Kluckhohn: „Die meisten Kollegen sind teils modern verrannt, teils altmodisch verstockt, ich traue Wenigen ein wirklich künstlerisches Urteil zu (am wenigsten dem instinktlosen Walzel, über dessen ästhetische Bemühungen man manchmal lächeln sieht, u. nicht ganz mit Unrecht)."[273]

Brecht selbst nahm zumeist eine Zwischenposition ein. In seinen Beiträgen über Hugo von Hofmannsthal bemühte er sich, sowohl literarischen als auch wissenschaftlichen Erkenntnisansprüchen zu genügen; in seinem Buch *Conrad Ferdinand Meyer und das Kunstwerk seiner Gedichtsammlung* von 1918 versuchte er, ausgedehnte Quellenstudien und Materialsammlungen (denen zeitgenössisch zumeist ein Mangel an Synthese vorgeworfen wurde) anhand seiner These vom besonderen Bedeutungszuwachs einer Gedichtsammlung durch deren Struktur und Komposition zu einer, das gesammelte Material vereinigenden Erzählung zu verbinden. Mit Blick auf die wissenschaftsinternen Auseinandersetzungen und die Verfasstheit des Fachs Deutsche Philologie im ersten Drittel des 20. Jahrhunderts lässt sich Brecht als Übergangs- und Integrationsfigur begreifen. Besonderen Nachruhm oder Einfluss auf die Wissenschaftsgeschichte der Germanistik bescherte ihm diese Haltung nicht.[274] Für die Wiener Germanistik lässt sich aber feststellen, dass bis zur Bildungsexpansion in den 1970er Jahren nicht mehr so viele und vor allem nicht so unterschiedliche Wissenschaftler innerhalb so kurzer Zeit in der neueren Abteilung habilitiert wurden und dass darüber hinaus nie wieder zwei oder mehr Privatdozentinnen der Neueren deutschen Literaturwissenschaft gleichzeitig am Institut tätig waren.

---

272 Cysarz: Vielfelderwirtschaft (1976), S. 37.
273 Brief von Brecht an Kluckhohn vom Ostermontag 1924; DLA Marbach, Bestand: Deutsche Vierteljahrsschrift.
274 So stellte David Oels fest, dass die „Erklärung", warum über Brecht „in Anbetracht seines schmalen und eher unbedeutenden wissenschaftlichen Werkes" überhaupt geforscht wird, allein in seiner „Freundschaft mit Hugo von Hofmannsthal" zu finden sei. Oels: „… denn unsere Berufe sind doch so ineinander verhäkelt" (2007), S. 50.

I.4. Paul Kluckhohn, Josef Nadler
und das Ende der Privatdozenten

Nachdem Walther Brecht erfahren hatte, dass er für die Breslauer Professur in Betracht kam, traf er umgehend Vorbereitungen, seinen langjährigen Freund und Korrespondenzpartner Paul Kluckhohn als seinen Nachfolger auf der Wiener Lehrkanzel in Stellung zu bringen. Bereits am 31. Jänner 1926, nach Brechts Erstreihung durch die philosophische Fakultät in Breslau, aber noch bevor der definitive Ruf des preußischen Ministeriums an ihn ergangen war, schrieb er Kluckhohn: „[I]ch [werde] alles thun was in meinen Kräften steht, um dich hierher zu bringen."[275] Dass der scheidende Ordinarius seinen Nachfolger selbst bestimmen wollte, hatte an der Wiener Germanistik Tradition.[276] Bei der Nachfolge Brechts entsprach diese Vorgehensweise aber nicht mehr dem bis zum Beginn des 20. Jahrhunderts bewährten Muster ‚Österreicher – Schüler des Vorgängers – Katholik'. Vielmehr waren Brechts erfolgreiche Bemühungen um Kluckhohn zum einen ein erneutes Beispiel seiner wissenschaftliche Haltung, die auf den Ausgleich widerstreitender fachlicher Bestrebungen zielte, zum anderen zeigen sie aber auch die zunehmende Politisierung innerhalb der Wiener Professorenschaft, die fast ausschließlich nach rechts erfolgte.[277]

Eine der ersten Anstrengungen, die Brecht in dieser Nachfolgeangelegenheit unternahm, zielte auch gerade darauf ab, seine Professorenkollegen an der philosophischen Fakultät von der ‚politischen Zuverlässigkeit' seines Kandidaten, d. h. von dessen ‚deutscher Haltung' zu überzeugen. Welches Selbstverständnis und welche Feindbilder die durchweg antisemitisch, antidemokratisch, antisozialistisch und reaktionär gesinnte Wiener Professorenschaft bereits Mitte der 1920er Jahre kreierte, wird aus einem Brief Brechts an Kluckhohn deutlich, in dem dieser im Frühjahr 1926 über eine von ihm organisierte konspirative Sitzung berichtete:

> In einer langdauernden inoffiziellen Besprechung der mir nahestehenden nationalen Kollegen (die z. T. durch das Überhandnehmen kosmopolit.-jüdischen internation. Pazifismus erschreckt sind), Dopsch, Much, Srbik, Luick, Kralik, Pfalz, wurde, nachdem m. Vorschläge gutgeheißen, der Sicherheit wegen verabredet, von dir, dem man höchst geneigt ist an 1. Stelle vorzuschlagen, eine Äußerung zu erbitten, aus der hervorgeht, daß du nicht mit den

---

275 Brief von Brecht an Kluckhohn vom 31. Jänner 1926; DLA Marbach, Bestand: Paul Kluckhohn.

276 Vgl. Kap. I.1.

277 Vgl. dazu Meissl: Germanistik in Österreich (1981); Taschwer: Hochburg des Antisemitismus (2015).

Vertretern jener Weltanschauung konform denkst u. dem jüdisch-sozialde-
mokratischen Geist entgegen bist, wie er auch bei uns in gewissen Fakul-
tätsgruppen hervortritt. Man will natürlich vor undeutschen Überraschungen
gesichert sein, hier in Wien äußerst begreiflich.
Ich habe gesagt, du hättest _mir_ die erforderl. Garantien schriftlich u. bes.
mündlich gegeben, sie möchten aber gern eine nochmalige schriftl. Äußerung
von dir, wegen der _anderen_, nämlich der Heißsporne in der eignen Partei.
Kralik hat sich erboten, dir einen Brief zu schreiben, unter meiner u. aller
Anwesenden Zustimmung, diesen Brief wirst du demnächst erhalten. Du
kannst ruhig und ohne Bedenken vor Gewissenszwang antworten u. mit
wenigen Worten auf deine natürliche nationale Weltanschauung hinweisen. Es
ist hier eben ein heißer Boden in Staat, Stadt, Univers, Kultur, u. die Kollegen,
nach schlechten Erfahrgn gerade mit reichsdtschen Professoren der letzten
Jahre, wollen gern sicher gehen, daß keiner kommt, der, wie Minor, einen
demokrat.-jüd. Priv.dozenten nach dem andern macht oder für marxist.
Schulreform, Universitätsbolschewisierung (_allen Ernstes!_) stimmt, sondern
die Lage Wiens im gefährdeten Südosten erkennt u. e. gewissen Kulturkon-
servatismus einhälst [!], _wie ich_. Dies zur Orientierung![278]

Nachdem der Altgermanist Dietrich Kralik die von Brecht angekündigten
brieflichen Bestätigungen für Kluckhohns Weltanschauung eingeholt
hatte,[279] bedurfte es nur mehr einer einzigen offiziellen Sitzung der Berufungskommission, um Kluckhohn einstimmig an erster Stelle dem
Professorenkollegium vorzuschlagen.[280] Im Bericht an das Ministerium,
den Brecht als Referent am 5. Juni 1926 verfasste, war von den politischen
Vorsondierungen freilich keine Rede mehr. Dass im Ministerium eine
deutschfreundliche und der Eigenständigkeit Österreichs nicht unbedingt
wohlgesonnene Haltung vorherrschte, lässt sich aus Brechts – im Vergleich
zu den inoffiziellen Besprechungen – eher dezent gehaltenen Formulierungen trotzdem schließen. So wurde gleich zu Beginn des Berichts festgehalten, dass für die Wiener Professur nur ein „Gelehrter" in Frage

---

278 Brief von Brecht an Kluckhohn, o.D. [Frühjahr 1926]; DLA Marbach, Bestand:
     Paul Kluckhohn. – Von den genannten „nationalen Kollegen" gehörten zumindest
     der Historiker Heinrich Srbik sowie die Germanisten Dietrich Kralik, Rudolf
     Much und Anton Pfalz einem an der philosophischen Fakultät einflussreichen
     antisemitischen Netzwerk an, außerdem waren sie, wie auch der Historiker Alfons
     Dopsch, Mitglieder der deutschnationalen und antisemitischen Vereinigung
     Deutsche Gemeinschaft. Vgl. Taschwer: Hochburg des Antisemitismus (2015),
     S. 99–132; Rosar: Deutsche Gemeinschaft (1971).
279 Vgl. die Briefe von Dietrich Kralik an Paul Kluckhohn von 1926; DLA Marbach,
     Bestand: Paul Kluckhohn 68.812/1–4.
280 Sitzungsprotokoll der Kommission zur Beratung über die Wiederbesetzung der
     Lehrkanzel für deutsche Sprache und Literatur nach Professor Dr. Walther Brecht
     vom 21. Mai 1926; UAW, Phil. Fak., PA 2216 Paul Kluckhohn.

komme, der zwar „innerhalb Österreichs Bescheid" wisse und der „Verständnis [...] für die besondere Sendung Österreichs" habe, der aber vor allem „über dessen jetzige Grenzen hinausgehen" könne, also „wie ein Gesandter der übrigen Deutschen bei diesem deutschen Stamme zu wirken im Stande" sei.[281]

Neben der politischen Ausrichtung ging Brecht auf die vom ihm gewünschte innerfachliche Positionierung seines potentiellen Nachfolgers ein. Dabei verfolgte Brecht seiner eigenen Auffassung entsprechend das Konzept einer diplomatischen und konsensfähigen Wissenschaftsanschauung. So sollte sein Nachfolger kein „Anhänger extremster Richtungen" sein, sondern

> noch unausgegorenen extremen Lehrmeinungen fernstehend, von dem soliden Boden philologischer und historischer Auffassung und Ausbildung ausgehend, womöglich auch den Methoden der Altgermanistik nicht fremd, im Stande [sein], das Berechtigte und Unberechtigte gegenwärtig lebendiger Strömungen mit reifem Urteil zu scheiden und nur dasjenige, was seiner ruhigen Prüfung standgehalten hat, aufzunehmen und so zu einer wissenschaftlich haltbaren Synthese historischer und begrifflicher Art zu gelangen.[282]

Als „zweifellos hervorragendst geeignete Persönlichkeit", die sowohl politisch als auch aufgrund ihrer Wissenschaftsauffassung allen Anforderungen gerecht würde, wurde Paul Kluckhohn präsentiert, da er sich ebenso durch „[s]eine gesamtdeutsche Einstellung" auszeichne wie durch „seine Verbindung von Philologie und Geistesgeschichte, von neuerer mit alter Germanistik" und durch „seine vernünftige mittlere Haltung in den gegenwärtigen Kämpfen innerhalb der Disziplin".

Die beiden Wiener Anwärter auf die Professur Eduard Castle und Robert Franz Arnold fertigte Brecht nebenbei ab (zu „enge[ ] Spezialisten"). Ähnliches widerfuhr den beiden gefährlichsten Konkurrenten Kluckhohns

---

281 Bericht der Kommission betreffend der Wiederbesetzung der Lehrkanzel für deutsche Sprache und Literatur nach Professor Brecht vom 5. Juni 1926 (Abschrift); UAW, Phil. Fak., PA 2216 Paul Kluckhohn. – Politische Interessen spielten bei Wiener Lehrstuhlbesetzungen auch schon im letzten Drittel des 19. Jahrhunderts eine Rolle. Nur war man bei diesen im Gegensatz zu den 1920er Jahren noch daran interessiert, niemanden zu berufen, der „in intime[r] Verbindung mit den hiesigen ‚deutschnationalen' Burschenschaften" stand bzw. ein „politische[r] Gesinnungsverwandte[r]" Scherers war. Vgl. Scherer/Schmidt: Briefwechsel (1963), S. 155–157.

282 Bericht der Kommission betreffend der Wiederbesetzung der Lehrkanzel für deutsche Sprache und Literatur nach Professor Brecht vom 5. Juni 1926 (Abschrift); UAW, Phil. Fak., PA 2216 Paul Kluckhohn.

Julius Petersen[283] und Josef Nadler: „[A]uf den hervorragenden Vertreter
des Faches in Berlin (Petersen)" müsse, laut Brecht, von vornherein „verzichtet werden", „um nicht unnötigen Zeitverlust durch finanziell aus-
sichtslose Verhandlungen entstehen zu lassen". Nadlers Name kam in dem
Bericht erst gar nicht vor; in einem einzigen Satz wurde aber auch er aus der
Anwärterliste gestrichen:

> Die stammeskundliche Richtung innerhalb der deutschen Literarhistorie er-
> scheint dem Referenten, wie den nahestehenden Fachgenossen, in ihren
> wissenschaftlichen Grundlagen nicht gefestigt genug, um sie an so verant-
> wortungsvoller Stelle als die hier wünschenswerteste zu empfehlen.[284]

Dass Kluckhohn nach diesem von Brecht moderierten Schnellverfahren das
Wiener Ordinariat trotzdem erst zum Sommersemester 1927 und nicht, wie
geplant, zum vorhergehenden Wintersemester antrat, war keinen Einsprü-
chen durch Kollegen oder das Ministerium geschuldet, sondern einem
Ministerwechsel, der die Erledigung der Amtsgeschäfte verzögerte.[285]

Paul Kluckhohn war zum Zeitpunkt seiner Berufung nach Wien ordentlicher Professor an der Technischen Hochschule Danzig. Er hatte
davor in Heidelberg, München, Göttingen und Berlin Germanistik, Geschichte und Klassische Philologie studiert, 1909 mit der historischen
Arbeit *Die Ministerialität in Südostdeutschland vom 10. bis zum Ende des
13. Jahrhunderts* bei Karl Brandi in Göttingen promoviert und sich im
November 1913 in Münster für das Gesamtfach der Deutschen Philologie
habilitiert. Die dafür eingereichte Arbeit *Die Auffassung der Liebe in der
Literatur des 18. Jahrhunderts und in der deutschen Romantik* konnte
kriegsbedingt erst 1922 erscheinen, erfuhr aber bereits 1931 eine zweite
Auflage und etablierte zusammen mit der 1923 erfolgten Gründung der
Deutschen Vierteljahrsschrift für Literaturwissenschaft und Geistesgeschichte
Kluckhohns Ruf als ebenso geistesgeschichtlich wie auch philologisch
versiertem Forscher. In den Nachrufen wurde gerade auch darauf hingewiesen, dass Kluckhohn nicht nur als „Hauptvertreter der sogenannten
geistesgeschichtlichen Richtung" zu sehen sei, sondern auch als „sorgfäl-
tige[r] und wohlgeschulte[r] Philologe[ ]",[286] dass ihn mithin „Offenheit

---

283 Zu Petersen vgl. Boden: Julius Petersen (1994).
284 Alle Zitate: Bericht der Kommission betreffend der Wiederbesetzung der Lehrkanzel für deutsche Sprache und Literatur nach Professor Brecht vom 5. Juni 1926
(Abschrift); UAW, Phil. Fak., PA 2216 Paul Kluckhohn.
285 Briefe von Brecht an Kluckhohn vom 29. Juni und 3. Juli 1926; DLA Marbach,
Bestand: Paul Kluckhohn.
286 Meister: Paul Kluckhohn [Nachruf] (1961), S. 360–361.

für jede begründete Meinung und Methode"[287] auszeichnete.[288] In Wien
übernahm Kluckhohn neben dem Altgermanisten Dietrich Kralik sogleich
die Leitung des Seminars für Deutsche Philologie,[289] gab ab 1928 die erste
historisch-kritische Novalis-Ausgabe heraus und war ab 1931 im Rahmen
des Sammelwerks *Deutsche Literatur in Entwicklungsreihen* für elf Bände
der Reihe *Romantik* als Herausgeber verantwortlich.[290] In der Lehre konzentrierte sich Kluckhohn auf die Literatur der deutschen Romantik, er las
aber auch über das Drama des 17. und 18. Jahrhunderts, über die Geschichte des Romans vom 16. bis zum 19. Jahrhundert und über Gegenwartsliteratur.[291]

Kluckhohns Amtszeit fiel in eine Phase massiver nationalsozialistisch,
antisozialistisch und antisemitisch bedingter Studierendenunruhen in
Wien, in denen Hakenkreuz- und Heimwehr-Studierende ihre sozialistischen und jüdischen Kommilitonen und Kommilitoninnen verfolgten,
verprügelten und aus dem Universitätsgebäude vertrieben.[292] Wie eng die
Verbindung zwischen Studierenden und Lehrenden aus dem völkisch-
deutschnationalen Lager war, offenbarte sich spätestens, als der damalige
Rektor der Wiener Universität Wenzel Gleispach 1930 eine neue Studentenordnung erließ. Darin wurden die Studierenden – unabhängig von
ihrer Staatsbürgerschaft – nach ihrer „Volkszugehörigkeit" bzw. „Abstammung" in die „Deutsche Studentenschaft" und die „gemischte Stu-

---

287 Binder: Paul Kluckhohn [Nachruf] (1958), S. 224.
288 Zu Kluckhohns Bedeutung für die zeitgenössische Romantikforschung vgl.
     Klausnitzer: Blaue Blume unterm Hackenkreuz (1999); zu Konzept und Ge-
     schichte der *Deutschen Vierteljahrsschrift für Literaturwissenschaft und Geistesge-
     schichte* vgl. Rothacker: Rückblick und Besinnung (1956); Dainat/Kolk: Das
     Forum der Geistesgeschichte (1995).
289 Ernennungsdekret des Bundesministeriums für Unterricht für Paul Kluckhohn
     vom 25. November 1926; UAW, Phil. Fak., PA 2216 Paul Kluckhohn.
290 Das waren: Lebenskunst (1931); Weltanschauung der Frühromantik (1932);
     Frühromantische Erzählungen 1 (1933); Frühromantische Erzählungen 2 (1933);
     Deutsche Vergangenheit und deutscher Staat (1935); Dramen der Frühromantik
     (1936); Vorbereitung (1937); Dramen von Zacharias Werner (1937); Dramen von
     Clemens Brentano und Achim von Arnim (1938); Dramen von Achim von Arnim
     und Joseph von Eichendorff (1938); Lustspiele (1938); Charakteristiken (1950).
291 Vgl. Öffentliche Vorlesungen an der Universität zu Wien (1927–1931).
292 Zur Studierendengeschichte in der ersten Hälfte des 20. Jahrhunderts vgl. Speiser:
     Die sozialistischen Studenten Wiens (1986); Lichtenberger-Fenz: „… deutscher
     Abstammung und Muttersprache" (1990); Zoitl: „Student kommt von Studie-
     ren!" (1992); Posch/Ingrisch/Dressel: „Anschluß" und Ausschluss (2008); Gra-
     benweger: Literatur – Politik – Universität [erscheint 2016].

dentenschaft" unterteilt.[293] Dabei handelte es sich um die Herstellung von „Zwangsgemeinschaften"[294] nach völkisch-rassischen Gesichtspunkten, mithin um die Einteilung der Studierenden in ‚arisch' und ‚nichtarisch'.[295] Wie aus den Erinnerungen der damaligen Germanistikstudentin und späteren Deutschlehrerin Minna Lachs hervorgeht, war auch Kluckhohns Verhalten gegenüber Studierenden nicht frei von antisemitischen oder zumindest antipolnischen Ressentiments; gleichzeitig verweigerte er aber den Schlägertruppen der deutschnationalen Studentenschaft seine Unterstützung:

> Ich war im 3. Semester [Wintersemester 1928/29, E.G.], als ich mich bei Prof. Kluckhohn zu einem Kolloquium anmeldete. Er hielt die Prüfungen in Dreiergruppen ab und gestattete Studierenden zuzuhören. Ich war in einer Gruppe mit zwei ahnungslosen Studenten, die sich anscheinend auf ihre Schmisse verlassen hatten. Der eine schüttelte bei der ersten Frage den Kopf und tat den Mund fast nicht auf, und die Frage ging an den zweiten Prüfling über, der Unzusammenhängendes murmelte, und die Frage landete bei mir, ich beantwortete sie richtig und ausführlich. Das ging so eine Weile, bis sich der Professor erhob. Wir folgten ihm alle drei, von Freunden begleitet, zum Dekanat, um die Zeugnisse entgegenzunehmen. Die beiden Burschen hatten ein „Gut", und ich war nur gerade durchgekommen. „Das muß ein Irrtum sein", sagten die beiden Kollegen, „wir warten mit Ihnen, bis der Herr Professor herauskommt und Sie ihn gleich fragen können." Nach einigem Sträuben gab ich nach. Ich hielt Prof. Kluckhohn mein Zeugnis hin und sagte: „Ich habe doch alle Fragen beantwortet, Herr Professor, ist dies nicht ein Irrtum?" Er antwortete nicht und ging hoch erhobenen Hauptes an mir vorbei, als ob ich Luft wäre. Die umstehenden waren betroffen, aber ich nicht, denn ich wußte, was es bedeutete, im Meldebuch, in der Spalte Geburtsort, „Trembowla, Polen" stehen zu haben.
> Jeden Samstag hatten die deutsch-nationalen Studenten der schlagenden Verbindungen ihren Korso in den Wandelgängen der Universität. Anschließend stürmten sie die Hörsäle mit dem Ruf: „Juden raus!" Ich wußte von keinem Professor, der sich ihnen entgegengestellt hätte. Daher war ich auch sehr erstaunt über das Verhalten von Professor Kluckhohn, als sie in seine

---

293 Studentenordnung der Universität Wien vom 8. April 1930; zit. n. Lichtenberger-Fenz: „... deutscher Abstammung und Muttersprache" (1990), S. 91. Zur Einführung dieser Studentenordnung, den Reaktionen darauf und zu ihrer Wiederabschaffung 1931 vgl. ebd., S. 84 – 138.

294 So Josef Hupka, Professor der Rechte an der Universität Wien, in der *Neuen Freien Presse* vom 23. April 1930. Hupka: Die Studentenordnung der Universität Wien (1930), S. 1.

295 Nach massiven Protesten und einem Verfahren vor dem Verfassungsgerichtshof wurde die Studentenordnung am 20. Juni 1931, ein Jahr nach Inkrafttreten, für ungesetzlich erklärt und aufgehoben.

Vorlesung eindrangen. Wieder schrien sie ihr „Juden raus". Da nahm der Professor seine Skripten und sagte ruhig und laut: „Wir gehen alle."[296]

Die Privatdozenten, die sich bei seinem Vorgänger Brecht habilitiert hatten, wurden von Kluckhohn weiter gefördert.[297] 1929 erhielt außerdem Brechts ehemaliger Dissertant, der Frühe-Neuzeit-Forscher Hans Rupprich die Venia Legendi.[298] Mit Rupprich hatten sich seit 1900 insgesamt zehn Wissenschaftler und Wissenschaftlerinnen in Wien allein für die neuere Abteilung habilitiert: drei bei Jakob Minor (Robert Franz Arnold 1900, Stefan Hock 1905, Eduard Castle 1907); sechs, darunter die ersten Frauen, bei Walther Brecht (Rudolf Payer von Thurn 1921, Christine Touaillon 1921, Herbert Cysarz 1922, Marianne Thalmann 1924, Heinz Kindermann 1924, Franz Koch 1926) und einer (Hans Rupprich) bei Paul Kluckhohn. Die ältere Abteilung (inklusive der ihr angegliederten Sprachwissenschaft) zählte seit der Jahrhundertwende immerhin fünf Privatdozenten und eine Privatdozentin (Viktor Junk 1906, Dietrich Kralik 1914, Anton Pfalz 1919, Lily Weiser 1927, Edmund Wießner 1927, Walter Steinhauser 1927). Die Attraktivität der älteren Abteilung, die gegenüber dem neueren Fach zunehmend ins Hintertreffen geriet, wurde vor allem durch den Altertumskundler Rudolf Much aufrechterhalten, der neben Josef Seemüller und später Dietrich Kralik – den beiden Ordinarien für das ältere Fach – für zwei der sechs Habilitationen (Pfalz, Steinhauser) mitverantwortlich, in zwei Fällen (Kralik, Weiser) hauptverantwortlich war. Mit vier weiteren Privatdozenten in den 1930er Jahren (Otto Höfler 1932, Rudolf Kriss 1933, Siegfried Gutenbrunner 1936, Richard Wolfram 1936) war Much unter den Wiener Altgermanisten sowohl universitätspolitisch als auch in der wissenschaftlichen Definition des Fachs der erfolgreichste.[299]

Während die Anzahl der Privatdozenten seit der Jahrhundertwende kontinuierlich anstieg, waren der Status und die Bedeutung der Privatdozentur einem gesellschaftlichen und universitätsorganisatorischen Abstieg unterworfen, der das Prestige und die konkrete pekuniäre Situation

---

296 Lachs: Warum schaust du zurück (1986), S. 151–152.
297 Vgl. die Briefe Brechts an Kluckhohn (DLA Marbach; Bestände: Paul Kluckhohn; Deutsche Vierteljahrsschrift), in denen sich die beiden Germanisten über das akademische Fortkommen der Privatdozenten austauschen.
298 Aufgrund der Arbeit *Willibald Pirckheimer und Dürers erste Reise nach Italien* (1930), in der Rupprich in einer ausführlichen Würdigung Walther Brecht als seinem maßgeblichen Lehrer huldigte.
299 Zu Rudolf Much und zur Wiener Altgermanistik vgl. Kap. IV.1.

dieser Berufsgruppe ebenso betraf wie ihre Lehrverpflichtung. Bis zum Ende des 19. Jahrhunderts war die Privatdozentur nur eine Übergangsphase, auf die nach einigen Jahren unweigerlich und zumeist über den Umweg eines Extraordinariats eine besoldete ordentliche Professur folgte. Karl Tomaschek, der erste Habilitand der Wiener Germanistik, erhielt die Venia Legendi 1855 und wurde 1862 Professor in Graz; Wilhelm Scherer habilitierte sich 1864 und erhielt 1868 das Wiener Ordinariat; Josef Seemüllers Habilitation von 1879 folgte 1890 die Berufung nach Innsbruck; August Sauer habilitierte sich ebenfalls 1879, wurde 1886 Extraordinarius und 1892 Ordinarius in Prag; Jakob Minor erhielt 1880 die Venia Legendi und wurde nach außerordentlichen Professuren in Prag und Wien 1888 Ordinarius in Wien. Die beiden nächsten Privatdozenten waren die ersten Juden, die sich an der Wiener Germanistik habilitierten. Bei ihnen funktionierte der dargestellte Karriereverlauf zunächst zwar, aufgrund des bereits gegen Ende des 19. Jahrhunderts um sich greifenden universitären Antisemitismus jedoch nicht vollständig:[300] Alexander von Weilen habilitierte sich 1887, erhielt 1899 den Titel eines außerordentlichen Professors, wurde 1904 zum besoldeten außerordentlichen Professor ad personam ernannt und 1909 mit dem Titel eines ordentlichen Professors ausgestattet. Der 1914 von der philosophischen Fakultät in Wien gestellte Antrag auf Ernennung von Alexander von Weilen zum ordentlichen Professor wurde jedoch nie entschieden. Max Hermann Jellinek habilitierte sich 1892, wurde 1900 zum außerordentlichen Professor ad personam ernannt und erhielt 1906 den Titel eines ordentlichen Professors. Sowohl Weilen als auch Jellinek hatten die gewohnte Privatdozentenlaufbahn des 19. Jahrhunderts durchschritten – bis zu dem Punkt, an denen ihnen ein fixes Ordinariat zugesprochen werden sollte: Beide erhielten im Unterschied zu ihren nicht-jüdischen Generationskollegen nur den Titel, nicht den Lehrstuhl eines ordentlichen Professors.[301]

Die letzten Wiener Habilitanden, bei denen der gewohnte Karriereverlauf noch funktionierte, waren Rudolf Much (Habilitation 1893, ordentliche Professur ad personam 1906 in Wien), Carl von Kraus (Habilitation 1894, ordentliche Professur 1904 in Prag), Oskar Walzel (Habilitation 1894, ordentliche Professur 1897 in Bern) und Konrad

---

300 Zu Judentum und Antisemitismus in der österreichischen Germanistik im 19. Jahrhundert vgl. Michler: Lessings „Evangelium der Toleranz" (2003).

301 Zu den antisemitischen Ausschlussmechanismen und deren personalpolitischen Konsequenzen an der Wiener Universität nach 1918 vgl. Taschwer: Hochburg des Antisemitismus (2015); Ehs: Das extramurale Exil (2011).

Zwierzina (Habilitation 1897, ordentliche Professur 1899 in Fribourg). Danach begann das Zeitalter der ewigen Privatdozenten bzw. der Privatdozentur als „Nebenbeschäftigung"[302], die zusätzlich zu einem Brotberuf ausgeübt wurde. Rudolf Wolkan hatte sich 1896 in Czernowitz habilitiert, ließ seine Venia Legendi 1902 nach Wien übertragen und erhielt 1908 den Titel eines außerordentlichen Professors, kam über diesen Status jedoch nicht hinaus. Er finanzierte seinen Lebensunterhalt zunächst als Lehrer, danach als Bibliothekar.[303] Theodor von Grienberger habilitierte sich 1898 in Wien, erhielt 1906 den Titel eines außerordentlichen Professors in Czernowitz, war aber Zeit seines Lebens hauptberuflich ebenfalls Bibliothekar.[304]

Ähnliches lässt sich über die nächsten vier Wiener Habilitanden sagen: Robert Franz Arnold (Venia Legendi 1900), Stefan Hock (Venia Legendi 1905), Viktor Junk (Venia Legendi 1906) und Eduard Castle (Venia Legendi 1907) bekleideten Zeit ihrer regulären Laufbahn nie einen ordentlichen Lehrstuhl. Arnold, der 1895 vom Judentum zum Protestantismus konvertierte, erhielt 1906 den Titel eines außerordentlichen Professors, seine Ernennung zum wirklichen ordentlichen Professor wurde aber zweimal (1927 und 1931) abgelehnt, 1934 wurde er im österreichischen Ständestaat zwangspensioniert.[305] Hock war nach seiner Habilitation vor allem publizistisch tätig, arbeitete als Dramaturg am Wiener Burgtheater, als Mitarbeiter Max Reinhardts am Deutschen Theater in Berlin und übernahm 1934 das Wiener Raimundtheater. 1938 wurde ihm als Jude von den Nationalsozialisten die Venia Legendi aberkannt.[306] Junk erhielt 1926 zwar noch den Titel eines außerordentlichen Professors, war hauptberuflich aber bereits seit 1900 bis zu seiner Pensionierung 1945 Aktuar der Wiener Akademie der Wissenschaften.[307] Castle war bis 1923 Mittelschullehrer, wurde im selben Jahr außerordentlicher Professor in Wien und 1933 mit dem Titel eines ordentlichen Professors ausgestattet. 1938 wurde er von den Nationalsozialisten aus politischen Gründen entlassen.[308]

---

302 Denkschrift der Privatdozenten der Universität Wien vom 12. Jänner 1919; UAW, Phil. Fak., S 29, fol. 4.
303 Gruber: Rudolf Wolkan (2003).
304 Tatzreiter: Theodor Maria Ritter von Grienberger (2003).
305 [Redaktion:] Robert Franz Arnold (2003).
306 Haider-Pregler: Stefan Hock (1972).
307 [Redaktion:] Viktor Junk (1965).
308 Kriegleder: Eduard Castle (2003).

Dass die Privatdozentur seit der Jahrhundertwende keine sichere Aussicht mehr auf eine ordentliche Professur darstellte und damit zusehends an Prestige und gesellschaftlicher Bedeutung verlor, hatte vor allem mit der zunehmenden Disproportion von Lehrenden und Lernenden zu tun, also mit dem Anstieg der Studierendenzahlen bei gleichzeitiger Stagnation des Stellenplans an der Universität. Während die Anzahl der Hörer und Hörerinnen an der philosophischen Fakultät sprunghaft anstieg, sich zwischen 1898 und 1932 mehr als versechsfachte,[309] blieb die Anzahl der Professuren nahezu gleich: 1898 gab es 51 ordentliche Lehrkanzeln und 20 Extraordinariate an der philosophischen Fakultät, 1933 nur unwesentlich mehr, nämlich 55 Ordinariate und 34 Extraordinariate.[310] Diese Entwicklung bedeutete zum einen, dass die Hauptlast der universitären Lehre von Privatdozenten getragen werden musste, dass sie mithin für die Universität unabdingbar geworden waren, da ohne sie der laufende Lehrbetrieb nicht aufrechterhalten werden konnte.[311] Gleichzeitig verlor die Privatdozentur dadurch aber auch ihre alte Bedeutung als sicherer Weg zu einem Ordinariat, da es zu wenige Professuren gab. Die Privatdozentur, die seit der Universitätsreform von 1848/49 als „Ausgangspunkt für die akademische Laufbahn" gelten sollte, wurde „für die Mehrzahl der Schluß- und Endpunkt ihres Fortkommens".[312]

Hinzu kam, dass die staatlichen Sparmaßnahmen in den 1920er und 1930er Jahren den Universitätsbetrieb massiv beeinträchtigten. Zwar brachte der Kampf der Hochschullehrer um materielle Besserstellung 1921 zunächst ein Besoldungsgesetz zu ihren Gunsten, bereits 1924 wurde aber ein neues Gesetz verabschiedet, in dem die ordentlichen Professoren um eine, die außerordentlichen Professoren um zwei Dienstklassen zurückgesetzt wurden und damit um einiges schlechter bezahlt wurden als noch in der Monarchie.[313] Darüber hinaus wurden in den 1920er Jahren einzelne Habilitationen vom Ministerium nur dann bestätigt, wenn der Bewerber bzw. die Bewerberin eine formelle Erklärung abgab, auf jede fixe Besoldung

---

309 Im Sommersemester 1898 studierten 879 Hörer und Hörerinnen an der philosophischen Fakultät in Wien, im Wintersemester 1932 waren es bereits 5.287.

310 Vgl. Meister: Die staatlichen Ersparungsmaßnahmen und die Lage der Wissenschaft (1933), S. 15–16.

311 Im Studienjahr 1918/19 standen an der philosophischen Fakultät 52 ordentlichen Professoren bereits 114 Privatdozenten gegenüber. – Denkschrift der Privatdozenten der Universität Wien vom 12. Jänner 1919; UAW, Phil. Fak., S 29, fol. 1.

312 Castle: Die Lage der Hochschullehrer (1926), S. 3.

313 Vgl. Castle: Die Lage der Hochschullehrer (1926), S. 3.

für immer zu verzichten.[314] Die Habilitierten mussten trotzdem als un-
bezahlte Dozenten weiter lehren, um ihre Venia Legendi und die (immer
unwahrscheinlichere) Aussicht auf eine Universitätskarriere nicht zu ver-
lieren. Damit wurde die Privatdozentur, wie Eduard Castle 1921 feststellte,
„geradezu ein Privileg für Kapitalisten oder Hungerkünstler"[315].

Die finanzielle Schlechterstellung und die schwindende Wahrscheinlichkeit einer akademischen Karriere führten zu einem massiven Prestigeverlust der Privatdozentur. Gleichzeitig war dieser Prestigeverlust – gemeinsam mit der Unverzichtbarkeit der Privatdozenten für den laufenden
Lehrbetrieb – aber auch mitverantwortlich dafür, dass sich in den 1920er
Jahren erstmals drei Frauen an der Wiener Germanistik habilitieren
konnten. Danach dauerte es fast dreißig Jahre bis erneut eine Wissenschaftlerin am Wiener Germanistikinstitut die Venia Legendi erhielt. Eine
Privatdozentur, die keine Aussicht auf ein Ordinariat versprach, musste
nicht mehr verteidigt werden. Ordentliche Professorinnen wurden diese
Wissenschaftlerinnen in Österreich ohnehin nicht.

Paul Kluckhohn verließ die Wiener Universität 1931 nach nur acht
Semestern und nahm einen Ruf an die Universität Tübingen an. Wie zuvor
Walther Brecht war ihm die immense Arbeitsbelastung an der Wiener
Germanistik zu viel.[316] Hatte sich Brecht bei seinem Weggang noch gegen
Nadler als seinen Nachfolger ausgesprochen, so stand dessen Berufung
nach Wien nun nichts mehr im Wege. Die Fakultätskommission entschied
sich für Josef Nadler und Günther Müller auf dem ersten Platz, für Ferdinand Josef Schneider auf dem zweiten Platz und diskutierte Brechts
Schüler Herbert Cysarz, Heinz Kindermann und Franz Koch für den
dritten Platz, ließ diesen schlussendlich aber frei. Vehement gegen Nadler
trat Eduard Castle in einem Separatvotum auf, in dem er den „Ausschluß

314 Vgl. Castle: Die Lage der Hochschullehrer (1926), S. 3.
315 Castle: Die Not der Universität Wien und die Privatdozenten (1921), S. 3; zit. n.
Meissl: Germanistik in Österreich (1981), S. 482. – Vgl. auch Denkschrift der
Privatdozenten der Universität Wien vom 12. Jänner 1919; UAW, Phil. Fak., S 29,
fol. 2: „Während früher auch Vermögenslose, die genug Mut und Idealismus
hatten, sich einzuschränken und anspruchslos zu leben, den Beruf des Dozenten
erwählen konnten, wird es nunmehr nur Großkapitalisten möglich sein, die
akademische Laufbahn mit Aussicht auf Erfolg einzuschlagen. An die Stelle der
Auslese der Tüchtigsten wird die Auslese der Reichsten treten […]."
316 Vgl. die Briefe von Walther Brecht an Paul Kluckhohn; DLA Marbach, Bestände:
Paul Kluckhohn; Deutsche Vierteljahrsschrift. – Noch in einem Nachruf auf
Kluckhohn heißt es, dass Kluckhohn Wien verließ, da er sich „den sehr großen
Lehr- und Prüfungsverpflichtungen […] nicht gewachsen fühlte". Meister: Paul
Kluckhohn [Nekrolog] (1960), S. 357.

der in Österreich tätigen Fachvertreter" kritisierte und vor allen darauf
verwies, dass „Nadlers Werk und Persönlichkeit [...] viel umstritten"
wären. Bereits in der Kommissionssitzung hatte Castle „aus Gründen des
persönlichen Verhaltens" Einspruch gegen Nadler erhoben und auch
Unterstützung durch „mehrere Redner" erhalten, die zugaben, dass
„Nadlers Naturell gewiss manche Härten habe".[317] In Wien trat das Ministerium zunächst an Günther Müller heran, der aber aus finanziellen
Erwägungen ablehnte. Nach Interventionen beim Ministerium durch
seinen Prager Studien- und Cartellverbandskollegen Josef Bick wurde
Nadler schließlich zum Wintersemester 1931/32 nach Wien berufen.[318]
   Nadler, der als schwieriger Kollege galt, der niemanden neben sich
duldete, wurde bereits kurz nach seinem Amtsantritt seinem Ruf gerecht.
Zunächst versuchte er, die bislang den Extraordinarien Robert Franz Arnold und Max Hermann Jellinek vorbehaltenen Proseminare an sich zu
ziehen.[319] Auch mit den Schülern seiner Vorgänger scheint er nicht zu
Recht gekommen zu sein. Mit Ausnahme Hans Rupprichs verließen sie alle
kurz nach Nadlers Amtsantritt die Wiener Universität. Mit den Anforderungen des Massenstudiums hatte Nadler hingegen keine Probleme. Er
hielt seine Vorlesungen oftmals zweimal hintereinander, um dem Ansturm
der Studierenden gerecht zu werden, und 1934 engagierten sich seine
Hörer und Hörerinnen mit einer Unterschriftenaktion für den Bau eines
eigenen Saals für seine Vorlesungen.[320] Schließlich waren seine überfüllten
Lehrveranstaltungen auch mitverantwortlich dafür, dass 1935 das Auditorium Maximum gebaut wurde.[321] Dass er außerdem schnell und effizient
bei der Beurteilung von Dissertationen war, ist vielfach in Erinnerungen
ehemaliger Studierender bezeugt.[322] Doch obwohl Nadler mehr Promotionen abnahm und für mehr Studienabschlüsse verantwortlich war als
jeder einzelne seiner Vorgänger, hat er während seiner gesamten, immerhin

---

317 Alle Zitate: Kommissionsbericht betreffend die Wiederbesetzung der Lehrkanzel
     für deutsche Sprache und Literatur nach dem Abgang von Prof. Kluckhohn vom
     25. November 1930; UAW, Phil. Fak., Zl. 370 ex 1930/31, PA 2713 Josef Nadler.
318 Zu den näheren Details von Nadlers Berufung nach Wien vgl. Ranzmaier: Stamm
     und Landschaft (2008), S. 373–378; Meissl: Germanistik in Österreich (1981),
     S. 481.
319 Meissl: Germanistik in Österreich (1981), S. 481.
320 [Anonym:] „Volksentscheid" für einen neuen Hörsaal (1934), S. 5.
321 Ranzmaier: Germanistik an der Universität Wien zur Zeit des Nationalsozialismus
     (2005), S. 19; Schmidt-Dengler: Germanistik in Wien 1945 bis 1960 (2005),
     S. 211; Hopf: [Erinnerungen an Josef Nadler] (1984), S. 18.
322 Vgl. u. a. Wörster: Gedenkschrift für Josef Nadler (1984).

14 Jahre andauernden Amtszeit nicht nur keine einzige Frau habilitiert, sondern überhaupt keinen Wissenschaftler.[323]

---

323 Die Habilitation von Schülern galt im akademischen Betrieb als Zeugnis des Lehrerfolgs eines Professors; gleichzeitig war den Professoren aber auch schon vor Nadler bewusst, dass sie sich damit zusätzliche Konkurrenten schufen. Vgl. Brief von Walther Brecht an Paul Kluckhohn vom 19. November 1925; DLA Marbach, Bestand: Paul Kluckhohn. – Zu Nadlers Position vgl. das Interview von Irene Ranzmaier mit Helmut Birkhan, in dem dieser über seine Wiener Studienzeit in den späten 1950er Jahren spricht: „[J]eder Student ist potentiell lästig, und jeder Student ist auch ein potentieller Gegner. Deshalb hat man auch nicht gerne habilitiert. Das ist ein Nadlersches Erbe, weil schon Nadler gesagt hat: Ich werde ja nicht blöd sein und mir durch Habilitation einen Konkurrenten züchten." Ranzmaier: Germanistik an der Universität Wien zur Zeit des Nationalsozialismus (2005), S. 189.

II. Frauen als Autorinnen und Wissenschaftlerinnen und die Neuere deutsche Literaturwissenschaft – Christine Touaillon (1878–1928)

Christine Touaillon gehörte im Wintersemester 1897/98 zu den ersten Studentinnen der Universität Wien und war 1921 die erste österreichische Germanistin, die als Privatdozentin zugelassen wurde.[1] Ihre Bildungslaufbahn lässt jene Brüche erkennen, die angesichts des sich wandelnden Mädchenschulwesens im letzten Drittel des 19. Jahrhunderts für Frauen aus bildungsbürgerlichen Familien[2] nicht untypisch waren: Touaillon besuchte in ihrer Jugend nicht weniger als fünf verschiedene Schulen,[3] bis sie schließlich im Sommer 1897 die zu diesem Zeitpunkt höchste mögliche Ausbildung, die k.k. Lehrerinnenbildungsanstalt des Zivilmädchenpensionats in Wien, absolvierte und als Volksschullehrerin zu arbeiten begann.[4] Im Herbst desselben Jahres wurden Frauen aber auch an der Wiener Universität zum Studium zugelassen und Touaillon schrieb sich sogleich als eine von insgesamt 37 Studentinnen ein, um, wie sie 1919 rückblickend feststellte, „Litteraturgeschichte zu studieren, was ich seit früher Kindheit

---

1   Das folgende Kapitel beruht zum Teil auf einem bereits publizierten Aufsatz; Grabenweger: „Ein durch und durch weibliches Buch" (2010).
2   Touaillons Vater Leopold Auspitz gehörte als Generalmajor zu den ranghöheren Offizieren der k.k. Armee und war ein Vertreter des liberalen Lagers, das der – durch Königgrätz augenscheinlich gewordenen – Krise des Militärs mit dem Ideengut des aufklärerischen Josephinismus und den Bildungsidealen des aufstrebenden Bürgertums zu begegnen versuchte. – Zu Touaillons Familie vgl. das Typoskript ihres Bruders Walther Heydendorff: Kurzgefaßte Familiengeschichte; ÖStA, Kriegsarchiv, Nachlass Heydendorff, B/844/11. Zur politischen Ausrichtung der k.k. Armee vgl. Allmayer-Beck: Die bewaffnete Macht in Staat und Gesellschaft (1987).
3   Volksschule in St. Pölten, Volksschule in Salzburg, Bürgerschule in St. Pölten, Bürgerschule in Wien, Höhere Töchterschule in Wien, Lehrerinnenbildungsanstalt in Wien. – Die Ortswechsel lassen sich mit dem Beruf des Vaters erklären, der häufige Schulwechsel innerhalb Wiens war der Umgestaltung des Bildungswesens geschuldet, da Touaillon immer dann die Schule wechselte, wenn sich bessere, d.h. höhere Bildungsmöglichkeiten für Mädchen eröffneten.
4   An der Volksschule Notre Dame de Sion in Wien.

leidenschaftlich gewünscht hatte"[5]. Erst 1902 holte sie als Externistin am
k.k. Obergymnasium Salzburg die Reifeprüfung nach.[6] 1904 wechselte sie,
nachdem sie den in der Steiermark tätigen Notar Heinrich Touaillon ge-
heiratet hatte, für ein Jahr an die Grazer Universität, wo sie bei Rudolf
Meringer, Anton Emanuel Schönbach und Bernhard Seuffert studierte.
Zurück in Wien besuchte sie – nun als ordentliche Hörerin – Lehrveranstaltungen bei Richard Heinzel, Robert Franz Arnold, Max Hermann
Jellinek und Alexander von Weilen, vor allem aber die Seminare Jakob
Minors, bei dem sie 1905 mit der Arbeit *Zacharias Werners „Attila, König
der Hunnen"* [7] als vierte Frau an der Wiener Germanistik auch promovierte
(und als dessen letzte Schülerin sie gelten kann).[8]

Nach ihrem Studium war Touaillon in zahlreichen gesellschafts- und
sozialpolitischen Belangen der späten österreichisch-ungarischen Monarchie tätig. Von 1910 bis 1918 gab sie gemeinsam mit Leopoldine Kulka
und Emil Fickert die feministische Zeitschrift *Neues Frauenleben* heraus.[9]
Darüber hinaus veröffentlichte sie in den 1900er und 1910er Jahren
zahlreiche Artikel zu gesellschaftspolitischen und literarischen Themen in
der sozialdemokratischen *Arbeiterinnen-Zeitung*[10] sowie in verschiedenen

---

5 Eigenhändiger Lebenslauf von Christine Touaillon vom 15. Mai 1920; UAW, Phil.
   Fak., PA 3462 Christine Touaillon.
6 Erst 1901, vier Jahre nach Zulassung von Frauen zur Universität, wurde ein Erlass
   verabschiedet, der es ermöglichte, an Mädchenschulen die Reifeprüfung inklusive
   Studienberechtigung zu erwerben. Bis 1911 bestand aber ein Ausnahmepassus, der
   Frauen ein dreijähriges Universitätsstudium erlaubte, ihnen die Promotion jedoch
   verwehrte; außer sie legten – wie Touaillon – zwischenzeitlich als Privatistinnen die
   Reifeprüfung an einem Knabengymnasium ab. Vgl. Heindl: Zur Entwicklung des
   Frauenstudiums in Österreich (1990), S. 23–24; Engelbrecht: Geschichte des
   österreichischen Bildungswesens. Bd. 4 (1986), S. 291–292.
7 Ein Exemplar ihrer handschriftlichen Dissertation befindet sich in der Universi-
   tätsbibliothek Wien unter ihrem Mädchennamen. Auspitz: Zacharias Werners
   „Attila, König der Hunnen" (1904).
8 So Körner: Deutsche Philologie [1935], S. 83 – Vor Touaillon promovierten an der
   Wiener Germanistik folgende Frauen: Helene Munz (*Arnims „Gräfin Dolores"*,
   1903), Rosa Fliegelmann (*Achim von Arnims „Halle und Jerusalem"*, 1903) und
   Antonie Hug von Hugenstein (*Zur Textgeschichte von Novalis Fragmenten*, 1904). –
   Biographische Informationen zu Touaillon laut ihren eigenhändigen Lebensläufen
   vom 24. Juni 1919; UAG, Phil. Fak., Z. 1529 ex 1919; und vom 15. Mai 1920;
   UAW, Phil. Fak., PA 3462 Christine Touaillon.
9 Touaillon wurde die Nachfolgerin von Auguste Fickert, die ihr 1908 die Redaktion
   des Literaturblatts überantwortet hatte. Vgl. Hacker: Wer gewinnt? Wer verliert?
   Wer tritt aus dem Schatten? (1996).
10 Vgl. u. a. Touaillon: Das Wahlrecht und die Frauen (1919).

Zeitschriften wie *Wissen für alle, Dokumente des Fortschritts, Der Kunstwart* und *Die Gegenwart*.[11] Außerdem war Touaillon Vorstandsmitglied des *Allgemeinen Österreichischen Frauenvereins*,[12] Ausschussmitglied der *Ethischen Gemeinde* in Wien[13] und Vizepräsidentin der *Internationalen Liga für Frieden und Freiheit*.[14] Zu ihrem sozialen Umfeld gehörten Vertreterinnen der bürgerlichen Frauenbewegung wie Auguste Fickert[15] und Rosa Mayreder[16] ebenso wie der Reformpädagoge und spätere ordentliche Professor für Philosophie an der Universität Wien Wilhelm Jerusalem und der Arzt und Vorkämpfer der Friedensbewegung in Österreich Wilhelm Börner.[17] Während des Ersten Weltkriegs organisierte Touaillon pazifistische Veranstaltungen[18] und nach 1918 engagierte sie sich – als vehemente Unterstützerin einer sozial ausgerichteten demokratischen Staatsverfassung – in der österreichischen Sozialdemokratischen Arbeiterpartei vor allem für Otto Glöckels Bildungsreformen.[19] Als man ihr 1919 in der Steiermark zweimal ein Landtagsmandat anbot, lehnte sie jedoch ab – mit dem Hinweis, dass sie „nicht 3 Dinge leisten kann (Ehe, Wissenschaft u Politik)“[20].

---

11 Vgl. u. a. Touaillon: Zur Psychologie des Familienblattes (1905); dies.: Ein Revolutionsroman (1910); dies.: Die Lage der Telephonistinnen (1911); dies.: Ferdinand von Saars Altersdichtung und die Moderne (1911); dies.: Der Schrei nach dem Genie (1911); dies.: Emil Marriot [d. i. Emilie Mataja], Der abgesetzte Mann [Rez.] (1912).

12 [Anonym:] Vereinsvorstand 1917 [des *Allgemeinen Österreichischen Frauenvereins*] (1918).

13 Mayreder: Christine Touaillon [Nekrolog] (1928).

14 Internationale Frauenliga für Frieden und Freiheit, Zweig Österreich; Institut für Geschichte der Universität Wien, Sammlung Frauennachlässe, NL. I/39a, 523-1–4.

15 Vgl. die Briefe Touaillons im Nachlass von Auguste Fickert in der Wienbibliothek im Rathaus.

16 Vgl. die Briefe Touaillons im Nachlass von Rosa Mayreder in der Wienbibliothek im Rathaus.

17 Vgl. die Briefe Touaillons im Nachlass von Wilhelm Börner in der Wienbibliothek im Rathaus.

18 Lebensaft: Christine Touaillon (2002), S. 758. Zu Touaillons Antikriegshaltung vgl. auch Touaillon: Weltkrieg (1914).

19 „Ich war vorgestern in einer Glöckel-Versammlung – schade, daß Du nicht da warst: Du wärst zwar nicht einverstanden gewesen, aber Du hättest begriffen, was mich auf diese Seite zwingt." Brief von Christine Touaillon an Walther Heydendorff vom 10. März 1920; ÖStA, Kriegsarchiv, Nachlass Heydendorff, B/844/13.

20 Brief von Christine Touaillon an Walther Heydendorff, o. D. [19. April 1919]; ÖStA, Kriegsarchiv, Nachlass Heydendorff, B/844/13.

Tatsächlich verfolgte Touaillon zu diesem Zeitpunkt andere Pläne. Bereits 1910, nachdem sie ihre Forschungen über ältere deutsche Kinderliteratur aufgrund der schwierigen Materialbeschaffung in der steirischen Provinz unterbrechen musste,[21] hatte sie begonnen, an einer großen wissenschaftlichen Studie über Schriftstellerinnen des 18. Jahrhunderts zu arbeiten.[22] Ohne auf Vorarbeiten zurückgreifen zu können, aber mit der Unterstützung des Grazer Universitätsprofessors Bernhard Seuffert sowie von „[s]echzehn reichsdeutsche[n] Bibliotheken"[23], die ihr – trotz Ersten Weltkriegs – Bücher zugeschickt hatten, stellte sie 1918 ihre über 650 Seiten umfassende Arbeit *Der deutsche Frauenroman des 18. Jahrhunderts* fertig, um, wie sie ihrem Bruder schrieb, „mit 41 noch […] mit etwas Neuem zu beginnen (Dozentur), obwohl ich eine Frau bin!"[24] Ganz einfach dürfte dieses Unterfangen aber schon vor Antragstellung an der Universität nicht gewesen sein: Nachdem Touaillon in Wilhelm Braumüller einen Verleger gefunden hatte, scheiterte die Drucklegung ihres Buchs nämlich am Papiermangel zu Beginn der Ersten Republik. Schließlich erklärte sich eine Grazer Fabrik bereit, „2000 Kilo Papier gegen Lieferung von 300 Kilo Schweine abzugeben", deren Beschaffung, wie Rosa Mayreder am 19. März 1918 in ihrem Tagebuch notierte, Touaillon „[m]it Hilfe befreundeter Bauern" auch gelang.[25] Das Buch erschien sodann – in bemerkenswert schöner Aufmachung mit rotem Oberleinen und Schmutzumschlag – im Juni 1919 und Touaillon machte sich sogleich auf, einen Teil der österreichischen Universitätslandschaft mit ihrem Ansinnen zu beschäftigen.[26]

---

21 Eigenhändiger Lebenslauf Touaillons vom 15. Mai 1920; UAW, Phil. Fak., PA 3462 Christine Touaillon; vgl. auch Kluckhohn: Christine Touaillon [Nekrolog] (1928), S. 23. – Die Ergebnisse ihrer Studien veröffentlichte Touaillon unter: Literarische Strömungen im Spiegel der Kinderliteratur (1912).

22 Eigenhändiger Lebenslauf Touaillons vom 15. Mai 1920; UAW, Phil. Fak., PA 3462 Christine Touaillon.

23 Eigenhändiger Lebenslauf Touaillons vom 24. Juni 1919; UAG, Phil. Fak., Z. 1529 ex 1919.

24 Brief von Christine Touaillon an Walther Heydendorff vom 1. August 1919; ÖStA, Kriegsarchiv, Nachlass Heydendorff, B/844/13.

25 Mayreder: Tagebücher 1873–1937 (1988), S. 178.

26 „Dieser Tage erhielt ich die ersten Ex. m. Buches u morgen reiche ich ein. Es wird ein sehr interessanter Kampf werden; hoffentlich siege ich!" Brief von Christine Touaillon an Walther Heydendorff vom 24. Juni 1919; ÖStA, Kriegsarchiv, Nachlass Heydendorff, B/844/13.

II.1. Zwischen Universität und Staatsverfassung – Habilitationsverfahren in Graz und Wien

Ihr erstes Gesuch um „Erteilung der Lehrbefugnis für neuere deutsche Litteraturgeschichte" reichte Touaillon am 24. Juni 1919 an der Universität Graz ein. Dem Schreiben lag eine beglaubigte Kopie ihrer Promotionsurkunde, ihre im selben Monat erschienene Monographie *Der deutsche Frauenroman des 18. Jahrhunderts*, ein Lebenslauf und ein Programm ihrer für die ersten Semester geplanten Vorlesungen bei. In genauer Kenntnis der geltenden Habilitationsbestimmungen und vor dem Hintergrund der im Entstehen begriffenen politischen und rechtlichen Gleichstellung von Frauen und Männern durch die Verfassung der Ersten Republik erklärte Touaillon, dass sie „somit die Bedingungen erfüllt [habe], welche die Verordnung des k.k. Min. für Kultus u Unterricht vom 11.2.1888, betreffend die Habilitierung von Privatdozenten, stellt"[27].

Wie aus einem von Touaillon am 30. Juni 1919 verfassten Nachtrag zum Habilitationsgesuch hervorgeht, versuchte das Professorenkollegium der Grazer philosophischen Fakultät jedoch bereits nach wenigen Tagen den Antrag Touaillons aus formalen Gründen zurückzuweisen. Zum einen wollte man ihr unter Hinweis auf ihren Geburtsort Iglau/Jihlava in Mähren die österreichische Staatsbürgerschaft absprechen;[28] darauf antwortete Touaillon, dass sie, da sie als „Frau [...] die Zuständigkeit des Gatten teilt", „dennoch nach Deutschösterreich zuständig" sei.[29] Zum anderen versuchte das Professorenkollegium darin, dass ihr Wohnort nicht Graz, sondern Stainz war, einen Verstoß gegen die Habilitationsordnung zu sehen.[30] Dem setzte Touaillon folgende Erklärung entgegen:

---

27   Habilitationsgesuch von Christine Touaillon vom 24. Juni 1919; UAG, Phil. Fak., Z. 1529 ex 1918/19.

28   Die österreichische Staatsbürgerschaft war für die Habilitation zu dieser Zeit eigentlich nicht verpflichtend. Erst die ständestaatliche Verordnung von 1934 änderte die geltende Habilitationsnorm dahingehend ab, dass der Staatsbürgerschaftsnachweis erbracht werden musste. Verordnung des Bundesministeriums für Unterricht [...] vom 23. Mai 1934 [...] betreffend die Zulassung und die Lehrtätigkeit der Privatdozenten an den Hochschulen (Habilitationsnorm) (1934).

29   Nachtrag zum Habilitationsgesuch vom 30. Juni 1919; UAG, Phil. Fak., Z. 1529 ex 1918/19.

30   In der noch 1919 geltenden Habilitationsordnung vom 11. Februar 1888 heißt es in § 14, dass die „venia docendi erlischt, wenn ein Privatdocent [...] seinen ordentlichen Wohnsitz außerhalb des Sitzes der Universität unter solchen Umständen verlegt, dass die regelmäßige Abhaltung von Vorlesungen seitens desselben nicht gewärtigt werden kann". Verordnung des Ministers für Cultus und Unter-

Mein Wohnort [...] ist nur 26 km von Graz entfernt u besitzt täglich drei-
malige Zugsverbindung mit Graz (5^{h}30, 9^{h}47, 4^{h}47). Ich wäre also sogar in der
Lage, täglich zu kommen u von einer Unmöglichkeit regelmäßige Vorlesungen
abzuhalten, kann gar keine Rede sein.[31]

Daraufhin ging das Professorenkollegium in seiner Sitzung am 11. Juli
1919 – auf Antrag des Archäologen und Prodekans Rudolf Heberdey –
dazu über, die Behandlung des Gesuchs durch Vertagung zu verzögern, mit
dem Argument, dass der Erlass eines neuen Privatdozentengesetzes abzu-
warten sei.[32] Tatsächlich war zu dieser Zeit in Österreich eine neue Habilitationsordnung in Ausarbeitung. Doch ungeachtet der Bemühungen
um diese neue Regelung, die erst am 2. September 1920 in Kraft trat,[33]
wurden Habilitationsanträge von Männern weiterhin verhandelt. Im
Studienjahr 1919/20 wurde allein an der philosophischen Fakultät der
Universität Graz vier Wissenschaftlern die Venia Legendi verliehen.[34]

Dass die Weigerung der philosophischen Fakultät in Graz, Touaillons
Antrag überhaupt zu verhandeln, nichts mit der geltenden Gesetzeslage zu
tun hatte, zeigte sich spätestens, als sich im Oktober desselben Jahres auch
die staatliche Unterrichtsbehörde mit dem Thema zu beschäftigen begann.
Am 18. Oktober 1919 forderte der damalige Unterstaatssekretär für Inneres und Unterricht Otto Glöckel alle österreichischen Universitäten dazu
auf, zur „Zulassung von Frauen zur Privatdozentur" Stellung zu nehmen.
Glöckel selbst vertrat in seinem Schreiben die Absicht, „den Frauen hinsichtlich der Erlangung der venia docendi an den weltlichen Fakultäten der
Universitäten grundsätzlich die volle Gleichberechtigung mit männlichen
Habilitationswerbern einzuräumen".[35]

---

richt vom 11. Februar 1888 betreffend die Habilitirung [!] der Privatdozenten an
Universitäten (1888).

31 Nachtrag zum Habilitationsgesuch vom 30. Juni 1919; UAG, Phil. Fak., Z. 1529
ex 1918/19.

32 Protokoll der 8. ordentlichen Sitzung des Professorenkollegiums der philosophischen Fakultät vom 11. Juli 1919 (Schriftführer: Richard Meister); UAG, Phil.
Fak., Z. 1640 ex 1918/19.

33 Vollzugsanweisung des Staatsamtes für Inneres und Unterricht vom 2. September
1920, betreffend die Zulassung und die Lehrtätigkeit der Privatdozenten an den
Hochschulen (Habilitationsnorm) (1920).

34 Dem Psychologen Othmar Sterzinger, dem Mathematiker Roland Weizenböck,
dem Mineralogen Franz Angel und dem Chemiker Alois Zinke. Habilitationsausweis der philosophischen Fakultät für das Studienjahr 1919/20; UAG, Phil.
Fak., Z. 2007 ex 1919/20.

35 Brief von Otto Glöckel an die österreichischen Universitäten vom 18. Oktober
1919; UAG, Rek., Z. 474 ex 1918/19.

Die vom Grazer Rektor Otto Cuntz in dieser Angelegenheit einge-
holten Gutachten der theologischen, juristischen, medizinischen und
philosophischen Fakultät lassen an Deutlichkeit nichts zu wünschen übrig.
Die theologische Fakultät lehnte in ihrer Sitzung vom 24. November 1919
die Zulassung von Frauen zur Privatdozentur einstimmig und mit nur
einem Satz ab.[36] Eine Begründung findet sich im betreffenden Sitzungsprotokoll nicht. Dafür ist auf dem Brief des Rektors an die theologische
Fakultät, die genau genommen vom Ministerium als einzige gar nicht
angesprochen war, von fremder Hand eine Art Rechtfertigung notiert.
Darin heißt es, dass „Frauen, wie die allgemeine Erfahrung zeigt, in wissenschaftlichen Arbeiten mit den Männern nicht konkurrieren können,
trotzdem sie Gelegenheit genug gehabt haben, sich wissenschaftlich zu
betätigen". Geschlossen wird diese kurze Notiz mit der Abwandlung eines
Bibelzitats: „Mulier taceat non solum in Ecclesia, sed etiam in Universi-
tate."[37] Die juristische Fakultät schloss sich in der Sitzung am 7. November
1919 dem Antrag Gustav Hanauseks, „sich grundsätzlich gegen die Zulassung auszusprechen", knapp, aber doch, mit fünf gegen vier Stimmen,
an.[38] Die medizinische Fakultät sprach sich gegen eine „regelmässig[e]"
Zulassung aus, erhob aber „keine prinzipiellen Bedenken gegen die Be-
werbung in ganz ausnahmsweisen Fällen".[39]
Die philosophische Fakultät beschäftigte sich mit dem Thema um
einiges ausführlicher als die bereits genannten, war sie auch die einzige, der
tatsächlich das Habilitationsgesuch einer Frau vorlag. Die eigens eingesetzte Kommission, bestehend aus dem Physiker Hans Benndorf, den
beiden Germanisten Bernhard Seuffert und Karl Polheim, den Biologen
Karl Linsbauer und Rudolf Scharfetter sowie dem Historiker Heinrich von
Srbik, beschloss, „dass von weiblichen Kandidaten der Nachweis des gesicherten wissenschaftlichen Rufes als unentbehrliche Voraussetzung der

---

36 Protokoll der 2. ordentlichen Sitzung des Professorenkollegiums der theologischen
    Fakultät vom 24. November 1919 (Schriftführer: Anton Michelitsch); UAG,
    Theol. Fak., Z. 118 ex 1919/20.
37 Notiz auf dem Brief des Rektors Cuntz an die theologische Fakultät vom
    30. Oktober 1919; UAG, Theol. Fak. Z. 73 ex 1919/20. – „Die Frau soll nicht nur
    in der Kirche, sondern auch an der Universität schweigen." (Originalzitat aus 1.
    Korinther 14,34: „Mulieres in ecclesiis taceant".)
38 Protokoll der 2. ordentlichen Sitzung des Professorenkollegiums der rechts- und
    staatswissenschaftlichen Fakultät vom 7. November 1919; UAG, Jur. Fak., Z. 303
    ex 1919/20.
39 Stellungnahme der medizinischen Fakultät, o.D.; UAG, Med. Fak., Z. 300 ex
    1918/19.

Habilitation gefordert werden müsse". Diese „Erschwerung gegenüber den für männliche Bewerber bestehenden Bedingungen" begründete die Kommission in einem ausführlichen Gutachten folgendermaßen:

> Die im Zuge der modernen Entwicklung im politischen Leben durchgeführte Gleichstellung der Frau mit dem Manne kann nicht ohne weiteres auf akademische Verhältnisse übertragen werden, denn sie hat Gleichheit der wissenschaftlichen Begabung der beiden Geschlechter weder zu ihrer Voraussetzung noch bietet ihre Durchführbarkeit eine Gewähr für die positive Entscheidung dieser für die Zulassung von Frauen zum akademischen Lehramte ausschlaggebenden Frage. [...]
>
> Die Erfahrungen, die mit weiblichen Studierenden seit ihrer Zulassung zu den Universitätsstudien gemacht wurden, lassen jedoch tatsächliche Unterschiede in der durchschnittlichen Begabung von Frauen und Männern erkennen. Dem weiblichen Geschlechte kommt im allgemeinen eine sehr gute Anlage zur receptiven Aufnahme des dargebotenen Wissens und sehr viel Strebsamkeit und Fleiß zu, die Originalität und besonders die Selbständigkeit des Denkens aber, die sich auch der <u>Autorität des</u> Lehrers gegenüber durchsetzt, sind bei Frauen viel seltener als bei Männern zu finden. Auch scheint noch nicht festzustehen, ob die Eignung der Frau für alle Wissensgebiete eine gleichmäßige ist. So ist die Frage, ob die Beurteilung historischer Verhältnisse durch die Psyche der Frau von demselben Range ist, wie die des Mannes, noch offen.
>
> Die charakteristischen Unterschiede in dem Typus der durchschnittlichen Begabung erklären, daß auch eine gute <u>Arbeit</u>, die unter dem frühen Eindruck des Universitätsstudiums und unter dem Einfluß eines Docenten entstanden und durchgeführt ist, bei Frauen in viel geringerem Grade als bei ihren männlichen Kollegen die sichere Gewähr für den Besitz gerade <u>jener</u> Eigenschaften gibt, die für den Forscher <u>und</u> für den Lehrer die wertvollsten sind.
>
> In der Tat sind Originalität und Selbständigkeit des Denkens die wesentlichsten Bedingungen nicht allein für erfolgreiche produktive Arbeit sondern auch für den akademischen Unterricht, der nicht in der Wiedergabe der Ergebnisse der Wissenschaft allein bestehen darf, der vielmehr erst aus deren Verarbeitung durch die persönliche Eigenart des Docenten Wert und Bedeutung erlangt.
>
> [...] Will man zu einem begründeten Urteil über die Eignung einer Frau zu dem akademischen Lehramte gelangen so müssen bindende Beweise gefordert werden, da die Gefahr eines Irrtums in der Beurteilung der Eignung zum akademischen Lehramte bei Frauen näher liegt als bei Männern.[40]

Diese Stellungnahme der philosophischen Fakultät ist aus mehreren Gründen bemerkenswert. Zunächst zog die Kommission eine klare Trennlinie zwischen politischen und akademischen Belangen und insistierte auf einer Nichtübertragbarkeit verfassungsmäßiger Gleichheits-

---

40 Stellungnahme der philosophischen Fakultät zur Zulassung von Frauen zur Privatdozentur o.D. [2. Dezember 1919]; UAG, Phil. Fak., Z. 558 ex 1919/20.

grundsätze auf das universitäre Feld. Den Grund dafür sah die Kommission in einem spezifisch akademischen Kapital: dem der wissenschaftlichen Begabung. Während die gesellschaftliche und politische Entwicklung unabhängig von diesem Kapital vonstattengehen, sei es für die Entwicklung des Wissenschaftsbetriebs aber unerlässlich. Und genau an diesem Kapital, dessen Beurteilung allein dem akademischen Feld zu obliegen habe und das gleichzeitig die Grundbedingung der Zugehörigkeit zu eben diesem Feld darstelle, orientierte sich die weitere Argumentation der philosophischen Fakultät. Zunächst argumentierte sie auf der Ebene der Erfahrung. So habe das Frauenstudium gezeigt, dass eindeutige „Unterschiede in der durchschnittlichen Begabung von Männern und Frauen" auszumachen seien. In Übereinstimmung mit der Auffassung der ‚Geschlechtscharaktere'[41] würden sich diese Unterschiede vor allem darin zeigen, dass Frauen rezeptiv, also nachahmend, und Männer produktiv, also selbständig, dächten. In einem nächsten Schritt wurde darauf aufbauend festgestellt, dass selbst „eine gute Arbeit" einer Frau – im Unterschied zu einer guten Arbeit eines Mannes – nicht unbedingt von ihrer wissenschaftlichen Befähigung zeuge, da man nicht mit Sicherheit feststellen könne, ob sie der Originalität und Selbständigkeit des Denkens oder dem „Einfluß eines Docenten" zu verdanken sei. Da aber gerade „Originalität und Selbständigkeit die wesentlichsten Bedingungen" sowohl für die wissenschaftliche Arbeit als „auch für den akademischen Unterricht" darstellen, sei es notwendig, bei Frauen über die übliche wissenschaftliche Qualifikation hinausgehende „bindende Beweise" für ihre akademische Eignung zu fordern. Wie diese „bindenden Beweise" und der „Nachweis des gesicherten wissenschaftlichen Rufes" genau zu erbringen seien, ließ das Gutachten jedoch offen.[42]

Dass sich das Professorenkollegium der philosophischen Fakultät der Universität Graz bezüglich der Zulassung von Frauen zur Privatdozentur nicht einig war, zeigte die Sitzung vom 5. Dezember 1919. In dieser Sitzung

---

41 Zur Vorstellung der ‚Geschlechtscharaktere' vgl. Kap. II.2.
42 Alle Zitate: Stellungnahme der philosophischen Fakultät zur Zulassung von Frauen zur Privatdozentur, o.D. [2. Dezember 1919]; UAG, Phil. Fak., Z. 558 ex 1919/20. – Für Österreich fehlen bislang vergleichende Untersuchungen; für Deutschland stellt Stefanie Marggraf aber fest, dass die „Formel der prinzipiellen Zulassung von Frauen unter Sonderkonditionen" für Habilitationsverfahren in der Weimarer Republik charakteristisch sei, da die „Zulassung von Frauen zur Habilitation [...] nicht als Gebot der Chancengleichheit, sondern als Ausnahmeregelung für Höchstleistungen gesehen" wurde. Marggraf: Sonderkonditionen (2002), S. 40–41.

wurde das Gutachten zwar angenommen, jedoch ‚nur' mit zwanzig gegen
zehn Stimmen. Für den Rektor Otto Cuntz, der als Altphilologe ebenfalls
dem philosophischen Professorenkollegium angehörte, drückte das Gutachten nicht explizit genug eine ablehnende Haltung aus, weshalb er
forderte, dass sich „die Fakultät [grundsätzlich] gegen die Zulassung der
Frauen zur Habilitation" ausspreche.[43] Da dieser Antrag mit 16 gegen 14
Stimmen abgelehnt wurde, fügte er dem Gutachten einen Nachtrag hinzu,
in dem er „starke Bedenken" äußerte, „ob Frauen überhaupt im Stande
sind, auf junge Männer [...] den erforderlichen persönlichen pädagogi-
schen Einfluß zu nehmen".[44]

Machen schon die einzelnen Stellungnahmen der Fakultäten keinen
Hehl daraus, dass sie der Habilitation von Frauen, wenn nicht klar ablehnend, dann doch zumindest ziemlich skeptisch gegenüberstanden, so
fügte der Akademische Senat in dem auf der Basis der einzelnen Stellungnahmen verfassten offiziellen Gutachten, das am 18. Februar 1920
dem Ministerium für Inneres und Unterricht übermittelt wurde, noch eine
weitere ablehnende Argumentationslinie hinzu:

> Die Frage, ob Frauen zur Privatdozentur zuzulassen sind, ist nicht vom
> Standpunkte des, eine petitio principii enthaltenden Schlagwortes der öf-
> fentlich-rechtlichen Gleichberechtigung der Frauen mit den Männern und
> auch nicht vom Standpunkte einzelner hervorragend begabter Frauen aus zu
> beurteilen. Die Frage ist vielmehr die, ist es vom Standpunkte der Universität
> wertvoll, wenn Frauen die venia legendi an Universitäten erteilt werden kann.
> Diese Frage ist auch von denjenigen, die wissenschaftliche Arbeiten von
> Frauen hoch einschätzen, für die ungeheure Mehrzahl der Fälle, also grund-
> sätzlich zu verneinen.
> Bei objektiver Beurteilung wird man gewiss nicht behaupten dürfen, dass die
> bisherige Ausschliessung der Frauen von der Privatdozentur die wissen-
> schaftliche Stellung unserer Universitäten irgendwie beeinträchtigt hätte.[45]

Otto Glöckel, der Unterstaatssekretär für Inneres und Unterricht, unterstrich gegenüber der Grazer Universität seine Forderung nach der
Gleichstellung von Männern und Frauen bei Habilitationsverfahren

---

43 Protokoll der 3. ordentlichen Sitzung des Professorenkollegiums der philosophi-
    schen Fakultät vom 5. Dezember 1919 (Schriftführer: Franz Faltis); UAG, Phil.
    Fak., Z. 580 ex 1919/20.
44 Handschriftliche Notiz des Rektors Otto Cuntz vom 8. Dezember 1919 auf der
    Stellungnahme der philosophischen Fakultät zur Zulassung von Frauen zur Pri-
    vatdozentur, o.D. [2. Dezember 1919]; UAG, Phil. Fak., Z. 558 ex 1919/20.
45 Da das betreffende Gutachten im Universitätsarchiv Graz nicht auffindbar ist, wird
    hier zit. n. Kernbauer: Die ersten akademischen Lehrerinnen (1996), S. 194.

mehrmals.[46] Doch trotz dieser Bemühungen und trotz des Verstoßes der
dargestellten Gutachten und Stellungnahmen gegen den verfassungsmä-
ßigen Gleichheitsgrundsatz der Ersten Republik setzte sich die Universität
Graz mit einem von ihr postulierten Autonomieanspruch gegenüber der
staatlichen Unterrichtsbehörde durch.[47] Mit Autonomie meinte die Universität jedoch nicht die Freiheit von Forschung und Lehre, sondern das
Recht zu bestimmen, wer Teil des universitären Systems sein durfte und
wer nicht.[48] Erst 1932 wurde an der Universität Graz der ersten Frau, der
Historikerin Mathilde Uhlirz, die Venia Legendi verliehen. Davor hatte
Uhlirz bereits 1916 und 1921 um Habilitation angesucht, beide Male
wurden ihre Anträge jedoch abgelehnt.[49] Christine Touaillon zog nach
Interventionen beim Ministerium[50] ihren Antrag am 3. Oktober 1920
zurück.[51] Bereits fünf Monate zuvor hatte sie aber an der Wiener philosophischen Fakultät ein zweites Gesuch eingereicht, das schließlich auch
erfolgreich war.[52]

In Wien hatte das Professorenkollegium der philosophischen Fakultät
Ende 1919 ganz anders als in Graz auf das Schreiben Otto Glöckels rea-
giert. In einem äußerst knapp gehaltenen Kommissionsbericht vom
21. November 1919 „legt[e]" die Fakultät „Wert darauf zu betonen",

> dass sie bereits vor längerer Zeit für Frauen, welche denselben Bedingungen
> entsprachen wie männliche Habilitationswerber, die Venia legendi beantragt
> hat.[53] Sie handelt daher nur konsequent, wenn sie, der Anregung des Staat-

---

46 Rainer Leitner: Christine Touaillon, geb. Auspitz (1991), S. 36–37.

47 Die Rechtfertigung eines Autonomieanspruchs gegenüber der staatlichen Unter-
     richtsbehörde beschäftigte zu Beginn der Ersten Republik alle Universitäten des
     Landes. Vgl. Höflechner: Die österreichische Rektorenkonferenz (1993).

48 Aufgrund des Versuchs des Bildungsreformers Glöckel, Einfluss auf alle Bereiche
     des Unterrichtswesens zu nehmen, sprach man an den Universitäten abschätzig von
     der ‚Verglöckelung' des Bildungswesens. Höflechner: Die Baumeister des künf-
     tigen Glücks (1988), S. 115.

49 Zu Mathilde Uhlirz' Habilitationsverfahren vgl. Höflechner: Mathilde Uhlirz
     (1996). – Die erste Germanistin in Graz, der die Venia Legendi verliehen wurde,
     war Beatrix Müller-Kampel; sie habilitierte sich 1993.

50 Dass sich Touaillon mit Glöckel persönlich verständigte, geht aus ihren Briefen an
     ihren Bruder Walther Heydendorff hervor. Vgl. v. a. ihre Briefe an ihn vom
     24. April 1919, 5. Mai 1919, 9. Mai 1919 und 25. Mai 1919; ÖStA, Kriegsarchiv,
     Nachlass Walther Heydendorff B/844/13.

51 Brief von Touaillon an das Dekanat der philosophischen Fakultät in Graz vom
     3. Oktober 1920; UAG, Phil. Fak., Z. 72 ex 1920/21.

52 Habilitationsantrag von Touaillon vom 15. Mai 1920; UAW, Phil. Fak., Zl. 939 ex
     1920/21, PA 3462 Christine Touaillon.

53 Gemeint ist die Romanistin Elise Richter, die sich 1907 in Wien habilitierte.

samtes für Unterricht Folge gebend, bereit ist, Frauen und Männer unter den gleichen Bedingungen zur Habilitation zuzulassen.[54]

Dass es sich bei dieser Stellungnahme nicht um eine diplomatisch-unverbindliche Antwort an die staatliche Unterrichtsbehörde handelte, zeigt die zwar zögerliche, insgesamt aber wohlwollende Haltung gegenüber Touaillons Ansinnen. Touaillon hatte die Spielregeln des Feldes gelernt und auf mehreren Ebenen Druck ausgeübt, bevor sie in Wien tatsächlich um die Verleihung der Lehrbefugnis ansuchte. Wie aus einem Brief Touaillons vom 29. November 1920 an August Sauer in Prag hervorgeht, vergewisserte sie sich zunächst bei den Wiener Professoren, dass diese ihre Habilitationsschrift *Der deutsche Frauenroman des 18. Jahrhunderts* annehmen und ihrem Gesuch stattgeben werden. Nach der Zustimmung des Altgermanisten Max Hermann Jellinek verhandelte Touaillon mit Walther Brecht, den sie, wie sie Sauer schrieb, „nach harten Mühen zu den strikten Erklärungen [brachte], daß er [ihr] Buch als genügende Grundlage für [ihre] Habilitation ansehe, daß er keine weitere Arbeit verlange und überhaupt mit [ihrer] Habilitation einverstanden sei." Zu bedenken gab Brecht allerdings, dass die „Gefahr [bestünde], daß andere Professoren das Buch für eine Tendenzschrift halten würden".[55] Nachdem sich Touaillon daraufhin auch noch der Zustimmung des Romanisten Karl von Ettmayer und des Anglisten und damaligen Dekans der philosophischen Fakultät Karl Luick versichert hatte, schickte sie am 15. Mai 1920 ihr Gesuch ab. Gleichzeitig mit den Verhandlungen und Gesprächen mit den Wiener Entscheidungsträgern kümmerte sie sich um Rezensionen für ihr Buch, damit es dem Professorenkollegium „schwer gemacht würde, es abfällig zu beurteilen"[56]. Innerhalb weniger Monate erschienen 14 Besprechungen, die – mit einer Ausnahme – allesamt günstig ausfielen. Besonders die Rezension ihres Beraters August Sauer im *Euphorion* hielt umfassend und ausführlich dazu an, dass sich alle späteren Rezensionen an ihr orientieren. In genauer Kenntnis der akademischen Lage deklinierte Sauer in seiner Rezension jene

---

54 Kommissionsbericht betreffend der Habilitation von Frauen an der philosophischen Fakultät der Universität Wien vom 21. November 1919; UAW, Phil. Fak., S 03 Frauenstudium (Erlässe).

55 Brief von Touaillon an Sauer vom 29. Februar 1920; Wienbibliothek im Rathaus, Nachlass August Sauer, ZPH 103.

56 Brief von Touaillon an Sauer vom 29. Februar 1920; Wienbibliothek im Rathaus, Nachlass August Sauer, ZPH 103. Vgl. auch den Brief von Touaillon an Elise Richter vom 8. März 1920; ÖNB, Handschriftensammlung; 266/47–1: „Mein Buch wird durchaus günstig besprochen; die Fachautoritäten wie Sauer, Köster, Waldberg haben sich erst brieflich, da aber höchst anerkennend geäußert."

Vorbehalte durch, die gegen das Thema der Habilitationsschrift und die Wissenschaftlerin ins Feld geführt werden könnten, und entkräftete sie sogleich.[57]

Nach diesen, auf persönlichen Einflussnahmen beruhenden Vorbereitungen traf Touaillons Habilitationsantrag auf eine Kommission[58], die, zumindest laut Sitzungsprotokollen, kein Wort darüber verlor, dass über die Habilitation einer Frau verhandelt wurde. Touaillons Habilitationsschrift wurde als „[r]espektable Leistung" mit „[g]ute[r] Fragestellung" (Brecht) bezeichnet, ihr selbst eine „sehr gründliche Bildung" (Jellinek) attestiert und auch von ihrer „Persönlichkeit" hatte die Kommission einen „guten Eindruck" (Brecht, Much).[59] Die aus den erhaltenen Akten hervorgehende Diskussion war hauptsächlich von den teilweise konträren Ansichten des Professorenkollegiums über den Charakter idealtypischer Wissenschaft bestimmt. Dabei stand die Frage der innerfachlichen Differenzierung im Mittelpunkt: Nämlich, ob Touaillon die Lehrbefugnis für das ganze Fach oder ob ihr, wie es ohnehin bereits Usus war, im Interesse der weiteren institutionellen Etablierung eines Teilgebiets die Venia Legendi nur für die neuere Abteilung verliehen werden sollte.[60] Nach Habilitationskolloquium und Probevortrag über „Die Entwicklung der deutschen Kinderliteratur" sprach sich das Professorenkollegium der philosophischen Fakultät am 18. Juni 1921 für die Verleihung der Lehrbefugnis für „neuere deutsche Literaturgeschichte" aus, worüber das Ministerium am 30. Juni 1921 informiert wurde.[61] Zwei Wochen später, am

---

57　Sauer: Christine Touaillon, Der deutsche Frauenroman des 18. Jahrhunderts [Rez.] (1921). Zu den Rezensionen vgl. auch Kap. II.2.

58　Der Kommission, die am 14. Juni 1919 von Dekan Karl Diener (Geographie) einberufen wurde, gehörten die Germanisten Walther Brecht, Rudolf Much, Max Hermann Jellinek und Robert Franz Arnold sowie Karl Ettmayer (Romanische Philologie), Paul Kretschmer (Sprachwissenschaft), Edmund Hauler (Klassische Philologie), Oswald Redlich (Geschichte), Friedrich Becke (Mineralogie) und Karl Luick (Englische Philologie) an.

59　Protokoll des Kommissionssitzung betreffend das Gesuch von Dr. Christine Touaillon um Erteilung der Venia legendi für neuere deutsche Literaturgeschichte vom 7. Dezember 1920; UAW, Phil. Fak., Zl. 939 ex 1920/21, PA 3462 Christine Touaillon.

60　Protokoll des Kommissionssitzung betreffend das Gesuch von Dr. Christine Touaillon um Erteilung der Venia legendi für neuere deutsche Literaturgeschichte vom 7. Dezember 1920; UAW, Phil. Fak., Zl. 939 ex 1920/21, PA 3462 Christine Touaillon.

61　Brief des Dekanats an das Ministerium für Inneres und Unterricht vom 30. Juni 1921; ÖStA, AVA, Unterricht allgemein, Philosophie Professoren, MCU Zl. 14978 ex 1921, PA Christine Touaillon.

10. Juli 1921, wurde der Beschluss vom Ministerium bestätigt.[62] Damit war Christine Touaillon die erste habilitierte Germanistin und 14 Jahre nach der Romanistin Elise Richter die zweite habilitierte Frau in Österreich.

II.2. Literatur-, Kultur- und Sozialgeschichte –
Der deutsche Frauenroman des 18. Jahrhunderts (1919)

Mit ihrer Habilitationsschrift *Der deutsche Frauenroman des 18. Jahrhunderts* (1919) trat Christine Touaillon mit einem Unterfangen in die universitäre Germanistik ein, das in wissenschaftsgeschichtlicher Hinsicht sowohl in seiner Themenstellung und in seiner methodischen Vorgehensweise als auch in seiner (innerfachlichen) Rezeption bemerkenswert ist. Die Wahl des Themas bedurfte zeitgenössisch einer eingehenden Erklärung und Verteidigung. Gleich zu Beginn ihrer umfassenden Untersuchung wehrte sich Touaillon dagegen, dass ihr Buch nicht als wissenschaftliche Analyse, sondern als zweckgebundener und parteiischer Beitrag zur Frauenbewegung gelesen werde. Das Vorwort eröffnete sie demgemäß mit folgenden Worten:

> So überflüssig es bei einer wissenschaftlichen Arbeit erscheint, ihre Tendenzlosigkeit zu betonen, so legt der Titel des Buches doch die Befürchtung nahe, es werde für eine Tendenzschrift gehalten und – je nach Parteistellung des Lesers – mit einem günstigen oder ungünstigen Vorurteil in die Hand genommen werden. In Wirklichkeit glaube ich so objektiv gewesen zu sein, als ein Mensch überhaupt objektiv sein kann: weit über dem Geschlecht steht mir die Wissenschaft.[63]

Doch nicht nur die vermutbare Nähe ihres Buchs zur Frauenbewegung bzw. zu programmatischen Zielen einer feministischen Geschlechterpolitik versuchte Touaillon – durch eine klare Abgrenzung von wissenschaftlichem und gesellschaftspolitischem Feld – zu entkräften, sondern auch die Position ihres Themas innerhalb des wissenschaftlichen Feldes selbst er-

---

62　Brief des Bundesministeriums für Inneres und Unterricht an das Dekanat der philosophischen Fakultät vom 10. Juli 1921; UAW, Phil. Fak., Zl. 939 ex 1920/21, PA 3462 Christine Touaillon.

63　Touaillon: Der deutsche Frauenroman des 18. Jahrhunderts (1919), S. VII. – Im Folgenden im Fließtext zitiert als (Touaillon 1919, [Seitenangabe]).

schien ihr rechtfertigungsbedürftig. So stellte sie fest, dass es „unmöglich [sei], den Frauenroman vom Männerroman[64] völlig zu trennen":

> Nur scheinbar setzt der Titel dieser Arbeit eine solche Trennung voraus. In Wirklichkeit ist die Geschichte des Frauenromans nur ein Kapitel der Gesamtgeschichte des Romans, aus dieser herausgehoben, weil der deutsche Frauenroman des 18. Jahrhunderts bisher überhaupt keine Beachtung durch die Literaturgeschichte erfuhr. (Touaillon 1919, 3)

Was Touaillon hier 1919 ihren Fachkollegen vorschlug, war eine bislang vernachlässigte, ihres Erachtens aber notwendige Ergänzung und somit auch Vervollständigung der bisherigen Literaturhistoriographie (auf deren Status in der zeitgenössischen Germanistik noch zurückzukommen sein wird). Gleichzeitig hatte diese alternative Literaturgeschichtsschreibung aber auch ihre eigene Überwindung zum Ziel und somit programmatischen Charakter. Es sollte durch Integration in die allgemeine, d. h. zeitgenössisch männliche Geschichte des Romans überflüssig werden, den Frauenroman getrennt darzustellen.[65] Es läge nahe, Touaillons Rechtfertigung nicht nur als explizite Benennung eines Desiderats der Literaturgeschichtsschreibung, sondern auch als ausdrückliche Kritik an der bislang innerhalb der Germanistik vorgenommenen Auswahl an Forschungsbereichen und als Frontstellung gegen ihre männlichen Fachkollegen zu lesen. Wie noch zu zeigen sein wird, bedeutete die Themenwahl Touaillons zeitgenössisch aber eher die Einschreibung in ein bislang unbesetztes und somit auch konkurrenzfreies Forschungsgebiet.

Der Aufbau des Buchs folgt – gemäß Touaillons Auffassung, dass der Frauenroman denselben Prinzipien wie der Männerroman gehorcht – dem bis heute üblichen Epochenschema von Literaturgeschichten: In vier Abschnitten unterscheidet sie den empfindsamen, den rationalistischen und den klassizistischen Frauenroman sowie romantische Elemente im deutschen Frauenroman. Für die Empfindsamkeit bespricht Touaillon vor allem Sophie von La Roche und ihren Roman *Geschichte des Fräuleins von Sternheim*, aber auch weniger bekannte Autorinnen wie Eleonore Thon, Meta Liebeskind und Friederike Lohmann. Den rationalistischen Frau-

---

64 Touaillon verstand unter ‚Frauenromanen' von Frauen, unter ‚Männerromanen' von Männern geschriebene Romane. Diese Begriffe werden im Folgenden, wenn nicht anders gekennzeichnet, in dieser Bedeutung von mir übernommen.

65 Dabei handelte es sich um eine Forderung, die mit der erneuten Konjunktur des Begriffs ‚Frauenliteratur' erst wieder in den 1970er Jahren, also ein halbes Jahrhundert nach Touaillon, inneruniversitär vertreten wurde. Vgl. dazu Weigel: Frau und „Weiblichkeit" (1984).

enroman teilt Touaillon in Gegenwarts- und Vergangenheitsroman; als
Verfasserinnen von Gegenwartsromanen bespricht sie Maria Sagar (als
einzige Österreicherin), Barbara Knabe, Helene Unger, Benedicte Naubert,
Sophie Tresenreuter, Helmine Wahl, Karoline von Wobeser, Sophie
Ludwig, Amalie Ludecus, Wilhelmine Neuenhagen, Isabella von Wal-
lenrodt und Therese Huber; als Vertreterinnen des Vergangenheitsromans
geht Touaillon abermals, diesmal ausführlich auf Naubert ein, nennt aber
auch Sophie Albrecht, Elisabeth Hollmann und Friederike Henriette
Kühn. Der klassizistische Roman wird angeführt von Caroline von Wolzogen, gefolgt von Charlotte Kalb und Sophie Mereau, bevor sie im letzten
Kapitel zur Romantik auf Dorothea Schlegel und die zu Lebzeiten un-
beachtete, von Touaillon aber als Ausnahmeerscheinung gehandelte Autorin Karoline Auguste Fischer eingeht, der sie bereits vier Jahre vor Erscheinen ihrer Habilitationsschrift einen Aufsatz in der Festschrift für
Wilhelm Jerusalem gewidmet hat.[66]

Recherchiert hat Touaillon all diese Autorinnen samt der von ihnen
verfassten Romane (Touaillon geht auf die beachtliche Anzahl von über
240 von Frauen im 18. Jahrhundert geschriebenen Romanen ein) sowohl
in Nachschlagewerken wie Karl Goedekes 1856 begründetem und bis
heute fortgeführtem *Grundriß zur Geschichte der deutschen Dichtung* und
Carl Schindels dreibändigem Lexikon *Die deutschen Schriftstellerinnen des
19. Jahrhunderts* (1823–1835) als auch anhand der Durchsicht zeitge-
nössischer Literaturzeitschriften und veröffentlichter sowie in Archiven
aufbewahrter Briefwechsel kanonisierter männlicher Schriftsteller wie
Christoph Martin Wieland, Friedrich Schiller und Clemens Brentano. Das
dadurch angesammelte Material erklärt Touaillon nach einem Prinzip der
Literaturgeschichtsschreibung, das ebenso aufwendig gewesen sein dürfte
wie die Quellensuche selbst. Wie Sebastian Meissl zu Recht feststellte,
folgte Touaillon dem „methodische[n] Leitsatz, wonach Literatur aus der
Summe ihrer historischen Bedingungen zu erklären sei"[67]. Gleichzeitig und
dem scheinbar widersprechend argumentiert Touaillon aber auch immer
wieder in der Hierarchie stereotyp angenommener ‚Geschlechtscharaktere'.[68]

---

66 Touaillon: Karoline Auguste Fischer (1915).
67 Meissl: Germanistik in Österreich (1981), S. 477.
68 Touaillon benutzt diesen Begriff selbst; vgl. Touaillon: Der deutsche Frauenroman
    des 18. Jahrhunderts (1919), S. 621 und S. 625. – Zu Definition und Vorstel-
    lungsrahmen dieses Begriffs vgl. Hausen: Die Polarisierung der ‚Geschlechtscha-
    raktere' (1976).

Ihre Ausführungen eröffnet Touaillon mit einem Überblick über die Geschichte des deutschen Männerromans, der sie eine umfassende Sozialgeschichte der Frau vom Mittelalter bis ins 18. Jahrhundert folgen lässt, um schließlich zum eigentlichen Thema, den „unmittelbaren Entstehungsursachen des deutschen Frauenromans" (Touaillon 1919, 57–66), zu kommen: Zu diesen zählt sie nicht, wie es Ende der 1910er Jahre innerhalb der Germanistik en vogue gewesen wäre, ein überpersönliches abstraktes Entwicklungsschema oder einen geistesgeschichtlichen, ‚unhintergehbaren Weltlauf', sondern konkrete, historisch fass- und erklärbare Konstellationen. So sei die Konzentration des Rationalismus auf Bildung und Belehrung für einen ersten Zugang von Frauen zur literarischen Produktion verantwortlich gewesen; vor allem durch den großen Erfolg der Moralischen Wochenschriften, die über ein halbes Jahrhundert „die Bildung und die Weltanschauung der deutschen Frau" (Touaillon 1919, 57) prägten. Die um 1750 aufkommende Briefleidenschaft wiederum ermöglichte, dass Frauen „außerhalb der Literatur eine schriftstellerische Technik von nicht geringer Bedeutung" (Touaillon 1919, 58) erwerben konnten, und führte zudem – durch in Zeitschriften abgedruckte Leserbriefe und Briefwechsel mit berühmten Männern – zu einer ersten Berührung mit der (literarischen) Öffentlichkeit. Auch der Pietismus habe, wenngleich „ganz gegen seine Absicht", das „Wesen der Frau für Kunst aufgeschlossen, indem er das ganze Leben auf die Grundlage des Gefühls stellte" (Touaillon 1919, 61). Als dritte Ursache nennt Touaillon einen Wandel im Verhalten ‚gelehrter Männer', die, wie Christian Fürchtegott Gellert, Johann Christoph Gottsched oder Johann Jakob Bodmer, begannen, Frauen explizit zur Schriftstellerei anzuhalten und damit neben das „Ideal der Hausfrau" auch das „Ideal der gebildeten und geistig freien Frau" (Touaillon 1919, 62) treten ließen.

Doch nicht nur gesellschaftliche Veränderungen seien für den Zugang von Frauen zur Literatur verantwortlich gewesen, sondern auch Transformationen im künstlerischen Feld selbst: Durch die Entstehung des Familienromans sei „eine neue Epoche der deutschen Literatur" angebrochen, die „zum erstenmal die Frau zum Stoff der Dichtung" (Touaillon 1919, 63) werden ließ: Hatte der literarische Stoff durch seine Konzentration auf Kämpfe, Irrfahrten und Abenteuer davor jahrhundertelang den Frauen das „Eindringen in die Dichtung erschwert", so ging es in ihr jetzt um „das selbsterlebte Nahe" (Touaillon 1919, 64), wodurch auch die Frau als Leserin gewonnen werden konnte und damit zu einem (ökonomisch) relevanten Faktor auf dem Buchmarkt wurde. Gleichzeitig erleichterten das geringe Prestige des Romans, die einfache, poetologisch nicht explizit festgelegte Sprache und der Briefroman als bevorzugte Form, dass sich nicht nur Laien, sondern auch Frauen zum ersten Mal in einer nennenswerten Zahl am literarischen Schaffen beteiligen konnten. In der Kapitelzusammenfassung legt Touaillon auch gerade darauf Wert, dass nicht unbedingt die ‚Begabung‘ der Frau die Ursache für ihren bisherigen Ausschluss aus der literarischen Produktion darstellte, sondern die Verfasstheit der Literatur selbst: „Als der Roman die Familie zu seinem Stoff, den Brief zu seiner Form machte, hatte sich die Kunst den Frauen genähert und so entstand der deutsche Frauenroman." (Touaillon 1919, 66)

Wie Touaillon bei ihrer Darstellung der einzelnen Schriftstellerinnen im Detail vorgeht, lässt sich an ihren umfassenden Erläuterungen zu Sophie von La Roche zeigen, die 1771 mit der *Geschichte des Fräuleins von Sternheim* nicht nur als erste Frau überhaupt als Romanschriftstellerin an die Öffentlichkeit trat, sondern gleichzeitig auch den ersten empfindsamen Roman schuf. Zunächst entwirft Touaillon La Roches Biographie, wobei Elternhaus, Ehe, Kinder, die gesellschaftliche und ökonomische Stellung sowie die Beurteilung durch Zeitgenossen ebenso breiten Raum einnehmen wie Beteuerungen, dass ihre „Dichtung [...] schon in der Kindheit [...] im Keime vorgebildet" gewesen sei. Das zeige sich daran, dass La Roche – wie Touaillon einem Brief der Autorin an Christoph Martin Wieland entnimmt – bereits mit sechs Jahren die „beiden Hauptelemente ihrer Handlung", den „Kuß und die Träne", zu ihren bevorzugten Ausdrucksmitteln erklärte. (Touaillon 1919, 71–72)

Nach streng philologischen Untersuchungen zu Entstehungsgeschichte und Textgenese der *Geschichte des Fräuleins von Sternheim* widmet sich Touaillon der Einflussforschung. So beruhe die Handlung des Romans zum ersten Mal in der Geschichte der Literatur fast durchgehend auf theologischer, insbesondere pietistischer Grundlage. Die drei Stufen (Versuchung – Erniedrigung – Erhöhung), nach denen das Leben der Heldin aufgebaut sei, entsprächen dem Grundschema des christlichen Mythos; die „große Wichtigkeit, welche die Dichterin der Verzweiflung ihrer Heldin beilegt" (Touaillon 1919, 104), lasse den Einfluss des pietistischen Theologen August Hermann Francke erkennen, der die Verzweiflung als einzig möglichen Weg zu echtem Christentum ansah. Aber auch viele weitere pietistische Ideen fänden sich in La Roches Roman: die „Wendung [...] gegen das Weltleben", die „Forderung des geduldigen Ertragens von Trübsal, Angst und Spott", die „Sehnsucht nach einem Leben in Friede und Freundschaft mit jedermann" und nicht zuletzt die Überzeugung, dass „gute Handlungen viel ruhmwürdiger als die feinsten Gedanken" seien. Neben dem Pietismus hatten, laut Touaillon, aber auch, vor allem für das „Äußere der Handlung", Motive des älteren deutschen Romans (Verkleidung, Missverständnisse, Gefangenschaft etc.) und Motive des englischen Familienromans (heimliche Heirat, Gefährdung der Tugend etc.) Einfluss auf La Roches Schaffen, wobei offensichtliche Ähnlichkeiten mit Samuel Richardsons Romanen *Pamela* (1740) und *Clarissa* (1748) auszumachen seien. (Touaillon 1919, 105)

Vorgängerfunktion habe die *Geschichte des Fräuleins von Sternheim* aber auch in der Anlage der Figuren; so besitze der Held Lord Seymour „Wertherzüge vor dem Werther" und die Heldin sei schon zeitgenössisch als „neuer und exotischer Typus" eingeschätzt worden. (Touaillon 1919, 107– 108) Lord Seymour findet im Liebeskummer seine einzige Befriedigung, er „klagt statt zu handeln", ist unentschlossen und fühlt, dass „seine Empfindungen ihm gefährlich werden"; Sophie von Sternheim wiederum hat bereits ein „empfindsames Äußeres", sie ist „nicht mehr vollkommen schön", beeindruckt aber mit einem „Gesicht voll Seele". (Touaillon 1919, 108) Gleichzeitig weise der Roman auch die für die Empfindsamkeit „typische Unterscheidung zwischen männlicher und weiblicher Empfindsamkeit" auf: Während die Heldin trotz ihrer Konzentration auf die Vorgänge in ihrem Inneren immer gefasst und gütig bleibt, ist Lord Seymour stets „schwermütig bis zur Zerrissenheit". Außerdem finden sich in dem Roman die für die Empfindsamkeit charakteristischen „Männertränen", die „Liebe auf den ersten Blick", ein „Übermaß an Empfindungen", das „Gefühl der Unzulänglichkeit des Lebens", das „Motiv der Krankheit aus Kummer" und nicht zuletzt eine Vielzahl an empfindsamen Briefen, die immer und überall geschrieben werden. (Touaillon 1919, 110)

Auch in der Technik des Romans sieht Touaillon einen klaren Fortschritt gegenüber den Vorgängern der *Sternheim:* So fehle die „Sucht nach Spannung" (Touaillon 1919, 112), die den heroisch-galanten Roman kennzeichne, und der zusammenfassende und aufklärende Erzähler, der durch den rationalistischen Roman führe, ebenso wie die für beide typischen undurchsichtigen Verwicklungen und Versteckspiele zugunsten eines klaren, übersichtlichen und kunstvoll gestalteten Aufbaus. Selbst die von Richardson übernommene Brieftechnik habe La Roche durch das Weglassen der Antwortschreiben dahingehend modifiziert, dass eine klare Straffung der Darstellung zu erkennen sei. Bezüglich der Sprache könne der Roman, wie schon Ende des 18. Jahrhunderts der Theologe und Bonner Professor für Literatur Eulogius Schneider und im 19. Jahrhundert auch

Erich Schmidt betonten,[69] als „klassisches Muster für die Knappheit des Stils" (Touaillon 1919, 114–115) bezeichnet werden. Dabei sei aber, wie Touaillon betont, ein „Mangel zur Quelle des Vorzugs" geworden: Dass La Roche den epischen Fluss nicht durch theologische, philosophische oder politische Erörterungen unterbrach, führt Touaillon nämlich darauf zurück, dass es dem „weiblichen Geist" (Touaillon 1919, 112) noch nicht möglich war, Konflikte zu abstrahieren. Und auch dass in La Roches Roman zum ersten Mal „das Seelische so unverkennbar den Kern der Handlung" bildet, dass tatsächlich von einem „empfindsamen Roman im Gegensatz zu den rationalistischen Familienromanen [...], bei denen das familiäre Milieu wichtiger ist als das Gefühl" (Touaillon 1919, 115–116), gesprochen werden könne, erklärt Touaillon mit geschlechtsspezifischen Zuschreibungen: So habe La Roche den Roman als „Trost für den eigenen Seelenschmerz", als „Flucht aus dem Leben" geschrieben und damit „das Fühlen [zur] wichtigste[n] Grundlage dichterischer Arbeit" (Touaillon 1919, 116) erhoben.

Eine ähnliche Vorgehensweise verfolgt Touaillon auch beim rationalistischen Frauenroman, den sie zunächst in „zwei natürliche Gruppen", den rationalistischen Gegenwarts- und den rationalistischen Vergangenheitsroman, teilt. Erstgenannter schließe laut Touaillon „unmittelbar an den rationalistischen Männerroman" an, besitze unter „allen Romanrichtungen des 18. Jahrhunderts [...] die weitaus größte Zahl von Vertreterinnen" (Touaillon 1919, 233) und widme sich ausschließlich der „Stellung des Menschen innerhalb der bürgerlichen Familie" (Touaillon 1919, 234). Die einzige Autorin, die sich ernsthaft vom Familienmilieu abgewendet habe, sei Benedicte Naubert gewesen, deren Hauptleistung Touaillon – trotz des großen Erfolgs ihres Gegenwartsromans *Die Amtmannin von Hohenweiler* (1787)[70] – im Vergangenheitsroman, also in der Ausgestaltung von „Stoffe[n] der Geschichte und Sage" (Touaillon 1919, 233), sieht. Naubert, deren Autorschaft bis kurz vor ihrem Tod anonym blieb,[71] war die

---

69   Schneider: Die ersten Grundsätze der schönen Künste überhaupt, und der schönen Schreibart insbesondere (1790), S. 190; Schmidt: Richardson, Rousseau und Goethe (1875), S. 62.

70   Touaillon zählt den Roman, dessen Handlung Anfang des 18. Jahrhunderts angesiedelt ist, zum Gegenwartsroman; nach neueren Definitionen, nach denen die Romanhandlung des historischen Romans nicht „Selbsterlebtes und Erinnertes" enthalten dürfe, ist er dem Vergangenheitsroman zuzuordnen. Vgl. u. a. Schabert: Der historische Roman in England und Amerika (1981), S. 4.

71   Erst 1817 nannte Karl Julius Schütz in der *Zeitung für die elegante Welt* erstmals Nauberts Namen. Dass sich Naubert „zweiunddreißig Jahre hindurch nicht zur

erste deutschsprachige Schriftstellerin, die sich in ihrer literarischen Produktion mit historischen Stoffen beschäftigte. Die zeitgenössische Geschichtsforschung hatte sich im „Anschluß an Voltaire, Hume und Robertson" von Theologie und Rechtswissenschaft abgelöst und konzentrierte sich seither nicht mehr auf Einzelereignisse und Herrscherschicksale, sondern trachtete nun – ausgehend von der Annahme einer „inneren Gesetzmäßigkeit des geschichtlichen Entstehens" –, die „Gesamtentwicklung des ganzen menschlichen Geschlechtes" darzustellen und die „Existenz eines Zeitkolorits und eines Nationalcharakters" zu postulieren. (Touaillon 1919, 382) Vor diesem Hintergrund habe sich Nauberts Roman an die „einzige damals vorliegende Form des Geschichtsromans, nämlich an den heroisch-galanten Roman" (Touaillon 1919, 382–383) angeschlossen, diesen aber wesentlich verändert und erweitert. Nicht mehr erdichtete historische Szenerien und das Ineinanderweben von Gegenwart und Vergangenheit spielen bei ihr eine Rolle, sondern ein reflektierter Umgang mit historischen Quellen oder, wie Touaillon – Naubert zitierend – betont, das Ansinnen, „die wahre Geschichte nie zu entstellen und sich nur bei Muthmaßungen eigene Dichtungen zu erlauben". Dementsprechend sieht Touaillon Nauberts Selbstpositionierung als „ganz bewußt zwischen Geschichte und Dichtung" angelegt: Sie sei „weder als Gelehrte noch völlig als Romanschreiberin" zu sehen; ihre Romane versieht sie mit „gelehrten Anmerkungen, […] Bezugnahme[n] auf Chroniken und wissenschaftliche Werke", gleichzeitig habe sie aber auch „das Bedürfnis, die politischen Tatsachen mit menschlichen Schicksalen zu durchsetzen und mit dem Reiz der Abenteuer auszuschmücken". (Touaillon 1919, 386)

Nauberts „Auffassung des Weltgeschehens" schätzt Touaillon „in allen wichtigen Punkten [als] rationalistisch" ein: Dazu zählt sie die skeptische Betrachtung historischer Ereignisse und der bisherigen Geschichtsforschung ebenso wie die Geringschätzung von „Sitten und Meinungen, welche mit ihrer eigenen Zeit in Widerspruch stehen". (Touaillon 1919, 388–389) Vor allem, dass in Nauberts Romanen alle Entwicklungen einer scheinbar natürlichen, kausal erklärbaren Folgerichtigkeit unterliegen, führt Touaillon auf ihre Nähe zur Aufklärung zurück.[72] Für die Emp-

---

Urheberschaft ihrer sehr beliebten Romane bekannt[e]", begründet Touaillon damit, dass „Bescheidenheit […] der innerste Grundzug ihres Charakters gewesen" sei. Touaillon: Der deutsche Frauenroman des 18. Jahrhunderts (1919), S. 341.

72 Das Entwicklungsschema von Nauberts Romanen erklärt Touaillon folgendermaßen: „A wird z. B. durch B zu dem Zwecke C erzogen; dieser Zweck C setzt sich aus den Faktoren c_1, c_2, c_3 zusammen. Um diese Faktoren und schließlich C

findsamkeit besitze die Autorin hingegen „kein Organ" (Touaillon 1919, 404), womit Naubert unter allen deutschen Schriftstellerinnen des 18. Jahrhunderts eine Sonderstellung einnehme. Ganz der unpathetischen Haltung der Aufklärung entsprechend verwehre Naubert empfindsame Naturschilderungen ebenso wie empfindsame Seelenanalysen; stattdessen konzentriere sie sich auf „Tatsachen" (Touaillon 1919, 405), was aber nicht bedeute, so Touaillon, dass Naubert ein „restloses Verständnis" (Touaillon 1919, 391) der Welt für möglich halte. Vielmehr bleibe in Nauberts Werken immer ein „unerklärbarer Rest" (Touaillon 1919, 414), der sie zur „ausgesprochenste[n] Vorläuferin der Romantik" (Touaillon 1919, 420) mache. Ihre *Neuen Volksmärchen der Deutschen* (1789–1792) seien „eine der frühesten Verkündigungen romantischen Geistes", in denen bereits „vor A.W. Schlegels Theorie und Ludwig Tiecks Praxis" (Touaillon 1919, 408) Gefühle vom „Standpunkt des Interesses für merkwürdige unerklärliche Regungen" geschildert werden, der „leichte, selbstironisierende Ton des rationalistischen Erzählers […] dem Ton der Schwermut" weiche und sowohl der „romantischen Zerrissenheit" als auch dem „romantische[n] Gefühl der Einheit des Menschen mit der Natur" gehuldigt werde. (Touaillon 1919, 410–411) Auch frühe Motive des Wunderbaren identifiziert Touaillon: So spielen in den Märchen „geheimnisvolle[ ] Träume[ ]" (Touaillon 1919, 412) und „Dämmerzustände" ebenso eine Rolle wie „das Grauen in der Natur" und „übernatürliche[ ] Kräfte" (Touaillon 1919, 414–415). Selbst die „Form" steige, „wie später so häufig in der Romantik", bis zu einer „Dichtung dritter Potenz" auf, bestehe also aus „Rahmen, Kernerzählung, Erzählung in der Erzählung, Rahmen". (Touaillon 1919, 419) Diese bemerkenswert frühe Hinwendung zur Romantik sei laut Touaillon damit zu erklären, dass Naubert – im Unterschied zu den meisten Autoren ihrer Generation –[73] sich nach rationalistischen Anfängen nicht dem Sturm und Drang und der Empfindsamkeit gewidmet habe, sondern „unter Beibehaltung aufklärerischer Grundlagen unmittelbar zur Romantik" (Touaillon 1919, 421) übergegangen sei.

Nicht zu überschätzende Bedeutung habe Naubert aber auch für die Erneuerung des historischen Romans im 18. Jahrhundert. Der Vergleich mit den zeitgenössischen männlichen Verfassern von Geschichtsromanen

---

hervorzubringen, müssen die Mittel d, e, f angewendet werden." Touaillon: Der deutsche Frauenroman des 18. Jahrhunderts (1919), S. 390 (Anm. 152).

73 Touaillon nennt Johann Wilhelm Ludwig Gleim, Justus Möser, Johann Gottfried Herder, Gottfried August Bürger, Maler Müller, Wilhelm Heinse, Johann Wolfgang Goethe und Johannes Müller.

lässt Touaillon ein klares Urteil fällen: Christian August Vulpius' Romane seien ihren „gänzlich wesensfremd" und „nur geeignet, den Geschmack zu verschlechtern". (Touaillon 1919, 429–430) „[W]eniger tief als Vulpius, aber immer noch tief genug unter Benedicte Naubert" positioniert Touaillon die „einförmig[en] und unkünstlerisch[en]" Romane von Friedrich Christian Schlenkert und Christian Heinrich Spieß. (Touaillon 1919, 431) Ignaz Aurelius Feßler gesteht sie zwar zu, dass er, wie Naubert, die Vernunft über die Leidenschaft stelle, jedoch könne er mit ihr bezüglich der „Frische und Lebhaftigkeit des Temperaments", der „Echtheit der Gestalten" und der Realistik ihres „pessimistische[n] Weltbild[s]" nicht mithalten. (Touaillon 1919, 429)

Mit Veit Weber, der zeitgenössisch und auch in der wissenschaftlichen Forschung die größte Aufmerksamkeit unter allen Verfassern historischer Romane erhalten hatte, verbinde die Autorin zwar dasselbe Stoffgebiet und die Art der Benutzung historischer Quellen, aber in der literarischen Ausgestaltung stünden seine „ungeheure[n] Metaphern", „geschwollene[n] Reden und abgeschmackte[n] Vergleiche[ ]" ihrer „einfachen, natürlichen [...] Sprache" gegenüber. (Touaillon 1919, 427)[74] So sei es nicht Weber, sondern Naubert gewesen, die im 18. Jahrhundert „den Geschichtsroman recht eigentlich in Schwung gebracht" (Touaillon 1919, 434) habe; auch wenn sie in der Literaturhistoriographie „gar nicht" oder „nicht ihrer Bedeutung entsprechend" gewürdigt werde. (Touaillon 1919, 440)

Dass Naubert eine derartige Höhe literarischen Schaffens überhaupt erreichen konnte, erklärt Touaillon damit, dass sich bei ihr „[v]iel weniger deutlich als bei den anderen Schriftstellerinnen dieser Zeit [...] die Geschlechtszugehörigkeit" zeige. So deute eigentlich, wie auch während der Zeit ihrer Anonymität vermutet, vieles auf einen Mann als Verfasser hin: die „Freude an der Tat", das „Ausweichen vor der Empfindung", die „Bevorzugung männlicher Helden", die „Ablehnung familiärer Stoffe" ebenso wie die „Bestimmtheit und Energie des Tones". Dazu habe „zu ihrem Besten und dem des deutschen Romans", wie Touaillon betont, nicht nur die „Erziehung durch Männerhand und Männergeist", sondern

---

74 Den Vergleich mit Weber nimmt Touaillon auch zum Anlass, das Werturteil des Leipziger Professors für Germanistik, Albert Köster, zurückzuweisen: Dieser hatte 1897 im *Anzeiger für deutsches Altertum* behauptet, dass Webers Werke die „Echtheit des Kolorits" auszeichne, Naubert aber „mit tausend Anachronismen und Verstößen gegen Stil und Empfindungsweise der älteren Zeit" erzähle, was, so Touaillon, nichts anderes heißt, als „ihn zu einer ungerechtfertigten Höhe hinaufzuschrauben, ihr aber schweres Unrecht zu tun". Touaillon: Der deutsche Frauenroman des 18. Jahrhunderts (1919), S. 428.

auch der „schon angeborene[ ] männliche[ ] Keim in der Seele Benedicte Nauberts" beigetragen. (Touaillon 1919, 435–436)

Den Abschnitt über den klassizistischen Frauenroman eröffnet Touaillon mit Caroline von Wolzogen, die sie „[u]nter den deutschen Frauen des 18. Jahrhunderts" zu „eine[r] der Begabtesten" zählt. (Touaillon 1919, 451) Wolzogens Hinwendung zu Idealen der klassischen Antike, zu Maß, Harmonie, Reinheit und Erhabenheit, erklärt Touaillon aus dem Charakter der Autorin. So sei Wolzogen ein „echt moderner nervöser Mensch" gewesen, der „das mangelnde Gleichgewicht [seines] Herzens" durch die Erschaffung „eine[r] zweite[n] Welt" auszugleichen gesucht habe, „weil ihr die erste zu traurig und zu gewöhnlich" erschien:

> Sie sucht daher die Harmonie, welche ihrem eigenen Wesen fehlt, aus fremder Größe zu schöpfen: Kant stärkt sie, Herder versöhnt sie mit dem Leben, Homer und Goethe schaffen ihr eine höhere und freundlichere Welt. Größe zu lieben, ist ihre Seeligkeit, mag es nun Menschengröße oder Größe einer Idee sein. (Touaillon 1919, 452–453)

Wolzogens „allzu verletzliches Herz will die Welt nicht sehen, wie sie ist", weshalb ihre Romane nicht „der lebendige Zusammenhang mit einer blühenden Wirklichkeit" auszeichne, viel eher wirken sie, so Touaillon, „wie ideale Landschaften, erhaben und unwirklich". (Touaillon 1919, 453) Ihre Bildung verdanke Wolzogen den intellektuellen Größen ihrer Gegenwart: zum einem ihrem Schwager Friedrich Schiller, der ihr „die großen Geschichtsschreiber des Altertums", „die griechischen Tragiker, Homer und die griechische Komödie" näherbrachte, zum anderen Wilhelm von Humboldt, durch den sie Plato und Euripides kennenlernte, aber auch Goethe, der sie mit seinem „Atem erfüllt" habe. (Touaillon 1919, 455) Ihr erstes größeres Werk, der Roman *Agnes von Lilien*, der 1793 entstand, dessen erster Teil 1796 und 1797 in Schillers Zeitschrift *Die Horen* erschien und der 1798 durch Schillers Vermittlung bei Unger in Berlin auch als Buchausgabe publiziert wurde, habe laut Touaillon in seiner Technik den „Zusammenhang mit dem älteren Romane noch nicht ganz abgestreift", sei aber inhaltlich eindeutig dem „neue[n] Typus" des klassizistischen Romans zuzurechnen. Dabei bilde *Agnes von Lilien* „[d]eutlicher als die meisten anderen Werke jener Zeit" ein „Zwischenglied zwischen Aufklärung und Romantik": Das Leben sei der Autorin nicht mehr selbstverständlich und klar und noch nicht geheimnisvoll erschienen, sondern „als eine Aufgabe, die in Schönheit gelöst werden" müsse. Auch habe sie bereits die „Erkenntnis des Gegensatzes zwischen Herz und Welt" besessen, der aber nicht wie in der Romantik „lebenszerstörend", sondern

nur als „sanfte[r] Schmerz" auf sie wirkte. (Touaillon 1919, 463–464) Der
Natur räumte Wolzogen eine wesentlich größere Rolle ein als der Rationalismus, sie begann sie zu beleben, aber nicht mit romantisch-erschre-
ckenden, sondern mit „freundlichen Gestalten". Insgesamt war ihr die
„Harmonie [...] das oberste Gesetz in allen Verhältnissen", was sich nicht
zuletzt in Wolzogens „starke[m] Gefühl für die Form und [ihre] Vorliebe
für edle Bilder", für die ihr die Antike das Schönheitsideal lieferte, zeige.
(Touaillon 1919, 464–465) Der „ganze künstlerische Umwandlungs-
prozeß, den die Dichterin mit der Wirklichkeit vornimmt", sei „echt
klassizistisch": So interessierte sie nicht das Alltägliche, Äußere des Lebens,
sondern dessen „inneres rätselhaftes Wesen", das sie durch Abstraktions-
prozesse, philosophische Begriffe und den „Grundsatz der idealen Ferne"
zu fassen suchte. Dadurch sei es Wolzogen gelungen, nicht nur eine überaus
symbolische Welt zu erschaffen, sondern den Dingen des Lebens stets auch
einen höheren Sinn zu verleihen. (Touaillon 1919, 466–467)

Hinsichtlich des ästhetischen und ethischen Konzepts des Romans sei,
so Touaillon, Schillers Einfluss nicht zu übersehen; überhaupt mute *Agnes
von Lilien* „wie ein Beispiel zu seiner Theorie" an. Schillers Überlegungen
zur Aufgabe der Kunst als Veranschaulichung des Schönen und Erhabenen
zeigen sich laut Touaillon vor allem in den Figuren Agnes, Nordheim und
Alban, die Wolzogen als „schöne und erhabene Charaktere in ihren
schönen und erhabenen Handlungen" zeichnete. Seine doppelte Wir-
kungsbestimmung als Erholung und Veredelung habe die Autorin insofern
übernommen, als „der sittliche und ästhetische Kern ihres Romans der
Veredlung, seine Gestaltung romanhafter Schicksale der Erholungen"
diene. Ebenso führt Touaillon die Konflikte des Romans auf „den Kampf
der sittlichen Natur des Menschen mit dem Naturgesetz im Schillerschen
Sinne" zurück, und das, „was Schiller als Begriff der Tugend hinstellt", sei
dadurch vertreten, dass die Helden des Romans die Fähigkeit besitzen, „aus
jeder Begebenheit Vergnügen zu schöpfen und jeden Schmerz in die
Vollkommenheit des Universums aufzulösen". Der Anlehnung an Schiller
sei die „künstlerische Reinheit ihres Romans" zu verdanken, der nicht „wie
ein Ausschnitt aus dem Leben, sondern wie ein geläuterter Extrakt des
Lebens" wirke, also „einer Kunsttheorie zuliebe" ein spannungsfreies „Ideal
von Leben und Welt" darstelle. (Touaillon 1919, 470–471)

In der Geschlechterfrage stehe Wolzogen, wie auch sonst, „auf dem
Boden des Klassizismus" und der „Schiller-Humboldtschen Auffassung",
nach der sowohl Mann als auch Frau erst durch die Liebe zu ganzen
Menschen werden. (Touaillon 1919, 472–473) In seiner Rezension des
Romans huldigte Wilhelm von Humboldt, den Touaillon hier zitiert, der

„Klarheit, Wahrheit und Freiheit des Denkens und des Empfindens" von *Agnes von Lilien*, dem „Gleichgewicht ihrer Seele" und ihrem „Fernsein von jeder Verwirrung" und hebt – ganz dem klassizistischen Frauenideal entsprechend – hervor, dass die Heldin nicht der „abgesonderte[n] phantasielose[n] Beschäftigung des Verstandes", sondern dem Gefühl den Vorzug gebe. Tatsächlich verkörpere die Heldin, so Touaillon, das Ideal der „angeborene[n] Orientierung der Frau in der moralischen Welt" und sei gleichberechtigt „neben Gretchen, Klärchen, Marianne und andere Gestalten des Klassizismus"[75] zu stellen. (Touaillon 1919, 474–475) Vehement widerspricht Touaillon derjenigen Forschungsliteratur, die *Agnes von Lilien* eine „Selbstbiographie in Romanform" nennt. (Touaillon 1919, 478) In Wirklichkeit sei die Romanhandlung aus Motiven der älteren Romantradition zusammengesetzt und dort, wo tatsächlich Ähnlichkeiten mit Wolzogens Leben auszumachen seien, werden diese, wie es der „Kunstatmosphäre und Kunstauffassung eines klassizistischen Romans" entspricht, in eine „ideale Ferne" gerückt, sodass „von einem sklavischen Anschluß [an ihre Biographie, E.G.] keine Rede" sein könne. (Touaillon 1919, 481)

Seinen großen Erfolg verdanke der ursprünglich anonym erschiene Roman auch nicht einer möglichen autobiographischen Färbung, vielmehr sei dieser zunächst literarischen Größen wie Friedrich Schiller, Johann Wolfgang von Goethe und Friedrich Heinrich Jacobi zugeschrieben und „allgemein als ein Werk empfunden worden […], das von der Linie des Gewöhnlichen abwich". (Touaillon 1919, 484) Neben Goethe und Wilhelm Humboldt seien u. a. auch von Caroline Schelling und Charlotte von Stein bewundernde Zeugnisse über den Roman erhalten; Christian Gottfried Körner bezeichnete *Agnes von Lilien* als die „Arbeit eines vorzüglichen Kopfes"[76] und Heribert Dalberg meinte „Schillers Meisterhand zu erkennen"[77]. Nur die Romantiker schienen mit Wolzogens Roman nicht richtig warm geworden zu sein: Friedrich Schlegel revidierte sein anfänglich positives Urteil und schrieb den Erfolg des Romans „dem Cliquenwesen und der geringen Kultur des Adels"[78] zu, was Touaillon mit

---

75 Gemeint sind Goethes Frauenfiguren in *Faust*, *Egmont* und *Die Geschwister*.

76 Dieses Urteil Körners zitiert Touaillon nach Schiller/Cotta: Briefwechsel (1876). Touaillon irrt jedoch bei der Seitenangabe, tatsächlich findet sich das Zitat nicht, wie bei Touaillon vermerkt, auf S. 6, sondern auf S. 193.

77 Diese Einschätzung Dalbergs findet sich, wie Touaillon korrekt vermerkt, in dessen Brief an Friedrich Schiller vom 29. Jänner 1797. Urlichs (Hg.): Briefe an Schiller (1877), S. 277.

78 Touaillon fasst mit diesen Worten Friedrich Schlegels Kritik an Wolzogens Roman zusammen, die dieser in einem Brief an August Wilhelm Schlegel vom 28. und

Schlegels Abneigung gegen Schiller begründet wissen will. (Touaillon 1919, 484–485) Und auch Clemens Brentano, der bekanntermaßen „von Frauendichtung überhaupt nichts hielt" (Touaillon 1919, 486), verspottete in seiner 1800 publizierten Literatursatire *Gustav Wasa* Wolzogens Buch. Diese Ablehnung der Romantiker beruhte, so Touaillon, jedoch auf Gegenseitigkeit; so habe Wolzogen Zeit ihres Lebens darauf geachtet, „den neuen [romantischen, E.G.] Romanen ‚voll zerrissener und verkehrter Menschheit‘" ihren „‚einfachen Rechts- und Liebessinn‘" gegenüberzustellen, um – ganz im Sinne des Klassizismus – mit ihren Werken „das Gute zu befördern". (Touaillon 1919, 500)

Im letzten Abschnitt ihrer großen Studie beschäftigt sich Touaillon schließlich mit romantischen Elementen im deutschen Frauenroman, wobei sie sowohl auf Dorothea Schlegel als auch auf die von ihr als Entdeckung porträtierte Autorin Karloine Auguste Fischer eingeht. Dorothea Schlegel werde laut Touaillon als „einzige offizielle Vertreterin des romantischen Frauenromans" gehandelt, sei aber ihrem Wesen nach eigentlich von gänzlich „unromantische[r] Natur" gewesen. (Touaillon 1919, 557) Vielmehr habe sie, so Touaillon, Zeit ihres Lebens mehr von den rationalistischen Ansichten ihres Vaters Moses Mendelssohn als von den romantischen Ideen ihres zweiten Mannes Friedrich Schlegel gehalten und sei nur aufgrund einer bemerkenswerten „Unselbständigkeit im Denken" und einer „bedingungslosen geistigen Hingabe an den geliebten Mann und seinen Kreis" der Romantik zuzuordnen. So würden sich Schlegels literarische Werke vor allem als Zeugnisse eines „künstlerischen Zwiespalt[s]" lesen lassen; das 1801 publizierte Romanfragment *Florentin* zeige, dass Dorothea Schlegel dort, wo sie Gedanken und Tendenzen aussprach, romantischen Konzepten folgte, bei der eigentlich künstlerischen Arbeit, der „Schöpfung von Gestalten" und der „Verkörperung von Empfindungen" aber die Vernunft die Oberhand gewann. (Touaillon 1919, 559–560) Überhaupt lasse sich in dem Roman, so Touaillon, „keine Spur von dem überwältigenden Tönerauschen, der erschütternden Lebensklage, dem hinreißenden Naturgefühl der Romantik" finden; er wirke viel eher „wie die Probe eines geschickten Rechners, der die romantischen Regeln mit dem Verstande aufnahm" (Touaillon 1919, 572), weshalb „von einer selbständigen Bedeutung Dorotheas gar keine Rede sein" könne und sie ihre im Vergleich zu anderen Autorinnen große Beachtung durch die

---

29. Dezember 1797 äußerte. Der Brief war Touaillon zugänglich bei Walzel (Hg.): Friedrich Schlegels Briefe an seinen Bruder August Wilhelm (1890), S. 337–343.

Forschung „nur ihren persönlichen Beziehungen zur romantischen Schule" (Touaillon 1919, 577) verdanke.

Ganz anders fällt Touaillons Urteil über Karoline Auguste Fischer aus, der weder zu ihren Lebzeiten noch in der Literaturgeschichte nennenswerte Beachtung geschenkt wurde. Zu Unrecht, wie Touaillon findet, da die Autorin nicht nur „durch ihre Eigenart, durch die Kraft ihrer Empfindung und Darstellung alle anderen deutschen Frauen des 18. Jahrhunderts weit" übertreffe (Touaillon 1919, 578), sondern gleichzeitig auch eine „glutvolle Vorkämpferin der neuen Frauenrechte" gewesen sei, wie nicht nur ihr literarisches Oeuvre, sondern auch ihre feministische Abhandlung *Über die Weiber* (1813) zeige. (Touaillon 1919, 582) Bereits Fischers erster, 1801 in Leipzig publizierter Roman *Gustavs Verirrungen* zeichne sich, so Touaillon, durch einen „völlig neuen Geist" aus, dem die „Welt der Tugend" genauso fern liege wie die „Welt der sanften Gefühle". Vielmehr falle die „Kühnheit des Grundmotivs" auf, in dem es nicht wie bisher um die Beschreibung eines fertigen oder die Vorgabe eines idealen Zustandes gehe, sondern um die Art und Weise, wie ein Mensch zu dem wird, was er ist. In einer Entwicklungs- und Bildungsgeschichte wird der Held Gustav von seiner Kindheit bis zu seinem Tod – und darüber hinaus – begleitet. Dabei wird selbst die „kühne Schilderung der Leidenschaft und Sinnlichkeit" nicht ausgespart, was, wie Touaillon betont, „bei einer Frau an der Wende des 18. Jahrhunderts noch ein unerhörtes Wagnis" gewesen sei. (Touaillon 1919, 584–585) Darüber hinaus zeichne sich der – durch den Bericht des Protagonisten und dessen Freundes – in zweifacher Ich-Perspektive verfasste Roman durch die Knappheit der Darstellung, das rasche Tempo, die häufigen Dialoge und die gewandte Sprache aus.

Fischers zweiter Roman *Die Honigmonathe* (1802) nimmt seinen Ausgang in einem vehementen Protest gegen Karoline von Wobesers 1795 erschienenen Erfolgsroman *Elisa, oder das Weib wie es seyn sollte*, in dem die bedingungslose Unterordnung der Frau unter den Mann gefordert wird. Bemerkenswert und beispiellos findet Touaillon die Konzentration des Romans auf „innere Schicksale" und den „Nutzen der Leidenschaften", die, so Touaillon, zum ersten Mal im deutschen Frauenroman nicht nur die ‚sanften' Gefühle verdrängen, sondern ohne die sich vor allem auch kein moralisches Bewusstsein entwickeln könne. (Touaillon 1919, 588) Damit verabschiede Fischer ein Frauenideal, „in welchem Weichheit gleich Tugend, Härte gleich Laster" gewesen sei, und stelle stattdessen ein „gesundes Gleichgewicht zwischen Egoismus und Altruismus" her. (Touaillon 1919, 591–592) Auch habe Fischers Sprache nichts von der „Weitschweifigkeit und Schwerfälligkeit" der Literatur des 18. Jahrhunderts, sondern zeichne sich durch „Witz und Ironie", „bewunderungswürdige Prägnanz" und einen „vollendete[n] Satzrhythmus" aus. (Touaillon 1919, 593)

Fragt man nach der literaturgeschichtlichen Einordnung von Fischers Romanen, so können laut Touaillon einzelne Anklänge an die Aufklärung („die Art der sozialen Betrachtung"), den Rationalismus („die logische Schärfe [...], die kluge Beschränkung ihrer Handlung") und den Klassizismus (das Bedürfnis einzelner Figuren nach innerer Harmonie) gefunden werden. (Touaillon 1919, 603) Insgesamt weise das Werk der Autorin aber in eine andere Richtung, nämlich in die Jean-Jacques Rousseaus. Von Rousseau habe Fischer die große Bedeutung des Gefühls gegenüber der Vernunft, die „Ablehnung des Mitleids", die Darstellung der Leidenschaft und der Sinnlichkeit sowie das „Eintreten in medias res", die „Sicherheit der Exposition" und die „glutvolle, hinreißende Sprache" übernommen, die sie gleichzeitig auch mit dem Sturm und Drang in Verbindung bringe. (Touaillon 1919, 604–605) Besonders ausgeprägte Übereinstimmung finde sich aber mit der Romantik, mit der Fischer die Ablehnung logischgesicherter Erklärungen, die Bedeutung ungewisser Vorgänge, die schwärmerisch-schwermütige Grundstimmung und die als unbegreifbar und schwankend dargestellten Menschen, denen das Unbewusste näher als das Bewusste sei, verbinde. Die Natur sei bei ihr, wie bei den Romantikern, unergründlich, unbarmherzig und übermächtig zugleich und trotzdem die einzige „Erleichterung im tiefsten Schmerz" (Touaillon 1919, 608). Ebenso teile sie mit den Romantikern die freie und unbürgerliche Auffassung zwischenmenschlicher Beziehungen sowie die große Bedeutung, die sie der Kunst als Lebensgrundlage beigemessen habe. Doch auch, wenn Fischer alle literarischen Strömungen ihrer Zeit in sich aufgenommen habe und dichterisch zu gestalten im Stande gewesen sei, so falle vor allem ihre „selbständige[ ] künstlerische[ ] Kraft" ins Auge, die ihr erlaubt habe, nicht nur weit über die Romantik, sondern überhaupt über ihre Gegenwart hinauszugelangen. Touaillon sieht in Fischer eine entschiedene Vorläuferin des modernen deutschen Romans, betont ihre unerschrocken geäußerte demokratische Gesinnung, die Komplexität ihrer Figuren, ihre „eugenetischen Forderungen" (Touaillon 1919, 610–611) und vergleicht sie mit Jaques Dalcroze und Gerhart Hauptmann. (Touaillon 1919, 614)

Fischers Ansichten in der Frauen- bzw. Geschlechterfrage schätzt Touaillon als ausgesprochen fortschrittlich ein; so sei sie die erste deutsche Schriftstellerin gewesen, „die es wagte, Ansichten über Mann und Frau auszusprechen und künstlerisch zu verkörpern, welche nicht weniger revolutionär als die romantischen Ansichten waren" (Touaillon 1919, 622). Dem Mann trete sie durchweg in „Feindschaft" (Touaillon 1919, 614) gegenüber; sein Machtanspruch und seine Besitzansprüche an die Frau werden immer, wenn zumeist auch ironisch, als unberechtigt dargestellt; hervorgehoben werde dafür der selbständige und souveräne Status der Frauenfiguren. Wie die Romantiker habe Fischer, so Touaillon weiter, die Ehe reformiert und leichter lösbar sehen wollen; in ihrem Roman *Die Honigmonathe* habe sie deshalb ein Ehekonzept entwickelt, das dem von Goethes *Wahlverwandtschaften* ähnlich sei: In diesem Konzept soll die Ehe nur auf Zeit geschlossen werden und alle fünf Jahre erneuert oder geschieden werden, womit, wie Touaillon betont, „nicht etwa einer Lockerung der ehelichen Bande das Wort geredet", sondern nur der „Verödung und Versumpfung des Alltags" Einhalt geboten werde. (Touaillon 1919, 617)

Mit ihren Ansichten über die Frauenfrage habe Fischer Pionierarbeit geleistet. Wenn überhaupt von „Vorläufer[n]" gesprochen werden könne, dann seien diese Touaillon zufolge Mary Wollstonecrafts A *Vindication of the Rights of Woman* (1792) und Theodor Gottlieb von Hippels *Über die bürgerliche Verbesserung der Weiber* (1792). Mit der Britin verbinde Fischer nämlich die Forderung nach der umfassenden Aufklärung von Frauen über sexuelle Fragen, nach ihrer Selbstbestimmung sowie „nach Entfaltung der weiblichen Persönlichkeit [...] zu bewußter Würde". Im Vergleich mit Hippel wiederum zeige sich eine auffallende Ähnlichkeit der Rhetorik und der Anschauungen. In einer scharfen „Polemik gegen den Mann" werde von beiden „in zugespitzten Antithesen", mit „bittere[m] Hohn" und einer „Sprache der Überlegenheit" die „passive Existenz der Weiber" verurteilt und davon ausgegangen, dass die Unterdrückung von Frauen dazu führe, dass „die Hälfte der menschlichen Kräfte ungekannt, ungeschätzt und ungebraucht schlummere". (Touaillon 1919, 622–623) Trotz dieser insgesamt die Gleichberechtigung der Geschlechter postulierenden Ansichten von Fischer seien, wie Touaillon bemerkt, in der Gestaltung ihrer Frauenfiguren teilweise auch widersprüchliche Tendenzen zu bemerken. So folge sie zwar dort, wo sie das neue Frauenideal darstelle, Wilhelm von Humboldts Auffassung, dass „über dem Geschlechtscharakter noch ein reiner Menschheitscharakter" stehe, und entwerfe daher wie er den „Typus des dritten Geschlechts". (Touaillon 1919, 625–626) Dieser sei bei Fischer aber zölibatär gestaltet, also der „Geschlechtsliebe" gänzlich entzogen. Touaillon interpretiert diese Auslegung des neuen Frauenbilds durch Fischer als unnötige Einschränkung, die daraus resultiere, dass der Autorin ein Verhältnis zwischen Mann und Frau unter gleichberechtigten Bedingungen noch unmöglich erschienen und ihr deshalb „der Ausweg, [...] Geschlechtlichkeit und Unabhängigkeit von der Herrschaft des Mannes zu vereinen", verborgen geblieben sei. Da aber Fischers wesentliche künstlerische Verdienste „auf allgemein menschlichem Gebiete" zu finden seien, habe die Autorin, so Touaillon, „trotz dieses Irrweges nicht an Wirkung eingebüßt". (Touaillon 1919, 629)

In der Zusammenfassung ihrer Studie streicht Touaillon zunächst die Ähnlichkeiten zwischen den von Frauen und den von Männern verfassten Romanen heraus: Sowohl Motivik, Gestaltung, Zeit und Ort als auch Handlung, Weltbild, Tendenz und Ton des Frauenromans entsprächen denen des Männerromans, was zum einen damit zu erklären sei, dass Autorinnen „in ihrem ganzen geistigen Leben von vornherein unter dem überwiegenden Einfluß des Mannes" gestanden seien, zum anderen aber auch genealogische Ursachen habe, ein „ständiger Austausch geistiger Merkmale zwischen Mann und Frau" also deshalb stattfinde, weil, wie Touaillon betont, „die Anlagen sich häufig kreuzweise vererben". (Touaillon 1919, 634–625) Trotzdem identifiziert Touaillon auch eine Reihe von Unterschieden: So hätten sich Schriftstellerinnen stärker auf Stoffe konzentriert, die ihrem unmittelbaren Lebensumfeld nahe standen, sich eher von erotischen Szenen ferngehalten und pragmatische Lösungen in zwischenmenschlichen Fragen bevorzugt. Sie hätten also, wie Touaillon sich ausdrückt, eine „Realpolitik den Gefühlen gegenüber" betrieben. (Touaillon 1919, 637) Darüber hinaus seien Frauen, die im 18. und frühen 19. Jahrhundert als Autorinnen hervortraten, ganz im Gegensatz zu den in Literaturgeschichten häufig verbreiteten Vorurteilen und im Unterschied zu ihren männlichen Autoren, zumeist durch eine „Doppeltätigkeit" belastet gewesen. Diese habe, wie Touaillon hervorhebt, nicht nur aus ihrer schriftstellerischen Arbeit, sondern vor allem auch aus der „tadellose[n] Erfüllung ihrer familiären Pflichten" bestanden. (Touaillon 1919, 638)

> Die Ansicht, die deutschen Schriftstellerinnen des 18. Jahrhunderts wären zum größten Teil verstiegene und überspannte Frauen und unbefriedigte alte Mädchen gewesen, welche ein erträumtes Leben dem wirklichen vorgezogen und dabei ihre Pflichten vernachlässigt hätten, ist nichts als ein Märchen. (Touaillon 1919, 637)

Im Vergleich zu den männlichen Autoren hätten sich Schriftstellerinnen außerdem häufiger mit sozialen und ökonomischen Belangen auseinandergesetzt, vehementer gewaltsame Konflikte und Kriege abgelehnt und eher „zum erzieherlichen Wirken" geneigt. (Touaillon 1919, 642) Gleichzeitig gebe es in den Frauenromanen, so Touaillon, nur selten philosophische, natur- oder kunsttheoretische Erörterungen; eine „Spur jenes heißen Ringens um die Weltgeheimnisse, [...] wie es im 18. Jahrhundert bei den Männern geradezu das Merkmal jedes großen Geistes" gewesen sei, fehle überhaupt ganz. (Touaillon 1919, 640)

Der Vorstellung, dass diese „Verschiedenheiten der Werke" auf „Verschiedenheiten der männlichen und weiblichen Natur" beruhen könnten, widerspricht Touaillon trotzdem mit Nachdruck. Vielmehr seien sie einzig und allein mit „den verschiedenen Lebensverhältnissen" und „den Anschauungen des 18. Jahrhunderts über das Verhältnis der Geschlechter" zu erklären. (Touaillon 1919, 643) Unzureichender Unterricht, das Fernhalten von öffentlichen Positionen, die Festschreibung auf das familiäre Umfeld, die engen Tugendvorstellungen hätten nicht nur dazu geführt, dass Frauen erst im Durchschnitt mit Mitte dreißig, also viel später als Männer, zu schreiben begannen, sondern gleichzeitig auch die Grenzen der Handlung, die Technik, die Sprache und den Ton der Romane bestimmt. Die gebräuchliche „Anekdote von der Veröffentlichung eines Werkes ohne Vorwissen der Verfasserin" und die vorherrschende erzieherische Tendenz der Romane seien wiederum darauf zurückzuführen, dass Öffentlichkeit und literarisches Schaffen von Frauen nur dann gebilligt worden sei, wenn ein klar erkennbarer, von Männern abgesegneter Nutzen damit verbunden war. (Touaillon 1919, 645) Daraus lasse sich auch die starke Beteiligung von Schriftstellerinnen an Romanen der Aufklärung erklären, die durch das familiäre Setting und die pädagogische Ausrichtung den Lebensumständen der Frauen entgegengekommen seien, während der Genieroman des Sturm und Drang nicht nur dem männlichen Frauenideal widersprochen, sondern auch durch seine Entstehung im akademischen, universitären Umfeld Frauen von vornherein ausgeschlossen habe. Die geringe Beteiligung von Schriftstellerinnen an der Romantik erklärt Touaillon wiederum mit der darin postulierten Auflösung familiärer und ehelicher Verbindungen; die wenigen Autorinnen des Klassizismus mit dessen Anspruch eines „hohen, in Bildung umgesetzten Wissens". Einzig die Empfindsamkeit habe es als „Revolution der Schwachen" den Frauen ermöglicht, über ihre Unzufriedenheit zu klagen, ohne gleichzeitig zu – als unweiblich empfundener – Empörung oder gar zur Tat schreiten zu müssen. (Touaillon 1919, 648–649)

Ihre Studie beendet Touaillon mit einer kurzen und – im Vergleich zu ihren bis dahin überwiegend historisch fundierten Erörterungen – auffällig spekulativen Diskussion einer Frage, die zu Beginn des 20. Jahrhunderts äußerst populär war und zumeist polemisch verhandelt wurde. Nämlich, ob der deutsche Roman durch den Eintritt von Frauen eine „Bereicherung oder Verarmung" erfahren habe. Auffällig sei laut Touaillon zunächst, dass das „Überhandnehmen der weiblichen Schriftstellerei" dazu geführt habe, dass die Thematik der Liebe und Ehe alle anderen zwischenmenschlichen Beziehungen in den Hintergrund gerückt habe und bis zum Beginn des 20. Jahrhunderts nahezu kein Roman ohne Liebesgeschichte auszukommen wagte. (Touaillon 1919, 649) Damit haben, so Touaillon weiter, Autorinnen „dem Dilettantismus und der Seichtigkeit ein bequemes Feld bereitet" (Touaillon 1919, 651). Glücklicherweise sei es dem Roman als Gattung aber gelungen, „um seine Geltung als Kunstwerk zu ringen" und „sich innerlich mehr und mehr zu reinigen". Gleichzeitig habe der deutsche Roman den Schriftstellerinnen aber auch eine beachtliche Anzahl an Vorteilen zu verdanken. Neben der „sittliche[n] Reinigung" nennt Touaillon die Mäßigung in sexuellen Fragen, die Eindämmung der Leidenschaft und die Entwicklung eines sozialen Empfindens, aber auch die Verfeinerung psychologischer Betrachtungsweisen, die allesamt zur „Verinnerlichung des deutschen Romans" beigetragen hätten. (Touaillon 1919, 652–653) Damit reiche der deutsche Frauenroman, wie Touaillon in einem Zugeständnis an die zeitgenössische Auffassung schreibt, „zwar nicht an die vollkommensten Schöpfungen des Männerromans" im 18. Jahrhundert heran; für die Literaturgeschichtsschreibung von Interesse sei er aber trotzdem, da „den Schäden, welche er mit sich brachte, eine Reihe von Vorteilen gegenübersteht", sodass er „eine wichtige Sendung erfüllt [habe], die aus der Geschichte des Romans nicht mehr weggedacht werden kann". (Touaillon 1919, 654–655)

II.3. Kanon und Geschlecht

Als Christine Touaillon 1919 ihre Habilitationsschrift über den deutschen Frauenroman des 18. Jahrhunderts veröffentlichte, war die Erforschung von Literatur von Frauen hauptsächlich im außerakademischen Bereich zu finden. Zwar beschäftigte sich die Germanistik traditionell viel mit Frauen, doch nur selten mit Frauen als Produzentinnen von Literatur. Viel häufiger dienten sie als Musen und Imaginationen der ‚großen' Dichter.[79] Die Rede vom ‚Weiblichen' wurde als Bündel von Eigenschaften verstanden, das dazu diente, Theorien und methodische Ansätze als nicht konstruiert, sondern als natürlich begründet erscheinen zu lassen. Eines der bekanntesten und einflussreichsten Unterfangen in dieser Hinsicht ist das literaturhistorische Epochenschema Wilhelm Scherers. Um seine *Geschichte der*

---

79 Vgl. dazu die nach wie vor grundlegende Studie von Bovenschen: Die imaginierte Weiblichkeit (1979).

Deutschen Litteratur (1883–1888) zu systematisieren, entwickelte Scherer eine Wellentheorie, anhand der er die drei von ihm angenommenen Blüteperioden um 600, 1200 und 1800 und die zwei Tiefpunkte im 10. und 16. Jahrhundert zu erklären versuchte. In einer „Kopplung von Kausalannahmen und Geschlechtscharakter"[80] differenzierte Scherer dabei zwischen ‚männischen' und ‚frauenhaften' Epochen, wobei die ‚frauenhaften' aufgrund ihres toleranten und kunstsinnigen Charakters die jeweils literarisch produktiveren und wertvolleren seien.[81] Den höchsten literarischen Gipfel einer ‚frauenhaften' Epoche bildete die deutsche Klassik, allen voran Johann Wolfgang Goethe, mit dessen Tod Scherer seine Literaturgeschichte auch enden lässt. Frauen selbst haben an diesen Blüteperioden keinen produktiven Anteil, ihr ‚Geschlechtscharakter' verleiht ihnen bloß die attributive Bestimmung.

Ein ganz anderes Bild zeichnen die populären zeitgenössischen Literaturgeschichten. Die beliebtesten und meistgelesenen unter ihnen, die bis zum Beginn des 20. Jahrhunderts häufig in einer nicht enden wollenden Auflagenzahl erschienen, beschäftigen sich ausführlich mit Schriftstellerinnen. So Julian Schmidts *Geschichte der deutschen Literatur im 19. Jahrhundert* (1853), Rudolf Gottschalls *Die deutsche Nationalliteratur in der ersten Hälfte des neunzehnten Jahrhunderts* (1855), Robert Prutz' *Die deutsche Literatur der Gegenwart* (1859) und Ludwig Salomons *Geschichte der deutschen Nationallitteratur des neunzehnten Jahrhunderts* (1881), um nur einige wenige zu nennen.[82] Darüber hinaus erschienen in den 1880er und 1890er Jahren drei Literaturlexika, die ausschließlich Autorinnen verzeichnen: Heinrich Groß' dreibändiges Werk über *Deutsche Dichterinnen und Schriftstellerinnen in Wort und Bild* (1885), Marianne Niggs *Biographien der österreichischen Dichterinnen und Schriftstellerinnen* (1893) und Sophie Patakys *Lexikon deutscher Frauen der Feder* (1898). Wenn man bedenkt, dass ein derartiges Unterfangen erst wieder fast hundert Jahre später rea-

---

80 Fohrmann: Das Projekt der deutschen Literaturgeschichte (1989), S. 222.

81 Zu den Bezeichnungen ‚männisch' und ‚frauenhaft' vgl. Scherer: Geschichte der deutschen Dichtung im elften und zwölften Jahrhundert (1875). – Zu Scherers literaturgeschichtlicher Konzeption vgl. Müller: Wilhelm Scherer (2000); Michler: An den Siegeswagen gefesselt (1996); Höppner: Das „Ererbte, Erlebte und Erlernte" im Werk Wilhelm Scherers (1993).

82 Für eine vollständige Auflistung vgl. Fritsch-Rößler: Bibliographie der deutschen Literaturgeschichten (1994); Schumann: Bibliographie zur deutschen Literaturgeschichtsschreibung (1994).

lisiert werden sollte,[83] ist die große Aufmerksamkeit, die Schriftstellerinnen am Ende des 19. Jahrhunderts zuteilwurde, durchaus bemerkenswert. Weniger bemerkenswert erscheint sie jedoch, wenn man den Status der Autoren und damit den Institutionalisierungsgrad von Literaturgeschichten betrachtet: Keiner der genannten Verfasser hatte eine nennenswerte akademische Position inne. Einzig Robert Prutz bekleidete ab 1849 kurzfristig eine Professur für Literaturgeschichte in Halle, gab diese aber aufgrund eines gegen ihn angestrengten Disziplinarverfahrens nach wenigen Jahren wieder auf. Julian Schmidt und Rudolf Gottschall gehörten überhaupt nicht dem Kreis der Universitätslehrer an, sondern sahen sich als Publizisten und standen damit im Zentrum der literarischen Öffentlichkeit. Dementsprechend verstanden sie ihre Tätigkeit auch nicht als Vertretung eines Fachs, sondern als eine öffentliche Aufgabe, als Dialog mit dem breiten Publikum.[84]

Die „Einheit von Literaturgeschichte und Literaturkritik"[85] und der damit einhergehende publizistische Charakter der Literaturhistoriographie lösten sich auf, als die Germanistik als universitäres Fach sich nicht mehr nur auf die „Herstellung altdeutscher Texte"[86] konzentrierte, sondern sich auch als *Neuere deutsche Literaturgeschichte* zu institutionalisieren und professionalisieren begann.[87] War die Behandlung neuerer Literatur bislang der außerakademischen gelehrten Gesellschaft vorbehalten, so beanspruchte ab der zweiten Hälfte des 19. Jahrhunderts die universitäre Fachwissenschaft diesen Untersuchungsgegenstand für sich.[88] Wesentlich für die Profilierung „der ‚Neugermanistik' als eines selbstständigen Zweiges der Universitätsphilologie" war dabei die „Abgrenzung von der ästhetisch-kritischen und der philosophierenden Rede über Literatur".[89] Dabei galt es, sich von den Verfassern der große Synthesen bildenden Literaturge-

---

83 Nämlich durch Friedrichs: Die deutschsprachigen Schriftstellerinnen des 18. und 19. Jahrhunderts (1981).

84 Zur Institutionalisierung der deutschen Literaturgeschichte vgl. Hohendahl: Literarische Kultur im Zeitalter des Liberalismus (1985), bes. S. 266–271.

85 Hohendahl: Literarische Kultur im Zeitalter des Liberalismus (1985), S. 267.

86 Michler: „Das Materiale für einen österreichischen Gervinus" (1995), S. 188.

87 Zur Einrichtung des ‚neueren Fachs' an den Universitäten vgl. Dainat: Von der Neueren Deutschen Literaturgeschichte zur Literaturwissenschaft (1994); Weimar: Geschichte der deutschen Literaturwissenschaft bis zum Ende des 19. Jahrhundert (1989), S. 429–484.

88 Dieser Entwicklung trug die Universität Wien als erste auch institutionell Rechnung, wo, wie erwähnt, 1868 ein zweiter ordentlicher Lehrstuhl für *Deutsche Sprache und Literatur* eingerichtet wurde.

89 Michler/Schmidt-Dengler: Germanistik in Österreich (2003), S. 200.

schichten, die den Exaktheitsansprüchen der am Philologiemodell orientierten Neugermanistik nicht mehr genügen konnten, zu distanzieren. Denn: „Literarhistoriker und Dilettant zu sein: diese beiden Prädikate seien als Synonym zu begreifen."[90] Im Zuge dieser Entwicklung ist das Schreiben von Literaturgeschichten, das im 19. Jahrhundert noch Hochkonjunktur hatte – zwischen 1835 und 1899 erschienen nicht weniger als 199, d.h. im Durchschnitt drei pro Jahr –, zunehmend in die Krise geraten.[91] Im Übergang zum 20. Jahrhundert drängte die weitere „Ausdifferenzierung des geistesgeschichtlichen Grundmodells in Problem-, Ideen- und Stilgeschichte"[92] jedoch nicht nur die Literaturhistoriographie zunehmend in die Defensive, sondern auch Autorinnen aus dem Kanon der literaturwissenschaftlichen Untersuchungsgegenstände.

Der Kanon, auf den sich die Neugermanistik berief und von dem sie ihren universitären Legitimitätsanspruch ableitete, war die Weimarer Klassik. Vor allem die Goethe-Philologie, mit der sich die Neugermanistik zunächst als Fach konstituierte, stand im Mittelpunkt des Interesses.[93] Trotz einiger Kritik an dem neuen Wissenschaftlerselbstverständnis, „Specialist für ein paar classisch-romantische Decennien"[94] sein zu wollen, kam man doch immer wieder zu dem Schluss, dass es keinen Sinn mache, „irgend einen Jammerpoeten aus irgend einer Jammerperiode philologisch erschöpfend zu monographieren"[95]. Gegen die „Wissenschaft des nicht Wissenswerten" wurde jetzt „eine stärkere Konzentration auf das Bedeutungsvolle, auf die großen Autoren und Werke" gefordert.[96] Überhaupt gewann in Abgrenzung zur und in Erweiterung der kleinteiligen philologischen Arbeit die „Persönlichkeit des Dichters", das „schöpferische Subjekt" und nicht zuletzt das „literarische Genie" zunehmend an Bedeutung. Die „gesammelten Detailerkenntnisse in konzentrierter Form zusammenzufassen und dabei das Charakteristische der Erscheinungen hervorzuheben" wird damit zur „vornehmste[n] Aufgabe" des Literaturwissenschaftlers, „weil sie – außer philologischer Schulung – voraussetzt, daß er

---

90 Fohrmann: Organisation, Wissen, Leistung (1991), S. 117.
91 Vgl. auch die hohe Anzahl von ‚Krisentexten' aus dieser Zeit: Dainat/Fiedeldey-Martyn: Literaturwissenschaftliche Selbstreflexion (1994).
92 Höppner: Die regionalisierte Nation (2007), S. 31.
93 Vgl. Kruckis: Goethe-Philologie als Paradigma neuphilologischer Wissenschaft im 19. Jahrhundert (1994).
94 Roethe: Gedächtnisrede auf Erich Schmidt (1913), S. 620.
95 Fulda: Ueber historische und ästhetische Betrachtung (1885), S. 677.
96 Dainat: Von der Neueren Deutschen Literaturgeschichte zur Literaturwissenschaft (1994), S. 506.

das Wesentliche vom Unwesentlichen und Zufälligen zu unterscheiden"
vermag.[97]

Was als ,unwesentlich', was als ,wesentlich' und wer als ,große Dich-
terpersönlichkeit' zu gelten hatte, stand jedoch schon vor der Konstituie-
rung der Neugermanistik fest. Grundlegend für die Abgrenzung des Ka-
nons, auf den sie sich berief und der ihre Einrichtung als universitäres Fach
legitimieren sollte, waren nämlich Vorgänge, die sich nicht im Feld der
Wissenschaft, sondern im literarischen Feld selbst vollzogen hatten. Diese
Vorgänge, die in der zweiten Hälfte des 18. Jahrhunderts einsetzten, sollten
in den darauffolgenden Jahrzehnten den Literaturbetrieb grundlegend
verändern. Auch die zur selben Zeit „auftretenden Behinderungen für
Schriftstellerinnen"[98] lassen sich, wie zu zeigen sein wird, auf diese Veränderungen zurückführen. Zum einen ermöglichten geänderte Druckbe-
dingungen eine billigere und schnellere Massenproduktion von Büchern,
zum anderen wurde durch die zunehmende Alphabetisierung der Bevölkerung Literatur nicht nur Angelegenheit einer elitären Oberschicht,
sondern verbreitete sich auch bei durchschnittlich gebildeten Lesern.[99]
Beides zusammen führte zu einer Ausweitung und Kommerzialisierung des
Buchmarkts, an dem erstmals auch Schriftstellerinnen in nennenswerter
Zahl Anteil hatten. Helga Gallas' und Anita Runges Bibliographie von
Romanen und Erzählungen deutscher Autorinnen verzeichnet für die Zeit
zwischen 1771 und 1810 immerhin 110 Autorinnen mit 396 Veröffentlichungen.[100]

Gleichzeitig und in scheinbarem Widerspruch zur Egalisierung und
Kommerzialisierung des literarischen Feldes etablierte sich aber auch ein
neues, selbstbewusstes Autorschafts- und Kunstverständnis. Dabei wurde
die „Autorposition [...] durch das Genie besetzt" und das „Dogma der

---

97 Dainat: Von der Neueren Deutschen Literaturgeschichte zur Literaturwissenschaft
   (1994), S. 507.
98 Heydebrand/Winko: Geschlechterdifferenz und literarischer Kanon (1994),
   S. 133.
99 Vgl. Bürger: Literarischer Markt und Öffentlichkeit am Ausgang des 18. Jahrhunderts in Deutschland (1980), S. 162–212; Fronius: „Nur eine Frau wie ich
   konnte so ein Werk schreiben" (2007), S. 29–52.
100 Dramen, Autobiographien und Gedichtbände sind bei dieser Zahl nicht berücksichtigt; Gallas/Runge: Romane und Erzählungen deutscher Schriftstellerinnen um 1800 (1993). – 1825 führte Carl Schindel über 500 Schriftstellerinnen
   an, Sophie Pataky 1898 bereits über 5.000; Schindel: Die deutschen Schriftstellerinnen des 19. Jahrhunderts (1823–1825); Pataky: Lexikon deutscher Frauen
   der Feder (1898).

Autonomie von Literatur als Kunst" propagiert.[101] Um diese „Literatur mit Kunstanspruch, die sich als autonomes, ästhetisches Medium von Erkenntnis"[102] konstituierte, von der weitverbreiteten ‚Unterhaltungsliteratur' zu unterscheiden, wurde ein neues Auswahl- und Orientierungsschema notwendig. Gleichsam als Wächter über die „Dichotomisierung von hoher und niederer Literatur"[103] entstand die Institution der professionellen Literaturkritik. Mit der wachsenden Zahl an Schriftstellerinnen und deren Erfolg am literarischen Markt setzte aber auch eine vehement geführte Debatte über den Status der literarischen Produktion von Frauen ein, in der es vor allem darum ging, zwischen ‚hoher' und ‚niederer' Literatur auch geschlechtsspezifisch zu unterscheiden. Wie Christa Bürger gezeigt hat, wurde dabei sehr schnell ein enger Zusammenhang zwischen Dilettantismus und literarischer Tätigkeit von Frauen diskursiv festgeschrieben.[104] Dieser Engführung von Frau und Dilettantismus kamen zwei historische Erscheinungsformen entgegen, die „für die Kanonchancen der Autorinnen in der Folgezeit von grundlegender Bedeutung"[105] waren. Dabei handelte es sich um die Zuordnung von Schriftstellerinnen zum unterhaltsam-didaktischen Genre und die „Polarisierung der ‚Geschlechtscharaktere'"[106] am Ende des 18. Jahrhunderts.

Als Vorbild für das den Frauen zugestandene didaktische Genre galt der – auch von Touaillon eingehend besprochene – erste deutsche Roman einer Schriftstellerin: die 1771 anonym erschiene und äußerst erfolgreiche *Geschichte des Fräuleins von Sternheim* von Sophie von La Roche. Als Herausgeber fungierte Christoph Martin Wieland, der ein, von Touaillon nicht beachtetes, ausführliches Vorwort verfasste, in dem er Bestimmungen über Literatur von Frauen formulierte, die in den darauffolgenden Jahrzehnten eine ungeahnte Wirkungsmacht entfalten sollten.[107] Die Verfas-

---

101 Heydebrand/Winko: Geschlechterdifferenz und literarischer Kanon (1994), S. 134–135.

102 Heydebrand/Winko: Geschlechterdifferenz und literarischer Kanon (1994), S. 136.

103 Bürger/Bürger/Schulte-Sasse (Hg.): Zur Dichotomisierung von hoher und niederer Literatur (1982).

104 Bürger: Leben Schreiben (1990), S. 19–31.

105 Heydebrand/Winko: Geschlechterdifferenz und literarischer Kanon (1994), S. 139–140.

106 Hausen: Die Polarisierung der ‚Geschlechtscharaktere' (1976).

107 Auf die heute so berühmte von Wieland inszenierte Herausgeberfiktion ging Touaillon nicht ein. Vielmehr betonte sie, dass an der Rolle Wielands als Unterstützer und Tadler „nichts Ungewöhnliches, etwa nur bei einer Frauenarbeit Gestattetes" zu bemerken sei, da auch Männer ihre Texte von anderen Männern

serin selbst, von der Wieland, wie er schrieb, die Handschrift „unter den Rosen der Freundschaft"[108], also unter dem Siegel der Verschwiegenheit, erhalten habe, habe nie selbst daran gedacht, „für die Welt zu schreiben, oder ein Werk der Kunst hervorzubringen"[109], vielmehr war für sie immer die „moralische Nützlichkeit der erste Zweck"[110]. Deshalb, so beteuerte Wieland, konnte „ich dem Verlangen nicht widerstehen, allen tugendhaften Müttern, allen liebenswürdigen jungen Töchtern unsrer Nation ein Geschenke mit einem Werke zu machen, welches mir geschickt schien, Weisheit und Tugend [...] zu befördern"[111]. Mit der expliziten Nennung des Adressatenkreises, der Intention der Autorin und der Funktion der *Sternheim* entwarf Wieland das Genre ‚Frauenliteratur' und verwies den Roman sogleich darauf, was La Roches Hervortreten als Autorin zugleich legitimierte, festlegte und beschränkte.[112] Möglich war das aufgrund der in der zweiten Hälfte des 18. Jahrhunderts aufkommenden Vorstellung der ‚Geschlechtscharaktere', derzufolge nicht die gesellschaftliche Stellung, sondern die Natur „de[n] Mann für den öffentlichen, die Frau [aber] für den häuslichen Bereich"[113] prädestiniere. Während das frühaufklärerische Konzept des ‚Gelehrten Frauenzimmers' zumindest zum Teil auf der Annahme der natürlichen Gleichheit der Geschlechter basierte, ging man bei der ‚Empfindsamen' von einer natürlichen Ungleichheit aus:

> Die Gelehrte war eine Analogiekonstruktion. Im Bild der Empfindsamen dagegen sollten die Spezifika des Weiblichen deutlich hervortreten. Mit ihm war ein dem Männlichen entgegengesetzt gedachter weiblicher Geschlechtscharakter gemeint.[114]

Die Ablehnung der weiblichen Gelehrsamkeit und die Aufwertung des Gefühls als moralische Instanz führten zwar zunächst zu einer Aufwertung der traditionell den Frauen zugeschriebenen sensitiven Eigenschaften, jedoch nur um den Preis der Sektoralisierung. Gleichsam als „Galionsfiguren empfindsamer Tugend"[115] und als literarische Repräsentantinnen dieser

---

korrigieren ließen. Touaillon: Der deutsche Frauenroman des 18. Jahrhunderts (1919), S. 102 (Anm. 107).

108 Wieland: An D. F. G. R. V. ****** [Vorwort des Herausgebers] (1983), S. 9.
109 Wieland: An D. F. G. R. V. ****** [Vorwort des Herausgebers] (1983), S. 13.
110 Wieland: An D. F. G. R. V. ****** [Vorwort des Herausgebers] (1983), S. 14.
111 Wieland: An D. F. G. R. V. ****** [Vorwort des Herausgebers] (1983), S. 10.
112 Becker-Cantarino: Schriftstellerinnen der Romantik (2000), S. 161; vgl. auch dies.: Meine Liebe zu Büchern (2008).
113 Hausen: Die Polarisierung der ‚Geschlechtscharaktere' (1976), S. 367.
114 Bovenschen: Die imaginierte Weiblichkeit (1979), S. 161.
115 Bovenschen: Die imaginierte Weiblichkeit (1979), S. 159.

Tendenz fungierten weibliche Romangestalten, die gegen Ende des 18. Jahrhunderts wahrlich Konjunktur hatten.[116]

Mit der nunmehr klaren Unterscheidung zwischen männlichen und weiblichen Eigenschaften war eine Grundlage geschaffen, die der literarischen Öffentlichkeit die Möglichkeit bot, gegenüber der neu hinzutretenden Gruppe schreibender Frauen eine autoritäre Kontrollfunktion auszuüben. Diese Kontrollfunktion umfasste sowohl die Produktion und Publikation der Texte von Frauen als auch deren Rezeption. Das Etikett ‚Frauenliteratur‘ wurde dabei zu einem Instrument, um den Handlungsspielraum von Autorinnen zu beschränken und um ihr Schreiben an einen von der patriarchalischen Literatur- und Kulturpolitik disziplinierten Ort zu verweisen. Die wohl berühmteste Rezension, die diese Zuordnungen deutlich ausspricht, ist die Sammelbesprechung von drei von Frauen verfassten Romanen, die Johann Wolfgang Goethe 1806 in der *Jenaischen Allgemeinen Literaturzeitung* veröffentlichte. Darin empfahl Goethe den „Äußerungen einer weiblichen Feder" immer die Überprüfung durch einen männlichen Autor,

> damit alle Unweiblichkeiten ausgelöscht würden und nichts in einem solchen Werke zurückbliebe, was dem natürlichen Gefühl, dem liebevollen Wesen, den romantischen herzerhebenden Ansichten, der anmuthvollen Darstellung und allem dem Guten, was weibliche Schriften so reichlich besitzen, sich als ein lästiges Gegengewicht anhängen dürfte.[117]

Für ‚hohe Literatur mit Kunstanspruch‘ kamen Romane von Frauen schon allein aufgrund ihres moralischen und didaktischen Charakters nicht in Frage, weshalb sie aus dem Kanon der Schulen und Universitäten fielen.[118] In Rezensionen wurden sie – wie bei der zitierten Kritik Goethes – häufig nicht einzeln, sondern gesammelt besprochen[119] und in den populären Literaturgeschichten, die auch weiterhin Literatur von Frauen aufnahmen, wurden sie nicht in den Gang der dargestellten Geschichte integriert, sondern in eigenen Kapiteln zusammengefasst und isoliert: bei Robert Prutz unter „Dichtende Frauen", bei Georg Weber unter „Frauenliteratur"

---

116 Dafür spricht auch die große Anzahl an Romanen aus dieser Zeit, deren Titel einfach aus einem weiblichen (Vor-)Namen besteht.

117 Goethe: Anonym, Bekenntnisse einer schönen Seele; Anonym, Melanie das Findelkind; Eleutherie Holberg, Wilhelm Dumont [Rez., 1806] (1901), S. 382 und S. 383–384.

118 Vgl. Heydebrand/Winko: Geschlechterdifferenz und literarischer Kanon (1994), S. 138–139 und S. 143–145.

119 Heydebrand/Winko: Geschlechterdifferenz und literarischer Kanon (1994), S. 103.

und bei Rudolf Gottschall unter „Moderne Anakreontiker und dichtende Frauen" oder schlicht unter „Die Frauen".[120]

II.4. Themenwahl und akademische Karriere

Auch Touaillon durchmaß in ihrer Studie Literaturgeschichten des 19. Jahrhunderts und vermerkte vielfach das Fehlen oder die „nicht ihrer Bedeutung entsprechend[e]" Darstellung von Schriftstellerinnen. (Touaillon 1919, 440)[121] Betrachtet man aber die zahlreiche, von Touaillon in den Fußnoten[122] angeführte Forschungsliteratur (insgesamt zitiert sie über 130 Sekundärliteraturtitel, von denen über 110 der universitären sowie außeruniversitären germanistischen Forschungsliteratur zugerechnet werden können), so lässt sich auf den ersten Blick kein Mangel an wissenschaftlichem Interesse für ihr Thema erkennen. Sieht man jedoch genauer hin, so fällt auf, dass sich nur wenige, nämlich 25 der über 110 germanistischen Titel, mit Autorinnen beschäftigen; und von diesen 25 sind nur drei Titel tatsächlich von Universitätsgermanisten: Darunter befinden sich jedoch keine monographisch-umfassenden Darstellungen, sondern akademische Kleinformate – wie eine Rezension[123] und ein Zeitschriftenaufsatz[124] – und eine Briefausgabe, nämlich Erich Schmidts *Caroline. Briefe aus der Frühromantik*, in der ‚Caroline' (gemeint ist Caroline Schelling)

---

120 Prutz: Die deutsche Literatur der Gegenwart (1859), S. 247–270; Weber: Geschichte der deutschen Literatur von ihren Anfängen bis zur Gegenwart (1880), S. 165–168; Gottschall: Die deutsche Nationalliteratur in der ersten Hälfte des neunzehnten Jahrhunderts (1855), Bd. 1, S. 433–448, Bd. 2 (1855), S. 268–293. – Für die Durchsicht der Literaturgeschichten des 19. Jahrhunderts unter diesem Aspekt vgl. auch Brinker-Gabler: Die Schriftstellerin in der deutschen Literaturwissenschaft (1976).

121 Zitat: „Die Literaturgeschichten behandelten Benedicte Naubert nicht ihrer Bedeutung entsprechend. Am ehesten wird ihr noch Koberstein gerecht, [...] die meisten (selbst Hettner) erwähnen sie überhaupt nicht; auch Haym weiß nichts von ihr." – Gemeint sind der 1872 erschienene dritte Band der fünften Auflage von August Kobersteins *Grundriß der Geschichte der deutschen Nationalliteratur*, Rudolf Hayms *Die romantische Schule. Ein Beitrag zur Geschichte des deutschen Geistes* von 1870 und Hermann Hettners dreiteilige *Literaturgeschichte des 18. Jahrhunderts*, deren erste Auflage 1856–1870 und deren sechste Auflage 1912/13 erschien.

122 Ein Literaturverzeichnis erstellte Touaillon nicht. Die hier erwähnten Titel wurden aufgrund der Kurzangaben in den Fußnoten zusammengestellt.

123 Minor: Emil Palleske (Hg.), Charlotte [Rez.] (1880).

124 Seuffert: Der älteste dichterische Versuch von Sophie Gutermann-La Roche (1906).

aber nicht als Autorin verhandelt wird, sondern als Assistentin und geistige Zuarbeiterin ihres Mannes Friedrich Schelling und als Inbegriff der Muse im Kreis der Romantiker.[125] Der Großteil der Sekundärtexte stammt von Lehrern, Schriftstellern, Privat- und Universalgelehrten, also von Verfassern, die nicht dem universitären Betrieb angehörten und somit nur einen schwachen Institutionalisierungsgrad aufwiesen. Doch selbst im außerakademischen Bereich fanden die Autorinnen vor allem als Freundinnen und/oder Briefpartnerinnen berühmter Zeitgenossen Beachtung,[126] wobei die Briefe der männlichen Korrespondenzpartner zumeist publiziert waren, die Gegenbriefe der Autorinnen von Touaillon aber aus den Originalhandschriften zitiert werden mussten.[127] Auch bei den Primärtexten konnte Touaillon – obwohl das 19. Jahrhundert in der Universitätsgermanistik wahrlich als Jahrhundert der editorischen Großunternehmungen bezeichnet werden kann – nur in zwei von über 240 Fällen auf Neuausgaben zurückgreifen, die jedoch ebenfalls nicht von Universitätsgermanisten besorgt worden waren.[128] Autorinnen wurden in populären Literaturgeschichten also in eigene Bereiche separiert[129] und innerhalb der universi-

---

125 Schmidt (Hg.): Caroline (1913). – Caroline Schelling veröffentlichte unter eigenem Namen nichts, ihre Theaterkritiken, Rezensionen und Übersetzungen erschienen unter dem Namen ihres Mannes Friedrich Schelling.   •

126 Liebes- und Ehebriefwechsel mit bekannten Schriftstellern waren besonders beliebt; u. a. der von Touaillon verwendete *Briefwechsel zwischen Clemens Brentano und Sophie Mereau* (Brentano/Mereau: Briefwechsel [1908]). Vgl. aber auch die (ebenfalls von Touaillon benutzte) Ausgabe des nicht-akademischen Goethe-Forschers Gustav von Loeper (Goethe: Briefe Goethe's an Sophie La Roche und Bettina Brentano [1879]).

127 So zitiert Touaillon z. B. Wielands Briefe an La Roche aus Hassencamp (Hg.): Neue Briefe Chr[istoph] Mart[in] Wielands vornehmlich an Sophie von La Roche (1894); die Briefe La Roches an Wieland aber aus Originalhandschriften in der Königlichen Bibliothek Dresden und im Goethe- und Schillerarchiv in Weimar. – Insgesamt lassen sich die Veröffentlichungen von Autorinnenbriefen im 19. und frühen 20. Jahrhundert wegen ihrer weitverstreuten Klein- und Kleinsteditionen zu Recht als „heilloses Durcheinander" bezeichnen. Becker-Cantarino: Schriftstellerinnen der Romantik (2000), S. 161.

128 Dabei handelt es sich um die (mit einem ‚informativen' Untertitel versehene) Edition von Wolzogens *Agnes von Lilien* des Journalisten und Schriftstellers Ludwig Salomon (*Agnes von Lilien. Roman in zwei Bänden von Karoline von Wolzogen, Schillers Schwägerin* [1881]) und die Edition von La Roches *Fräulein von Sternheim* des Hamburger Lehrers Kuno Ridderhoff (La Roche: Geschichte des Fräuleins von Sternheim [1907]).

129 Bezeichnenderweise ist diejenige Literaturgeschichte des 19. Jahrhunderts, auf die sich später auch Universitätsgermanisten beriefen, die einzige, die – mit Ausnahme

tären Literaturwissenschaft nur selten als Produzentinnen von Literatur und wenn, dann an der äußersten Peripherie wahrgenommen. Wenn Literatur von Frauen aber keinen stabilen Platz im Kanon der universitären Forschungsgegenstände hatte, wie lässt sich dann erklären, dass sich Christine Touaillon, die erste Privatdozentin der Germanistik, gerade mit einem Thema habilitieren konnte, das bislang als genauso wenig wissenschaftsfähig galt wie sie selbst?

Die zeitgenössisch extravagante Themenwahl Touaillons rief ungewöhnlich viel Aufmerksamkeit und Bewunderung, aber auch die Verurteilung durch Fachkollegen hervor. Insgesamt wurde ihre Habilitationsschrift zumindest 14-mal in Tageszeitungen und Fachzeitschriften besprochen: zwölfmal davon ausführlich in einer jeweils eigenen Rezension und zweimal gesammelt in den Überblicken *Zur deutschen Geistesgeschichte im Zeitalter des Idealismus* und *Literaturforschung und Verwandtes.*[130] Im Sinne der Entwicklung und des Selbstverständnisses der Universitätsgermanistik beanstandeten alle Rezensenten die Beschäftigung mit „dichterischen Persönlichkeiten [...], die sich mangels der noch voll entwickelten Ausdrucksfähigkeit in ihren Werken nicht klar umrissen widerspiegeln"[131]: „Naturgemäß mußte Frau Touaillon sehr viel berücksichtigen, was im üblen Sinne des Wortes bloß Unterhaltungsliteratur gewesen ist"[132], wodurch „sich in dem neuen Buche die Kleinware über Gebühr hervor[dränge]"[133]. Am weitesten wagte sich Robert Riemann im *Anzeiger für deutsches Altertum und deutsche Litteratur* vor, der den Grund für das schriftstelle-

---

einer halben Seite über Anna Louisa Karsch – keine Autorinnen aufnahm: Gervinus: Geschichte der poetischen National-Literatur der Deutschen (1835–1844).

130 Rezensionen in Tageszeitungen: Hermann Michel (*Frankfurter Zeitung*), Max Mendheim (*Leipziger Illustrirte Zeitung*), Dr. Gottlieb (*Arbeiter-Zeitung*), m. (*Neue Freie Presse*). – Einzelrezensionen in Fachzeitschriften: [Adolf] v. Grolman (*Literaturblatt für Germanische und Romanische Philologie*), Harry Maync (*Das literarische Echo*), Waldemar Oehlke (*Literarisches Zentralblatt für Deutschland*), Beda Prilipp (*Konservative Monatsschrift*), Hubert Rausse (*Literarischer Handweiser*), Rob[ert] Riemann (*Anzeiger für deutsches Altertum*), A[ugust] Sauer (*Euphorion*), Oskar Walzel (*Göttingische gelehrte Anzeigen*). – Sammelrezensionen in Fachzeitschriften: Robert Petsch (*Preußische Jahrbücher*), Julius Stern (*Zeitschrift für Deutschkunde*).

131 Prilipp: Christine Touaillon, Der deutsche Frauenroman des 18. Jahrhunderts [Rez.] (1921), S. 247.

132 Walzel: Christine Touaillon, Der deutsche Frauenroman des 18. Jahrhunderts [Rez.] (1921), S. 127.

133 Petsch: Christine Touaillon, Der deutsche Frauenroman des 18. Jahrhunderts [Rez.] (1921), S. 251.

rische Hervortreten von Frauen „in ihren unglückseligen lebensverhältnissen" sah und „hinter der scheinbaren kraft" der behandelten Schriftstellerinnen einfach nur „überreiztheit und hysterie" vermutete.[134] Doch
trotz des von allen Rezensenten geteilten Zweifels daran, ob „die schriftstellerinnen des 18[.] jh.s [überhaupt] bewus[s]t schaffende künstlerinnen
waren"[135], was die universitäre Beschäftigung mit ihnen erst gerechtfertigt
hätte, sprach – bis auf Riemann – kein einziger der genannten Referenten
Christine Touaillon die Befähigung zum wissenschaftlichen Arbeiten ab.
Vielmehr wurde in dem Buch „ein bedeutsamer Beitrag zur Literaturgeschichte klassischer und romantischer Zeit"[136] gesehen und Touaillon
„gründliche[ ] Kenntnis und sichere[ ] Beherrschung des umfänglichen
Stoffes, eindringende[r] Fleiß und ruhige[ ], vornehme[ ] Objektivität"[137]
attestiert. Die einzige Besprechung, die ausschließlich positiv geraten ist,
die des Gießener Privatdozenten Adolf von Grolman, spricht der Studie
sogar „einen so hohen Wert [zu], dass Ref. ein ernsthaftes Kennenlernen
der Literatur des 18. Jahrhunderts ohne gründliche Auseinandersetzung
mit diesem Werk für ausgeschlossen hält"[138].

Unter den 14 Rezensionen sticht eine aufgrund ihrer dialektischen
Umsicht, die sowohl das Thema und dessen Behandlung als auch die Situation der Verfasserin in die zeitgenössische Germanistik einzuordnen
weiß, besonders hervor. Es ist die Besprechung des Prager Germanistik-
professors August Sauer, den Christine Touaillon bereits im Laufe ihrer
beiden langwierigen Habilitationsverfahren um Rat gefragt hatte. Sauer
schrieb:

> Dieses bedeutende, glänzend und temperamentvoll geschriebene Buch einer
> gelehrten und gescheiten Frau verdient die größte Beachtung. Nicht ein be-
> liebiges Thema hat sich die Verfasserin zur Bearbeitung gewählt, wie wir sie in
> Seminarien verteilen oder vorschlagen und wie sie im Fluß der jeweiligen
> wissenschaftlichen Strömungen als dringend notwendige Baggerarbeit ge-
> wünscht oder als zufällig angeschwemmtes Strandgut erbeutet werden; son-
> dern der eigensten Begabung und Überzeugung folgend, hat sie es sich selbst

---

134 Riemann: Christine Touaillon, Der deutsche Frauenroman des 18. Jahrhunderts
[Rez.] (1921), S. 59.
135 Riemann: Christine Touaillon, Der deutsche Frauenroman des 18. Jahrhunderts
[Rez.] (1921), S. 62.
136 Walzel: Christine Touaillon, Der deutsche Frauenroman des 18. Jahrhunderts
[Rez.] (1921), S. 127.
137 Petsch: Christine Touaillon, Der deutsche Frauenroman des 18. Jahrhunderts
[Rez.] (1921), S. 252.
138 Grolman: Christine Touaillon, Der deutsche Frauenroman des 18. Jahrhunderts
[Rez.] (1921), S. 17.

gewählt und von der Durchführung trotz ungeheurer Schwierigkeiten[139] nicht abgelassen. Ein durch und durch weibliches Buch. Das ist sehr erfreulich. Gerade in unserer Wissenschaft erscheint es als dringend geboten, daß begabte Forscherinnen nicht jede beliebige Arbeit machen, die ein gleichbegabter Mann auch leisten kann […].[140]

Der Wunsch Sauers, dass Wissenschafterinnen nicht dieselben Gebiete bearbeiten wie Wissenschafter, verweist auf den Zusammenhang zwischen Themenwahl und akademischer Karriere. So legitimierte Sauer Touaillons Arbeit dadurch, dass er – in der Logik der Geschlechtscharaktere argumentierend – ihren Forschungsgegenstand als einen ‚natürlich weiblichen‘ herausstrich; ihm also einen Ort zuwies, der in der traditionell männlich dominierten Nationalphilologie einen äußerst unsicheren Stellenwert hatte. Diese thematische Marginalisierung beinhaltete gleichzeitig aber auch die Möglichkeit, sich nicht in die Hierarchie der zeitgenössischen Forschungsgegenstände einzuschreiben und damit auf diesem Gebiet mit den männlichen Kollegen nicht direkt in Konkurrenz zu treten. Demnach erlaubte Touaillons Spezialisierung auf randständige Forschungsgebiete die im 18. Jahrhundert bereits implementierte Sektoralisierung weiterzuführen; innerhalb dieses Handlungsspielraums (und nur in diesem) führte sie aber auch zur Akzeptanz auf Ebenen des universitären Feldes, die bislang als unerreichbar gegolten hatten.

Die Festschreibung auf ‚frauenspezifische‘ Themen wurde Christine Touaillon in ihrer nur sieben Jahre andauernden Privatdozentinnentätigkeit freilich nicht mehr los. Bereits 1921 hatte sich die Wiener Habilitationskommission von den drei von Touaillon vorgeschlagenen Themen für das Probekolloquium „Unterströmungen im deutschen Roman des 18. Jahrhunderts“, „Karoline Auguste Fischer“ und „Die Entwicklung der deutschen Kinderliteratur“ einstimmig für das letztgenannte entschieden.[141] Für das von Paul Merker und Wolfgang Stammler 1925 herausgegebene Standardwerk *Reallexikon der deutschen Literaturgeschichte* verfasste sie den Beitrag „Frauendichtung“;[142] bereits in der zweiten Auflage fehlt jedoch nicht nur Touaillons Artikel, der Bereich ‚Frauenliteratur‘

---

139 Sauer sprach damit die von Touaillon im Vorwort erwähnte schwierige Materialbeschaffung an, die durch ihren Wohnort, den Ersten Weltkrieg und die Auffindbarkeit der oft nur in Originalausgaben vorhandenen Bücher behindert wurde.

140 Sauer: Christine Touaillon, Der deutsche Frauenroman des 18. Jahrhunderts [Rez.] (1921), S. 737–738.

141 Protokoll der Kommissionssitzung vom 23. Mai 1921; UAW, Phil. Fak., PA 3462 Christine Touaillon.

142 Touaillon: Frauendichtung (1925).

wurde als einziger gänzlich gestrichen.[143] Als einzige Frau war Touaillon in den 1920er Jahren auch an einem weiteren, wenn auch nicht im Zentrum der Universität entstandenen, so doch germanistischen Großunternehmen beteiligt: Im dritten Band der von Johann Willibald Nagl, Jakob Zeidler und Eduard Castle herausgegebenen *Deutsch-Österreichischen Literaturgeschichte* finden sich zwei Beiträge über Schriftstellerinnen von ihr: der Abschnitt über die Wiener Lyrikerin Ada Christen und der Abschnitt über Bertha von Suttner.[144] Darüber hinaus veröffentlichte sie ein Kinderbuch,[145] publizierte Gedichte[146] und berichtete regelmäßig für das *Literarische Echo* und *Die Literatur* über Neuerscheinungen von Frauen.[147] Dabei handelt es sich um Tätigkeiten, die von ihren männlichen Fachkollegen nicht zu erwarten waren, sodass rückblickend und von dieser Warte aus mit einigem Recht festgestellt werden kann, dass Touaillon „an der Universität nicht hervor[trat]"[148].

Die Außenseiterposition ermöglichte aber auch, dass Touaillon Akzente der Neuerung an der Universität setzte: So trug sie dazu bei, dass zum einen zeitgenössische Literatur vermittelt wurde; sie hielt vom Sommersemester 1922 bis zum Wintersemester 1927, ihrem letzten an der Universität, nicht weniger als acht Lehrveranstaltungen über Gegenwartsliteratur.[149] Zum anderen gab sie den Anstoß zur universitären

---

143 Erst wieder die dritte Auflage des Lexikons von 1997 verzeichnet einen Beitrag unter dem Titel „Frauenliteratur", in dem Inge Stephan die Genese und Verwendung des Begriffs historisch analysiert. Stephan: Frauenliteratur (1997).

144 Touaillon: Ada Christen [1930]; dies.: Bertha von Suttner [1930].

145 Touaillon: Das Katzenbüchlein (1925).

146 Etwa das Gedicht „An die Musik" in der *Arbeiter-Zeitung* und das sozial-politische Arbeitergedicht „Werktage" im *Deutsch-österreichischen Arbeiterkalender*. Touaillon: An die Musik (1924); dies.: Werktage (1925).

147 Vgl. neben den bereits erwähnten Publikationen u. a. Touaillon: Frauenprosa (1922/1923); dies.: Helene Voigt-Diederichs, Auf Marienhoff. Vom Leben und von der Wärme einer Mutter [Rez.] (1925/1926); dies.: Neue Frauenromane (1925/1926).

148 Meissl: Germanistik in Österreich (1981), S. 492 (Anm. 29).

149 SoSe 1922: Moderne Romanströmungen (vom Naturalismus bis zum Expressionismus); WiSe 1922/23: Moderne deutsche Lyrik (von Liliencron bis Werfel); WiSe 1923: Die deutsche Lyrik des 20. Jahrhunderts (Wildgans bis Werfel); WiSe 1924/25: Der expressionistische Roman; WiSe 1925/26: Jakob Wassermann und der moderne deutsche Roman; WiSe 1926/27: Geschichte der deutschen Novelle (von ihren Anfängen bis in die Gegenwart); WiSe 1927/28: Moderne Lyrik (von Liliencron bis Stefan George) und Literaturhistorische Übungen zur modernen Literatur. – Außerdem: WiSe 1921/22: Der Roman der Aufklärung; SoSe 1922: Das naturalistische Drama des 18. Jahrhunderts, Literaturhistorische Übungen;

Auseinandersetzung mit Literatur von Frauen: Ab den 1920er Jahren waren Dissertationen über Autorinnen nichts Ungewöhnliches mehr. Nachdem bis dahin in Wien insgesamt nur vier Dissertationen über Schriftstellerinnen verfasst worden waren,[150] promovierten allein an der Wiener Germanistik in den 1920er Jahren zehn und in den 1930er Jahren 19 Studierende mit einer Arbeit über Autorinnen, wobei sich einerseits zeigt, dass es sich ausschließlich um Studentinnen handelte, andererseits, dass ab Mitte der 1930er Jahre verstärkt konservativ-katholische, wie die von Touaillon wenig geschätzte Schriftstellerin Enrica von Handel-Mazzetti,[151] und dem Nationalsozialismus nahestehende Autorinnen, wie Agnes Miegel, Isolde Kurz oder Helene Raff, bevorzugt wurden.[152]

WiSe 1922/23: Die Anfänge des deutschen Romans im 16. Jahrhundert; WiSe 1923/24: Hans Sachs; WiSe 1924/25: Der deutsche Frauenroman des 18. Jahrhunderts; WiSe 1925/26: Der Roman der Aufklärung und seine Gegenströmungen; WiSe 1926/27: Der Geschichtsroman der Aufklärung und seine Unterströmungen. – Vgl. Vorlesungen an der Universität zu Wien 1921/22–1927/28.

150 Julia Liggi: Amalia Schoppe, geborene Weise (1910); Therese Pupini: Karoline Pichlers Romane (1910); Angela Neumann: Ueber Leben und Werke der Gabriela Batsany geb. Baumberg (1914); Hildegard Eberstaller: Das junge Deutschland und George Sand (1915).

151 Zu Touaillons Auseinandersetzung mit der katholischen Literaturbewegung vgl. Touaillon: Blut und Liebe (1927); den Streit analysierte Bernhard Doppler: Über das Kunstschaffen der Frau (1986).

152 1920er Jahre: Karoline Umlauf: Sophie Mereau (1921); Friederike Wechsler: Die Menschen in den Romanen der Ricarda Huch (1921); Karoline Demant: Marie von Ebners Kindergestalten (1922); Emilie Behr: Ada Christen (1922); Katharina Helmer: Die Frauenbewegung im Spiegel des deutschen Frauenromans in der Zeit von 1830 bis 1850 (1922); Emma Waldhäusl: Karoline Pichlers Stellung zur zeitgenössischen Literatur mit besonderer Berücksichtigung ihrer Novellendichtung (1922); Amalie Aschkenazy: Die Frauenbewegung im Spiegel des deutschen Frauenromans in der zweiten Hälfte des 19. Jahrhunderts (1924); Gertrud Doublier: Charlotte Wolter und ihr Einfluß auf das Drama ihrer Zeit (1925); Felicitas Jellinek: Die weibliche Selbstbiographie des 18. Jahrhunderts (1925); Antoinette Politzer: Heinrich Seuse und Elsbet Stagel (1926). – 1930er Jahre: Selma Steinmetz: Bettina Brentano (1931); Irmgard Panoff: Therese Huber (1931); Ernestine Zottleder: Das Bild der zeitgenössischen Frau im deutschen Frauenroman vom Naturalismus zur Gegenwart (1932); Anna Piorreck: Malwida von Meysenbug und die geistigen Strömungen des 19. Jahrhunderts (1932); Melanie Lebner: Ada Christen (1933); Elisabeth Beschliesser: Das epische Schaffen der Schriftstellerin Edith Gräfin Salburg (1934); Sylvia Balter: Isolde Kurz (1934); Dorothea Rasp: Mathilde Wesendonck (1934); Gertraud Pranter: Malwida von Meysenbug, ihr Leben und ihre dichterische Persönlichkeit (1935); Bella Birnbaum: Die besondere Art des historischen Romans in Ricarda Huchs „Der große Krieg in Deutschland" (1935); Hermine Obermann: Lou Andreas

Marginalisiert blieb Touaillons Forschungstätigkeit trotzdem, wozu innerhalb der zunehmend konservativen und rechtsgerichteten Wiener Universität nicht allein ihre Themenwahl beigetragen haben mag, sondern auch ihre politische Nähe zur Sozialdemokratie. Touaillon setzte nämlich auch nach ihrer Habilitation ihr Engagement in linksgerichteten sozialreformatorischen Unterfangen wie der österreichischen *Ethischen Gemeinde*,[153] ihre Mitarbeit bei der *Arbeiter-Zeitung*,[154] ihre Tätigkeit in Wiener und Grazer Volksbildungsvereinen[155] und ihr Eintreten für die bürgerliche Frauenbewegung rund um Rosa Mayreder[156] fort. Außerdem gehörte sie 1922 zu den Gründungsmitgliedern des *Verbandes der akademischen Frauen Österreichs*,[157] innerhalb dessen sie sich um einen politisch linksstehenden Zusammenschluss österreichischer Akademikerinnen bemühte.[158] Im Unterschied zur Romanistin Elise Richter, der ersten habi-

---

Salomé (1935); Michaela Rabenlechner: Die Dichterinnen der Befreiungskriege um 1813/14 (1935); Marie Bogner: Die Novellen der Isolde Kurz (1936); Fanni Goldstein: Der expressionistische Stilwille im Werke der Else Lasker-Schueler (1936); Maria Brachtl: Quellen, Aufbau und Stilmittel der Romantrilogie „Frau Maria" von Enrica von Handel-Mazzetti (1937); Martha Katz: Österreichische Frauendichtung der Gegenwart. Ein Beitrag zur Psychologie der weiblichen Kunst (1937); Friederike Redlich: Das lyrische Schaffen Agnes Miegels (1938); Therese Schüssel: Die Schule der Handel-Mazzetti (1938); Zita Wagner: Das literarische Schaffen Helene Raffs (1938).

153 Von der *Ethischen Gemeinde* wurde gemeinsam mit der *Internationalen Liga für Frieden und Freiheit* und dem Verein *Volksheim* auch die Trauerfeier für Touaillon organisiert, bei der Wilhelm Börner, Robert Franz Arnold und Marianne Zycha, promovierte Germanistin und Touaillons Kollegin im Vorstand des *Allgemeinen österreichischen Frauenvereins*, die Gedächtnisreden hielten. [Anonym:] Gedenkfeier für Dr. Christine Touaillon [1] (1928); [Anonym:] Gedenkfeier für Dr. Christine Touaillon [2] (1928).

154 Für die *Arbeiter-Zeitung* besprach Touaillon regelmäßig literarische Neuerscheinungen. Vgl. u. a. Touaillon: Artur Pfungst (1926); dies.: Die Kroismichelin und ihr Cäsar (1927); dies.: Sigrid Undsets historischer Roman (1927).

155 In Wien war Touaillon Vortragende im Volksbildungsverein *Volksheim* und in Graz im Volksbildungsverein *Urania*. Vgl. Gernot [Red.]: Fünf Jahre Grazer Urania (1924), S. 80; Volkshochschule Wien Volksheim: Bericht (1928), S. 41 und S. 72; Volkshochschule Wien Volksheim: Bericht (1929), S. 10, S. 25 und S. 78.

156 Während ihrer Wiener Privatdozentinnentätigkeit wohnte Touaillon bei Rosa Mayreder. Vgl. Mayreder: Tagebücher 1873–1937 (1988), S. 246; vgl. auch Mayreder: Christine Touaillon [Nekrolog] (1928).

157 [Anonym:] Verband der akademischen Frauen Österreichs [1] (1922); [Anonym:] Verband der akademischen Frauen Österreichs [2] (1922).

158 Der *Verband der akademischen Frauen Österreichs* wurde auf Aufforderung der *International Federation of University Women* (IFUW) von Elise Richter initiiert,

litierten Frau in Österreich, die immer wieder betonte, dass sie an „die Universität nicht als Frauenrechtlerin"[159] gekommen sei und dass sie „peinlich auf Gleichheit" geachtet habe, damit man sie ja nicht als Frau wahrnehme,[160] trat Touaillon auch in ihrer Funktion als Privatdozentin offensiv für feministische Belange ein. Auf der „Konferenz über Gleichberechtigung der Frauen in Österreich", die am 19. und 20. März 1927 im Festsaal des Ingenieur- und Architektenvereins in Wien stattfand, sprach sie über das Thema „Hochschulen" und beklagte öffentlich, dass es im Unterschied zum Studium für Frauen „weniger günstig […] in der Frage der Gleichberechtigung mit dem akademischen Lehramt" stehe, da es zwar mit „größter Energie und Ausdauer" mittlerweile möglich sei, „die Dozentur zu erlangen […], aber an die Erlangung der Professur […] derzeit nicht zu denken" sei.[161]

An der Universität schien man, wie ein Germanisten-Nachruf auf Touaillon, die am 15. April 1928 im Alter von fünfzig Jahren starb,[162] zeigt, bei dieser streitbaren Privatdozentin zu einer Form der Domestizierung übergegangen zu sein, bei der der im 18. Jahrhundert Autorinnen zugeschriebene Geschlechtscharakter auch auf Wissenschaftlerinnen übertragen wurde. Der langjährige Freund und außerordentliche Titularprofessor für das neuere Fach Robert Franz Arnold, der Touaillon durchaus wohlgesonnen war, hob in seinem Nachruf für die Monatsschrift *Die Literatur* an Touaillon eine „fast mütterliche Teilnahme an allen, die da leiden", hervor, betonte, dass sie „für ihre Schützlinge durch dick und dünn" ging, weshalb „diese Kinderlose […] viele Kinder [hatte], solche sogar, die früher

---

jedoch mit einigem Widerstreben, da Richter sich nicht politisch betätigen wollte. Richter legte auch stets Wert darauf zu betonen, dass es sich um eine „„unpolitische' Vereinigung" handelte. Richter: Summe des Lebens (1997), S. 100, S. 110 und S. 117–118, Zitat S. 117. – Touaillon hingegen bemühte sich um eine Abgrenzung zu „nationalistische[n]" Gruppierungen, so z. B. zum *Bund österreichischer Frauenvereine*, der ihr „zu sehr rechtsorientiert" war. Brief von Touaillon an Elise Richter vom 30. Mai 1923; ÖNB, Handschriftensammlung, 266/47–2.

159 Richter: Summe des Lebens (1997), S. 110; vgl. auch dies.: Erziehung und Entwicklung (1928), S. 92.

160 Richter: Erziehung und Entwicklung (1928), S. 84.

161 Touaillon: Hochschulen (1927). – Zum Ablauf und zu den Vortragenden der Konferenz vgl. ausführlich [Anonym:] Konferenz über Gleichberechtigung der Frauen in Oesterreich (1927).

162 Zunächst wurde Touaillon mit der Diagnose ‚Klimakterium' in die psychiatrische Abteilung der Landesnervenklinik Graz eingewiesen; erst die Obduktion ergab ein Herzleiden als Todesursache. Bubeníček: Wissenschaftlerin auf Umwegen (1987), S. 13.

geboren waren als die Pflegemutter". Ihre literaturwissenschaftliche Tätigkeit beschrieb er als „Herzenssache", die sie mit all ihrer „Blutwärme" erfüllt habe, unterstützt durch „ein der weiblichen Mentalität besonders gemäßes Interesse für das literarische Individuum in Miniaturbildern zumal erzählender und lyrischer und zumal weiblicher Poeten".[163] Nach ihrem Tod ist Touaillon der wissenschaftlichen Aufmerksamkeit wieder entschwunden und für die (nicht erhaltene) Autobiographie, die sie über ihre Universitätsjahre verfasste, fand ihr Mann bereits 1929 keinen Verleger mehr.[164] Eingehendes wissenschaftliches Interesse an Touaillons Habilitationsschrift entwickelte sich erst wieder in den 1970er und 1980er Jahren,[165] in denen sich die (feministische) Literaturwissenschaft – trotz aller Hochachtung für Touaillons Leistung – an ihrer von Weiblichkeitsstereotypen nicht freien Herangehensweise in ihrer Studie *Der deutsche Frauenroman des 18. Jahrhunderts* auch abarbeitete.[166]

---

163 Arnold: Christine Touaillon [Nekrolog] (1928), S. 643–644.
164 Brief von Heinrich Touaillon an die J.G. Cottasche Buchhandlung vom 11. September 1929 [darauf auch die Absage des Verlags vom 14. September 1929]; DLA Marbach. – Für diesen Hinweis danke ich Myriam Richter, Hamburg.
165 Die erste wissenschaftshistorische Auseinandersetzung mit Touaillon stammt von Erich Leitner: Christine Touaillon (1973); 1979 erschien mit einem Vorwort von Enid Gajek außerdem ein Faksimile-Nachdruck der Habilitationsschrift. Die erste umfassendere Auseinandersetzung mit Touaillon unternahm Hanna Bubeníček: Wissenschaftlerin auf Umwegen (1987); vgl. auch Rainer Leitner: Christine Touaillon (1991).
166 So z.B. Renate Möhrmann, die Touaillon Parteilosigkeit vorwirft. Möhrmann: Feministische Ansätze in der Germanistik seit 1945 (1979).

III. Literaturwissenschaft und Geistesgeschichte – Marianne Thalmann (1888–1975)

Die einzige der drei in Wien habilitierten Germanistinnen, die nicht im Privatdozentenstatus verblieb oder den Universitätsbetrieb wieder verließ, sondern – wenn auch nicht in Österreich – akademisch Karriere machte, war Marianne Thalmann. Thalmann absolvierte 1905 das Linzer Lyzeum, studierte daraufhin als außerordentliche Hörerin Germanistik und Romanistik in Graz und Besançon, legte 1910 die Lehramtsprüfung für Deutsch und Französisch für Mädchenlyceen ab und besuchte 1913 die Malklasse bei Oskar Kokoschka. 1917 holte sie am Mädchenrealgymnasium Wesely in Wien die Reifeprüfung nach und inskribierte (jetzt als ordentliche Hörerin) Deutsche Philologie und Kunstgeschichte an der Universität Wien,[1] wo sie 1918 aufgrund ihrer Arbeit *Probleme der Dämonie in Ludwig Tiecks Schriften* mit Auszeichnung promovierte. Die 1919 in der von Franz Muncker herausgegebenen Reihe *Forschungen zur neueren Literaturgeschichte* publizierte Dissertation widmete sie ihren „Lehrern Bernhard Seuffert und Walther Brecht"[2]. Von 1910 bis 1923 unterrichtete Thalmann neben ihren Studien an verschiedenen Wiener Lyceen und – mit Dispens des Landesschulrats – auch an einem Wiener Realgymnasium; außerdem war sie im Wohlfahrtswerk von Eugenie Schwarzwald und im Wiener Abrechnungsamt tätig.[3]

---

1 Thalmanns wissenschaftliches Hauptinteresse galt zunächst nicht der Literatur, sondern der zeitgenössischen Bildenden Kunst. Als Vorbild für eine akademische Betrachtungsweise fungierte für sie der Münchner Privatdozent für Kunstgeschichte und Maler Fritz Burger (1877–1916), den sie anerkennend als „wissenschaftliche[n] Espressionist[en]" bezeichnete. Thalmann: Die Geburt des neuen Jahrhunderts. Typoskript. o.D.; UB Heidelberg, Handschriftensammlung, Nachlass Lili Fehrle-Burger. – Zu Thalmanns Verbindung von Kunst und Wissenschaft vgl. außerdem Kap. III.1.

2 Thalmann: Probleme der Dämonie in Ludwig Tiecks Schriften (1919), o.P.

3 Zu den biographischen Angaben vgl. den eigenhändigen Lebenslauf von Marianne Thalmann vom 13. Juni 1918 und die Beurteilung ihrer Dissertation durch Walther Brecht vom 22. Juni 1918; UAW, Phil. Fak., Rigorosenakt Marianne Thalmann; den eigenhändigen Lebenslauf von Thalmann vom 12. Mai 1924; UAW, Phil. Fak., Zl. 864 ex 1924, PA 3433 Marianne Thalmann; das von

Während ihrer Berufstätigkeit verfasste Thalmann zudem die Studie *Der Trivialroman und der romantische Roman. Ein Beitrag zur Entwicklungsgeschichte der Geheimbundmystik*, die sie 1923 in der renommierten, von Emil Ebering gemeinsam mit Walther Brecht, Franz Muncker, Julius Petersen, Gustav Roethe, Rudolf Unger u. a. herausgegebenen Reihe *Germanische Studien* publizierte und am 12. Mai 1924, drei Jahre nach der Verleihung der Venia Legendi an Christine Touaillon, als Habilitationsschrift an der Universität Wien einreichte. Mit maßgeblicher Unterstützung Walther Brechts und gänzlich ohne Komplikationen oder zeitliche Verzögerungen wurde ihr daraufhin am 19. Juli 1924 die Lehrbefugnis für *Neuere Deutsche Literaturgeschichte* verliehen.[4] Damit reiht sich Thalmann in jene vergleichsweise große Schar von Universitätslehrern ein, die aus dem Wiener Seminar Walther Brechts hervorgegangen sind; zu nennen sind hier, wie erwähnt, so unterschiedliche Wissenschaftler wie der damalige Romantikforscher Heinz Kindermann, der Barockforscher Herbert Cysarz, der Goethe-Forscher Franz Koch und der Frühe-Neuzeit-Forscher Hans Rupprich.

Wie viele andere ihrer Generationskollegen beschäftigten Thalmann nicht mehr die Probleme der philologischen Ausrichtung des Fachs. Vielmehr decken ihre Veröffentlichungen der 1920er und 1930er Jahre nahezu das gesamte Spektrum der breiten und im Einzelnen uneinheitlichen, zur (modernen) Literaturwissenschaft avancierten Disziplin ab. Bereits in ihrer Dissertation *Probleme der Dämonie in Ludwig Tiecks Schriften* erteilte sie der historisch-empirisch arbeitenden Forschergeneration eine entschiedene Absage: „Haym, Garnier, Minor, Steiner und andere haben durchweg die These von der Beschränkung der Dämonie für Tiecks Jugend festgehalten. […] Sie entbehrt jeder Begründung."[5] Thalmann begnügte sich nicht mit der Analyse philologisch (oder mikroskopisch) abgegrenzter Einzelteile, die zusammengenommen (wie von selbst)

Thalmann eigenhändig ausgefüllte „Faculty Questionnaire" vom September 1946; Wellesley College Archive, Biographical Files Marianne Thalmann.

4   Brief des Bundesministeriums für Unterricht an das Dekanat der philosophischen Fakultät in Wien vom 19. Juli 1924; UAW, Phil. Fak., Zl. 864 ex 1924, PA 3433 Marianne Thalmann.

5   Thalmann: Probleme der Dämonie in Ludwig Tiecks Schriften (1919), S. 19. – Gemeint sind Rudolf Haym mit seiner Studie *Die romantische Schule* (1870), T.D. Garnier mit *Zur Entwicklungsgeschichte der Novellendichtung Ludwig Tiecks* (1899), Jakob Minor mit *Tieck als Novellendichter* (1884) und Bernhard Steiner mit *Ludwig Tieck und die Volksbücher* (1893).

ein Gesamtbild ergeben sollten,[6] sondern setzte sofort auf umfassende Synthesenbildung: Mit psychologischen, medizinischen, philosophischen und ästhetischen Erklärungsmustern versuchte sie, die bisher in der Deutschen Philologie angenommenen, disparaten und scheinbar unvereinbaren Bilder eines frühen und eines späten Tieck, einer frühen und einer späten Romantik, zu revidieren, indem sie anhand der Motive des Wunderbaren, der Dämonie und des Irrationalen eine in sich geschlossene, nicht widersprüchliche Gesamtdeutung des Dichters unternahm. Ebenso auf Synthesenbildung konzentriert ist Thalmanns Habilitationsschrift *Der Trivialroman und der romantische Roman*, in der es ihr aber nicht um die einheitliche Gesamtauffassung eines einzelnen Dichters, sondern um eine kontinuierliche Entwicklung zwischen trivialem Bundesroman und romantischem Kunstroman ging; eine Entwicklung, die sie durch umfassende Motivstudien zu beweisen suchte.[7]

Hatte sich Thalmann mit diesen beiden Schriften nicht nur von der von Rudolf Haym begründeten, wirkungsmächtigen Teilung des Tieck-Bilds,[8] sondern auch von der auf biographische und werkgenetische Einzelfragen spezialisierten philologischen Betrachtung der Romantik distanziert,[9] so betrat sie mit ihrer nächsten Studie einen ganz anderen, aber ebenso, wenn man will, innovativen,[10] zumindest aber antiphilologischen

---

6 Schon über Wilhelm Scherer schrieb Josef Körner, dass dieser zu der von den anderen Germanisten des 19. Jahrhunderts betriebenen „geduldigen Mühsal statistischer Sammlungen, aus denen durch bloße Vergleichung der Tabellen die Erkenntnis gleichsam automatisch sich ergibt", keine Neigung hatte. Körner: Deutsche Philologie [1935], S. 71.

7 Laut Jack Zipes handelt es sich um die *„erste* umfassende Motivstudie zur Romantik". Zipes: Geleitwort (1976), S. 10 (Hervorh. E.G.).

8 Vgl. Haym: Die romantische Schule (1870), eine zweite Auflage des erfolgreichen Buchs erschien 1906, eine dritte 1914, eine vierte 1920 und eine fünfte, von Oskar Walzel besorgte 1928.

9 Zur germanistischen Romantikrezeption vgl. Kap. III.1.

10 Dass es sich bei Thalmanns Texten um innovative oder zumindest neue Ansätze handelte, wurde in der zeitgenössischen Rezeption häufig betont. Adolf Grolman bezeichnete Thalmanns Studie *Gestaltungsfragen der Lyrik* als „Vorläufer und Anfang" derartiger Untersuchungen, Curt Hille als „Neuland". Grolman: Marianne Thalmann, Gestaltungsfragen der Lyrik [Rez.] (1926), S. 140; Hille: Marianne Thalmann, Gestaltungsfragen der Lyrik [Rez.] (1926), Sp. 340–341. – Léon Pineau wiederum meinte, dass es Thalmanns 1928 erschienenem Buch *Henrik Ibsen, ein Erlebnis der Deutschen* „ne manque pas d'originalité" [an Originalität nicht mangele, E.G.]; die *Die Anarchie im Bürgertum* von 1932 wurde wiederum als „erste Untersuchung und Darstellung dieser Art" gelobt. Pineau: Marianne Thalmann, Henrik Ibsen [Rez.] (1929), S. 309; St.: Marianne Thal-

Bereich des Fachs: In *Gestaltungsfragen der Lyrik* (1925) ging Thalmann davon aus, dass die Anordnung der Gedichte innerhalb eines Gedichtbands immer – und nicht nur bei so offensichtlich zyklisch und architektonisch verfahrenden Lyrikern wie Stefan George – das Zeugnis eines überpersönlichen, lyrischen Gestaltungswillen des Autors darstellt, dass „in der Komposition des Gedichtbuches Werte von ästhetischer Totalität liegen"[11]. Bezugnehmend auf Ornamenttheorien und formalästhetische Konzepte der Kunstforschung (Alois Riegl, Heinrich Wölfflin, Wilhelm Worringer), auf Oskar Walzels stiltypologische Arbeiten und auf die Studie *Conrad Ferdinand Meyer und das Kunstwerk seiner Gedichtsammlung* (1918) ihres Lehrers Walther Brecht erkannte Thalmann zwei verschiedene „stilprinzipielle Gestaltungen"[12] und Aufbaugesetze in deutschsprachigen Gedichtbänden (u. a. von Heine, Lenau, Mörike, George, Rilke, Droste-Hülshoff, Arno Holz): Das eine Gesetz sei durch die geometrische Ornamentik des Kreises wie bei Rilke und George, das andere durch die organisch-vegetabilische Ornamentik der Wellenlinie gekennzeichnet, die am ausdrücklichsten bei Droste und Heine zu finden sei. Mit dieser formalästhetischen Bestimmung der Konzeption von Gedichtbänden gab sich Thalmann aber nicht zufrieden; gleichzeitig versah sie diese auch mit Erläuterungen zur „nationale[n] Bedingtheit des Formwillens"[13]. Während das organisch konzipierte Gefüge durch ‚fremde', nämlich romanische Einflüsse bestimmt sei, offenbare das geometrische die Besinnung auf den deutschen „Nationalstil"[14].

Mit Gegenwartsliteratur beschäftigte sich Thalmann in ihren letzten beiden von Wien aus publizierten Büchern. Sowohl in *Henrik Ibsen, ein Erlebnis der Deutschen* (1928) als auch in *Die Anarchie im Bürgertum. Ein Beitrag zur Entwicklungsgeschichte des liberalen Dramas* (1932) entwarf Thalmann eine pessimistische Zeitdiagnose, in der sie die Entwicklung des nachromantischen Dramas als Indiz für die Verfallsgeschichte des liberalen Bürgertums las. Ibsen charakterisierte sie dabei als „Prediger vor dem

---

mann, Die Anarchie im Bürgertum [Rez.] (1932), S. 334. – Unter demselben Aspekt, aber wissenschaftlich negativ bewertet wurde *Gestaltungsfragen der Lyrik* von Richard Newald, der zwar hervorhob, dass Thalmann „zum erstenmale Sammlungen lyrischer Gedichte als Gesamtheiten auffaßt", die Ergebnisse aber als reine „Spekulation" abtat. Newald: Marianne Thalmann, Gestaltungsfragen der Lyrik [Rez.] (1926), S. 113–114.

11 Thalmann: Gestaltungsfragen der Lyrik (1925), S. 4.
12 Thalmann: Gestaltungsfragen der Lyrik (1925), S. 96.
13 Thalmann: Gestaltungsfragen der Lyrik (1925), S. 101.
14 Thalmann: Gestaltungsfragen der Lyrik (1925), S. 103.

Ende"[15], als „große[n] Zertrümmerer einer Welt, deren Kräfte erschöpft sind"[16]; in seinen Dramen habe Ibsen nur noch „[v]erkürzte Menschen"[17] gezeichnet, mit denen er Zeugnis vom Verfall der Werte, vom „Verwesungsstadium einer Kultur"[18] ablege. In *Die Anarchie im Bürgertum* wendete sie dasselbe Verfahren auf deutschsprachige Dramen des 19. und frühen 20. Jahrhunderts an.

Die zeitgenössische Beurteilung der Schriften Marianne Thalmanns spannte sich von hoher fachlicher Wertschätzung bis hin zu wissenschaftlicher Diskreditierung.[19] Ihren Ursprung hat diese polarisierende und widersprüchliche Einschätzung von Thalmanns Arbeiten im – in den 1920er und frühen 1930er Jahren (auch als Generationenproblem) am Höhepunkt seiner Erschütterung angekommenen – Selbstverständnis der Disziplin, der mit der Auflösung der unbedingten philologischen Orientierung des Fachs der fixe Bezugspunkt abhanden gekommen war. Wie die Arbeiten Thalmanns im Kontext der zeitgenössischen Diskussionen des Fachs verortet werden können und welche Erklärungsmuster Thalmann im Einzelnen entwarf, wird im Folgenden exemplarisch an zwei thematisch und rezeptionsästhetisch durchweg unterschiedlichen Texten dargestellt:

---

15 Thalmann: Henrik Ibsen, ein Erlebnis der Deutschen (1928), S. 2.

16 Thalmann: Henrik Ibsen, ein Erlebnis der Deutschen (1928), S. 25.

17 Thalmann: Henrik Ibsen, ein Erlebnis der Deutschen (1928), S. 47.

18 Thalmann: Henrik Ibsen, ein Erlebnis der Deutschen (1928), S. 63.

19 Einige Beispiele: In Bezug auf *Probleme der Dämonie in Ludwig Tiecks Schriften* sprach Hubert Rausse von einer „eingehende[n] und überlegene[n] Untersuchung", Hermann Glockner davon, dass „[d]ie Verfasserin ihrem Gegenstand methodisch-darstellerisch nicht gewachsen" sei. Rausse: Marianne Thalmann, Probleme der Dämonie in Ludwig Tiecks Schriften [Rez.] (1919/1920), Sp. 1390; Glockner: Marianne Thalmann, Probleme der Dämonie in Ludwig Tiecks Schriften [Rez.] (1924), S. 126. – Die Studie *Gestaltungsfragen der Lyrik* bezeichnete Curt Hille als „methodisches Musterbeispiel für derartige kritische Stiluntersuchungen", Richard Newald hingegen meinte, dass das „Werk" nicht nur „keinen Anspruch auf strenge Wissenschaftlichkeit machen darf", sondern auch dass die „Verfasserin für Philologie kein Organ, für die historische Entwicklung kein Verständnis" habe und ihre „Technik" ein „Geheimnis" bleibe, das von „Wünschelruten" geführt zu sein scheint. Hille: Marianne Thalmann, Gestaltungsfragen der Lyrik [Rez.] (1926), Sp. 341; Newald: Marianne Thalmann, Gestaltungsfragen der Lyrik [Rez.] (1926), S. 114–115. – Über *Henrik Ibsen* schrieb Heinrich Lützeler, dass Thalmann den Autor „[m]it einer staunenswerten Kraft des Verstandes und des Wortes, mit scharfem Blick für den typischen Einzelzug und die Ausdruckwerte der Form" begreife, Ernst Alker wiederum stellte fest, dass „[d]ie Art ihrer Arbeit" Thalmann zu „einer gewissen Einseitigkeit", zum „Dogma" nötige. Lützeler: Marianne Thalmann, Henrik Ibsen [Rez.] (1928), S. 221; Alker: Marianne Thalmann, Henrik Ibsen [Rez.] (1929), S. 487.

zunächst an ihrer Habilitationsschrift *Der Trivialroman und der romantische Roman* von 1923 und anschließend an *Die Anarchie im Bürgertum* von 1932. Abgeschlossen wird das Kapitel mit Einblicken in Thalmanns letzte Jahre an der Wiener Universität und ihren Weggang in die USA.

III.1. Darstellung statt Erkenntnis? – *Der Trivialroman und der romantische Roman. Ein Beitrag zur Entwicklungsgeschichte der Geheimbundmystik* (1923)

In seiner Analyse des als geistesgeschichtliche Gründungsschrift gehandelten Buchs *Hamann und die Aufklärung* (1911) von Rudolf Unger konstatierte Klaus Weimar, dass Unger „mit erstaunlicher Konsequenz nichts anderes als eine Kräftegeschichte" entwirft, d. h. „eine Welt, die, für sich genommen, anschaulich macht, was Hölle sein könnte".[20] Weimar folgte in seiner aufschlussreichen, sprach- und stilanalytischen Lektüre von Ungers Text einem Hinweis in einer weiteren geistesgeschichtlichen Gründungsurkunde, nämlich Friedrich Gundolfs Buch *Shakespeare und der deutsche Geist*, das im selben Jahr erschienen war. Darin betonte Gundolf: „Darstellung, nicht bloß Erkenntnis liegt uns ob, […] weniger die Zufuhr von neuem Stoff als die Gestaltung und geistige Durchdringung des alten."[21] Ist die Geistesgeschichte also bloß eine Frage der Darstellung und nicht der Erkenntnis? Und ist es notwendig, die historische Referenz, um die es den Vertretern der Geistesgeschichte ausdrücklich nicht ging, auch für die wissenschaftliche Lektüre zu sistieren, um die durchweg hochmetaphorischen Texte einer wissenschaftlichen Analyse überhaupt erst zugänglich zu machen? Zweifellos zeigt eine „solche zugegebenermaßen oblique Lektüre"[22], wie sie Klaus Weimar vorgenommen hat, dass Ungers hochgelobte Schrift[23] nichts anderes vorführt als eine „gespenstische[ ] und beklemmende[ ] Vision", in der „ein krampfhafter Betrieb statt [findet], schiere Prozessualität, ein ständiges Wirken, Ringen und

---

20 Weimar: Das Muster geistesgeschichtlicher Darstellung (1993), S. 93.
21 Gundolf: Shakespeare und der deutsche Geist (1911), S. VI–VII.
22 Weimar: Das Muster geistesgeschichtlicher Darstellung (1993), S. 93.
23 Noch 1958 nannte Paul Kluckhohn Ungers Buch „die beste und tiefste Darstellung des dt. Geisteslebens der vorklassischen Zeit". Kluckhohn: Geistesgeschichte (1958), S. 538.

Kämpfen" von „farb- und gestaltlose[n] Kräfte[n], Bewegungen, Faktoren", von „körper- und sprachlose[n] Subjektivitäten".[24]

Auch Marianne Thalmanns Habilitationsschrift *Der Trivialroman und der romantische Roman* (1923) kann rhetorisch und stilistisch der Geistesgeschichte zugeordnet werden. Gleich zu Beginn der Einleitung, in der Thalmann vorgibt, einen Überblick über die Entwicklung der geheimen Orden und Gesellschaften in der zweiten Hälfte des 18. Jahrhunderts zu geben, stößt man als Leser auf eine Textwelt, in der sich alles scheinbar unkontrolliert bewegt: Es wird „gestiegen", „erstanden", „um sich gegriffen", „hineingeraten", „verzweigt", „gehäuft", „erfaßt", „ins Leben getreten", „aufgetaucht", „übernommen", „vergrößert" und „zugeströmt". Und was sich bewegt, die zugehörigen grammatischen Subjekte, verstärken noch den Eindruck des historisch, geographisch und sozial nicht Fassbaren: Bei den grammatischen Subjekten handelt es sich nämlich um „eine Reihe neuer Führer", die „Maurerei", die „Rektifikation der Logen", die „Bewegung" selbst, „Sekten" sowie „Magier und Scharlatane". Und wohin bewegen sich diese entpersonalisierten Subjekte? Nicht an einen bestimmten Ort, sondern in „eine *Zeit heftiger Gärungen*", in „eine geheimnisvollere und ekstatischere Vergesellschaftung", in „*ein ausgesprochen geheimnisvolles Fahrwasser*", in einen „Zauberkessel von Mystik und Eigennutz". Und fragt man sich noch, um wenigstens einen überprüfbaren Anhaltspunkt zu haben, wie sich diese form- und zeitlosen Wesen bewegen, so findet man die Auskunft: „wie rasche Meteore".[25]

Führt man diese Art der Lektüre, die hier im Detail nur den ersten Absatz des Buchs umfasst, weiter, so fällt auf, dass sich Thalmann die gesamte Studie hindurch einer derartigen Wissenschaftssprache bedient. Zwar klingt der Anspruch der Arbeit, den Thalmann im Vorwort formuliert, noch vergleichsweise profan; sie möchte „einen Querschnitt durch den Trivialroman des 18. Jahrhunderts" ziehen, um „das breite Feld bloßzulegen, das für romantische Ideen vorbereitet war". Um die „Darstellung einer chronologischen Entwicklung innerhalb der Produktion der einzelnen Schriftsteller" geht es ihr dabei aber ausdrücklich nicht. (Thalmann 1923, Vorwort, o.P.) Auch ob sich die besprochenen Schriftsteller der

---

24 Weimar: Das Muster geistesgeschichtlicher Darstellung (1993), S. 93.
25 Alle Zitate: Thalmann: Der Trivialroman und der romantische Roman (1923), S. 1. – Im Folgenden im Fließtext zitiert als (Thalmann 1923, [Seitenabgabe]). – Thalmann arbeitet nicht nur mit einer hochmetaphorischen Sprache, sondern vielfach auch mit Veränderungen im Schriftbild. Die große Zahl an Kursivierungen aus dem Original wird in den Zitaten beibehalten.

Romantik (Brentano, Hoffmann, Eichendorff, Novalis, Schlegel, Tieck) tatsächlich mit dem Trivialroman auseinandersetzten, ist dabei nicht von Belang. In Thalmanns Textwelt sind es nämlich nicht historische Figuren, die denken, handeln, schreiben und kritisieren, sondern entweder die von ihr identifizierten literarischen Motive oder ein überindividueller ‚Geist‘, der sich der Autoren als (willenlose) Ausdrucksmittel bedient. So erscheint dieser ‚Geist‘ oftmals als einziger Faktor, der auch als Akteur auftritt. Ausgestattet mit Bezeichnungen wie „Gier nach Wundersamem", *„Ruf nach kosmischen Zusammenhängen"* u.v.a. durchdringt er die jeweilige „literarische Produktion", die sich wehr-, weil akteurlos *„dieser neuen Welle nicht entziehen konnte".* (Thalmann 1923, 2–3)

Mit dem festen Glauben an diese die Texte beherrschende Kraft durchforstet Thalmann über 150 Trivialromane und fast ebenso viele romantische Romane nach Ausdrucksspuren des jeweiligen ‚(Zeit-)Geistes‘. Dabei stellt sie dreierlei fest. Zunächst, dass es der Trivialroman des 18. Jahrhunderts war, in dem als erstes „ein ewiger Gedanke der Menschheit: [d]ie Sehnsucht nach dem Irrationalen" – zwar „übertüncht und verzerrt", aber doch – zum literarischen Ausdruck kam. (Thalmann 1923, 316–317) Zweitens, dass sich „die dämonische Fruchtbarkeit des Trivialromans" vor allem „in jenem Zweig [zeige], der aus dem Bundeswesen entsprang" (Thalmann 1923, 55 und 316): Auf dem *„Wege der großen, wundersamen Gemeinsamkeit"* sei es nämlich erst möglich gewesen, dass das *„Grauen der Seele",* das die ganze Menschheit erfasst habe, auch literarisch *„geboren"* wurde. Drittens – und in einem einfachen Umkehrschluss daraus folgend – geht Thalmann davon aus, dass sich der romantische Roman nicht aus der Weiterentwicklung des klassischen Kunstromans, sondern in seiner „metaphysischen Kraft" (Thalmann 1923, 55) aus der „Transsubstantiation der Motive" (Thalmann 1923, 318) des Trivialromans speise.

Die von Thalmann vorgenommene Inventarisierung und Aufzählung einer Vielzahl von Motiven und Stoffen im trivialen Bundesroman des 18. Jahrhunderts verschwimmt dabei – in Ausblendung von historischen Abläufen sowie von Schreib-, Bildungs- und Einflusskontexten der jeweiligen Autoren – zu einer schonungslos teleologischen Massenbewegung, die, um dem „Rationalismus der Jahre" (Thalmann 1923, 3) zu entkommen, der Spitze der antiaufklärerischen Weltsicht, der Romantik, entgegenläuft. So erklärt sie, dass die *„Dämonie des Alltags",* die den romantischen Roman insgesamt kennzeichne, aus der *„Intrigue des Bundesromans"* entstanden sei. (Thalmann 1923, 318) Denn wie der Trivialroman setze der romantische Roman auf das Geheimnis als zentrale Motivation der Handlung, im Unterschied zu diesem verzichte er aber auf dessen rationale Auflösung, auf dessen vernünftige Entwirrung und Erklärung, was allein schon zu der für den romantischen Roman charakteristischen „Dämonisierung der Ereignisse" führe. (Thalmann 1923, 115) Das Aufnahme-, Weihe- und Versammlungszeremoniell der geheimen Gesellschaften im Trivialroman findet Thalmann in der „Einkehr […] in die Untiefe des eigenen Selbst" wieder, wobei die „Häufung der Gefahren am Wege zur Weihe", die der Held im Bundesroman zu überwinden hat, von den „Qualen romantischer Selbstzergliederung und Ironie", wie Thalmann es nennt, „umgesetzt und überstrahlt" werde. (Thalmann 1923, 318) Aus der „*listenreichen Führung*" des Bundes, die den trivialen Helden über Irr- und Umwege zum Ziel bringe, werde Thalmann zufolge das „*romantische[] Schicksal*"; und die Gegensatzpaar- bzw. Gegenspielerkonstellation des Bundesromans werde in der Romantik aufgelöst in einen harmonischen „Ring der Erlösung". Aus der „Nekromantie des Trivialromans" strebe man in der Romantik zur „*weißen Magie*", zur „überirdischen Auflösung seines Grauens" und seine „*zwiespältige Seele*" sei Sinnbild der „*endlich gefundene[n] prima materia aller alchymistischen Anstrengungen*". (Thalmann 1923, 319) Die „Geister- und Bundesfurcht", die im Trivialroman den ersten „primitiven Ansatz eines Grauens vor dem Unbekannten" darstelle, verwandle sich in der Romantik zum „beseelte[n] Bangen vor dem objektlosen Fremden". Insgesamt entzaubere sich die gesamte Bundessymbolik, vor allem die „alchymistische Stoffverwandlung" und die „Wundersehnsucht aller geheimen Gesellschaften", wie Thalmann abschließend behauptet, in der „romantischen Einkehr in den Katholizismus". Die „wunderlichen blauen und roten Grade der Orden" verklären sich dabei in der „Hierarchie der Kirche" und die „Weisheit des Meisters in der Verwandlung der Hostie": „*Und damit war für diese Dichter das Ordenswesen als Ausgangspunkt und der Katholizismus als Ende gegeben.*" (Thalmann 1923, 320–321)

Das größte Augenmerk widmet Thalmann aber der „romantischen Entfaltung der Geniusgestalt", einer Figur, die sie in verschiedenen Ausprägungen sowohl im Trivialroman als auch im romantischen Roman identifiziert. Beim Genius handelt es sich um jene Figur des Bundesromans, die dem Helden beigestellt ist, um – unerkannt – dessen Handlungen den Absichten der geheimen Gesellschaft unterzuordnen, der er selbst angehört. Thalmann bezeichnet den Genius als „*das gestaltende Prinzip*" des Romans, als „*menschliche Wiedergeburt des Bundeswillens*", die, „wie es der Zweck eben erfordert", entweder als „Schützer" oder „Zerstörer", als „Versucher" oder „Seelenfänger am Wege des Helden steht". Zu finden sei die Figur des Genius in nahezu allen Trivialromanen des

18. Jahrhunderts: Während Cajetan Tschinks *Geschichte eines Geistersehers* (dt. 1790–1793) und Carl Friedrich August Grosses *Der Genius* (1791–1794) das „strengste Paradigma der Verwendung" böten, d. h. den Genius „einem deutlich umschriebenen Bund [...], dessen Interessen das Buch beherrschen", zuordnen, fänden sich „Schattierungen" dieser Figur in Benedicte Nauberts *Hermann von Unna* (1788), in Ignaz Aurelius Feßlers *Marc-Aurel* (1789–1792) und in Lörincz Gindls *Die Schlangenritter* (1799) ebenso wie in – bis heute – anonymen, nur einmal aufgelegten Büchern wie dem Nonnenschauerroman *Blutende Gestalt mit Dolch und Lampe* (o. J.). (Thalmann 1923, 94–95)

Interessant für Thalmann ist der Genius deshalb, weil er, wie sie betont, in seiner *„Doppelrolle"* als Vertreter eines Bundes und Begleiter des Helden als erste literarische Figur den „Schein dämonischer Gespaltenheit" aufweise. (Thalmann 1923, 94) So gebe der *„Umstand der Allgegenwärtigkeit,* der immer fühlbaren geheimnisvollen Macht [...] dem Genius etwas Gottähnliches". (Thalmann 1923, 96) Auch, dass er als der „große Verhüllte" in wechselnden, in den Logenfarben Rot, Weiß und Schwarz gehaltenen Kostümen, *„allwissend"* und „[g]eheimnisvoll" immer „wie aus der Erde geschossen" auftrete, verleihe dieser Gestalt einen „übermenschliche[n] Zauber". (Thalmann 1923, 97 und 99) Er habe den *„Glanz fremder Herkunft"* (Thalmann 1923, 102), sein Gesicht zeige die „Züge des disharmonischen Menschen" und sein „beherrschende[r] Blick" sei der des „Magiers", der im Betrachteten das „Gefühl des Erstarrens, des Beherrschtwerdens" auslöse. (Thalmann 1923, 100–101) Er trete auf als jemand, der „unabhängig von Speise und Trank, vergeistigt wie der Fakir" sei und die „Kunst [...], unedle Metalle in Gold zu verwandeln", beherrsche. (Thalmann 1923, 103) Doch obwohl dem Genius eine Vielzahl „dämonische[r] Attribute" (Thalmann 1923, 101) beigegeben sind, breche laut Thalmann doch „immer wieder die Aufklärerfratze hinter dem zeitlosen Kleide des Wunders hervor" (Thalmann 1923, 99). Denn all die übermenschlichen Eigenschaften, die ihm im Laufe der Romanhandlung zugeschrieben werden, erhalten am Schluss, wie im Trivialroman üblich, eine rationale Erklärung und werden als Schein entlarvt, wodurch der Roman mit einer „Wendung ins beruhigend Liebliche" ende. (Thalmann 1923, 96) Damit sei der Genius, in dessen „Hand die Fäden geheimer Führung zusammen[zu]laufen" scheinen (Thalmann 1923, 95), doch nur eine „menschliche Figur des 18. Jahrhunderts", die, so Thalmann,

> kühl gesehn nichts anderes ist als der vom Verstand- und Vernunftkreis aus
> beherrschte Sinnenmensch, der dualistische Mensch, dessen Disharmonie

weder Leid noch Erleben erlöst haben, deren Schwergewicht vom Verstande nach einer Richtung hin [der des Bundes, E.G.] einfach zweckmäßig bestimmt wird. (Thalmann 1923, 101)

Trotz der Demaskierung der Geniusfigur in, wie Thalmann es ausdrückt, das aufklärerische „Nikolospiel des biederen Bürgers" (Thalmann 1923, 104) sieht sie doch gerade in ihr „das ausgeprägt disharmonische Gut des Trivialromans", nach dem der romantische Roman in der Entwicklung zweier typisch romantischer Gestalten greife: Aus dem Genius des Bundesromans, diesem *„hochentwickelte[n] Verführer"*, werde in der Romantik sowohl *„der Fremde, der Unbekannte"* als auch der *„metaphysische Künstler"*. (Thalmann 1923, 264) So ist der fremde Maler in E.T.A. Hoffmanns *Die Elixiere des Teufels* (1815/16) laut Thalmann eine „[k]lare Bundesroman-erscheinung": „hager[ ]", „von ungesagtem Alter, im wundersam ge-bauschten [...] Mantel, mehr Geisterfürst als Mensch". Thalmann verweist aber auch auf viele andere romantische Figuren von „unerforschte[r] Herkunft": Wie der Genius des Trivialromans erscheinen sie zum Beispiel in Novalis' *Die Lehrlinge zu Sais* (entst. 1798/99), in Achim von Arnims *Die Kronenwächter* (1817/1854) und in E.T.A. Hoffmanns *Die Brautwahl* (1819–1821) in einem „wunderlichen Kleide" und sind von „märchen-hafte[m] Alter". Auch der bestechende und fixierende Blick des Genius finde sich nach Thalmann bei nahezu allen Romantikern, in Novalis' *Heinrich von Ofterdingen* (entst. 1800) ebenso wie in Ludwig Tiecks *Die Geschichte des Herrn William Lovell* (1795/96) und Friedrich de la Motte Fouqués *Der Zauberring* (1813). Verwandelt habe sich aber die Gespal-tenheit der Figur: Hatte der Genius des Trivialromans durch äußere Umstände die Doppelrolle als Emissär des Bundes und Begleiter des Helden, so wird der Unbekannte im romantischen Roman zum *„Typus starker, innerer Schwankungen"*. (Thalmann 1923, 267–268) Insgesamt werden die Figuren verstärkt psychologisch erfasst. So rücke das „un-heimliche Lachen" des Genius im romantischen Roman an das „wahn-sinnige Gelächter der Irren" heran (Thalmann 1923, 271) und seine Verwandlungsfähigkeit – eine der „fruchtbarsten Eigenschaften für die Romantik" – gewinne überhaupt ein Eigenleben: Zwar seien von den „alten Verwandlungskünsten des Genius" noch die „wechselnden Er-scheinungsformen ein und derselben Romanperson" geblieben, aber häufig werde aus der Maskierung wie bei Friedrich Schlegels *Lucinde* (1799) „eine fortwährende, geistige Abspaltung". (Thalmann 1923, 272–273) Die romantische Vereinnahmung des „grauenvolle[n] Fremde[n]", so Thal-mann resümierend, werde dadurch abgeschlossen, dass er „dem Helden nicht mehr als losgelöste, selbständige Gestalt gegenüber[tritt], sondern als Abspaltung seines eigenen Ich". (Thalmann 1923, 275)

Die zweite romantische Figur, die aus dem Genius des Bundesromans entstand, sieht Thalmann im romantischen Künstler. Diesen definiert sie als „Verklärung des weisen Magiers", als eine Gestalt, die „die eigentliche Kunst des Maurers, die Baukunst, Astronomie, Geometrie, Ton-, Dicht-, Scheidekunst, die Kunst des Herrschens" übe. (Thalmann 1923, 265) Der romantische Künstler stehe wie die Geniusfigur „über den Menschen", aber „nicht mehr als Bote einer unbekannten Macht, sondern kraft seines bildenden Willens, als Schaffender"; er sei *vollendeter Weiser – Meister, Magier*". Als literarische Beispiele nennt Thalmann Ludwig Tiecks Figur des Andrea Cosimo, der, wie es bei Tieck heißt, aus Lovell, „diesem seltsamen Steine, Funken zu schlagen" gedenke, weiters den „abenteuerliche[n] Eremit[en] [...], der auch Maler ist", in Tiecks *Franz Sternbalds Wanderungen* (1798) und die Künstler, die in Novalis' Roman *Heinrich von Ofterdingen* als „Wahrsager und Priester, Gesetzgeber und Aerzte" beschrieben werden. Die „größte Kraft ihrer Seele" haben die Romantiker aber laut Thalmann in eine weitere Umwertung dieser Künstlererscheinungen gelegt, nämlich in die „Beseelung", in die Verwandlung des Genius ins Genie. Diese erfolgte, so Thalmann, indem der „Künstler [...] der Gottheit näher gerückt" wurde, und zwar „durch jene letzte Weisheit, die der gebundene Sinn der Laien Wahnsinn nennt". So tragen alle romantischen Künstler „etwas anscheinend Irres an sich", dieses sei aber nichts Negatives, sondern es führe im Gegenteil zur „höchste[n] dämonische[n] Harmonie", da es der „wiederholt betonten Auffassung der Romantik [...], daß Wahnsinn göttliche Torheit sei", entspräche. Damit seien diese Künstler nicht wie im Trivialroman nur vorgetäuschte, sondern „wahre Eingeweihte": „Die prima materia ist ihnen bekannt, sie kennen das letzte Geheimnis, den Stein der Weisen [...]." (Thalmann 1923, 282–283) Dieses letzte Geheimnis, die „überirdische Erlösung", liege für Tieck, Schlegel und Novalis in der *„weiße[n] Magie"*, die laut Thalmann folgenden Zweck hat: „Vom Grauen des Dualismus in die Harmonie mit sich und den Dingen wachsen, seine Seele den Gegenständen mitteilen, ist wahrhafte Transsubstantiation, ist das edelste Geheimnis aller Magier." Die literarischen Beispiele, die Thalmann anschließend an diese Erklärung bringt, beziehen sich auf Friedrich Schlegel, der in *Lucinde* das „Chaos der streitenden Gestalten" durch eine „Magie der Freude" auflösen wollte, und auf Ludwig Tiecks Roman *Franz Sternbalds Wanderungen*, in dem das Geheimnis des wahnsinnigen Malers, das dieser seinen Lehrlingen mitgibt, schlicht laute: „mit sich zufrieden sein". (Thalmann 1923, 287–288)

Die über 300 Seiten umfassenden Ausführungen zu den motivge-
schichtlichen Beziehungen zwischen Trivialroman und romantischem
Roman versieht Thalmann durchgehend mit einer Kritik der Wertschät-
zung, die der akademische Betrieb der Aufklärung und der Klassik ent-
gegenbringt. So lehnt sie die Auffassung Fritz Gieses, Schüler von Wilhelm
Wundt und Professor für Psychologie an der Technischen Hochschule
Stuttgart, dass „erst in Goethes Meister […] dieselben Personen in neuer
Gestalt auftreten" (Thalmann 1923, 104), ebenso ab wie die Einschätzung
des Germanisten und Freimaurerforschers Ferdinand Josef Schneider, dass
Friedrich Schillers Roman *Der Geisterseher* (1787–1789) eine prototypi-
sche Funktion für den romantischen Roman habe.[26] Ohne darauf einzugehen, dass Schillers Roman vor dem Großteil der von ihr angeführten
Trivialliteratur erschienen ist, sieht Thalmann in *Der Geisterseher* lediglich
einen „Versuch des Dichters […] in den Bahnen einer bereits bestehenden
Gattung" (Thalmann 1923, 272). Überhaupt relegiert Thalmann den
„vorromantischen Kunstroman"[27] in die Peripherie einer für den romantischen Roman unbedeutenden Übergangsstation: Er sei *„nicht Anreger
und Erfinder, sondern nur Durchgang"* für die „Sehnsucht nach dem Irrationalen", für die „Dämonie der Romantiker" gewesen (Thalmann 1923,
316–317), da er keine *„Bereicherung oder Umwertung der einzelnen Faktoren"*, die bereits im Trivialroman vorhanden gewesen seien, darstelle.
(Thalmann 1923, 171–172) Sein einziges Verdienst für die Romantik
habe er laut Thalmann als „Veredler der Form" geleistet: Wenn die „wissenschaftliche Forschung […] zwischen beiden vor allem immer die
künstlerischen Gegensätze" betone und „den Trivialroman in die Niede-
rungen deutscher Unterhaltungsliteratur als geschäftstüchtige Ausgeburt
einer sensationslustigen Zeit" verweise, dann habe sie, so Thalmann,
übersehen, dass es das „Rohmaterial" der Trivialromane und nicht der
Kunstromane war, an dem „das romantische Interesse" gelegen sei.
(Thalmann 1923, 316–317)

Diese Einschätzung Thalmanns zielt zweifellos auf eine Aufwertung
des Trivialromans als Gegenstand des literaturwissenschaftlichen Interesses. Dabei ging es Thalmann jedoch nicht darum, den Trivialroman selbst

---

26 Thalmann bezieht sich auf Giese: Der romantische Charakter (1919); Schneider:
    Die Freimaurerei und ihr Einfluß auf die geistige Kultur in Deutschland am Ende
    des XVIII. Jahrhunderts (1909).

27 So der Titel des zwischen die beiden Teile zum Trivialroman und zum romanti-
    schen Roman eingeschobenen kurzen Kapitels über Goethe, Hippel, Jung-Stilling,
    Schiller und Wieland.

in den Mittelpunkt eines eigenen Forschungsunterfangens zu stellen, wie es die Trivialliteraturforschung in den 1960er und 1970er Jahren in Form einer Sozialgeschichte der Literatur oder einer Lesestoffanalyse unternahm. Thalmann interessierte der Trivialroman einzig und allein als „Vorläufer des romantischen Romanes": „Wollte man ihn an sich betrachten", wäre er, wie Thalmann sich ausdrückt, „nur ein trüber Tümpel unterirdisch sich regender Kräfte". (Thalmann 1923, 157)

Thalmanns teleologisch ausgerichtete Betrachtungsweise des Trivialromans auf den romantischen Roman war vor allem ein Unterfangen, mit dem sie den romantischen Roman an die Spitze des literaturgeschichtlichen Epochenkanons zu setzen trachtete:

> Es ist ohne Berechtigung den klassischen Roman einschränkungslos als Vorbild und absolute Höhe der Entwicklung anzusehen. Ich lehne daher im Rahmen dieser Arbeit wertende Klassifikation für Klassik und Romantik, sei es „reif und unreif", wie K. Joël [...] oder „vielseitig und einseitig" wie Chr. Touaillon [...] es tut,[28] vollständig ab. [...] Er [der klassische Roman, E.G.] ist nur ein Vermittler, ein Bindeglied in der Kette der Entwicklung [...]. (Thalmann 1923, 172)

Als Pionierin der Trivialliteraturforschung kann Thalmann also nicht gelten.[29] Zwar hat sie 1923 den Begriff ‚Trivialroman' als Fachterminus in die Wissenschaftssprache eingeführt[30] und die beachtliche Anzahl von über 150 Unterhaltungsromanen einer wissenschaftlichen Analyse unterzogen, aber ihr Blick auf diese Romane war klar auf deren Bedeutung für die romantische Literatur fokussiert. Thalmanns wissenschaftliches Interesse bezog sich also nicht (wie das von Christine Touaillon), obwohl die Aufnahme des Begriffs ‚Trivialroman' in den Haupttitel ihrer Arbeit das nahelegt, auf die Erforschung eines vom zeitgenössischen Wissenschaftsbe-

---

28 Gemeint sind Touaillon: Der deutsche Frauenroman des 18. Jahrhunderts (1919); Joël: Nietzsche und die Romantik (1905).

29 In den einschlägigen Literaturlexika wird Thalmann als Begründerin der akademischen Trivialliteraturforschung angeführt, vgl. u. a. Kellner: Trivialliteratur (1984), S. 449.

30 Vgl. Greiner: Die Entstehung der modernen Unterhaltungsliteratur (1964), S. 16: „Erst durch Marianne Thalmann ist der Begriff ‚Trivialroman' zur Bezeichnung dieses gesamten Literaturkomplexes [der Ritter-, Räuber- und Schauerromane, E.G.] eingebürgert worden." – Kreuzer: Trivialliteratur als Forschungsproblem (1967), S. 172: „Der Ausdruck Trivialliteratur ist seit 1855 belegt und seit 1923, seit einer Arbeit Marianne Thalmanns über die Geheimbundromane des 18. Jahrhunderts, terminologischer Besitz der neueren deutschen Literaturgeschichte." Ähnlich Schulte-Sasse: Trivialliteratur (1984), S. 562.

trieb ausgeschlossenen bzw. marginalisierten Bereichs.[31] Vielmehr lässt die prominente Setzung des Begriffs ‚Trivialroman' darauf schließen, dass sich Thalmann einer Strategie bediente, die darauf abzielte, als Frau mit einem Randforschungsgebiet eher habilitiert zu werden als mit einem Thema, das im Zentrum des germanistischen Interesses stand und somit von Männern besetzt war. Tatsächlich untersuchte Thalmann durch ihre Präferenz der Romantik aber ein Forschungsgebiet, dessen literaturwissenschaftlicher Attraktivitätswert in den 1920er Jahren derart hoch war, dass Julius Petersen in seiner Studie *Wesensbestimmung der deutschen Romantik* von 1926 feststellen konnte, dass „die heutige Literaturgeschichte beinahe mit Romantikforschung gleichgesetzt werden kann"[32], und Paul Böckmann in seinem Aufsatz „Ein Jahrzehnt Romantikforschung" von 1933 konstatierte, dass die Romantik „zu einem der lebendigsten Bereiche der neueren Literaturwissenschaft geworden"[33] sei.

In der Germanistik des 19. Jahrhunderts, in der – zumindest rückblickend – philologische Exaktheit, Quellen- und Textkritik die Arbeitsweise der Forscher bestimmten, war die Klassik paradigmatisch als Höhepunkt literarischen Schaffens und damit auch als bevorzugter Gegenstand literaturwissenschaftlicher Anstrengung gesetzt worden. Der Romantik widmete man sich (mit Ausnahme Rudolf Hayms und Jakob Minors), wenn überhaupt, nur als zusätzlicher Kontextinformation zur Goethe-Forschung.[34] In der zwischen 1890 und 1914 beginnenden Loslösung von dem nun als ‚positivistisch' diskreditierten Methodenideals wurde die Epoche der Romantik aber zu einem Gegenstand, mit dem man in der „Überwindung von ‚Historismus', ‚Relativismus' und fachwissenschaftlichem ‚Spezialistentum' sowie im Bruch mit ‚Intellektualismus' und ‚Mechanismus'"[35] zu einer neuen überrationalen Weltsicht zurückzukehren hoffte, nämlich „zu Seele und Mystik, zu Symbol und Metaphysik, zu Intuition und Kosmologie, zu Geheimnis und Mythos, zu Geist und Überpersonalität"[36]. Dabei waren die zeitgenössisch zahlreichen literaturwissenschaftlichen Unternehmungen zur Romantik, die als Symptom

---

31 Zu den Anfängen akademischer Trivialliteraturforschung vgl. Schenda: Volk ohne Buch (1970); Schulte-Sasse: Trivialliteratur (1984).

32 Petersen: Wesensbestimmung der deutschen Romantik (1926), S. 2.

33 Böckmann: Ein Jahrzehnt Romantikforschung (1933), S. 47.

34 Zu Minors Romantikeditionen und der Romantikauffassung der Scherer-Schule vgl. Elkuß: Zur Beurteilung der Romantik und zur Kritik ihrer Erforschung (1918).

35 Klausnitzer: Blaue Blume unterm Hakenkreuz (1999), S. 32.

36 Mahrholz: Deutsche Literatur der Gegenwart (1930), S. 92.

wie auch als Mitträger des in den 1910er und 1920er Jahren vielfach
konstatierten Zerfalls des Methoden- und Wertekanons des Fachs gesehen
werden können, vielfältig bis zur Gegnerschaft.[37]

In der Zeit zwischen 1900 und 1933 lassen sich drei Hauptrichtungen
der germanistischen Romantikforschung unterscheiden:[38] Am wirk-
mächtigsten erwiesen sich die Programme der sogenannten Geistesgeschichte, die „in Aufnahme von lebensphilosophischen Ideen und Diltheys
Konzept einer ‚verstehenden Geisteswissenschaft' die Rückführung auf und
Deutung literarischer Werke aus Konditionen eines allgemeinen, epo-
chen-, national- oder generationsspezifisch gedachten ‚Geistes' praktizierten"[39] und die sich in Opposition zur relativ nüchternen und exakten
Schreibweise der Philologie des 19. Jahrhunderts durch einen stark bild-
haften und überhöhten Stil auszeichneten und Quellenangaben oftmals als
nutzloses Beiwerk betrachteten.[40] Zu ihren wichtigsten germanistischen
Vertretern zählten Rudolf Unger, Hermann August Korff, Friedrich
Gundolf und Paul Kluckhohn, die sich mit Konzepten der Problem- und
Ideengeschichte auseinandersetzten, sowie Oskar Walzel und Fritz Strich,
die formalanalytische und stiltypologische Forschungsprogramme entwi-
ckelten. In der Geistesgeschichte ging man – in Anlehnung an Wilhelm
Diltheys Baseler Antrittsvorlesung von 1867[41] – für die Zeit zwischen 1770
und 1800 von einer kontinuierlichen literatur- und kulturhistorischen
Entwicklung aus; dabei handelte es sich um eine Auffassung, die unter dem
Schlagwort ‚Deutsche Bewegung' vor allem eine „kontinuierliche und in
Opposition zur westeuropäischen Aufklärung verlaufende Entwicklung
des deutschen Geistes"[42] behauptete.

---

37 Bezeichnenderweise nahm Julius Petersen in seinem Buch *Wesensbestimmung der
    deutschen Romantik* von 1926 am Beispiel der zeitgenössischen Romantikfor-
    schung auch „zu den methodologischen Auseinandersetzungen der geisteswis-
    senschaftlichen Krisis, durch die das Gebiet der Literaturgeschichte besonders in
    Mitleidenschaft gezogen wird, Stellung". Petersen: Wesensbestimmung der
    deutschen Romantik (1926), S. VII.

38 Zum Folgenden vgl. v. a. Klausnitzer: Blaue Blume unterm Hakenkreuz (1999),
    S. 31–79.

39 Klausnitzer: Blaue Blume unterm Hakenkreuz (1999), S. 37.

40 Am konsequentesten zeigen diese Ablehnung der Philologie die Texte Friedrich
    Gundolfs, der programmatisch auf Fußnoten insgesamt verzichtete.

41 Dilthey: Die dichterische und philosophische Bewegung in Deutschland 1770–
    1800 [1867] (1961); vgl. auch Dilthey: Das Erlebnis und die Dichtung [1906]
    (2005).

42 Klausnitzer: Blaue Blume unterm Hakenkreuz (1999), S. 37.

Die zweite Hauptrichtung der Romantikdeutungen im ersten Drittel des 20. Jahrhunderts kann in der stammeskundlichen Literaturgeschichtsschreibung Josef Nadlers gesehen werden. Sowohl in seiner Studie *Die Berliner Romantik* von 1920 als auch im dritten Band seiner *Literaturgeschichte der deutschen Stämme und Landschaften*, dessen zweite Auflage unter dem Titel *Der deutsche Geist* 1924 erschien, widmete sich Nadler ausführlich seiner Auffassung der deutschen Romantik. In seiner historisch, geographisch und ethnologisch strukturierten Literaturbetrachtung, die die deutsche Kulturgeschichte in drei große Entwicklungslinien, nämlich die der „Altstämme" (Alemannen, Franken, Thüringer, Bayern), die der „Neustämme" (Meißner, Sachsen, Schlesier, Brandenburger, Altpreußen) und die des „bayerisch-österreichischen Südens und Südostens" teilt, kam sowohl der Klassik als auch der Romantik eine besondere Bedeutung zu. Beide stellten für Nadler „Höhe- und Endpunkt der bislang separat ablaufenden west- und ostdeutschen ‚Vorgänge'"[43] dar. So habe die Weimarer Klassik die eigenständige Entwicklung der ‚Altstämme' abgeschlossen und die Romantik als „Krönung des ostdeutschen Siedelwerkes" eine Kulturerneuerungsbewegung vollendet, in der sich das ostdeutsche „Siedelvolk" die Kultur der ‚Altstämme' angeeignet und „nach der Verdeutschung des Blutes und der Erde" auch die „Verdeutschung der Seele" vollbracht habe.[44] In diesem Sinne stellten Klassik und Romantik für Nadler den „Doppelgipfel der deutschen Kultur" dar und ermöglichten dadurch in weiterer Folge „die endgültige Verschmelzung der Volkshälften zum modernen deutschen Staat".[45]

Als dritte Richtung sind Entwürfe sozialhistorischer und soziologischer Romantikforschung zu nennen. Zum einen handelt es sich dabei um Studien, die an den kulturhistorischen Arbeiten Karl Lamprechts orientiert sind, wie zum Beispiel jene Paul Merkers, der 1921 verkündete, dass nun „soziale Probleme im Vordergrund des Interesses stehen und neben der unbestreitbaren Bedeutung der Einzelpersönlichkeit in Weltanschauung und Praxis das Eigenleben der Masse zu einem nicht zu übersehenden Faktor geworden ist"[46], aber auch jene Fritz Brüggemanns, der geistesgeschichtliche und sozialhistorische Literaturbetrachtung zu vereinen such-

---

43 Klausnitzer: Blaue Blume unterm Hakenkreuz (1999), S. 61.
44 Nadler: Literaturgeschichte der deutschen Stämme und Landschaften. Bd. 3 (1918), S. 9.
45 Klausnitzer: Blaue Blume unterm Hakenkreuz (1999), S. 62.
46 Merker: Neue Aufgaben der deutschen Literaturgeschichte (1921), S. 52.

te.[47] Daneben begründete Levin L. Schücking mit seiner *Soziologie der literarischen Geschmacksbildung* das Programm einer sozial differenzierten Rezeptionsgeschichte.[48] Diesen Ansätzen gelang es jedoch nicht – oder nur in geringem Maß –, den inneren Kreis der Universitätsgermanistik zu beeinflussen.

Thalmann setzte 1923 mit ihrer Habilitationsschrift in Darstellung, Methode und Erkenntniswillen auf alle drei der durchweg heterogenen Ansätze zur germanistischen Romantikforschung. Mit ihrer Würdigung romantischer Aufklärungsfeindlichkeit, ihren Bemühungen, die deutsche Klassik nur als „Vermittler" und „Bindeglied in der Kette der Entwicklung" (Thalmann 1923, 172) zu sehen, ihrer semantisch überladenen Sprache und ihren ungenauen Autoren-, Titel- und Jahresangaben[49] ist Thalmann der Geistesgeschichte zuzurechnen. An Nadlers Konstruktion wiederum ist für die Einschätzung von Thalmanns Studie dreierlei von Bedeutung: Zum einen teilte Thalmann mit Nadler die Auffassung, dass die eigentliche Religion der Deutschen und damit auch der Romantik der Katholizismus sei; zum anderen ist es gerade Nadlers „Idee von der nationalen Bildungsarbeit [...] als Wesen der Romantik", auf die Thalmann im Zuge ihrer Verteidigung der deutschen Romantik gegen deren Definition als „Absterben antiken Geistes" oder als „geistigen Niedergang" ausdrücklich verweist (Thalmann 1923, 75); und gleichzeitig kann die Aufnahme trivialer Literatur in eine akademische Arbeit als Würdigung des von Nadler postulierten breiten Literaturbegriffs gesehen werden.[50] Die sozialgeschichtliche, im zeitgenössischen wissenschaftlichen Feld weitgehend wirkungslos gebliebene Variante möglicher Romantikbetrachtung markiert Thalmann nur im Titel. Die prominente Setzung des

---

47 Vgl. u. a. Brüggemann: Psychogenetische Literaturwissenschaft (1925).

48 Schücking: Die Soziologie der literarischen Geschmacksbildung (1923); ders.: Literaturgeschichte und Geschmacksgeschichte (1913).

49 Die hier verzeichneten Titel, Autorennamen und Erscheinungsdaten zu den von Thalmann besprochenen Romanen finden sich nicht oder nur fragmenthaft in Thalmanns Habilitationsschrift, sie wurden von mir nachgetragen.

50 Da bei Nadler Völker und nicht Individuen als Träger der Geschichte gesetzt wurden, verloren ästhetische Kriterien ihre Bedeutung bei der Auswahl der als forschungsrelevant einzustufenden Texte; Nadler sah keinen „Grund", „der eine Wissenschaft von den literarischen Denkmälern zwingen könnte, sich gegenständlich auf eine Auswahl aus den Texten zu beschränken"; vielmehr vertrat er die Auffassung, dass, „wenn es eine Wissenschaft von den literarischen Denkmälern geben soll, diese Wissenschaft die Gesamtheit der Denkmäler als Form und als Inhalt zum Gegenstande nehmen muß". Nadler: Die Wissenschaftslehre der Literaturgeschichte (1914), S. 26 und S. 29.

Begriffs ‚Trivialroman' verweist zwar auf die zeitgenössisch im Entstehen begriffene Erforschung von Distributionswegen, Publikumswirkung und sozialer Verortung der Leserschaft, die, da sie nicht auf ästhetische Aspekte als Auswahlkriterium angewiesen ist, gerade anhand trivialer Massenliteratur erprobt wurde. Im Buch selbst ging Thalmann aber nicht darauf ein.[51]

Trotz der Vereinigung der zeitgenössisch zerklüfteten literaturwissenschaftlichen Forschungsansätze oder aber gerade wegen der Uneindeutigkeit der methodischen Zuordnung widmete die akademische Fachöffentlichkeit der Habilitationsschrift Marianne Thalmanns – ganz im Unterschied zu ihren anderen, in den 1920er und 1930er Jahren veröffentlichten Büchern – so gut wie keine Aufmerksamkeit. Weder Josef Nadler, um dessen Interesse sich Thalmann auch persönlich bemühte,[52] noch die Literatursoziologen haben sich zu ihrem Buch geäußert. Der einzige Fachvertreter, der die Studie rezensierte, war Rudolf Unger, der ihr in seinen Forschungsberichten zur Romantik zweimal einige wenige Zeilen widmete. Darin würdigte er Thalmanns „literargeschichtliche Arbeitsweise", die es ihr ermöglicht habe, ihren „Gegenstand unter dem Aspekt eines fortlaufenden, sozusagen nur durch gewisse Stromschnellen oder Stauwehre in seiner kontinuierlichen Bewegung veränderten Flusses" zu sehen.[53] Es fehlte ihm aber die „Synthese"[54], d. h. eine „weitere geistesgeschichtliche Auswertung und Vertiefung der Ergebnisse"[55], sodass er das Buch trotz der geistesgeschichtlichen Kontinuitätsannahme wieder in die Nähe der ‚alten' Philologie rückte und als „ungemein fleißige[ ] und zum Nachschlagen oder als Vorarbeit sehr nützliche[ ], aber doch etwas repertorienhafte[ ] Analyse"[56] bezeichnete. Von einem Vertreter dieser ‚alten' Philologie ist ebenfalls eine Einschätzung erhalten. August Sauer, der Studien- und Generationskollege von Jakob Minor, des einzigen universitären Romantikforschers des 19. Jahrhunderts, stand dem Buch aber – trotz der Anempfehlung seines Freundes und Thalmanns Grazer Univer-

---

51 Eine eingehende Kritik (bzw. Verurteilung) von Thalmanns Studie hinsichtlich der Erforschung trivialer Literatur findet sich bei Voges: Aufklärung und Geheimnis (1987), S. 285–289.
52 Brief von Thalmann an Nadler vom 20. März 1923; ÖNB, Handschriftensammlung, 409/30–1.
53 Unger: Vom Sturm und Drang zur Romantik (1928), S. 151.
54 Unger: Vom Sturm und Drang zur Romantik (1928), S. 151.
55 Unger: Vom Sturm und Drang zur Romantik (1928), S. 73.
56 Unger: Vom Sturm und Drang zur Romantik (1928), S. 151.

sitätslehrers Bernhard Seuffert – mit Unverständnis gegenüber. Am 29. April 1923 schrieb er an Seuffert:

> Freilich das überaus fleißige Buch beruht nach meiner Meinung auf einer falschen Voraussetzung; für den jungen Tieck und E.Th.A. Hoffmann mag es richtig sein, aber der übrige Roman der Romantiker hat andere Quellen. Jedenfalls ist der [!] Aperçu überspannt.[57]

Das von August Sauer mit beiläufiger Geringschätzung konstatierte ‚überspannte Aperçu' gehörte aber zu einer Wissenschaftsauffassung, in der im engen Zusammenschluss von Rhetorik und Weltsicht, von Dichtung und Wissenschaft die Möglichkeit zur Erkenntnis komplexer Sachverhalte gesehen wurde (und die bereits zeitgenössisch heftiger Kritik ausgesetzt war)[58]. Die Idee bestand in der Annahme, dass nicht nur der Inhalt, sondern auch ästhetische Kriterien zur wissenschaftlichen Erkenntnis notwendig seien; dass es auch in wissenschaftlichen Texten einen engen „Zusammenhang zwischen Kunstform und Weltanschauung"[59] gebe; und schließlich dass für „den reinen Gelehrten- und Schulmeistertyp, den Typ des Nichtkünstlers in jedem Sinne, dem die Erforschung der Begriffe und Tatsachen mehr bedeutet als die Erspürung des menschlich-künstlerischen Wertes im Werk, [...] das tiefere Leben im Kunstwerk ewig Hekuba bleiben"[60] werde. Insgesamt lässt sich für die 1920er Jahre innerhalb der

---

57   Brief von Sauer an Seuffert vom 29. April 1923; ÖNB, Handschriftensammlung 423/1–624.

58   Vgl. u. a. den – die zeitgenössische wissenschaftliche Rhetorik verteidigenden – Aufsatz von Friedrich Kuntze: Vom Stilwandel in der modernen wissenschaftlichen Methodik und von dessen Verständnisschwierigkeiten (1925). – Thalmanns ebenfalls geistesgeschichtlich gesinnter Freund und Kollege Herbert Cysarz, der selbst ein Meister des manieristischen Stils war, hatte sich vom Sauer-Schüler Georg Stefansky sagen lassen müssen, dass seine Habilitationsschrift den „Gipfelpunkt des Subjektivismus" darstelle und „unerträgliche sprachliche Fehlbildungen" enthalte. Stefansky: Die Macht des historischen Subjektivismus (1924), S. 166–167. – Nichtsdestotrotz konnte auch Cysarz in seiner Besprechung von Thalmanns Arbeit *Henrik Ibsen, ein Erlebnis der Deutschen* nicht umhin, „[z]ahlreiche wirre, darunter unlogische Stellen" zu beanstanden und ihre Ausdrucksweise als „impressionistisches Flimmern" zu bezeichnen. Cysarz: Jahrhundertwende und Jahrhundertwehen (1929), S. 759.

59   Wundt: Literaturwissenschaft und Weltanschauungslehre (1930), S. 414.

60   Sarnetzki: Literaturwissenschaft und die Dichtung und Kritik des Tages (1930), S. 450.

Geistesgeschichte eine Überblendung von Kunst und Wissenschaft,[61] eine „Verschmelzung der kritischen und der dichterischen Sphäre"[62] feststellen.[63]

Nicht von ungefähr findet sich die verbreitetste, wenn auch nicht markierte Rezeption von Thalmanns *Der Trivialroman und der romantische Roman* nicht innerhalb des wissenschaftlichen Feldes, sondern in einem Roman, nämlich in Thomas Manns *Der Zauberberg* von 1924. „Ich weiß noch genau", schrieb Mann 1937 an Joseph Warner Angell, „daß damals, von unbekannter Seite, eine Schrift über Freimaurertum an mich gelangte, die ich für die maurerischen Gespräche zwischen Naphta und Settembrini benutzte […]." „[W]as Titel und Verfasser betrifft", setzte Manns „Gedächtnis" aber „vollkommen aus".[64] Erst 1980 wies Scott H. Abbott nach, dass es sich bei der Studie um Thalmanns Habilitationsschrift handelte, die Mann im Juni oder Juli 1923, als er gerade an dem Unterkapitel „Als Soldat und brav" schrieb, erhalten haben musste.[65] Tatsächlich finden sich in ebendiesem Kapitel, kurz nachdem Naphta in einem Gespräch mit Castorp Settembrini zum ersten Mal explizit als Freimaurer bezeichnet,[66] zahlreiche begriffliche, stilistische und inhaltliche Übernahmen aus Thalmanns Buch. Eingewoben sind diese Übernahmen in die durchaus satirisch-pointierten Erläuterungen zum Geheimbundwesen, die der „verzweifelt-geistreiche[ ]

---

61 Zu ‚Wissenschaftskunst' und ‚Kunstwissenschaft' vgl. Osterkamp: Friedrich Gundolf zwischen Kunst und Wissenschaft (1993).

62 Die „Wissenschaftskünstler" stehen für die „Verschmelzung der kritischen und dichterischen Sphäre", sie nehmen an einem „Prozeß" teil, „der die Grenzen zwischen Wissenschaft und Kunst verwischt, den Gedanken erlebnishaft durchblutet, die Gestalt vergeistigt", so Thomas Mann 1922 im ersten seiner *Briefe aus Deutschland*. Mann: Briefe aus Deutschland [I] (2002), S. 568. – Zu den Überschneidungen in institutioneller Hinsicht an der Münchner Germanistik vgl. Osterkamp: „Verschmelzung der kritischen und der dichterischen Sphäre" (1989); zum Verhältnis von literaturwissenschaftlicher Geistesgeschichte und Gegenwartsliteratur am Beispiel von Thomas Mann vgl. Martus: Die Geistesgeschichte der Gegenwartsliteratur (2009).

63 Zu diesem Vorstellungskomplex hat sich Thalmann bereits in den 1920er Jahren auch in dem jungen Medium Radio geäußert. Thalmann: Nietzsche als Dichter (1926). – Zum Überschneidungsphänomen von Kunst und Wissenschaft aus der Perspektive der Literatur vgl. Behrs: Der Dichter und sein Denker (2013); Nebrig: Disziplinäre Dichtung (2013).

64 Wysling (Hg.): Thomas Mann 1889–1917 (1975), S. 546 (Brief von Mann an Angell vom 11. Mai 1937).

65 Abbott: „Der Zauberberg" and the German Romantic Novel (1980).

66 Mann: Der Zauberberg [1924] (2002), S. 764. Schon davor sind vereinzelt Anspielungen auf Settembrinis Zugehörigkeit zu den Freimaurern zu finden; der Begriff ‚Freimaurer' fällt hier aber zum ersten Mal.

Reaktionär"[67] Naphta seinem – nicht zu vollkommenem Verständnis ge-
langendem – Zuhörer Hans Castorp gibt. Bereits Naphtas Erklärung des
Aufnahmezeremoniells in eine Loge lässt deutlich die Vorlage erkennen: Es
ist die Rede von „allerlei Gängen" und „finsteren Gewölben", durch die der
Neuling „mit verbundenen Augen" geführt wird, und von einem mit
„gespiegeltem Licht erfüllte[n] Bundessaal", in dem „die entblößte Brust"
des Novizen „angesichts eines Totenkopfes und dreier Lichter" „mit
Schwertern" bedroht wird.[68] Bei Thalmann finden sich dieselben Bestandteile des Aufnahmerituals: „dunkle Gänge", „dunkle[ ] Gewölbe" und
der „hell erleuchtete[ ] Bundessaal" (Thalmann 1923, 79), das „Anzünden
der drei Lichter" und der „Totenkopf" (Thalmann 1923, 77) und
schließlich auch die von Degen bedrohte „entblößte Brust" (Thalmann
1923, 80). Die von Thalmann betonten „Pflichten der Verschwiegenheit
und des Gehorsams" (Thalmann 1923, 76) kehren in Manns Roman als
„Verschwiegenheit und Gehorsam"[69] ebenso wörtlich wieder wie ihre
Aussage „Der Bund ist nie etwas Beschauliches, sondern immer etwas stark
Organisatorisches" (Thalmann 1923, 78), die bei Mann folgendermaßen
klingt: „Ein Bund ist niemals etwas Beschauliches, sondern immer und
seinem Wesen nach etwas in absolutem Geist Organisatorisches."[70] Von
den vielen weiteren Zitaten[71] seien zunächst noch zwei hervorgehoben: Die
Hierarchie einer Loge beschreibt Thalmann als Abfolge von „Lehrling,
Geselle, Meister" (Thalmann 1923, 121); bei Mann heißt es, dass eine
Loge der „Rangstufenordnung von Lehrling, Geselle und Meister"[72] gehorcht; schließlich ist die letzte Übernahme, die sich im Roman finden
lässt, als einzige nicht in Naphtas Rede enthalten, sondern findet sich in
Settembrinis Aussage, „daß die Kunst des freien Maurers Regierungskunst
ist"[73], die exakt Thalmanns Feststellung „Die Kunst des freien Maurers war
Regierungskunst" (Thalmann 1923, 77) entspricht.

---

67 Wysling (Hg.): Thomas Mann 1889–1917 (1975), S. 457 (Brief von Mann an
     Paul Amann vom 25. März 1917).
68 Mann: Der Zauberberg [1924] (2002), S. 766.
69 Mann: Der Zauberberg [1924] (2002), S. 766.
70 Mann: Der Zauberberg [1924] (2002), S. 767.
71 Nach Hinweisen bei Abbott: „Der Zauberberg" and the German Romantic Novel
     (1980); Benzenhöfer: Freimaurerei und Alchemie in Thomas Manns ‚Zauberberg'
     (1985); Scheer/Seppi: Etikettenschwindel? (1991) findet sich eine fast vollständige
     Auflistung der Übernahmen aus Thalmanns Habilitationsschrift im Stellen-
     kommentar der Frankfurter Ausgabe von Manns Werken. Mann: Der Zauberberg.
     Kommentar von Michael Neumann (2002), S. 235, S. 324–333 und S. 335.
72 Mann: Der Zauberberg [1924] (2002), S. 768.
73 Mann: Der Zauberberg [1924] (2002), S. 777.

Thalmanns Habilitationsschrift[74] war Manns „wichtigste Quelle für Naphtas Perspektive auf die Freimaurerei"[75], aus ihr stammt „fast alles […], was Naphta zu Freimaurern und Rosenkreuzern, Alchimie und Hermetik zu sagen weiß"[76]. Die Bemerkungen Settembrinis zum Geheimbundwesen hingegen beziehen sich – mit Ausnahme des oben erwähnten Zitats – auf andere Quellen.[77] Diese Aufteilung ist durchaus der Figurenkonzeption geschuldet, vertritt doch Naphta eine betont antiaufklärerische, irrationale Auffassung des Freimaurertums, wie sie ihre Hochblüte gegen Ende des 18. Jahrhunderts hatte und wie sie von Thalmann mit einiger Bestimmtheit beschrieben wird. Sein ideologischer Widerpart Settembrini bezieht sich als Angehöriger einer fortschritts- und vernunftgläubigen Weltauffassung aber auf die lange Tradition der von verklärter Mystik und Irrationalität freien Form des Geheimbundwesens. Gleichzeitig erfährt in der betreffenden Freimaurerpassage auch die Figur Hans Castorp eine Präzisierung. Naphta beschreibt die Alchimie als

> Stoffverwandlung und Stoffveredlung, Transsubstantiaton, und zwar zum Höheren, Steigerung also, – der lapis philosophorum, das mann-weibliche Produkt aus Sulfur und Merkur, die res bina, die zweigeschlechtliche prima materia war nichts weiter, nichts Geringeres als das Prinzip der Steigerung, der Hinauftreibung durch äußere Einwirkung, – magische Pädagogik, wenn Sie wollen.[78]

Er setzt damit Hans Castorps Bildungsweg in Analogie zur alchimistischen Verwandlung.[79] Das Lungensanatorium wird dabei, wie Mann selbst formulierte, zur „hermetische[n] Retorte, in der ein schlichter Stoff zu ungeahnter Veredlung empor gezwängt und geläutert wird"[80]. Naphtas „magische Pädagogik"[81] ist aber nichts anderes als die stark komprimierte

---

74 In der Sekundärliteratur zu Thomas Mann wird Thalmanns Studie fälschlicherweise als Dissertation bezeichnet. Vgl. u. a. Scheer/Seppi: Etikettenschwindel? (1991), S. 56; Mann: Der Zauberberg. Kommentar von Michael Neumann (2002), S. 97.

75 Mann: Der Zauberberg. Kommentar von Michael Neumann (2002), S. 324.

76 Mann: Der Zauberberg. Kommentar von Michael Neumann (2002), S. 97.

77 So u. a. auf Wichtl: Weltmaurerei, Weltrevolution, Weltrepublik (1919). – Zu Manns Freimaurer-Quellen vgl. neben den bereits erwähnten Forschungstiteln auch Nunes: Die Freimaurerei (1992).

78 Mann: Der Zauberberg [1924] (2002), S. 770.

79 Vgl. dazu Mann: Der Zauberberg. Kommentar von Michael Neumann (2002), S. 330–331.

80 Mann: Vom Geist der Medizin [1925] (2002), S. 1001.

81 Mann: Der Zauberberg [1924] (2002), S. 770.

Zusammenziehung dreier Passagen aus Thalmanns Habilitationsschrift;[82] auch das für den Zauberberg zentrale Thema der Androgynie ist bereits bei ihr vorgeprägt.[83]

Thomas Mann bezeichnete seine Arbeitsweise 1945 als „höheres Abschreiben"[84]; und tatsächlich sind die Übernahmen aus Thalmanns Studie derart präzise in den Roman eingearbeitet, dass sie mit diesem verschmelzen und, wenn überhaupt, erst nach eingehender Suche kenntlich gemacht werden können. Das hat neben inhaltlichen vor allem auch sti-

---

82 Bei diesen drei Passagen handelt es sich um folgende: (1) „Vor allem erfaßt die Romantik die Magie in zwei wichtigen Grundbegriffen: *Symbol und Stoffverwandlung* [...]." – (2) „Zunächst dem Gold stand das *Elixier* im Mittelpunkt alchimistischer Betriebe. Dieses Elixier, Magisterium oder lapis philosophorum, wie es verschiedentlich genannt wird, war ein chemisches Präparat von unbedingter Verwandlungskraft. Es konnte Kiesel in Edelsteine, Kranke gesund, Eisen zu Gold machen, verjüngen, geistig erheben. Klar ist so viel, daß seine Kraft unbedingt nach oben ging, vom Minderen zum Höheren. *Im Stein der Weisen* [lapis philosophorum, E.G.] *drückte sich demzufolge der Glaube an durch äußere Einflüsse bedingte Höherentwicklung aus.* Für die Romantik wird es nicht unwesentlich erscheinen, daß der alchimistische Herstellungsprozeß als ein geschlechtlicher gedacht war, wie ja sexuelle Motive in der alchimistischen Literatur an sich nicht selten sind. Die prima materia wird als zweigeschlechtlich aufgefaßt. Die übige [!] Darstellung ist der ‚Rebis' (res bina), ein Mensch mit männlichem und weiblichem Kopf, oder Mercurius, der den Stab mit den zwei antagonistischen Schlangen trägt. Erst dieser hermaphroditischen Erscheinung legte die Alchymie die höchste Kraft der Transmutation bei." – (3) „Und aus dem zweigeschlechtlichen Stein der Weisen, dem philosophischen Produkt aus dem weiblichen Prinzip des Merkur und dem männlichen des Sulphur steigt der Romantiker zur seelischen Hermaphrodisis. *Was der androgyne Mensch, der typisch romantische berührt, wird Gold. Seine zwiespältige Seele ist die endlich gefundene prima materia aller alchimistischen Anstrengungen."* Thalmann: Der Trivialroman und der romantische Roman (1923), (1) S. 317, (2) S. 290, (3) S. 319.

83 Vgl. die oben zitierte Passage (S. 319) und: „Nur eine Gestalt ist ins Edlere gestiegen: *Der weibliche Genius.* Er erscheint psychologisch vertieft. War der Emissär eine Figur mit dem Doppelgesicht, eine Erscheinung von disharmonischer, dualistischer Veranlagung, Ehrfurcht und Grauen erweckend, so wird die Frau in Mignon ein androgynes Wesen. Ihr Dualismus wird naturwissenschaftlich ausgedrückt: Sie ist ein Gemenge von weiblichem Fühlen und männlicher Geste – *ein Zwittertypus der Pubertätsjahre.* Dieser Geist der Spaltung ist bereits in der alchymistischen Literatur vorgebaut. Der Lapis philosophorum ist ein Produkt des weiblichen Mercur und des männlichen Sulfur – also ein Zwitter. Keine Polarität ohne Dualität. *Und so war das alchimistische Gesetz der Polarität symbolisch bereits das Gesetz der Bisexualität."* Thalmann: Der Trivialroman und der romantische Roman (1923), S. 172.

84 Mann: Briefe. Bd. 2 (1963), S. 470 (Brief von Mann an Theodor W. Adorno vom 30. Dezember 1945).

listische Gründe. Wie Thalmanns Text ist auch Naphtas Rede metapho-
risch stark aufgeladen und rhetorisch überakzentuiert; sie besteht aus einer
Anhäufung maurerischer Termini und ist voll mit Konnotationen, die auf
rational nicht fassbare Zusammenhänge des Geheimbundwesens mit
mystischen Vorgängen verweisen. Dabei muten Naphtas „Begriffskaska-
den" wie „Wortjongliererei" an; sie rufen nicht Verständnis, sondern, wie
Rainer Scheer und Andrea Seppi mit Recht betonten, eine „Art Verne-
belungseffekt" hervor; teilweise sind seine Aussagen auch „schlichtweg
falsch".[85] Um historische Verifizierbarkeit oder pädagogische Schlichtheit
geht es also in der Naphta-Passage ebenso wenig wie in Thalmanns Buch.
Während der besondere Stil bei Thalmann einem Erkenntnisinteresse
geschuldet ist, das nicht auf geschichtliche Überprüfbarkeit setzt, sondern
auf eine bestimmte Art der Darstellung, die einen Mehrwert an Bedeutung
erzielen soll, hängt Naphtas Rhetorik mit der Figurenkonstellation im
Roman zusammen. Seine Rede hat, wie Mann selbst bemerkte, die
Funktion, den „radikale[n] und überpointierte[n] Charakter der Diskussion" mit Settembrini herauszustreichen und ihrer beider Zeichnung als
„Extremisten" zu betonen.[86] Ob die Darstellung der Freimaurerei sachlich
korrekt ist, spielte dabei keine Rolle; insofern hat Mann Thalmanns Studie
auch nicht aufgrund ihrer *historischen* Glaubwürdigkeit als Quelle verwendet, sondern aufgrund der Illustration einer Vielzahl von *literarischen*
Freimaurermotiven der Romantik. Wenn bereits kurz nach Erscheinen des
Romans Einspruch gegen Manns Darstellung des Geheimbundwesens –
gerade auch gegen diejenige, die sich auf Thalmann bezieht – erhoben
wurde,[87] so berührt das also weder die Zielsetzung von Manns literarischem
Werk noch von Thalmanns wissenschaftlicher Studie.[88]

Neben den Diskussionen über das Wesen der Freimaurerei ist es vor
allem die Epoche der Romantik, die zeitgenössisch zu einem vielfach

---

85 Scheer/Seppi: Etikettenschwindel? (1991), S. 64.

86 Ballin: Thomas Mann und die Freimaurer (1930), S. 242 (Brief von Mann an Fritz
   Ballin vom 15. Mai 1930).

87 Vgl. u. a. Janssen: Thomas Mann und die Freimaurer (1961); Ballin: Thomas
   Mann und die Freimaurer (1930); Grützmacher: Thomas Mann und das Freimaurertum (1927).

88 Zu Manns Anleihen bei ihrer Habilitationsschrift hat sich Thalmann nicht geäußert. Bemerkenswerterweise hat sie aber in Bezug auf Jakob Wassermanns literarische Texte mehrfach dessen „Materialausbeutung" und „Welt aus zweiter
   Hand" kritisiert, in der das „Mein und Dein vielfach mehr als fließende Grenzen"
   habe. Thalmann: Wassermanns Caspar Hauser und seine Quellen (1929), S. 208;
   dies.: Jakob Wassermann (1933), S. 133–134.

umkämpften Gegenstand von (zumeist konservativ-politischen) Weltan-
schauungsfragen avancierte. Sowohl Schriftsteller wie Hugo von Hof-
mannsthal in seiner berühmtem Rede „Das Schrifttum als geistiger Raum
der Nation" (1927) oder Rudolf Borchardt in seinem – ebenfalls im
Münchner Auditorium Maximum gehaltenen – Vortrag „Schöpferische
Restauration" (1927) als auch Wissenschaftler wie Friedrich Meinecke in
Weltbürgertum und Nationalstaat (1907) oder Carl Schmitt in *Politische
Romantik* (1919) artikulierten ihre politischen Ansichten mit Blick auf die
Romantik.[89] Thalmann selbst hat ihr Paradestück in Sachen Weltsicht,
Dichtung und Wissenschaft aber nicht anhand der Erforschung der Ro-
mantik geliefert, sondern neun Jahre nach ihrer Habilitationsschrift in
einem Buch über das Drama des 19. und frühen 20. Jahrhunderts.

III.2. Konservativ-pessimistische Zeitdiagnose einer Intellektuellen – *Die Anarchie im Bürgertum. Ein Beitrag zur Entwicklungsgeschichte des liberalen Dramas* (1932)

Eine konservative Gesellschaftskritik mit antimodernem Gestus und katholischer Stoßrichtung übte Thalmann in ihrer Studie *Die Anarchie im
Bürgertum* von 1932. Dabei leistete sie weniger einen *Beitrag zur Entwicklungsgeschichte des liberalen Dramas*, wie es im Untertitel heißt; vielmehr fungieren ausgewählte Dramen des 19. und frühen 20. Jahrhunderts
bei Thalmann als Quellen für eine durchweg antidemokratische und an-
tiliberale Gesellschaftsstudie des städtischen Bürgertums. Was Thalmann
in ihrem Buch vorführt, ist eine unaufhaltsame Verfallsgeschichte bürgerlicher Lebensformen, deren Niedergang sie zum einen als gegeben
hinnimmt: „In der Entfernung von heute ist es ein historisch gewordener
Zustand, der für uns die Urzüge der Bourgeoisie trägt und in der Gesamtentwicklung des deutschen Bürgertums eine Endstufe darstellt, ein in
Schönheit Zerschellen alter Formen."[90] Zum anderen schreibt sie diesen
Verfall der zunehmenden Wahl- und Entscheidungsfreiheit in Fragen der
Lebensführung zu: „Daß Möglichkeiten vom Gesetz zur Gesetzlosigkeit
fortschreiten, ist ein Faktum." (Thalmann 1932, 5) Die „Anarchie", die im

---

89   Zur politischen Romantikrezeption im literarischen und wissenschaftlichen Feld
      vgl. Steiger: „Schöpferische Restauration" (2003); Klausnitzer: Blaue Blume un-
      term Hakenkreuz (1999); Kurzke: Romantik und Konservatismus (1983).
90   Thalmann: Die Anarchie im Bürgertum (1932), S. 6 – Im Folgenden im Fließtext
      zitiert als (Thalmann 1932, [Seitenabgabe]).

Titel genannt wird, ist für Thalmann also das Resultat eines politischen De-
mokratisierungs- und Egalisierungsprozesses, der, da er die „Überprüfung aller
absoluten Werte" hervorrufe, zu einer „Anarchie von Kräften [führe], die für
einen Aufbau nicht mehr in Form sind". (Thalmann 1932, 7)

Schuld am Niedergang eines zuverlässigen Wertesystems ist laut
Thalmann der Liberalismus, dessen „entscheidende[n] Gesellschaftszu-
stand" sie im „Kapitalismus" sieht und den sie als „Entwerter" entlarvt, „der
mit seinen Schlagworten von Frieden, Freiheit, Gleichheit bei Ungleichheit
des Besitzes, Toleranz und Demokratie alles Absolute an Gewicht verrin-
gert". Das führe einerseits dazu, dass „alle Belange vom Denken uner-
bittlich durchsetzt werden, genau so wie frühere Zeiten sie der Gefühls-
durchblutung ausgesetzt haben", andererseits zu einer auf Profit
eingestellten kaufmännischen Weltsicht, die den liberalen Menschen mit
seiner „mitreißende[n] Diesseitigkeit" zum „Optimisten der höchsten
Rentabilität" mache. (Thalmann 1932, 5) Mit diesem „industrielle[n]
Impuls" und dem darin begründeten „Rationalismus neuester Observanz"
gehe das „philosophische Staunen über die Welt" ebenso verloren wie der
„Gefühlssturm des deutschen Idealismus". Von aller geistigen Leistungsfähigkeit des Menschen bleibe nur das „Produktionsgebiet des technolo-
gischen Intellekts" übrig, das allein schon einen Untergang kennzeichne,
denn, so Thalmann weiter: „[J]ede Technik führt uns an den brüchigen
Rand einer Kultur [...]." (Thalmann 1932, 6)

Unter diesen kultur- und gesellschaftspessimistischen Voraussetzungen
widmet sich Thalmann zunächst der Bildung (und dem Verfall) des Paares
als „erste[n] Grundstein der Vergesellschaftung". Dabei lässt sie keinen
Zweifel an ihrer Befürwortung der Konvenienzehe: Dieses „ehemals ge-
sicherte Gefüge", das auf der Autorität der Vorfahren gegenüber ihren
Nachkommen beruhte, „vom Gedanken der Orthogenese getragen" wurde
und die „Organisationshöhe der Familie zum Ziel" hatte, war, so Thalmann, nämlich nicht nur eine „biologische Höchstleistung", sondern hatte
auch eine „ersichtliche wohlhabende Heiligkeit". Denn wenn sich die –
aufgrund der Vertrauenswürdigkeit ihrer biologischen Anlage und zur
„Sicherung des Kapitalzuwachses" – zusammengefügten Ehepartner nach
der klar verteilten „Über- und Unterordnung" und dem „Begriff des Sa-
kraments und des heiligen Standes" verhielten, dann war diese „Ehe alten
Stils" der Garant für eine unendlich viele Generationen übergreifende,
stabile Gesellschaftsordnung. Im Laufe des 19. Jahrhunderts regte sich laut
Thalmann aber ein „Zeitwillen", in dem der „Zweifel an der gewollten und
vorbestimmten Geschlechterfolge" hereinbrach und der „Glaube an die
unlösliche Gemeinschaft von zwei Menschen und ihren Nachkommen

belächelt" wurde. (Thalmann 1932, 7–8) Schuld an dieser „Wertumkehrung" (Thalmann 1932, 9) sei die „Skepsis der freien Kritik mit ihrer
Anbiederung an das Seiende" (Thalmann 1932, 7) gewesen. Diese habe
nämlich die „Gefühlslücke [...] zwischen Interessensgemeinschaft und
Liebe, zwischen zweckhafter Sexualität und schweifender Erotik" entdeckt
und dementsprechend die Ehe „nach der Mode ab[ge]lehnt, die ‚keine
Herzen braucht' (Raimund, Bauer als Millionär)". Diese skeptische, einem
neuen „sentimentalischen Selbstbewußtsein" geschuldete Sicht bedeutete
Thalmann zufolge aber nichts anderes als eine vollkommene „Verkennung
des Sinnhaften", eine „Entartung der sakralen Gemeinschaftsformen"
(Thalmann 1932, 9), und hatte mit ihrer „Überschätzung von momentanen Glückseinsätzen" (Thalmann 1932, 10) nicht nur die Legitimierung
des Ehebruchs (als verständliche erotische Forderung), die Feindschaft der
Geschlechter (im Versuch, neue, auf physiologischer Grundlage aufgebaute
Machtverhältnisse zu schaffen) und das Ende der sicheren und ‚heiligen'
Idee der Mutterschaft (in der Verabschiedung generativer Erwägungen und
der Tolerierung außerehelicher Kinder) zur Folge, sondern überhaupt die
Auflösung aller normativen Ordnungen und Bindungen.

In seiner sozialen Stabilität ähnlich brüchig wie das im Laufe des
19. Jahrhunderts „zerrissen[e]", ursprünglich aber „gottgesetzte Verhältnis
von Mann und Frau" schätzt Thalmann den Zusammenhalt der Generationen im liberalen Bürgertum ein. Im Sinne des vierten Gebots, dieser
„ersten normativen Regelung, der Jahrhunderte gedient haben", seien Vater
und Sohn, so Thalmann, „gleichartig gedachte Träger einer geschichtlichen
Volleistung" gewesen und hätten durch die Generationenfolge die
„Gleichzeitigkeit von Endlichkeit und Unendlichkeit" garantiert. (Thalmann 1932, 17–18) Die „schwüle[...] Selbstgefälligkeit des Liberalismus
und das Ausbeuterdogma des Sozialismus" hätten dieses Gebot aber zu Fall
gebracht (Thalmann 1932, 19), da beide, obwohl scheinbar konträr geschaltet, nicht mehr das durch den Respekt vor den Vorfahren ermöglichte
„geschichtliche Kontinuum" würdigten (Thalmann 1932, 24), sondern
nur noch nach dessen (sittlichem, sozialem oder wirtschaftlichem) Wert für
den Einzelnen, den Erben, fragten. Die Konzentration auf den Erben
bedeutete laut Thalmann nichts anderes, als dass ein „Programm der absteigenden Linie" eingeleitet wurde. (Thalmann 1932, 21) Ob im Naturalismus mit seiner Idee der „Stigmatisierung der Seelen durch die Körperanlage" (Thalmann 1932, 20), ob in den Milieutheorien, in denen Alt
und Jung durch das „politische[ ] Gegensatzpaar [...] reaktionär und
freiheitlichliberal" ersetzt wurden, oder aufgrund des durch die zeitgenössische Unterrichtspolitik hervorgerufenen „ungeheure[n] Bildungs-

vorsprung[s]" der Jugend: Immer ging es, wenn man Thalmann glaubt, um die ‚Entzweiung von Vater und Sohn'. (Thalmann 1932, 23–24) Den „letzten Schritt" der „Entwertung der Familiengemeinschaft alten Bestandes" sieht die Verfasserin schließlich in Freuds Psychoanalyse und dessen „pathologischer Überbetonung der Beziehungen von Mutter und Sohn im Inzest". Übrig bleibe in dieser „psychologisch übersättigten Zeit" nur die „krankhafte Seite": legitim der „Emporkömmling", der Snob, der auf seine „Vergangenheitslosigkeit" poche; illegitim der uneheliche Sohn als „erste[r] offene[r] Ankläger" des Bürgertums. (Thalmann 1932, 24–25) Positiv wird nichts gewendet in Thalmanns Analyse, vielmehr verhängt sie über das 19. Jahrhundert ein (moralisch) niederschmetterndes Urteil: „Das Jahrhundert reißt nieder, legt den Acker brach und überläßt ihn einem neuen Sämann. Daß es ihn nicht hatte, ist ein Faktum. Daß es darum wußte, ist ein anderes Faktum. Und daß es sich selbst verneinte, ist seine sittliche Frivolität." (Thalmann 1932, 22–23)

Literarisch zeige sich diese „Vernachlässigung der Volkssubstanz" (Thalmann 1932, 19) vor allem in jenem Bild, das im Liberalismus von der Jugend gezeichnet wurde. Von Ludwig Anzengruber, der in *Der Gwissenswurm* (1874) alle zwölf Kinder der Bäuerin mit verkrüppelten kleinen Fingern ausstattet, über Otto Ludwigs *Die Makkabäer* (1854) und Arnolt Bronnens *Vatermord* (1920), in denen Brüderpaaren aufgrund verschiedener Erbanlagen in Rivalität ausbrechen, bis hin zu Franz Werfel, der seinen Protagonisten in *Paulus unter den Juden* (1926) nicht nur an einer schiefen Schulter leiden lässt, sondern über ihn auch noch sagt, es „plag[e] ihn der Ehrgeiz"[91] (Thalmann 1932, 26): Überall erkenne man die Parole „Jugend ist Krankheit", die Schnitzler in *Der Ruf des Lebens* (1906) ausgegeben habe.[92] Dabei sei diese kranke Jugend aber „eher gefährdet, als gefährlich"; sie leide an dem „Problem des in die Jahre kommenden Thronfolgers", daran, dass „noch die Welt sie nicht zum Dienst berief"[93],

---

91 Thalmann verzichtet in *Die Anarchie im Bürgertum* – wie auch in ihren anderen Texten – auf präzise Quellenangaben. Im ersten Bild von *Paulus unter den Juden* heißt es: „Er neidet dir deinen silbernen Panzer, Frisius! Aber er ist zu engbrüstig für ihn und trägt eine schiefe Schulter durchs Leben. Dafür plagt ihn der Ehrgeiz, Schauspieler zu werden und vor dem Cäsar unerträumt zu glänzen."

92 In Schnitzlers *Der Ruf des Lebens* (III/3) lautet die Passage: „Wissen Sie, Herr Doktor, was ich mir oft denk' … ob das Jungsein nicht überhaupt eine Art von Krankheit ist."

93 Thalmann zitiert hier Friedrich Hebbels *Genoveva* (1843, II/4): „Seine Krankheit ist / Die Jugend, die in ihrer Kraft erstickt, / Weil noch die Welt sie nicht zum Dienst berief."

woraus sich literarisch das „Draufgängertum oder eine Flucht vor dem Unbekannten" entwickelt habe. (Thalmann 1932, 27) Geeint sei diese zerrüttete Jugend nur in ihrer Ablehnung der durch ihre Väter und Lehrer repräsentierten Welt, durch die Erkenntnis von Frank Wedekinds *Marquis von Keith*, „daß ich in bürgerlicher Atmosphäre nicht atmen kann".[94] Zum Aufbau und zur Produktivität sei sie nicht mehr bereit, vielmehr huldige sie in einer Art „Sturmlaufen gegen das Normative" dem, wie Thalmann sich ausdrückt, „Edelanarchismus der Begierden" und dem „Nihilismus der Tat". Ohne Ziel oder Ordnung, aber mit einem „Viel an Schauspielertum" stelle die liberale Jugend „ihr Blickfeld auf einen einzigen Begriff ein: Erleben", wobei diese „Erlebnisphilosophie", so Thalmann, nichts anderes sei als die „Psychologie der Ermüdeten, die sich am Subjektivismus zerrieben haben". (Thalmann 1932, 28–29)

Die einzige „große[ ] ganzheitliche[ ] Vorstellung", die das sich selbstzersetzende Bürgertum noch retten hätte können, sieht Thalmann im Glauben an Gott. Doch mit seiner Ausrichtung auf Arbeit und Erfolg, Fleiß und Wohlstand, Vernunft und Rechtschaffenheit, mit seiner Huldigung des Begreiflichen und Erträglichen, sei der Bürger der „geborene Ketzer" geworden. Er habe die Gottesperson zunächst säkularisiert und in den liberalen, diesseitigen Denkbereich eingereiht, um sie dann – gemeinsam mit dem Adel – als illegitimen Machthaber abzusetzen. In diesem Auflösungsprozess habe sich die „Idee des richtenden Gottes" am längsten gehalten, doch selbst diesem trat man nicht mehr dienend oder in Demut gegenüber, sondern man behielt ihn – integriert in die liberale Rechtsanschauung – nur noch als „parlamentarische[n] Machthaber". Demgemäß instrumentalisierte der Bürger in einem „überhebliche[n] Vertraulichkeitsverhältnis" Gott als beratenden, vernunftgeleiteten und liberalen Gesprächspartner, bei dem er „sein Konto [hatte], an dem er zu- und abschreibt". (Thalmann 1932, 30–31) Mit zunehmender Hinwendung zum Diesseits als einzig ausschlaggebender Kategorie wurde aber selbst dieser nur noch fragmentarisch vorhandene Gott als (gesellschaftlich ordnungsstiftende) „Erfindung" betrachtet. (Thalmann 1932, 32) Diese Verweltlichung und Profanisierung der Religion paarte sich im Bürgertum, so Thalmann weiter, mit einem „Mangel fester Anschauungen", der „Tatsache eines labilen Gewissens" und einer „Himmelfahrt der Instinkte", wodurch nicht nur die Frage nach ,Gut und Böse' obsolet wurde, sondern –

---

94 Im ersten Aufzug von *Der Marquis von Keith* (1901) heißt es: „Meine Begabung beschränkt sich auf die leidige Tatsache, daß ich in bürgerlicher Atmosphäre nicht atmen kann."

im Namen der persönlichen Freiheit – überhaupt alle „jenseitigen Siche-
rungen" verloren gegangen seien. (Thalmann 1932, 34–35)

Mit der Degradierung jenseitiger Heilslehren bleibe dem liberalen
Bürger nur noch das „Warenhaus der Erde", das Glück zu versprechen im
Stande sei. Nicht mehr in der Besinnung auf Ewigkeiten, sondern im
„Auskosten der Augenblickswerte", in der „kurzfristige[n] Spekulation des
Erfolgs" und in der „zweckmäßigen Ausbeutung der Welt" sieht Thalmann
die Zielrichtung des liberal-bürgerlichen Strebens. Dabei sei dieser Bürger
vor allem auf weltliche Macht und die „preziöse[ ] Ausprägung der
Pflichten gegen sich selbst" aus: Als Egoist und Selbstliebhaber verliere er
sich in der „Unersättlichkeit" und sammle alles, ob Baustile, Stimmungen
oder Liebschaften, um es für die „Zweckmäßigkeit seines Wohlbefindens"
zu adaptieren. (Thalmann 1932, 36–37) Die Konzentration auf das
oberflächlich Dekorative, auf die Sensation, führe gemeinsam mit der
Ausschaltung jeglicher „kosmische[r] Ordnung" einerseits zu einer uner-
hörten Verlustangst, die den Menschen „bis zur größten Schmerzemp-
findlichkeit" zerreibe; andererseits dazu, dass „[j]ede Einheit des Lebens
zerfällt". Der Bürger, der sich selbst fremd wird, der nur noch – wie
Hofmannsthals Andrea in *Gestern* – „grenzenlose Weiten" um sich sieht,
versuche sich in psychologische „Hilfskonstruktionen" zu retten. So verlege
er in seinem Hang zur Selbstbespiegelung den „Herrschersitz" vom Jenseits
über die „Erdenkruste [...] ins Unbewußte" und mache sich – mit Freuds
Unterstützung – selbst zum Neurotiker. (Thalmann 1932, 38–39) Trotz
Einsamkeit und der „Unfähigkeit, Wurzeln zu fassen", erkläre der liberale
Bürger „das Wort Mensch" zur einzigen Antwort auf die Frage „nach den
Zusammenhängen mit der Welt". Gerade darin aber, dass sich die bür-
gerlichen Individuen nicht mehr als Familie, nicht mehr als Vater, Mutter,
Bruder, Schwester, Sohn oder Tochter begreifen können, sondern nur noch
als „Menschen", erkennt Thalmann das „[V]erkünden [der] Masse". Einer
Masse freilich, die sich aus beziehungslosen Egomanen zusammensetze und
gegen die nicht anzukommen sei, ohne auf die letzte „Möglichkeit einer
Erlösung aus dem Subjektiven", auf den Krieg, zurückzugreifen, denn, so
Thalmann, Fritz von Unruhs *Ein Geschlecht* (1917) zitierend: „Von jeder
Einzelgier hat uns das Feuerbad des Kriegs geheilt [...]." (Thalmann 1932,
39–40)

Der ‚natürliche', alltägliche Tod hingegen könne den bürgerlichen Menschen in seiner selbstverliebten Ichbezogenheit nicht mehr irri-
tieren. In einem „Risikohandel[ ] mit der Ewigkeit" habe der liberale
Mensch den Tod nämlich „wie ein rechtschaffenes Du dem eigenen Ich
gegenüber[ge]stell[t]", um „in der Kampfpose gegen ihn die Verschiebung

der Machtverhältnisse von Diesseits und Jenseits auszufechten". Dabei habe der Bürger „mit der Schleuderkraft seiner Schlußfolgerungen" dem Tod zunächst seinen Sinn für Gerechtigkeit abgesprochen, da er weder zwischen Reich und Arm, Erfolg und Misserfolg noch zwischen Schuld und Unschuld zu unterscheiden im Stande sei. (Thalmann 1932, 41–42) Danach habe er seine Todesfurcht mit der Entwertung der Unsterblichkeit bekämpft: „Wer keiner Zukunft verpflichtet ist, gibt keinen Einsatz für die Ewigkeit." In einer „Mixtur aus Neugierde und Ästhetizismus" sei anschließend noch die Memento-Mori-Tradition der sakralen Aufmachung der Leiche dahingehend genützt worden, dass durch die pompöse Gestaltung des Begräbnisses wieder die bürgerlichen Werte Erfolg und Geld zum Ausdruck kämen: „Der Tod ist nicht mehr gleich, er nimmt den einen nicht wie den andern, er ist ein Tod erster bis dritter Klasse mit verschiedenen Orchestern." (Thalmann 1932, 43–44) Ganz und gar entmachtet habe der liberale Bürger den Tod aber, so Thalmann resümierend, durch die Erörterung der Frage des Selbstmords. In seinem uneingeschränkten Subjektivismus habe der Bürger den Selbstmord nämlich nicht mehr als abzulehnenden Akt gegen die Allmacht Gottes angesehen, sondern im Gegenteil als Beweis der „Steigerung seiner eigenen Leistungsfähigkeit": Wie in Gerhard Hauptmanns *Vor Sonnenaufgang* (1889) berausche er sich nunmehr an dem „Bewußtsein, es in der Hand zu haben". (Thalmann 1932, 45)

Im „Preissturz aller Werte" (Thalmann 1932, 45) bleibe nur noch das Leben als ernst zu nehmende Kategorie. Doch nicht das „kämpfende Leben", nicht „Pflicht, Volk, Vaterland" (Thalmann 1932, 46–47), sondern das vom Liberalismus versprochene bequeme und gleichzeitig interessante Leben, die „Behaglichkeit des genußreichen Augenblicks" (Thalmann 1932, 48) werde zum höchsten Gut. Die ausschließliche Konzentration auf die Gegenwart sei dabei nur ein „Mittel, sich vor dem zu bewahren, was die Menschen am heftigsten packt und verstört: Erinnerung" (Thalmann 1932, 51), weshalb „das Unhistorische zur Göttin der Demokratie" (Thalmann 1932, 48) ausgerufen und aus dem „Erlebnis der Zeit die Richtung und das ethische Bezogensein auf ein Vergangenes und ein Kommendes" ausgeschaltet werde. (Thalmann 1932, 49–50) Was übrig bleibe, seien laut Thalmann Spieler und Räsoneure; eine Rolle zu haben, Akteur zu sein, werde uninteressant. Schnitzlers „hochmütige[s] Wort":

„Zu Stimmungen neig ich, nicht zu Taten"[95], werde zum Motto dieses „übersättigten Bürgertums" (Thalmann 1932, 51–52), das in seiner Beziehungs- und Maßstabslosigkeit nichts anderes herbeiführe als das „Zerreißen von Gemeinschaften", das „Verwirtschaften von Volkssubstanz". (Thalmann 1932, 47)

Das letzte Kapitel in Thalmanns Studie beschäftigt sich mit der Problemstellung von „Masse und Staat". In einer Zusammenschau der bisherigen Erörterungen zur Paarbildung, zum Generationsbegriff, zur Jugend, zum Gotterlebnis, zum liberalen Bürger, zum Tod und zum Leben entwirft sie dabei das Bild eines (staatspolitischen) Untergangsszenarios, das sowohl von Links und Rechts, von Reich und Arm als auch von Kommunisten und Kapitalisten getragen werde. Egal, ob Adel, Bürgertum oder Proletariat: Geld bestimme den „opportunistische[n] Zuschnitt der Zeit" (Thalmann 1932, 52). So sei das „plötzliche Wuchern der sozialen Fragen" (Thalmann 1932, 52) im 19. Jahrhundert allein damit zu erklären, dass die Menschen nicht mehr an Einteilungskategorien wie „Geburtsverpflichtungen", „geschichtliche Sendung" oder „erworbene[ ] Fähigkeiten" interessiert seien, sondern nur noch an einem „mehr oder weniger an Kapital". (Thalmann 1932, 53–54) Der Angriff auf das Kapital werde nämlich, so Thalmann, „aus dem Geiste derer geformt, die ihrerseits wieder Kapitalisten werden möchten". (Thalmann 1932, 55) Darüber hinaus führe der „Verzicht auf die Bewertung des historischen Ranges" zum einen dazu, dass nur noch Geld die „bourgeoise Fassung des Bürgerstolzes" bestimme; zum anderen auch zur Ersetzung der Stände durch Klassen, was aber nichts anderes bedeute als eine „Verarmung des reichgegliederten Volksbegriffes": „Was früher hoch und niedrig vom Standpunkt des Geblüts und der Arbeitsleistung schien, ist nun hoch und niedrig vom Standpunkt der flüssigen Barmittel […]." (Thalmann 1932, 53–54) Ähnlich reduziert schätzt Thalmann den bürgerlichen Blick auf den Staat ein: Dieser werde dort, wo sich die „Geldmonomanen wie die Kommunisten", die „Rechten und […] Linken des bürgerlichen Parlaments" treffen, zu einer „Institution von relativer Kreditfähigkeit, aus der man sein Kapital aus Belieben herauszieht oder hineinstopft". (Thalmann 1932, 55) Vollkommen selbstzerstört habe sich das Bürgertum aber durch seine Verabschiedung der ‚dynastischen Idee' und durch seine Implementierung des Staats als „Verstandesangelegenheit, der die Revolution die allgemeinen

---

95 Diesen Satz sagt die mit „Held" bezeichnete Figur des Marionettentheaters in Schnitzlers Burleske *Zum großen Wurstel*, die als dritter Einakter den Abschluss seiner 1906 erschienenen Trilogie *Marionetten* bildet.

Richtlinien gegeben hat". Damit habe das Bürgertum nämlich nicht nur
den (für eine funktionierende Gemeinschaft erforderlichen) „Kreis der
nationalen Bedingtheit" überschritten, indem es sich „international"
wähnte, sondern sich außerdem der „Masse Mensch" hingegeben, bei der
freilich immer die Gefahr bestehe, dass sie „im Aufruhr" alles „zertrüm-
mert". (Thalmann 1932, 56–57) Dabei könne dieser untergehenden
Gesellschaft in ihrem „Totentanz" selbst der auf Zusammenhalt eingestellte
„rassenmäßige Volksbegriff" nicht mehr helfen, da es sich bei diesem, so
Thalmann in einer bemerkenswerten Verkennung der realpolitischen Lage,
um „eine Gemeinschaftsform [handle], für die innerhalb der liberalen
Spannungen kein Raum ist". (Thalmann 1932, 57–58) Viel eher zeige die
„Enteignung der Probleme", die „Bolschewisierung aller […] bürgerlichen
Formen", dass „die liberale Welt ihre Grenzen hinüber zum Sozialismus"
verschieben werde, weshalb, so Thalmann in ihrem Schlusssatz, von der
bürgerlichen Gesellschaft nichts übrig bleiben werde als ein „unvergäng-
liches und furchtbares Plakat: Ausverkauf der Werte". (Thalmann 1932,
61)

Diese furiose und politisch dem konservativ-nationalen Lager nahestehende Untergangsargumentation[96] versieht die promovierte und habilitierte (universitär also doppelt beglaubigte) Germanistin Thalmann an
keiner Stelle mit methodisch-theoretischen Erläuterungen zu ihrem (lite-
ratur-)wissenschaftlichen Verfahren. Dabei umfasst die Textgrundlage der
Studie ein breites Spektrum an Dramen, das von Ferdinand Raimund,
Franz Grillparzer, Georg Büchner, Friedrich Hebbel, Ludwig Anzengruber
über Ernst von Wildenbruch, Arthur Schnitzler, Gerhart Hauptmann,
Hermann Bahr, Hugo von Hofmannsthal bis hin zu Franz Werfel, Walter
Hasenclever, Reinhard Sorge, Ernst Toller und Arnolt Bronnen, also bis in
die unmittelbare Schreibgegenwart Thalmanns, reicht. So unterschiedlich
diese Texte in ihrer stilistischen, rhetorisch-argumentativen, historischen
und politisch-gesellschaftlichen Anlage auch sind, Thalmann bringt sie auf
einen einfachen und unterschiedslos gemeinsamen Nenner, indem sie
„[j]edes Drama der nachromantischen Zeit" zu einem „ausgesprochen
bürgerliche[n] Gefüge" erklärt. (Thalmann 1932, 7) Literarischen Eigen-

---

96 Thalmann vertrat mit ihren antiliberalen, antiparlamentarischen und antidemo-
    kratischen Ausführungen Positionen, die unter dem weiten Begriff der ‚Konser-
    vativen Revolution' zusammengefasst werden können. Zur konservativen Kul-
    turkritik in der Weimarer und Ersten Republik vgl. die – ideologisch ihrem
    Gegenstand zwar nahestehende, aber doch brauchbare – Studie und Material-
    sammlung von Mohler/Weißmann: Die Konservative Revolution in Deutschland
    1918–1932 (2005).

wert erhalten diese ‚bürgerlichen Gefüge' nicht; vielmehr spielen sie nur noch als Stichwortgeber und „Belege für gesellschaftliche Tatbestände"[97] eine Rolle, was Thalmann – in ihrem einzigen Satz zum Verhältnis von Geschichte und Literatur – in wissenschaftlich naiv anmutender Schlichtheit begründet: „Daß aber der Künstler den Stoff wählt, liegt darin beschlossen, daß die Zeit ihn gewählt hat." (Thalmann 1932, 11)

Naiv war diese Literaturauffassung, nach der literarische Texte nur noch als Schreibanlass mit Illustrationswert fungierten, jedoch keineswegs. Vielmehr entsprach sie einer Forderung des wissenschaftlichen Feldes, nach der die einzelnen Forschungsdisziplinen nicht mehr nur von ‚sich selbst', sondern ganz allgemein vom ‚Leben' zu handeln haben sollten.[98] Mit der Professionalisierung und Spezialisierung der Literaturwissenschaft bzw. -geschichte an den Universitäten in der zweiten Hälfte des 19. Jahrhunderts war deren Selbstanspruch als Instanz mit Welterklärungskompetenz, die ihr als Teil der allgemeinen (voruniversitären) (Kultur-)Geschichte noch zugesprochen worden war, zurückgegangen.[99] In Auseinandersetzung mit den ersten professionalisierten, also universitär-disziplinierten literaturgeschichtlichen Arbeitsweisen, die man ab der Jahrhundertwende nachträglich als ‚positivistisch' zu simplifizieren geneigt war, etablierte sich ab den 1910er Jahren aber eine Schar von Germanisten, die in unterschiedlichsten Konzepten (zumeist unter dem Label ‚Geistesgeschichte') den Kompetenzbereich der Germanistik wieder auf alle kulturell-gesellschaftlichen Belange auszuweiten gesinnt war.[100] Orientierte sich die Universitätsgermanistik bei ihrer Etablierung ab der Mitte des 19. Jahrhunderts am Wissenschaftsideal der Klassischen Philologie, so war es ab den 1880er Jahren, als die Naturwissenschaften die Führungsrolle im Wissenschaftssystem zu übernehmen begannen,[101] die Philosophie, die – im Sinne

---

97 So Heinrich Lützeler in seiner Rezension von Thalmanns *Die Anarchie im Bürgertum.* Lützeler: Probleme der Literatursoziologie (1932), S. 477.

98 Damit rekurrierte man auf „jene Bildungspotentiale […], die den Neuaufbau der deutschen Universität nach 1800 begleitet hatten: Wissenschaft sollte nicht nur Kenntnisse über Gegenstände und Methoden vermitteln, sondern Charakterbildung, Erziehung auch für das alltägliche Leben des einzelnen Individuums befördern". Kolk: Reflexionsformel und Ethikangebot (1993), S. 42.

99 Zur Literaturgeschichte als Teil der allgemeinen Geschichte vgl. Fohrmann: Das Projekt der deutschen Literaturgeschichte (1989).

100 Rainer Rosenberg meinte, dass es der Geistesgeschichte auch tatsächlich gelang, die „Kompetenz für Weltanschauungsfragen" in den Geisteswissenschaften zurückzuerlangen. Rosenberg: Literaturwissenschaftliche Germanistik (1989), S. 23.

101 Vgl. dazu Stichweh: Zur Entstehung des modernen Systems wissenschaftlicher Disziplinen (1984).

verstärkter Abgrenzungsbemühungen zwischen Geistes- und Naturwissenschaften – zur „für Erkenntnistheorie zuständigen Grundlagendisziplin"[102] erhoben wurde.[103] Gerichtet war diese Hinwendung zur Philosophie immer auch gegen den philologischen Betrieb in der Germanistik, der mit seiner Idealisierung von Gelehrsamkeit, Tatsachenforschung und wissenschaftlicher Redlichkeit aber nie – trotz vielfacher Bekundungen des Gegenteils in den 1910er, 1920er und 1930er Jahren –[104] als ernst zu nehmende Ausrichtung der Literaturwissenschaft abgelöst wurde.[105]

Thalmanns Text ist vor diesen Grenzausweitungs- und Verschiebungsbemühungen in der Germanistik zu betrachten. Als wissenschaftliche Referenzen für ihre Studie verweist Thalmann auf keinen einzigen germanistischen Philologen; die Arbeiten von Wilhelm Scherer, Erich Schmidt, Jakob Minor, August Sauer, Richard Moritz Meyer und anderen zur Literatur des 19. Jahrhunderts fehlen völlig. Dafür finden sich im Literaturverzeichnis (nicht im Text, da Thalmann Friedrich Gundolfs Praxis der Fußnotenverweigerung folgt) soziologische und philosophische Standardwerke wie Georg Simmels *Soziologie* (1908), Arthur Lieberts *Die geistige Krisis der Gegenwart* (1923) und Ludwig von Mises' *Liberalismus* (1927), aber auch politisch einschlägige Studien wie *Die Bedeutung der Wirtschaft im philosophischen Denken des 19. Jahrhunderts* (1921) des konservativ-antidemokratischen Soziologen und ,Lebensphilosophen' Hans Freyer sowie *Luxus und Kapitalismus* (1913) des zunächst marxistischen, später nationalkonservativen und nationalsozialistischen Kapitalismuskritikers und Staatswissenschaftlers Werner Sombart.[106] Thalmanns Erkenntnisinteresse lag nicht in der Erforschung der Literatur, war nicht an

---

102 Dainat: Deutsche Literaturwissenschaft zwischen den Weltkriegen (1991), S. 601.
103 Vgl. Sauerland: Paradigmawechsel unter dem Zeichen der Philosophie (1993).
104 Einen guten Überblick über das Ausmaß des Selbsterklärungsbedürfnisses in der Germanistik zu dieser Zeit geben zwei Bibliographien, zum einen Dainat: Literaturwissenschaftliche Selbstthematisierungen 1915–1950 (2003); zum anderen Dainat/Fiedeldey-Martyn: Literaturwissenschaftliche Selbstreflexion 1792–1914 (1994).
105 Vgl. Barner: Zwischen Gravitation und Opposition (1993); Dainat: Überbietung der Philologie (1993).
106 Dass sich Thalmann auf die sich universitär gerade profilierende Soziologie stützt, entspricht der Einschätzung des Wiener Germanisten und sozialdemokratischen Lehrers Oskar Benda, der die Literatursoziologie in den 1920er Jahren zum Teil dem konservativen (rechten) Lager zurechnet. Benda: Der gegenwärtige Stand der deutschen Literaturwissenschaft (1928), S. 20–25. – Thalmann selbst firmiert bei Benda aufgrund ihrer Studie *Gestaltungsfragen der Lyrik* (1925) unter „Formalästhetische Literaturforschung". Ebd., S. 43.

Autoren, Schreibbedingungen, Rezeptions- oder Editionsverfahren ge-
knüpft, zielte also insgesamt nicht auf die Etablierung der Verfasserin im
Feld der Philologie. Vielmehr ist der Text durch eine (Selbst-)Transkription
in zumindest ein anderes Feld motiviert: in die konservative Kulturkritik,
die Kulturphilosophie, das gehobene Feuilleton;[107] also in das wilde, aber
renommeeträchtige Feld der Welterklärungs- bzw. Weltanschauungstexte,
das zeitgenössisch auch viele andere germanistische Kollegen wie Herbert
Cysarz, Rudolf Unger, Friedrich Gundolf, Harry Maync, Franz Koch, Max
Kommerell, Hermann August Korff und Oskar Walzel bedienten.[108]
Thalmann führte damit ein Vorgehen weiter, das bereits in ihrer Habilitationsschrift angelegt war, das der Literatur die denkbar schwächste Position als Anlass beimaß und als letzte Dekompositionserscheinung der
germanistischen Geistesgeschichte gelesen werden kann.[109]

III.3. Wiener Karriere und Weggang in die USA

Die Studie *Die Anarchie im Bürgertum* war Thalmanns letzte Veröffentlichung, bevor sie nach achtjähriger Privatdozentinnentätigkeit zum
Wintersemester 1933 die Wiener Universität verließ und in die USA
emigrierte. An der Wiener Germanistik war mit der Berufung Josef
Nadlers 1931 ein erklärter Gegner der Geistesgeschichte und – wie sich
innerhalb kürzester Zeit herausstellen sollte – auch ein Gegner Marianne
Thalmanns zum Leiter der neugermanistischen Abteilung bestimmt
worden. Hatte sich Thalmann wenige Jahre zuvor noch um eine Nähe zu
Nadler bemüht, ihm 1923 ihre Habilitationsschrift *Der Trivialroman und*

---

107 Richard Newald stellte schon in Bezug auf Thalmanns Text *Gestaltungsfragen der
    Lyrik* (1925) fest, dass Thalmanns „Schreibart […] subjektiv" sei, sie eine „Neigung
    zu phrasenhaften Bildungen" und „bildhaft unverständlichen Sätzen" habe; ihre
    Studie „geistreich, mit einem andern Wort journalistisch", also „nicht mehr als eine
    Plauderei" sei. Newald: Marianne Thalmann, Gestaltungsfragen der Lyrik [Rez.]
    (1926), S. 114–115.
108 Franz Schultz bemerkte bereits für die Zeit ab 1890, dass nunmehr „die ‚Welt-
    anschauung', die von Scherer und den seinen in Verruf getan war, das Objekt der
    literaturwissenschaftlichen Behandlung wurde". Schultz: Die Entwicklung der
    Literaturwissenschaft von Herder bis Wilhelm Scherer (1930), S. 42.
109 Albert Köster konstatierte 1922, dass es sich bei der Geistesgeschichte um eine
    „Zeitkrankheit" handle, die dazu führe, dass „jeder Hans und jede Grete durch ihre
    spielerei mit ein paar problemen und begriffen ein kleiner Dilthey und durch die
    verhunzung unserer muttersprache schon ein kleiner Simmel zu sein" meinte.
    Köster: Kurt Gassen, Sybille Schwarz [Rez.] (1922), S. 150.

der romantische Roman mit der Bitte um positive Aufnahme nach Fribourg in der Schweiz geschickt[110] und 1926 in ihrer Rezension der zweiten Auflage der *Literaturgeschichte der deutschen Stämme und Landschaften* den gewagten Versuch einer Einigung der verschiedenen literaturwissenschaftlichen Richtungen unternommen, indem sie Nadler einfach zu einem Vertreter der Geistesgeschichte erklärte[111] (was Nadler wenig gefallen haben dürfte), so zeigte sich 1933, als es darum ging, Thalmann den Titel eines außerordentlichen Professors zu verleihen, dass Nadler nicht geneigt war, auf Thalmanns wissenschaftliche Annäherungsversuche einzugehen.

Thalmann hatte seit ihrer Habilitation im Juli 1924 jedes Semester zumindest eine Lehrveranstaltung abgehalten,[112] eine nicht unbeträchtli-

---

110 Brief von Thalmann an Nadler vom 20. März 1923; ÖNB, Handschriftenabteilung, 409/30 – 1.

111 Thalmann: Josef Nadler, Literaturgeschichte der deutschen Stämme und Landschaften [Rez.] (1926).

112 WiSe 1924/25: Geheime Gesellschaften des 18. Jahrhunderts als literarische Mittler zwischen Barock und Romantik; SoSe 1925: Herders völkergeschichtliche Studien, Übungen (Einführung in die methodische Formbetrachtung an Hand ausgewählter Lyrik); WiSe 1925/26: Bundschuhbewegung (die soziale Frage des 16. und 17. Jahrhunderts), Übungen (Tragische Formen und Lustspielformen der Aufklärungszeit); SoSe 1926: Von Ibsen zu Strindberg; WiSe 1926/27: Einführung in die Aufgaben und Methoden der neueren Literaturgeschichte, Übungen (Die gestaltende Kunst in lyrischen Übersetzungen und Nachdichtungen); SoSe 1927: Georg Büchner als Dramatiker; WiSe 1927/28: Der österreichische Vormärz, Stilanalytische Übungen (Novellen des österreichischen Vormärz); SoSe 1928: Problemgeschichte des Dramas im 19. Jahrhundert; WiSe 1928/29: Die literarischen Auswirkungen der geheimen Gesellschaften im 18. Jahrhundert, Übungen (E.T.A. Hoffmanns „Nachtstücke"); SoSe 1929: Werk und Persönlichkeit Hölderlins, Übungen (Entwicklung der deutschen Ballade); WiSe 1929/30: Geschichte der Lyrik von Hölderlin bis George, Übungen zur Einführung in die methodische Betrachtung (Meisternovellen des 19. Jahrhunderts); SoSe 1930: Jean-Paul-Probleme, Übungen (Gestaltanalyse von Jean Pauls unsichtbarer Loge); WiSe 1930/31: Das deutsche Lustspiel vom Sturm und Drang bis zur Romantik, Übungen (Das moderne Lustspiel: Eulenberg, Sternheim, Kaiser); SoSe 1931: Wiener Impressionismus, Übungen (Gestaltungsfragen der Lyrik, an modernen Gedichtreihen); WiSe 1931/32: Romantische Lebensformen im Ausdruck des 19. Jahrhunderts, Übungen (Die romantische Novelle); SoSe 1932: Die Struktur der modernen Komödie, Übungen (Entwicklung der Ballade); WiSe 1932/33: Von Hebbel zu Toller, Übungen (Gestaltanalytische Untersuchungen an ausgewählten Dramen); SoSe 1933: Werk und Gestalt F. Hölderlins, Übungen (Großstadtlyrik). Vgl. Öffentliche Vorlesungen an der Universität zu Wien 1924/25 – 1933.

che Anzahl an wissenschaftlichen Veröffentlichungen[113] vorgelegt und war seit April 1929 – auf Empfehlung Paul Kluckhohns – im Genuss einer ständigen Renumeration für ihre Lehrtätigkeit.[114] Im Frühjahr 1933 stellte das Professorenkollegium der philosophischen Fakultät außerdem den Antrag, Thalmann (als erster Frau an der Wiener Germanistik) den Titel eines außerordentlichen Professors zu verleihen. Dabei handelte es sich um einen Usus im österreichischen Universitätssystem, der dazu diente, einem Privatdozenten symbolisch (nicht pekuniär und unabhängig von einer Professur) Anerkennung zu zollen.[115] Nadler nutzte die dafür anberaumte Sitzung am 25. März 1933 jedoch nicht, um über Thalmanns Qualifikationen zu beraten, sondern um den von ihm präferierten, um zehn Jahre jüngeren Privatdozenten Hans Rupprich, dessen Leistungen eigentlich nicht zur Debatte standen, in den Vordergrund zu spielen:[116] Sollte man

---

113 Neben den fünf selbständigen Publikationen, die bis 1933 erschienen (*Probleme der Dämonie in Ludwig Tiecks Schriften* [1919], *Der Trivialroman des 18. Jahrhunderts und der romantische Roman* [1923], *Gestaltungsfragen der Lyrik* [1925], *Henrik Ibsen, ein Erlebnis der Deutschen* [1928], *Die Anarchie im Bürgertum* [1932]), regte Thalmann außerdem die Übersetzung von Rilkes *Duineser Elegien* ins Polnische an, wofür sie ein Vorwort verfasste (Thalmann: Wstęp [1930]), veröffentlichte Aufsätze u. a. zu Gottfried Keller, Heinrich Heine, Johann Wolfgang Goethe und Thomas Mann sowie zahlreiche Rezensionen zu literarischen und wissenschaftlichen Texten. Eine (nicht vollständige) Bibliographie ihrer Schriften findet sich in: Thalmann: Romantik in kritischer Perspektive (1976), S. 193–196.

114 Laut § 18 der Habilitationsnorm vom 2. September 1920 und der Durchführungserlässe vom 2. September 1920 (Zl. 13937), vom 19. Oktober 1920 (Zl. 20764) und vom 8. April 1929 (Zl. 7984-I/2) war es möglich, normalerweise unbesoldete Privatdozenten unter der Voraussetzung sozialer Bedürftigkeit für ihre Lehre zu entgelten. Vgl. Vollzugsanweisung des Staatsamtes für Inneres und Unterricht vom 2. September 1920 betreffend die Zulassung und die Lehrtätigkeit der Privatdozenten an den Hochschulen (Habilitationsnorm) (1920), S. 1646. – Sitzungsprotokolle und Dekrete bezüglich der „ständigen Unterstützung" Thalmanns vgl. UAW, Phil. Fak., Zl. 594 ex 1928/29, Zl. 752 ex 1931/32, PA 3433 Marianne Thalmann.

115 In § 20 der Habilitationsnorm vom 2. September 1920 heißt es diesbezüglich: „Für Privatdozenten [...] kann vom Professorenkollegium die Verleihung des Titels eines außerordentlichen [...] Professors als Anerkennung ihrer akademischen Wirksamkeit beantragt werden." Vollzugsanweisung des Staatsamtes für Inneres und Unterricht vom 2. September 1920 betreffend die Zulassung und die Lehrtätigkeit der Privatdozenten an den Hochschulen (Habilitationsnorm) (1920), S. 1646–1647.

116 Mit Ausnahme von Hans Rupprich hat Nadler nicht nur Marianne Thalmann, sondern alle „Schüler seiner Vorgänger Brecht und Kluckhohn [...] wenig [ge]schätzt[ ], ja teilweise sogar behindert". Meissl: Germanistik in Österreich (1981), S. 481.

Thalmann, deren Arbeiten zweifellos „geistvoll", aber doch etwas „zu systematisch" und „methodisch nicht sehr befriedigend" seien, den Titel verleihen, dann dürfe man, so Nadler in den Sitzungsprotokollen, Rupprich, der nicht nur „[p]hilologisch und geistesgeschichtlich vorzüglich" arbeite, sondern sich auch noch durch seine „[b]escheidene Art" auszeichne, nicht übergehen. Der „Titel für Thalmann" könne, so Nadler weiter, zwar „verantwortet werden", aber da dieser „die Reise zu einer Professur ausdrücken" soll (die, wie Nadler anklingen ließ, für Thalmann nicht in Frage kam), ließe sich nur die „gleichzeitige Eingabe für beide" rechtfertigen.[117] Nadler umging mit seiner Argumentation geschickt die übliche Vorgehensweise der Fakultät, nach der ein Privatdozent mindestens sechs Jahre habilitiert sein musste, bevor ihm der Titel eines außerordentlichen Professors verliehen wurde (Rupprich hatte erst 1929 die Venia Legendi erhalten).[118] Gleichzeitig setzte er damit auch den Privatdozenten Hermann Menhardt zurück, der – gemäß der üblicherweise nach Jahren bemessenen Reihenfolge – der nächste Anwärter gewesen wäre.[119] Aufgrund der Unterstützung, die Nadler von Dietrich Kralik und Rudolf Much erhielt, blieben die vorsichtigen Einwände Eduard Castles, der eine „Kränkung" des Zurückgesetzten befürchtete, und des Mineralogen Emil Dittler, der „zu bedenken [gab], daß in der Fakultät Schwierigkeiten entstehen werden", wirkungslos; der Antrag Nadlers, nicht nur für Thalmann, sondern auch für Rupprich den Titel zu beantragen, wurde angenommen.[120] Im daraufhin angefertigten Kommissionsbericht für das

117 Protokoll der Kommissionssitzung betreffend Verleihung des Titels eines Extraordinarius an Privatdozentin Dr. Marianne Thalmann vom 25. März 1933 (Vorsitzender: Dekan Heinrich Srbik); UAW, Phil. Fak., Zl. 668 ex 1932/33, PA 3433 Marianne Thalmann.

118 Die zumindest sechs verlangten Privatdozentenjahre beruhten nicht auf einem Erlass, sondern nur auf einem Richtwert des Ministeriums, wurden aber bislang – mit Ausnahme von Herbert Cysarz, der bereits 1926, vier Jahre nach seiner Habilitation, tit. a.o. Professor wurde – immer bei der Verleihung des Titels berücksichtigt. Zum Vergleich die anderen in den 1920er und 1930er Jahren an der Wiener Germanistik mit dem Titel eines a.o. Professors versehenen Wissenschaftler: Dietrich von Kralik, Habilitation 1914, tit. a.o. 1922; Anton Pfalz, Habilitation 1919, tit. a.o. 1925; Franz Koch, Habilitation 1926, tit. a.o. 1932; Edmund Wießner, Habilitation 1927, tit. a.o. 1933; Walter Steinhauser, Habilitation 1927, tit. a.o. 1934.

119 Hermann Menhardt habilitierte sich 1928 bei Konrad Zwierzina in Graz, ließ seine Venia Legendi nach Wien übertragen und erhielt dort 1934 den Titel eines außerordentlichen Professors.

120 Protokoll der Kommissionssitzung betreffend Verleihung des Titels eines Extraordinarius an Privatdozentin Dr. Marianne Thalmann vom 25. März 1933

Ministerium kam Nadler aber – trotz seines Erfolgs unter den Kollegen – nicht umhin, Thalmanns „ahistorische[ ] Auswertung des Materials" zu kritisieren und gegen Rupprichs außerordentliche „wissenschaftliche Würdigkeit" zu setzen.[121] Das Ministerium ließ sich von Nadlers Ansinnen jedoch nicht beeindrucken: Thalmann erhielt den Titel mit Dekret vom 15. Juli 1933;[122] Rupprich musste ein Jahr länger warten und wurde erst 1934 zum außerordentlichen Titularprofessor ernannt.[123]

Thalmann hatte zu diesem Zeitpunkt aber schon die Zusage für eine dreijährige Gastprofessur am Wellesley College in Massachusetts, einem der renommiertesten Frauencolleges in den USA. Bereits im Juli 1932 hatte das *Neue Wiener Journal* berichtet, dass sich Thalmann mit der Leiterin des dortigen German Department Natalie Wipplinger getroffen hatte, die ihr den – vermutlich durch Walther Brecht vermittelten –[124] Ruf überbracht hatte.[125] Thalmann ließ sich für das Studienjahr 1933/34 von der Wiener Universität beurlauben,[126] woraufhin das Ministerium die Vergütung ihrer Lehre nicht nur für die Zeit ihrer Auslandstätigkeit aussetzte, sondern überhaupt strich.[127] „[V]eranlasst durch die aussichtslosen Verhältnisse in Österreich"[128] bzw. weil sie sich an der Wiener Universität, wie Elise

---

(Vorsitzender: Dekan Heinrich Srbik); UAW, Phil. Fak., Zl. 668 ex 1932/33, PA 3433 Marianne Thalmann.

121 Kommissionsbericht vom 13. Mai 1933 (Referent: Nadler); UAW, Phil. Fak., Zl. 668 ex 1932/33, PA 3433 Marianne Thalmann.

122 Brief des Ministeriums für Kultus und Unterricht an das Dekanat der philosophischen Fakultät vom 15. Juli 1933; UAW, Phil. Fak., Zl. 668 ex 1932/33, PA 3433 Marianne Thalmann.

123 ÖStA, AVA, Unterricht Allgemein, Universität Wien, Philosophie Professoren, MCU Zl. 11234 ex 1934 u. Zl. 17085 ex 1934, PA Hans Rupprich.

124 „Daß Mar. Thalmann an das beste Women College nach USA geht, haben Sie wahrscheinlich schon gehört. Ich war zufällig in der Lage, dies zu vermitteln. Ich bin für sie recht froh darüber." Brief von Walther Brecht an Franz Koch vom 9. Februar 1933; Adalbert-Stifter-Institut des Landes Oberösterreich, Nachlass Franz Koch.

125 [Anonym:] Oesterreicherin als Universitätsprofessorin in Amerika (1932).

126 Thalmann stellte den Urlaubsantrag am 4. Juli 1933; beschlossen wurde die Beurlaubung in der Sitzung des Professorenkollegiums der philosophischen Fakultät am 8. Juli 1933; UAW, Phil. Fak., Zl. 975 ex 1932/33, PA 3433 Marianne Thalmann.

127 Brief des Ministeriums für Kultus und Unterricht an das Dekanat der philosophischen Fakultät vom 2. September 1933; UAW, Phil. Fak., Zl. 975 ex 1932/33, PA 3433 Marianne Thalmann.

128 [Anonym:] Marianne Thalmann. In: Frauen-Rundschau (1951), S. 4.

Richter bemerkte, „gar nicht nach Wunsch durchbringen konnte"[129], blieb Thalmann in den USA. Sie lehrte am Wellesley College zunächst als Associate Professor, ab 1940 als Full Professor of German, emeritierte ebendort 1953 und verbrachte ab 1962 ihre letzten Lebensjahre in München, wo sie am 5. Oktober 1975 starb.[130]

In ihrer Wiener Zeit hatte sich Thalmann zunehmend der politischen Rechten zugewandt; als „leidenschaftliche Deutschnationale"[131] war sie zeitweilig Vorsitzende im großdeutsch ausgerichteten *Ständebund deutscher Frauen* in Österreich,[132] Mitglied des deutsch-arischen *Reichsverbandes deutscher Frauenvereine*,[133] Aktivistin der *Nationalen Frauen- und Grenzlandbewegung*[134] und bei der Nationalratswahl 1930 in Wien Kandidatin für die politisch-militante Gruppierung der österreichischen Heimwehr, den ‚Heimatblock'.[135] Und auch mit der Emigration, bei der es sich trotz anderslautender Aussagen keinesfalls um eine politisch oder ‚rassisch' be-

---

129 Richter: Summe des Lebens [1940] (1997), S. 137. – Von Elise Richter stammt auch der einzige mir bekannte zeitgenössische Hinweis auf Thalmanns Homosexualität. Richter schrieb, dass man Thalmann „perverse Neigungen nachsagte" (ebd.). In allen anderen durchgesehenen Briefen und Dokumenten spielt dies keine Rolle, was mit der in den 1920er und 1930er Jahren noch vorherrschenden Anschauung zu tun haben mag, dass Frauen, die sich der Wissenschaft widmen, nicht auch noch Ehefrauen und Mütter sein dürfen. Homosexuelle Beziehungen scheinen dieser ‚Zölibatsregel' für ‚gelehrte Frauen', die eigentlich einer patriarchalen Gesellschaftsauffassung entsprang, nicht widersprochen zu haben.

130 Zu den Angaben die akademische Position Thalmanns am Wellesley College betreffend vgl. Wellesley College Archive, Biographical Files Marianne Thalmann.

131 Richter: Summe des Lebens [1940] (1997), S. 137.

132 Planer (Hg.): Das Jahrbuch der Wiener Gesellschaft (1928). – Der *Ständebund* gehörte dem deutschnational ausgerichteten *Reichsverband deutscher Frauenvereine* an. Urban: Die Entwicklung der österreichischen Frauenbewegung (1930), S. 61.

133 Vgl. den Brief von Marianne Thalmann an Josef Nadler vom 20. Oktober 1926, in dem sie Nadler um seine Schriften für die vom „Reichsverband" gegründete „erste deutsche Bücherei für berufstätige Frauen in Wien" bittet und als „Vorsitzende" unterschreibt; ÖNB, Handschriftensammlung, 409/30–2. – Der *Reichsverband deutscher Frauenvereine* wurde 1923 als „Zusammenschluß deutsch-arischer Frauenvereine" gegründet. Gehmacher: „Völkische Frauenbewegung" (1998), S. 39.

134 Nach eigenen Angaben von Thalmann in: Kosch: Deutsches Literatur-Lexikon. Bd. 2 (1930), Sp. 2695.

135 [Anonym:] Die Wahlbewegung (1930); auch nach eigenen Angaben von Thalmann im „Faculty Questionaire" vom September 1946; Wellesley College Archive, Biographical Files Marianne Thalmann. – Zum Heimatblock vgl. Nimmervoll: Der Heimatblock im Nationalrat der Ersten österreichischen Republik (1993).

gründete handelte,[136] änderte sie die Richtung ihrer (nicht nur wissenschaftlich bekundeten) Weltanschauung nur bedingt. So hielt sie zu den jüdischen Wissenschaftlern, die 1933 aus Deutschland in die USA flohen, bewusst Abstand[137] und tat noch Anfang der 1960er Jahre ihre antisemitischen Ansichten kund.[138] Eine explizite Konzession der Wissenschaftlerin an den Nationalsozialismus lässt sich jedoch nicht finden, auch veröffentlichte sie nach *Die Anarchie im Bürgertum* keinen politischen Text mehr (zwischen 1934 und 1945 publizierte Thalmann nur drei Aufsätze, die in amerikanischen Zeitschriften erschienen)[139].

---

136 In seiner Rezension von Thalmanns Studie über Johann Wolfgang Goethe von 1948 zählte Theodor Schultz Thalmann „zu jenen armen vertriebenen Menschenkindern, denen es erst durch das Ende des Krieges möglich geworden ist, zu ihrer ursprünglichen Heimat zu sprechen". Schultz: Marianne Thalmann, J.W.Goethe. Der Mann von fünfzig Jahren [Rez.] (1949). – Das *International Biographical Dictionary of Central European Emigrés* verzeichnet Thalmann ebenfalls als vom Nationalsozialismus vertriebene Wissenschaftlerin. Strauss/Röder (Hg.): International Biographical Dictionary of Central European Emigrés 1933–1945. Bd. 2.2 (1983), S. 1161. – Und Frank-Rutger Hausmann zählte Thalmann noch 2006 zu jenen Wissenschaftlern der Wiener Germanistik, die 1938 „Opfer der Rassen- und Beamtengesetze" wurden. Hausmann: Irene Ranzmaier, Germanistik an der Universität Wien zur Zeit des Nationalsozialismus [Rez.] (2006).
137 Als die deutsch-jüdische Germanistin Melitta Gerhard mit Unterstützung des *Emergency Committee in Aid of Displaced German Scholars* für das Studienjahr 1934/35 ans Wellesley College kam, schrieb Thalmann an ihren ehemaligen Wiener Studienkollegen und den späteren nationalsozialistischen Germanistikprofessor in Berlin, Franz Koch: „Ich muss Ihnen auch mitteilen, dass Sie in Berlin jedenfalls Melitta Gerhard aufsuchen wird, die ein Jahr als visiting professor hier war. Sie wissen, Amerika will immer einen kleinen Flüchtling. Nur wenn sich Gerhard auch nicht so fühlt, so sieht sie doch genügend jüdisch aus und ist in Kiel von der Dozentur enthoben. Seien Sie ihr gegenüber reserviert, denn sie berichtet alles nach Wellesley – ich meine vorsichtig über alle meine Äußerungen über Betrieb, Judenfrage, Dep. hier." Brief von Thalmann an Koch vom 6. Juni 1935; Adalbert-Stifter-Institut des Landes Oberösterreich, Nachlass Franz Koch. – Für den Hinweis auf diesen Brief danke ich Sebastian Meissl, Wien.
138 Wie sich Grace Dingee, eine ehemalige Studentin am Wellesley College, erinnert, hat sich Thalmann noch kurz vor ihrer Rückkehr nach Europa dahingehend geäußert, dass die „Massen von Juden" in Österreich einen kulturellen und wirtschaftlichen Niedergang herbeigeführt hätten. E-Mail von Grace Dingee an Elisabeth Grabenweger vom 19. September 2012.
139 Thalmann: Weltanschauung im Puppenspiel von Doktor Faust (1937); dies: Jean Pauls Schulmeister (1937); dies: Hans Breitmann (1939). – Die von Thalmann publizierten Rezensionen sind hier nicht berücksichtigt.

Nach 1945, als sie wieder in Deutschland zu veröffentlichen begann, konzentrierte sie sich – wie in ihren ersten wissenschaftlichen Studien – nahezu ausschließlich auf die Erforschung der Romantik, der sie zwölf ihrer insgesamt 16 selbständigen Publikationen widmete.[140] In den USA avancierte sie inzwischen zu einer nicht unbeachteten Wissenschaftlerin: 1949 wurde sie als Vertreterin der US-amerikanischen Germanistik zu den umfassenden Feierlichkeiten anlässlich Goethes 200. Geburtstags nach Deutschland entsandt,[141] im Wintersemester 1950/51 war ihr als erster Frau gestattet, an der Harvard University einen Vortrag für Graduate Students zu halten,[142] außerdem war sie Mitglied der *Modern Language Association of America* (MLA) und der *American Association of University Professors* (AAUP).[143] Thalmanns nationalkonservativ-elitäre Wissenschaftsauffassung der späten 1920er und frühen 1930er Jahre geriet in Vergessenheit, sodass sie sich in den 1960er Jahren auch wieder im deutschsprachigen Raum etablieren konnte, wo sie mit ihrer Ausgabe der Werke Ludwig Tiecks (1963–1966)[144] zu einem „Geheimtipp für eine Generation jüngerer Wissenschaftler(innen), die nach 1968 den Anschluß an die internationale Forschung suchte"[145], avancierte.

---

140 Nach *Die Anarchie im Bürgertum* (1932) folgten Thalmann: J.W. Goethe. Der Mann von fünfzig Jahren (1948); dies: Ludwig Tieck. Der romantische Weltmann aus Berlin (1955); dies: Ludwig Tieck. „Der Heilige aus Dresden" (1960); dies: Das Märchen und die Moderne (1961); dies: Romantik und Manierismus (1963); dies: Romantiker entdecken die Stadt (1965); dies: Zeichensprache der Romantik (1967); dies: Romantiker als Poetologen (1970); dies: Die Romantik des Trivialen (1970); dies: Provokation und Demonstration in der Komödie der Romantik (1974); dies: Romantik in kritischer Perspektive (1976).

141 Wellesley College Archive, Biographical Files Marianne Thalmann.

142 [Anonym:] Marianne Thalmann (1951).

143 In der US-amerikanischen Fachgeschichtsforschung wird Thalmann heute jenen „exile scholars who had a major impact on the development of German studies in the United States" zugerechnet; diese Einschätzung erfolgt jedoch nach wie vor unter der Annahme, es handle sich bei Thalmann um eine geflohene jüdische Wissenschaftlerin. Gelber: Dowden/Werner, German Literature, Jewish Critics [Rez.] (2005), S. 763.

144 Tieck: Werke in vier Bänden (1963–1966).

145 Stephan: Vorwort (2003), S. 10. – Missverständlich und nicht ganz korrekt auch hier die biographischen Angaben zu Thalmann, die laut Stephan „nach 1945 aus dem amerikanischen Exil nach Europa zurückkehrte" (ebd.).

IV. Deutsche Philologie als Germanen- und Volkskunde – Lily Weiser (1898–1987)

Die dritte und letzte Wissenschaftlerin, die sich in der Ersten Republik an der Wiener Germanistik habilitierte, war Lily (eigentlich: Elisabeth) Weiser. Weiser studierte ab Wintersemester 1917/18 Philosophie und Deutsche Philologie in Wien, widmete sich aber bereits ab dem fünften Semester nicht mehr der deutschsprachigen Literatur, sondern spezialisierte sich auf altnordische Philologie und germanische Altertumskunde und absolvierte ihre Seminarübungen vor allem bei dem Altgermanisten Rudolf Much. Nach Aufenthalten in Schweden und Norddeutschland konzentrierte sich ihre Forschungstätigkeit auf die deutsche und nordische Volkskunde und Mythologie – ein Bereich, den ihr Lehrer Much seit Beginn des 20. Jahrhunderts für sich und sein Fach zu beanspruchen interessiert war. Demgemäß promovierte sie 1922 auch nicht zu einem primär germanistischen Thema, sondern mit der Arbeit *Jul. Weihnachtsgeschenke und Weihnachtsbaum. Eine volkskundliche Untersuchung ihrer Geschichte*, die sowohl von Rudolf Much als auch von dessen volkskundlichem Kontrahenten Arthur Haberlandt begutachtet wurde und die 1923 bei Friedrich Andreas Perthes in Stuttgart auch als Buch erschien.[1]

Nach ihrer Promotion reiste Weiser durch Italien, Deutschland und Skandinavien, unterrichtete für ein Semester an einer Wiener Mädchenmittelschule, war Privatlehrerin in Schweden, besuchte Tagungen (vor allem des *Verbandes der deutschen Vereine für Volkskunde*) und hielt ihre ersten Vorträge.[2] Außerdem knüpfte sie wissenschaftliche Kontakte, die sich in der Folgezeit als akademisch günstig erweisen sollten: so zum Beispiel zu Viktor Geramb in Graz, der zu ihrem Berater in akademischen und wissenschaftlichen Belangen avancierte,[3] und Eugen Fehrle in Hei-

---

1 Weiser: Jul (1923).
2 Zu Studienverlauf, Forschungsreisen und Vorträgen vgl. den eigenhändigen Lebenslauf von Lily Weiser vom 6. November 1926; UAW, Phil. Fak., Zl. 267 ex 1927/27, PA 3686 Lily Weiser.
3 Vgl. die Briefe von Lily Weisers an Viktor Geramb; Privatbesitz. – Für diesen Hinweis und die Bereitstellung der Brieftranskriptionen danke ich Tunja Sporrer, Graz.

delberg, der sie 1927 gleich zur Mitherausgeberin seiner neu gegründeten *Oberdeutschen Zeitschrift für Volkskunde* machte.

Während dieser Zeit verfasste Weiser auch ihre nächste größere Arbeit, die sich nicht – wie ihre Dissertation – mit einem in der zeitgenössischen Forschung zwar populären, fachpolitisch aber leichtgewichtigen Thema beschäftigte, sondern mit einem Forschungsgebiet, das den Nerv der Much'schen Altertums- und Germanenkunde traf, in den nächsten Jahren das unangefochtene Zentrum der Interessen seiner Schüler bildete und in weiterer Folge vor allem die vor, im und nach dem Nationalsozialismus außergewöhnliche Karriere von zwei weiteren Much-Schülern, nämlich die von Otto Höfler und Richard Wolfram, begründete. Es handelt sich dabei um das 1927 erschienene Buch *Altgermanische Jünglingsweihen und Männerbünde. Ein Beitrag zur deutschen und nordischen Altertums- und Volkskunde*[4], das Weiser am 6. November 1926 an der Universität Wien auch als Habilitationsschrift einreichte.[5] Das darauffolgende Verfahren zur Erteilung der Venia Legendi war innerhalb weniger Monate abgeschlossen (Weiser erhielt die Lehrbefugnis mit ministeriellem Beschluss vom 4. August 1927)[6] und zeitigte keine offensichtliche genderpolitische, dafür aber eine universitäts- und fachpolitisch nicht zu unterschätzende Besonderheit: Weiser wurde nicht, wie in der älteren Abteilung der Germanistik mittlerweile üblich, die Venia für *Ältere deutsche Sprache und Literatur* oder für *Germanische Sprachgeschichte und Altertumskunde* erteilt, sondern für *Germanische Altertums- und Volkskunde.* Damit war die Lehrbefugnis der Much-Schülerin Weiser die erste überhaupt, bei der *Volkskunde* auch nominell im Titel aufschien. Personell war die Volkskunde freilich an der Universität Wien schon davor vertreten, jedoch nicht von einem Germanisten, sondern von dem erwähnten Privatdozenten Arthur Haberlandt, der als Prüfer bei Volkskunde-Rigorosen fungierte und formal eine Lehrbefugnis für *Ethnographie* innehatte.[7]

Weisers weitere Karriere an der Universität Wien war nur von kurzer Dauer. Sie lehrte im Sommer 1928 für nur ein Semester ‚Deutsche

---

4   Weiser: Altgermanische Jünglingsweihen und Männerbünde (1927).

5   Habilitationsgesuch von Lily Weiser vom 26. November 1926; UAW, Phil. Fak., Zl. 267 ex 1927/27, PA 3686 Lily Weiser.

6   Brief des Bundesministeriums für Unterricht an das Dekanat der philosophischen Fakultät vom 4. August 1927; ÖStA, AVA, Unterricht allgemein, Universität Wien, Philosophie Professoren, MCU Zl. 2957 ex 1927, PA Lily Weiser.

7   Bockhorn: Von Ritualen, Mythen und Lebenskreisen (1994), S. 482.

Volkskunde' und ‚Volkskundliche Übungen',[8] heiratete daraufhin den norwegischen Philosophieprofessor Anathon Aall, zog mit ihm nach Oslo und bekam drei Kinder.[9] Sie beschäftigte sich weiterhin mit volkskundlichen Themen, erhielt 1933 für ihren Aufsatz „Der seelische Aufbau religiöser Symbole"[10] die „Goldmedaille des Königs" der Universität Oslo[11] und veröffentlichte u. a. 1937 die methodische Grundlagenarbeit *Volkskunde und Psychologie*, in der sie, wie bereits in ihrer Habilitationsschrift, auf die völkerpsychologischen Schriften Wilhelm Wundts rekurrierte und sich für volkskundliche Fragestellungen von der historisch-philologischen Herangehensweise der Germanistik distanzierte.[12] Institutionell in Erscheinung trat sie aber erst wieder nach dem Tod ihres Mannes 1943: als „Mitarbeiterin und Vertrauensfrau"[13] der von der SS geführten Wissenschaftsorganisation *Ahnenerbe*. Dort wurde sie im Juni 1943 in die ‚Lehr- und Forschungsstätte für indogermanische Glaubensgeschichte' berufen,[14] auch aufgrund „ihre[r] alten persönlichen und wissenschaftlichen Beziehungen zu Prof. Otto Höfler"[15], der seit 1937 „mit größtem Erfolg [...] die vom *Ahnenerbe* betreute Kulturarbeit der SS"[16] organisierte.

Die Venia Legendi an der Universität Wien, wo sie ab Wintersemester 1930 in den Vorlesungsverzeichnissen als beurlaubt geführt wurde, war aufgrund der Nichtabhaltung von Lehrveranstaltungen inzwischen erloschen,[17] was Weiser 1935 schriftlich mitgeteilt wurde.[18] Ihrer Nach-

---

8 Deutsche Volkskunde las Weiser vor 117 Hörern, Volkskundliche Übungen vor 23 Hörern: Die Hörerzahlen sind einem Brief der Wiener Universitätsquästur an Richard Meister vom 8. Juni 1935 entnommen; UAW, Phil. Fak., o.Z., PA 3686 Lily Weiser.

9 Vgl. dazu Niem: Lily Weiser-Aall 1898–1987 (1998), S. 27–28.

10 Weiser-Aall: Der seelische Aufbau religiöser Symbole (1933). Vgl. auch dies.: Zum Aufbau religiöser Symbolerlebnisse (1934).

11 Niem: Lily Weiser-Aall 1898–1987 (1998), S. 29.

12 Weiser-Aall: Volkskunde und Psychologie (1937).

13 Bockhorn: „Mit all seinen völkischen Kräften deutsch" (1994), S. 570; ders.: Der Kampf um die „Ostmark" (1989), S. 35 (Anm. 60).

14 Wallnöfer: Spirituelles, Mythologisches, Psychologisches (2008), S. 71.

15 Brief von SS-Hauptsturmführer Fritz Schwalm (Rasse- und Siedlungshauptamt der SS) an Lily Weiser-Aall vom 10. April 1943; zit. n. Wallnöfer: Spirituelles, Mythologisches, Psychologisches (2008), S. 75.

16 Brief von Walther Wüst (Forschungsgemeinschaft Deutsches Ahnenerbe) an Heinrich Himmler vom 15. Oktober 1937; zit. n. Kater: Das „Ahnenerbe" der SS 1935–1945 (2006), S. 138.

17 Das entsprach § 21 der Habilitationsnorm von 1920. Vollzugsanweisung des Staatsamts für Inneres und Unterricht vom 2. September 1920, betreffend die

kriegskarriere in Oslo tat jedoch weder der Verlust der Venia noch ihre Tätigkeit für das *Ahnenerbe* einen Abbruch: 1946 wurde sie Kuratorin des neu gegründeten Instituts für Norwegische Ethnologische Forschung, stieg in leitende Position auf und ging ebendort 1968 in Pension.[19]

An Weisers Habilitierung an der Wiener Germanistik 1927 ist zumindest zweierlei bemerkenswert: Zum einen, dass das Thema ihrer Habilitation nicht an der Peripherie des wissenschaftlichen Interesses angesiedelt war (wie es bei Christine Touaillon und zum Teil auch bei Marianne Thalmann in der neueren Abteilung der Fall war), sondern in dessen Zentrum, d. h. dass mit Weiser in der Altgermanistik eine Frau die zeitgenössisch meist diskutierte Frage der Germanenkunde, nämlich die nach den Männerbünden, als erste bearbeitete; zum anderen und damit zusammenhängend, dass ein wesentlicher Schritt in der Disziplingenese der Volkskunde, nämlich die offizielle Benennung einer Lehrbefugnis, ebenfalls an Weisers Habilitation hing. Damit stellt sich die Frage, warum in einer Zeit, in der es an der Wiener Germanistik an Privatdozenten und Habilitationen wahrlich nicht mangelte, gerade eine Frau diese wissenschaftspolitisch wichtige Position einnehmen konnte. Um diese Frage zu beantworten, wird im Folgenden zunächst auf die fachinterne Konstellation (Much-Schule, Germanistik und Volkskunde, Verfasstheit der Altgermanistik), in der die Habilitation stattfand, eingegangen. Danach wird anhand von Weisers wissenschaftlichen Arbeiten, vor allem ihrer Dissertation und ihrer Habilitationsschrift, ihr Verständnis von germanistischer Volkskunde untersucht und daraufhin analysiert, wie das Motiv der Männerbünde in der Germanenkunde verhandelt wurde. In einer Zusammenschau dieser Aspekte werden schließlich Ideologien und Netzwerke, Konkurrenz- und Machtverhältnisse im Bereich der Volkskunde an der Wiener Universität betrachtet, um die Position Weisers in dem zuvor beschriebenen Subfeld der Germanistik zu bestimmen.

Zulassung und die Lehrtätigkeit der Privatdozenten an den Hochschulen (Habilitationsnorm) (1920), S. 1647.

18 Brief des Dekans Dietrich von Kralik an Lily Weiser vom 12. Juli 1935; UAW, Phil. Fak., PA 3686 Lily Weiser.

19 Niem: Lily Weiser-Aall 1898–1987 (1998), S. 30.

IV.1. Altertums- und Germanenkunde – Rudolf Much (1862–1936)

Bei Rudolf Much, in dessen Gravitationsbereich Weiser studierte, promovierte und sich habilitierte, handelte es sich um einen Germanisten, der dem zeitgenössischen Bedürfnis nach einer lebensumfassenden, deutschnationalen Ausrichtung des wissenschaftlichen Feldes und seiner Akteure entsprach.[20] Am treffendsten, wenn auch – nicht nur genrebedingt – ohne kritische Distanz, formulierte dies 1937 sein erfolgreichster Schüler Otto Höfler in einem Nachruf. Höfler nennt Much darin „eine scharf geprägte Führergestalt" der „deutsche[n] Germanistik" und bezeichnet ihn als „Philologe[n] von jener Art, deren Hochbild wir in JAKOB GRIMM verehren".[21] Der Vergleich mit Jacob Grimm bedeutete für Höfler, dass

> RUDOLF MUCH [...] einer von denen [war], die sich nicht nur um Worte und Wörter bemühen, sondern die nach dem lebendigen Logos forschen und ihm als ganze Menschen durch ein φιλείν verbunden sind. Und das sollte ja der Sinn unserer Wissenschaft sein.
> MUCH hat den Logos nicht im Abstrakten gesucht, sondern in den Dingen. [...] Damit aber ist ihm seine Philologie in notwendiger Entwicklung zu einem lebendigen Teil der Geschichte geworden. In einer Epoche, deren Geisteswissenschaft sonst meist geblendet war von den abstrakten Erkenntnisidealen des sog. „naturwissenschaftlichen" Denkens, ist MUCH unbeirrt Historiker geblieben. Ihm war Germanistik zuletzt die Wissenschaft von den Germanen und vom deutschen Volk.[22]

Wenn Höfler 1937 wieder auf Jacob Grimm, einen der ‚Gründungsväter' der Universitätsgermanistik, rekurrierte, die ‚abstrakte' Naturwissenschaft in der Philologie anprangerte und wie selbstverständlich die Much'sche Germanistik als „Wissenschaft von den Germanen und vom deutschen Volk" definierte, dann ist zunächst an Wilhelm Scherers Grimm-Buch von 1865/1885 zu denken.[23] Die hier auf Much angewendeten Charakteristika

---

20	Explizit zu Rudolf Much, dessen Forschungstätigkeit und -erfolg einiges über den ‚deutschen' Geisteszustand im ersten Drittel des 20. Jahrhunderts aussagen, gibt es wenig Sekundärliteratur. Das ist umso bedauerlicher, als es gerade anhand seiner Person möglich wäre, darzustellen, wie die ‚alldeutschen' Intellektuellen agierten, ohne damit in das Dilemma zu geraten, seine Tätigkeit ausschließlich auf den nachkommenden, staatspolitischen Nationalsozialismus beziehen zu müssen. Much starb am 8. März 1936, also zwei Jahre vor dem ‚Anschluss' Österreichs.
21	Höfler: Rudolf Much [Nekrolog] (1937), S. VII.
22	Höfler: Rudolf Much [Nekrolog] (1937), S. VII–VIII.
23	Scherer: Jacob Grimm (1865); ders.: Jacob Grimm (1885). – Für diesen Hinweis danke ich Werner Michler, Salzburg.

der Forscherpersönlichkeit von Jacob Grimm wurden nämlich nicht von Höfler selbst entworfen, sondern waren – auch wenn Höfler ihn mit keinem Wort erwähnte – über Scherer vermittelte Topoi der Grimm-Rezeption, die dessen Auffassung als Gründungsfigur der Germanistik über Jahrzehnte hinweg prägten. Diese Topoi lauteten: Deutsche Philologie und Altertumskunde als Liebe zur Nation; Jacob Grimm als „Genie der Combination" versus Carl Lachmann als „Genie der Methode" (d. h. der exakten philologischen Herangehensweise); [24] Beschäftigung mit deutscher Mythologie und der Geschichte der deutschen Sprache als Historiographie des deutschen Volkes. [25]

Gleichzeitig und damit zusammenhängend verweist der Nachruf auf den disparaten Zustand der Altgermanistik im ersten Drittel des 20. Jahrhunderts. Muchs Förderer an der Wiener Germanistik – sein Doktorvater, Habilitationsgutachter und der Kollege, der Much institutionell erst ‚gemacht' hat – war Richard Heinzel, der von 1873 bis 1905 in Wien den planmäßigen Lehrstuhl für die ältere Abteilung innehatte. Heinzel konnte sich aber ganz im Unterschied zu Much mit den „[r]omantische[n], nationalistische[n] Neigungen, wie sie sich bei den norddeutschen Begründern der deutschen Philologie finden" [26], nie anfreunden. Vielmehr „protestierte" er, wie Josef Körner 1935 (also nur zwei Jahre vor dem Nachruf Höflers) festhielt, „je und je dagegen, daß man den Beruf des Germanisten mit germanischem Nationalgefühl in Beziehung setze; er wollte nicht ‚die Wissenschaft zum Patriotismus mißbrauchen'". [27] Auf diese Weise war Heinzel, so Körner weiter, auch keine „schwärmerische Andacht [...] zum deutschen Altertum" gegeben, er habe nicht „große Zusammenhänge" hergestellt, „wo ihm kein vollständiges Material vorlag". [28] Vielmehr, und hier ein weiterer Punkt der Unterscheidung, habe Heinzel in Anlehnung an Wilhelm Scherer „seine Arbeitsweise gerne der naturwissenschaftlichen Methode analog gestaltet", aber nicht wie dieser „im allgemeinen doch nur die historische Methode auf die Philologie übertragen", sondern tatsächlich „die naturwissenschaftlichen Methoden

---

24 „Lachmann ist ein Genie der Methode wie Jacob Grimm ein Genie der Combination." Scherer: Jacob Grimm (1865), S. 49. – In der zweiten Auflage heißt es: „Er [Lachmann, E.G.] war ein Genie der Kritik wie Jacob Grimm ein Genie der Combination." Scherer: Jacob Grimm (1885), S. 90.
25 Zu Wilhelm Scherers Grimm-Bild und dessen Nachwirkungen vgl. Wyss: Die wilde Philologie (1979), v. a. S. 1–22.
26 Körner: Deutsche Philologie [1935], S. 71.
27 Körner: Deutsche Philologie [1935], S. 72.
28 Körner: Deutsche Philologie [1935], S. 71.

des Zählens, Messens und Wägens" angewendet, um „Kategorien" zu finden, „welche eine ganz mechanische, die Willkür möglichst ausschließende Einordnung der Tatsachen zulassen".[29]

Wenn hier fast zeitgleich die beiden Wiener Altgermanisten Rudolf Much und Richard Heinzel mit denselben Attributen porträtiert wurden, diese aber mit grundsätzlich anderen Vorzeichen versehen waren, dann lässt sich zunächst feststellen, dass eine Auseinandersetzung um die Definitionsmacht über Gegenstand und Methode des älteren Fachs stattfand. Tatsächlich beschäftigte sich Heinzel fast ausschließlich mit der Literatur des 8. bis 15. Jahrhunderts und versuchte nur einmal, in seiner Arbeit *Über den Stil der altgermanischen Poesie* von 1875, aus der Literatur eine Geschichte der Nationalität abzulesen, weigerte sich sonst aber, aus Heldensagen oder anderen literarischen Texten realhistorische Sachverhalte zu erschließen.[30] Das Forschungsgebiet Muchs sah ganz anders aus. Much spezialisierte sich von Beginn an auf deutsche Altertums- und Germanenkunde, legte seinen Forschungszeitraum also mehrere hundert Jahre früher an, und widmete seine wissenschaftliche Aufmerksamkeit weniger der Spezifität von Literatur als dem historischen Aussagewert von „Wörter[n] und Sachen"[31].

Nachdem im letzten Drittel des 19. Jahrhunderts die Fächertrennung der Germanistik in eine neuere und eine ältere Abteilung nominell festgeschrieben worden war, stellte sich nicht nur für die neuere, wie schon oft angemerkt wurde,[32] sondern auch für die ältere Abteilung die Frage, auf

---

29 Körner: Deutsche Philologie [1935], S. 72–73. Zu Heinzels ‚objektiver' Arbeitsweise vgl. auch Schmidt: Die literarische Persönlichkeit (1909), S. 189–190. – Helmut Birkhan und Peter Wiesinger, zwei Schüler von Otto Höfler, tradieren bis heute dessen (von Much übernommene) Auffassung, dass die Erkenntnis der Aussichtslosigkeit einer solchen Arbeitsweise Heinzel 1905 in den Selbstmord getrieben habe. Wiesinger/Steinbach: 150 Jahre Germanistik in Wien (2001), S. 49; Birkhan: „Altgermanistik" und germanistische Sprachwissenschaft (2003), S. 146 (Anm. 106). – Dazu muss bemerkt werden, dass Höfler 1901 geboren wurde, beim Tod Heinzels also vier Jahre alt war, und Wiesinger und Birkhan nicht einmal in die Nähe einer Zeitzeugenschaft kommen.

30 Am auffälligsten ist diese Haltung in Heinzels Arbeit *Beschreibung der isländischen Saga* von 1880, in der die Sagas systematisch zerlegt und beschrieben, aber keine Aussagen über deren historische Entstehung oder Entwicklung getroffen werden. Auffällig ist das deshalb, weil gerade die (isländischen) Sagas bei Much als Auskunftsmaterial über das Germanentum herhalten mussten.

31 So der Titel der 1909 von Rudolf Much gemeinsam mit seinem ehemaligen Studienkollegen Rudolf Meringer und dem Romanisten Wilhelm Meyer-Lübke gegründeten Zeitschrift, in der auch der Nachruf Höflers erschien.

32 Vgl. Kap. I.

welche Prinzipien sich ihre Wissenschaft berufen sollte und wann ihr Gegenstand anzusetzen sei. Bezugspunkt war auch hier Wilhelm Scherer bzw. seine Auffassung vom Wesen und von der Geschichte der Deutschen Philologie. Scherers Ansatz der Germanistik als Wissenschaft ist im weitesten Sinne als ein integrativer zu bezeichnen.[33] Er entwarf das „Programm einer exakten Geschichtswissenschaft der Nation und ihrer Literatur"[34], verband also die naturwissenschaftlichen, vermeintlich unhintergehbaren Ideale der ‚strengen' Schule seines Lehrers Carl Lachmann mit einem historischen Verständnis, das auch größere und entferntere Zusammenhänge fassbar machte, und verknüpfte diese wiederum mit einem nationalpolitischen Blick auf die deutschsprachige Literatur und Sprache.[35] Scherer, der vor allem von Vertretern der Geistesgeschichte abwertend als ‚Positivist' bezeichnet wurde, versuchte viel eher, die sich im Zuge der Professionalisierung der Universitätsgermanistik getrennten Sphären des wissenschaftlichen, das hieß zeitgenössisch philologischen Arbeitens (Edition, Kommentar, Kritik) wieder mit einem Synthesen ermöglichenden historischen Blick zu verbinden; jedoch nicht ohne dies dem Programm einer „nationale[n] Ethik" zu unterwerfen.[36]

Scherers Entwurf der Deutschen Philologie als Wissenschaft wurde – obwohl eindeutig mehrdimensional konzipiert – von Kollegen und Schülern oftmals nur punktuell übernommen und stark gemacht. Richard Heinzel konnte von all dem nur der auf Exaktheit und Nüchternheit ausgelegten, philologischen bzw. den Naturwissenschaften angelehnten Seite etwas abgewinnen, entsprach also dem zeitgenössischen Positivismus-Vorwurf weitaus mehr als sein Freund und Vorgänger auf dem Wiener Lehrstuhl, Wilhelm Scherer.[37] Am wenigsten interessierte Heinzel Scherers

---

33 Scheres Wissenschaftsauffassung kann hier nur stark verkürzt dargestellt werden. Vgl. zum Folgenden u. a. Scherer: Briefe und Dokumente aus den Jahren 1853–1886 (2005); Michler: Lessings „Evangelium der Toleranz" (2003); Müller: Wilhelm Scherer (2000); Michler: An den Siegeswagen gefesselt (1996); Höppner: Das „Ererbte, Erlebte und Erlernte" im Werk Wilhelm Scherers (1993).

34 Michler: An den Siegeswagen gefesselt (1996), S. 237.

35 So kam es auch, dass Scherer Vorwürfe entgegengebracht wurden, die einander eigentlich ausschließen: die des kleinkrämerischen ‚Positivisten', die des ungenauen ‚Feuilletonisten', die des preußisch-deutschen ‚Nationalideologen' und die des ‚Judenfreundes', der dem Ansehen der deutschen Nation schade. Vgl. Michler: An den Siegeswagen gefesselt (1996); ders.: Lessings „Evangelium der Toleranz" (2003).

36 Scherer: Zur Geschichte der deutschen Sprache (1868), S. VIII.

37 Heinzel musste sich dafür von Scherer zwar freundlichen, aber doch eindeutigen Hohn gefallen lassen. Vgl. Michler: An den Siegeswagen gefesselt (1996), S. 237.

Auffassung von der Deutschen Philologie als „Tochter des nationalen Enthusiasmus", als „bescheidene pietätvolle Dienerin der Nation".[38] Mit Heinzels Interpretation der Wissenschaftsauffassung Wilhelm Scherers wurde auch das Wiener Programm des planmäßigen Lehrstuhls für das ältere Fach, den er als Erster nach der Fächertrennung innehatte, für Generationen vorgegeben: Ihm folgten 1905 Josef Seemüller und 1912 Carl von Kraus; beide wurden nach dem Auswahlkriterium der ‚strengen' Philologie berufen.[39]

Der Teil der Germanistik, der sich mit deutscher Altertumskunde und Mythologie beschäftigte, sich also nicht der Philologie verschrieb, sondern auf Jacob Grimm als Historiker des deutschen Volkes mit „Mut des Fehlens"[40] rekurrierte, blieb in Wien aber nur innerhalb der planmäßigen Professur ausgespart. Durch die Förderung und Beförderung Rudolf Muchs ab Ende des 19. Jahrhunderts etablierte sich nämlich ein kultur-geschichtlich und ethnographisch orientierter Forschungszweig, der in den folgenden Jahrzehnten zusehends an Einfluss gewinnen und in den 1920er

---

38 Scherer: Wissenschaftliche Pflichten (1894), S. 1.

39 Seemüllers Berufung folgte der Absicht, einen „philologisch geschulten Germa-nisten" zu gewinnen, wobei sich, wie es im Kommissionsbericht heißt, Seemüllers Arbeiten besonders durch „Ernst und Gründlichkeit" sowie „eine ruhige und klare Darstellung" auszeichnen. Kommissionsbericht [Mai/Juni 1905], [Referent: Jakob Minor]; UAW, Phil. Fak., Zl. 3529 ex 1904/05, PA 3135 Josef Seemüller. – Über von Kraus heißt es im Bericht der Berufungskommission, dass mit seiner An-stellung der „Zusammenhang mit der großen Vergangenheit der Altgermanistik an unserer Universität gewahrt" bleibe, da „wiederum ein Schüler Heinzels auf dessen Lehrstuhl berufen" werde. Außerdem, dass Kraus' „gesamte Forscherarbeit" ge-kennzeichnet sei „von Wissen und Gewissenhaftigkeit" und „durch vorzüglich ausgebildete Methoden, wobei mühsam gewonnenes Material und Handwerks-zeug" immer eine große Rolle spielten. Kommissionsbericht vom 4. Juli 1912; ÖStA, AVA, Unterricht allgemein, Professoren und Lehrkräfte: Anstellungen, Rang, Entlassung 1912–1914, MCU Zl. 3349 ex 1912. – Zu den Berufungs-verhandlungen vgl. auch Kap. I.1.

40 „‚Man muß auch den Mut des Fehlens haben', sagt Jakob Grimm, und es bedarf der ‚Hypothesen'." Scherer: Wissenschaftliche Pflichten (1894), S. 3. – Vgl. auch ders.: Jacob Grimm (1885), S. 328–329: „‚Wer nichts wagt, gewinnt nichts', sagte Jacob Grimm einmal, ‚und man darf mitten unter dem Greifen nach der neuen Frucht auch den Muth des Fehlens haben.' Das war der rechte Grundsatz für einen Entdecker, und es ist der rechte Grundsatz für jeden, der in die Entwickelung einer Wissenschaft durch neue Gedanken einzugreifen hat. Wie weit wären wir zurück, wenn Jacob Grimm nicht den Muth des Fehlens gehabt hätte, wenn er in der Grammatik jeden Punct hätte sicherstellen, in den Rechtsalterthümern auf die Publication aller Weisthümer warten, in der Mythologie keinen Schritt ins Un-gewisse wagen wollen."

und 1930er Jahren auch die am Philologiemodell orientierte Altgermanistik in seinen Bann ziehen sollte.[41] Rudolf Much promovierte 1887 bei Richard Heinzel mit der Arbeit *Zu Deutschlands Vorgeschichte*, habilitierte sich sechs Jahre später mit den drei Abhandlungen „Die Germanen am Niederrhein", „Goten und Ingwäonen" und „Die Südmark der Germanen", die er 1893 unter dem Titel *Deutsche Stammsitze* auch als Buch veröffentlichte. Seine im selben Jahr verliehene Venia Legendi lautete auf *Germanische Sprachgeschichte und Altertumskunde*.[42] 1899 beantragte Richard Heinzel, dem Privatdozenten Rudolf Much nicht nur den Titel eines außerordentlichen Professors zu verleihen, sondern für ihn auch ein wirkliches Extraordinariat einzurichten.[43] Bezugnehmend auf die finanzielle Lage des Staates verlieh das Ministerium Much 1901 jedoch nur den Titel eines Extraordinarius, der im Unterschied zum wirklichen Extraordinariat nicht mit einer Besoldung verbunden war.[44] Richard Heinzel ließ sich davon nicht beirren und reichte bereits ein Jahr später mit dem Hinweis, dass die Angelegenheit „nicht jene Erledigung gefunden hat, welche die Unterzeichneten und das Professoren-Kollegium angestrebt hatten", einen neuerlichen Antrag ein.[45] Diesen ignorierte das Ministerium vorerst, das Professorenkollegium der philosophischen Fakultät wandte sich mit demselben Anliegen jedoch abermals an die Unterrichtsbehörde und daraufhin wurde Rudolf Much 1904 zum wirklichen Extraordinarius

---

41　Der Vertreter der planmäßigen ordentlichen Professur für das ältere Fach, Dietrich von Kralik, sah 1939 selbst im *Nibelungenlied* einen Beweis für „das unentwegte Fortbestehen einer germanisch-deutschen Kontinuität". Kralik: Die geschichtlichen Züge der deutschen Heldendichtung (1939), S. 22–23. – Zur Rezeption der germanischen Kontinuitätstheorie in der Wiener Mediävistik vgl. Meissl: Wiener Ostmark-Germanistik (1989), S. 143–144.

42　Zum Habilitationsverfahren von Rudolf Much vgl. UAW, Phil. Fak., Zl. 426 ex 1892/93, PA 2681 Rudolf Much.

43　Bericht der philosophischen Fakultät an das Ministerium für Kultus und Unterricht vom 14. Februar 1900; ÖStA, AVA, Unterricht allgemein, Universität Wien, Philosophie Professoren, MCU Zl. 816 ex 1900, PA Rudolf Much.

44　Beschluss Kaiser Franz Josephs vom 3. November 1901 und Bericht des Ministeriums vom 18. Oktober 1901; ÖStA, AVA, Unterricht allgemein, Universität Wien, Philosophie Professoren, MCU Zl. 33075 ex 1901, PA Rudolf Much.

45　Bericht Richard Heinzels, Wilhelm Meyer-Lübkes u. a. an das Ministerium für Kultus und Unterricht vom 6. November 1902; ÖStA, AVA, Unterricht allgemein, Universität Wien, Philosophie Professoren, MCU Zl. 36854 ex 1902, PA Rudolf Much.

für *Germanische Sprachgeschichte und Altertumskunde* ernannt.[46] Bereits
zwei Jahre später, im Oktober 1906, wurde Much schließlich auch eine
ordentliche Professur ad personam verliehen.[47] Das bedeutete, dass das
Ministerium zwar keine Verpflichtung hatte, nach dem Ausscheiden
Muchs die Stelle nachzubesetzen, er selbst aber den Inhabern der planmäßigen Lehrkanzeln gleichgestellt war. Somit war innerhalb weniger Jahre
neben der philologisch und mediävistisch orientierten Professur für das
ältere Fach ein zweites Ordinariat installiert worden, das allein mit der
Person Rudolf Much seine Ausrichtung fand.

Bis zu seiner Emeritierung 1934 widmete Much seine wissenschaftliche
Aufmerksamkeit nahezu ausschließlich der Germanenkunde, einem
Thema, mit dem sich deutschsprachige Gelehrte und Dichter seit der
Wiederentdeckung von Tacitus' *Germania* im 15. Jahrhundert in unterschiedlichen Ausformungen immer wieder beschäftigt hatten.[48] In Anknüpfung an die romantischen Volkstums- und Brauchtumsforschungen
von Jacob Grimm, an Karl Müllenhoffs *Deutsche Altertumskunde* (1870–
1900) und an Kaspar Zeuß' *Die Deutschen und die Nachbarstämme* (1837)
ging es Much um eine Aufwertung der Germanen als Volksgemeinschaft,
um eine antidemokratische Etablierung eines bäuerlichen und kriegerischen Ständegedankens, um die ideologisierende „Ausweitung des *Deutschen* zu einer umfassenden Bestimmung des *Germanischen*"[49] und
schließlich um die Postulierung einer antichristlichen, sprachlich-kultu-
rellen germanischen Kontinuität bis in die Gegenwart.[50]

So versuchte er zum Beispiel zu beweisen, dass der Name ‚Germanen'
nicht aus dem Römischen oder Keltischen abzuleiten sei, wie bisher angenommen wurde, sondern tatsächlich auch einen germanischen Ursprung

---

46 Bericht des Ministeriums für Kultus und Unterricht vom 21. August 1904; ÖStA,
AVA, Unterricht allgemein, Universität Wien, Philosophie Professoren, MCU
Zl. 31392 ex 1904, PA Rudolf Much.

47 Beschluss Kaiser Franz Josephs vom 30. Oktober 1906; ÖStA, AVA, Unterricht
allgemein, Universität Wien, Philosophie Professoren, MCU Zl. 41722 ex 1906,
PA Rudolf Much.

48 *Germania*-Kommentare gab es u. a. von Konrad Celtis (der 1500 an der Universität
Wien die erste Vorlesung über die *Germania* gehalten hatte), Johann Gottfried
Herder, Jacob Grimm, Adolf Holtzmann und Karl Müllenhoff. Vgl. See: Deutsche
Germanen-Ideologie (1970).

49 Meissl: Wiener Ostmark-Germanistik (1989), S. 142.

50 Zur Bestimmung der germanischen Kontinuitätstheorie vgl. Höfler: Das germanische Kontinuitätsproblem (1937); See: Kontinuitätstheorie und Sakraltheorie in der Germanenforschung (1972).

habe.[51] In einem anderen Aufsatz, der den programmatischen Titel „Der Eintritt der Germanen in die Weltgeschichte"[52] trägt, bemühte er sich, das erste Auftreten der Germanen auf 225 v. Chr., also um mehr als ein Jahrhundert als bis dahin geltend, vorzuverlegen, was zeitgenössisch deshalb bedeutsam erschien, weil damit auch die „Anfänge deutscher Geschichte überhaupt"[53] früher anzusetzen seien. Breiter angelegt ist Muchs Buch *Deutsche Stammeskunde*, das 1900 zum ersten Mal und 1920 bereits in dritter Auflage erschien. Darin entwickelte er seine Ansicht von einer eigenen nordischen „Rasse"[54], in der er den Grundstock des indogermanischen „Urvolkes" sah.[55] Dieses wie auch die ersten ‚echten‘ Germanen, bei denen es sich laut Much um „das rassenreinste aller indogermanischen Völker"[56] handelte, siedelte er in Mitteleuropa und Südskandinavien an. Darauf aufbauend entwarf Much ein Panorama der einzelnen, von ihm angenommenen Germanenstämme,[57] um schließlich auf die Herausbildung des „deutschen Volksstammes" näher einzugehen, der in Muchs Weltbild noch in der Gegenwart des frühen 20. Jahrhunderts bestand.[58] Als Grundlage solcher Forschungen dienten neben Tacitus' *Germania*, deren Neuedition und -kommentierung Much selbst 1936 abschloss,[59] auch Mythen, Sagen, Märchen und Brauchtumsüberlieferungen des ganzen, als germanisch angenommenen Europa. Aus diesen Texten wurden religionsgeschichtliche und volkskundliche Befunde erstellt, sie wurden also

---

51 Much: Der Name Germanen (1920).

52 Much: Der Eintritt der Germanen in die Weltgeschichte (1925).

53 Kraus: Rudolf Much [Nekrolog] (1936), S. 36.

54 Diese zeichnete sich bei Much durch den „blonde[n] Typus" aus. Much: Deutsche Stammeskunde (1920), S. 14.

55 Much: Deutsche Stammeskunde (1920), S. 8–20.

56 Much: Deutsche Stammeskunde (1920), S. 25.

57 Much: Deutsche Stammeskunde (1920), S. 65–131.

58 Much: Deutsche Stammeskunde (1920), S. 132–137. Bei Much ging es immer – ähnlich wie bei August Sauers stammeskundlichem Konzept einer Literatur ‚von unten‘ – um die Herausbildung einer völkischen Identität, die jenseits von Klassengrenzen etabliert werden sollte, also um eine volksnahe, antimoderne, antiurbane und heimatverbundene Weltsicht. Was Sauer aber dazu diente, das abstrakte Konzept der Nation zu vermeiden, erfuhr bei Much eine strikt germanischdeutsche Ausrichtung.

59 Much: Die Germania des Tacitus (1937). – Seinen Kommentar zur *Germania* des Tacitus, hinter der, so Klaus von See, „ob gewollt oder ungewollt[,] das Schema des Vergleichs von junger, unverbrauchter, unverdorbener Kultur und alter, überzivilisierter, erschlaffter Kultur" stehe, weitete Much in „ebenso alberne[r] wie unverfrorene[r] Interpretation" zu unverhohlen antirömischen Affekten aus. See: Deutsche Germanen-Ideologie (1970), S. 11–12.

nicht in ihrer literarischen oder gattungsmäßigen Eigenart betrachtet, sondern als treue Wiedergabe realer Verhältnisse gelesen.

Much, dessen ganze „Hingebung", wie Dietrich von Kralik 1932 formulierte, der „Ergründung und Erfassung des germanischen Menschen, des germanischen Lebens selbst" galt,[60] hatte wie alle Germanenkundler das Problem, dass die Quellenlage mehr als dürftig war und zahlreiche Leerstellen aufwies. Diese Leerstellen wurden aber durch gewagte Hypothesen, strategische Ableitungen und ein ideologisches Profil, das im Zweifel immer für die germanische Tradition sprach, überbrückt.[61] Eine solche Arbeitsweise blieb zeitgenössisch zwar nicht unwidersprochen,[62] tat dem akademischen und außerakademischen Erfolg Rudolf Muchs aber keinen Abbruch: Er war wirkliches Mitglied der Österreichischen Akademie der Wissenschaften in Wien, wo er auch als Obmann der prähistorischen Kommission und Obmann-Stellvertreter der Kommission für das *Bayerisch-österreichische Wörterbuch* fungierte; er war Mitglied der *Deutschen Akademie* und der *Gesellschaft für Anthropologie* in München, der *Königlichen Wissenschaftsgesellschaft* in Uppsala, der *Deutschen Gesellschaft für Vor- und Frühgeschichte* in der Tschechoslowakei und der Wiener *Prähis-*

---

60 Kralik: Rudolf Much zum 70. Geburtstage (1932), S. 364.

61 In den Nachrufen heißt es lobend, dass Much „[m]it großem Nachdrucke [...] die Bündigkeit seiner theoretischen Deduktion [verfocht], daß von vornherein nur mit germanischer Herkunft zu rechnen ist". Kralik: Rudolf Much [Nekrolog] (1936), S. 296. – Und angesichts des Mangels an Quellen wird Muchs „außerordentliche Kombinationskraft" betont, durch die es ihm möglich gewesen sei, Erklärungen zu finden, „ohne ein einziges Buch aufzuschlagen". Höfler: Rudolf Much [Nekrolog] (1937), S. IX und S. XII.

62 Am nachdrücklichsten kritisierte der Verfasser des *Etymologischen* und des *Vergleichenden Wörterbuchs der gotischen Sprache* (1923/1924), der deutsche Linguist Sigmund Feist, Muchs Thesen, woraufhin Much ihn mit äußerst scharfen, antisemitischen Polemiken bedachte. Vgl. Lund: Germanenideologie im Nationalsozialismus (1995), S. 46–47 und S. 97–99. – Ein Teil der Wiener Altgermanistik führt diese Fehde bis in die jüngste Zeit fort: Helmut Birkhan versah seine Wiener Habilitationsschrift *Germanen und Kelten bis zum Ausgang der Römerzeit* noch 1970 mit der Widmung „Dem Andenken Rudolf Muchs", dem er attestierte, „in allen wissenschaftlichen Belangen völlig objektiv" ans Werk gegangen zu sein. Die Gegnerschaft des jüdischen Wissenschaftlers Feist zu Much erklärte Birkhan mit dessen „germanophober Einstellung". Birkhan: Germanen und Kelten bis zum Ausgang der Römerzeit (1970), S. 55–56. – Ein weiterer Wiener Höfler-Schüler, Hermann Reichert, griff im Jahr 2000 Allan A. Lund für dessen kritische Auseinandersetzung mit Muchs Germanenforschung an, was ihm wiederum einen wohlwollenden Kommentar Birkhans verschaffte. Reichert: Allan A. Lund, Die ersten Germanen [Rez.] (2000), bes. S. 145–149; Birkhan: „Altgermanistik" und germanistische Sprachwissenschaft (2003), S. 158 (Anm. 145).

torischen Gesellschaft. Außerdem erhielt er 1934 das Komturkreuz des österreichischen Verdienstordens und 1952 als einziger Germanist neben Richard Heinzel eine Büste im Arkadenhof der Universität Wien.

Ideologisch und realpolitisch war Much in nahezu alle rechten und antisemitischen Unternehmungen verstrickt, die die späte Monarchie, die Erste Republik und der österreichische Ständestaat zu bieten hatten. Der „erste tatsächliche Antisemit unter den Wiener Germanisten"[63] war seit seiner Jugend Anhänger Georg Schönerers, des radikal antisemitischen Vorsitzenden der österreichischen ‚Deutschnationalen Bewegung' und der ‚Alldeutschen',[64] bildete „mit seiner Familie eine frühe Zelle der österreichischen NS-Bewegung" und förderte an der Universität „die Ausschaltung der hitlerfeindlichen Fraktion".[65] Während seiner Studienzeit wurde Much Mitglied der Wiener Burschenschaft *Thuringia,*[66] und als es nach dem Ende der Monarchie darum ging, einen strategischen und machtpolitischen Ausgleich zwischen Vertretern des katholischen und Vertretern des großdeutschen Lagers zu erzielen, trat Much der 1919 offiziell gegründeten *Deutschen Gemeinschaft* bei, die sich an einem gemeinsamen Feindbild, das aus Sozialdemokratie und Judentum bestand, orientierte.[67] Bei der *Deutschen Gemeinschaft* handelte es sich um eine schwarz-braune, „nach Ritual und Geheimhaltung streng hierarchische[ ] Organisation, die zunächst den schlichten Zweck verfolgt[e], staatliche Posten zwischen nationalen und katholischen Bewerbern aufzuteilen"[68]. Zu ihren Mitgliedern gehörten neben Rudolf Much u. a. der Wiener Kardinal Friedrich Gustav Pichl, die Politiker Engelbert Dollfuß und Arthur Seyß-Inquart sowie die Universitätsprofessoren Othmar Spann, Oswald Menghin, Alfons Dopsch und Wilhelm Czermak.[69] Fachintern zählte Much ab 1926 zu den Förderern des *Akademischen Vereins der Germanisten in Wien,* einem Studentenverein, der 1895 gegründet worden war und 1899 seine Satzung dahingehend geändert hatte, dass „nur <u>Deutsche</u>" aufgenommen werden konnten.[70]

---

63 Michler: Lessings „Evangelium der Toleranz" (2003), S. 156 (Anm. 20).
64 Vgl. Höfler: Rudolf Much [Nekrolog] (1937), S. XIV. Zu Schönerer vgl. Wladika: Hitlers Vätergeneration (2005), S. 95–298.
65 Meissl: Germanistik in Österreich (1981), S. 485.
66 Grimm/Besser-Walzel: *Die Corporationen* (1986), S. 335.
67 Vgl. Rosar: Deutsche Gemeinschaft (1971).
68 Meissl: Germanistik in Österreich (1981), S. 485.
69 Meissl: Germanistik in Österreich (1981), S. 494 (Anm. 71).
70 Satzungen des Akademischen Vereins der Germanisten in Wien vom 7. November 1899; UAW, Phil. Fak., Zl. 2894 u. Zl. 3103 ex 1899/1900, Senat, S. 164.72 (Akademischer Verein der Germanisten in Wien).

1925, als Muchs Sohn Wolf Isebrand Obmann des Vereins war, wurden –
28 Jahre nach Einführung des Frauenstudiums – Frauen von der Mit-
gliedschaft explizit ausgeschlossen und auch bezüglich der völkischen
Zulassungsbestimmungen wurde eine Vereindeutigung vorgenommen:
„nur Deutsche (Arier)"[71].

IV.2. Volkskunde existiert nur als Germanenkunde –
Jul. Weihnachtsgeschenke und Weihnachtsbaum (1923)

In Nachrufen, Würdigungsreden und selbst in Lexikoneinträgen wurde
immer wieder Rudolf Muchs Bedeutung für die volkskundlichen Forschungen an der Universität Wien hervorgehoben. Wirft man aber einen
Blick in sein Publikationsverzeichnis[72], so scheint es, als hätte er sich für
volkskundliche Themen überhaupt nicht interessiert, und auch in seiner
über vierzig Jahre andauernden Lehrtätigkeit an der Universität Wien
findet sich nur eine einzige Veranstaltung, die volkskundlich genannt
werden kann: Im Sommersemester 1906, und dann wieder im Sommersemester 1913, las er über „Das deutsche Haus".[73] Damit ist aber auch
schon angegeben, was Much unter Volkskunde verstand: Für ihn war
Volkskunde nämlich kein Fach, das einer eigenen Disziplin bedurfte,
sondern ein integrierter Teil der Deutschen Altertumskunde, die freilich
mit seiner Person an der Universität Wien schon vertreten war.[74] Damit
einhergehend galt es für Much, nur eine Version der Volkskunde zu stärken,
nämlich die deutsche.[75] Mit den konkurrierenden Wiener Ethnologen
(und auch mit den Geschichtswissenschaftlern) hatte Much jedoch auch
etwas gemeinsam, nämlich eine historische Weltauffassung, die mit dem

---

71 Satzungen des Akademischen Vereins der Germanisten in Wien vom
    17. Oktober 1925; WStLA, M. Abt. 119, A 32:92/1926 (Akademischer Verein der
    Germanisten in Wien).

72 Verzeichnis der Schriften von Rudolf Much (1932).

73 Öffentliche Vorlesungen an der K.K. Universität zu Wien (1897–1918).

74 Daher kommt auch die Einschätzung von volkskundlicher Seite, „that Much
    contributed little to the development of the discipline". Bockhorn: Wien, Wien,
    nur Du allein (2004), S. 61.

75 Dass Much seine einzige volkskundliche Lehrveranstaltung über „Das deutsche
    Haus" hielt, kann auch als Würdigung des zeitgenössisch wichtigsten deutschen
    Volkskundlers Wilhelm Heinrich Riehl gesehen werden, der das „deutsche Haus"
    zu seinen Forschungsschwerpunkten zählte. – Für diesen Hinweis danke ich Anna-
    Maria König, Wien.

Schlagwort ‚Kontinuität' operierte. „Wandel" war für diese Forschungs-
bereiche, wie Hermann Bausinger 1971 treffend bemerkte, „eine eher
störende Kategorie". Vielmehr setzten sie *„Kulturkonstanz"* und *„kontinuierliche Tradition"* als unhintergehbare Voraussetzungen, sodass es ihnen
möglich war, „spärliche Belege über Jahrtausende hinweg" zu verbinden.
Bei dem Germanisten Much und seinen Schülern bezeichnete „Kontinuität
in erster Linie Fortdauer der ‚völkischen' Substanz, es ging um die germanische Kontinuität".[76]

Dieser Wissenschaftsauffassung folgte auch Lily Weiser. In der Einleitung ihrer bei Much eingereichten Dissertation *Jul. Weihnachtsgeschenke
und Weihnachtsbaum* von 1923 schrieb sie, sie wolle herausfinden, ob „es
ein heidnisch-germanisches Fest [gegeben habe], das vom Christenfest
aufgesogen wurde" und ob „die volkstümlichen Bräuche" rund um das
Weihnachtsfest „römisch-antiken", „christlichen" oder germanischen „Ur-
sprunges" seien.[77] Die so formulierten Forschungsfragen waren Programm:
Vor allem versuchte Weiser zu beweisen oder zumindest zu plausibilisieren,
dass das zeitgenössische Weihnachtsfest mit seinen verschiedenen Brauch-
elementen in direkter (wenn auch nicht unbedingt offensichtlicher) Linie
von Fruchtbarkeitsriten und Totenzauberritualen einer vorchristlich-germanischen Zeit abzuleiten sei.

Zu diesem Zweck weist sie im ersten, mit „Jul" überschriebenen Abschnitt ihrer Dissertation zunächst die Ansicht des Sozialdarwinisten
Alexander Tille und des Historikers Gustav Bilfinger zurück, dass die
volkstümlichen Bräuche rund um das Weihnachtsfest von alten Jahres-
anfangsfesten stammen.[78] Gemäß ihrer Forschungsprämisse gibt sie als
Grund dafür an, dass der Jahresanfang für ein deutsches Fest keine Bedeutung haben könne, weil das Zelebrieren desselben „spezifisch-orien-
talisch" sei. Da bei den „germanischen Jahreszeiten […] ein bestimmter
Neujahrstag als scharfer Einschnitt" generell fehle, sei, so Weiser, „jener
Behauptung, daß die Volkstümlichkeit unseres Weihnachtsfestes durch die
Übertragung der alten Neujahrsfeste zu erklären sei, die Grundlage entzogen". Vor allem stellt sie fest, dass sich die zeitgenössisch große Bedeutung des Weihnachtsfests überhaupt nur erklären lasse, wenn es das „Erbe
eines heidnisch-germanischen Festes angetreten hätte". Damit setzt Weiser

---

76 Bausinger: Volkskunde [1971], S. 77–78.
77 Weiser: Jul (1923), S. 2. – Im Folgenden im Fließtext zitiert als (Weiser 1923,
     [Seitenangabe]).
78 Bilfinger: Untersuchungen über die Zeitrechnung der alten Germanen. Teil 2
     (1901); Tille: Geschichte der deutschen Weihnacht (1893).

gleich zu Beginn ihrer Arbeit die eigentliche Forschungsfrage als Ergebnis
fest. Und erst von dieser programmatischen Setzung aus funktionieren die
weiteren, durchweg spekulativen Ableitungen, denn „ein solches Fest", so
Weiser weiter, „ist uns […] aus dem altnordischen bekannt, das Julfest".
(Weiser 1923, 3–4)

Anhand von Wortuntersuchungen und etymologischen Erklärungen
kommt sie zum einem zu dem Schluss, dass Jul bereits vor Einführung des
Christentums bei den Nord- und Ostgermanen nicht nur eine winterliche
Jahres-, sondern auch eine Festzeit bezeichnete, zum anderen leitet sie aus
ihren sprachgeschichtlichen Analysen auch die Annahme ab, dass „die
Grundbedeutung des Festnamens Jul als Zauberfest […] wahrscheinlich
erscheint" (Weiser 1923, 10). Um bestätigen zu können, dass „die Feier des
alten Julfestes […] in Fruchtbarkeits- und Seelenzaubern" (Weiser 1923,
18) bestand, zieht Weiser sowohl altnordische Sagas als auch „mehrere
Gruppen heute noch fortlebender, sehr altertümlich anmutender Gebräuche" (Weiser 1923, 12) heran. Dabei achtet sie bei den literarischen
Quellen weder auf eine spezifische Literarizität noch auf deren Überlie-
ferungsgeschichte, was dazu führt, dass sie ohne Umwege direkte Vergleiche und Gleichsetzungen mit weihnachtlichen Sitten in Norwegen und
Schweden ziehen kann. Dass sie dabei auf zeitgenössische Sitten eingeht
und diese als zuverlässige Quellen für ein germanisches Julfest verwendet,
erklärt Weiser damit, dass „die alten Germanen keinen festen Priesterstand"
kannten und deshalb „das Alte ruhig fort[lebte], auch wenn Neues entstand". Darüber hinaus konnte das Christentum, das laut Weiser „mit
Erfolg" nur „gegen die hohe Mythologie" gekämpft hatte, diesen Ge-
bräuchen auch gerade wegen ihres Kultcharakters und ihrer Zugehörigkeit
zur „niedere[n] Mythologie" nichts anhaben. (Weiser 1923, 18)

Weniger um die titelgebenden „Weihnachtsgeschenke" als um die
Frage, „ob man auch in Deutschland Spuren eines heidnisch-germanischen
Festes auffindet, dessen Erbe unsere Weihnachten übernehmen konnten",
geht es im zweiten Abschnitt der Dissertation. In Ermangelung eines
einzelnen großen Fests betrachtet Weiser eine ganze Reihe heute „noch
lebender Gebräuche", die „nicht aus dem Christentum erklärt werden
können" und „besonders altertümlich anmuten". (Weiser 1923, 19) Dazu
zählt sie u. a. die Nikolausaufzüge sowie die Umzüge der Klöpfler, An-
glöckler und der Perchten. Nach kurzen Erklärungen dieser Sitten macht
sich Weiser daran, die jeweiligen kulturellen Überformungen durch das
Christentum abzutragen bzw. – wenn vorhanden – deren ‚Fehlinterpre-
tation' als antiken Kultus zurückzuweisen. Was nach diesem Vorgang der

Dekonstruktion übrig bleibt, identifiziert sie – in Ermangelung historischer Quellen – als heidnisch-germanisch.

So weist sie zum Beispiel darauf hin, dass die in den österreichischen
Alpenländern vorkommenden Perchtenumzüge zwar eine deutliche Par-
allele zum antiken Artemis-Kult aufweisen, da es sich in beiden Fällen um
Fruchtbarkeitsrituale handle und die „Nymphen", die Artemis begleiten,
„unseren Wind-, Wald-, Vegetations- und Hausgeistern", als die die um-
herziehenden Menschen verkleidet sind, „ganz genau" entsprechen. Doch
trotz dieser Ähnlichkeit kann es sich, so Weiser, bei den Perchtenumzügen
nicht um die christianisierte Variante des antiken Artemis-Kults handeln,
da es einen wesentlichen Unterschied gebe: „[B]ei uns [ist] die Anführerin
dieser Dämonen, Perchta, […] keine Göttin, sondern selbst Dämon […]."
(Weiser 1923, 15–16)

Überhaupt sei Perchta „eine der schwierigsten Gestalten des germanischen Volksglaubens", weshalb die „Ansichten" über sie auch „sehr
verschieden" seien. (Weiser 1923, 43) Bilfinger sah in Perchta, wie Weiser
ausführt, eine Art Ursprungsfigur des späten Mittelalters, aus der die
„Gottheiten der Zwölfnächte" entstanden seien und die sich aus der Sitte
des Neujahrstischs entwickelt habe, weshalb sie „nichts Urgermanisches" an
sich habe, sondern als „Art Neujahrsfee" vom Kalendenfest abstamme.
Dem hält Weiser entgegen, dass der Perchtentisch (die Sitte, der Perchta in
der Nacht vom 6. Jänner einen gedeckten Tisch hinzustellen) nicht vom
Kalendenfest abstammen könne, da „an den römischen Kalenden […] die
Gerichte […] von den Menschen verzehrt wurden", „[b]ei den Germanen"
aber „der in der […] Perchtennacht gedeckte Tisch die Nacht über un-
berührt für unsichtbare Gäste stehen bleiben" sollte. Zum anderen argumentiert Weiser anhand einer Art Abfolgemodus der Götterentstehung:
Denn Götter „entstehen zwar […] auf sehr früher religiöser Entwicklungsstufe aus magischen Riten, aber eine Mahlzeit ist kein magischer
Ritus, sondern ein Opfer, und der Empfänger muß vor der Darbringung
bestehen". Wenn also Bilfinger die Perchta und den Perchtentisch mit den
römischen Kalendensitten gleichstellt, dann vollzieht er in der Logik der
Weiser'schen Argumentation nur eine erneute „interpretatio romana", die
ihren Ursprung im 6. Jahrhundert bei Caesarius von Arles habe. In
Wirklichkeit handle es sich beim Perchtentisch nämlich um einen „Geistertisch der Germanen", was neben dem Ausschluss der bisherigen ‚fal-
schen' Auffassungen auch daraus ersichtlich sei, dass der Perchten- als
Geistertisch im Unterschied zu den „Kalendenschmäuse[n]", die „aus den
Städten stammten", eine „bäuerliche Sitte" war. (Weiser 1923, 44–45)

Ähnliche Verfahren wie bei der Perchta und dem Perchtentisch wendet
Weiser in diesem Kapitel auch auf die „allgemeine europäische Spukzeit
von November bis Ende Januar" an, die „in sonderbarem Gegensatz zum
christlichen Freudenfest" stehe, ferner auf die „Einführung der langen und
so strengen Adventszeit", die sie als „Versuch der Kirche, den einhei-
mischen Aberglauben" zu bändigen, interpretiert, und dazu auf das „Datum
des Allerseelenfestes und [...] des Nikolausfestes", das ihr „aus christlichem
Gut nicht erklärbar" scheint. Aus der Zusammenschau all dieser Indizien
schließt Weiser das Kapitel zwar mit dem Eingeständnis, dass „auf die
Frage, ob es auch auf südgermanischem Boden ein heidnisches Fest im
Winter gegeben habe, noch keine Antwort gegeben werden" könne. Sie
stellt aber auch die Vermutung an, dass die – hier skizzierten – „Tatsachen",
die sich „aus den mit den Perchtenläufen zusammenhängenden Vorstel-
lungskreisen" ableiten lassen, „für die Annahme eines solchen Festes, das
seinem Inhalt nach wie das alte Julfest aus Fruchtbarkeits- und Toten-
zaubern bestanden haben dürfte, in Betracht kommen". (Weiser 1923, 50)
  Dem Unterfangen der Studie, das der meisten Umgehungen bedarf,
nämlich auch den Weihnachtsbaum auf germanischen Ursprung zurückzuführen, widmet sich Weiser im dritten und letzten Teil ihrer Arbeit. Die
vorhandenen literarischen und historischen Quellen, die vom 17. bis zum
20. Jahrhundert reichen, bereiten im Rahmen dieser Aufgabe jedoch einige
Schwierigkeiten: Darin erscheint der Weihnachtsbaum zum einen als relativ junger Brauch (das erste Zeugnis findet sich um 1600 in der *Beckschen
Chronik* aus dem Elsass); zweitens wird er nicht als Volkssitte, sondern als
aus städtischem Gebiet kommend dargestellt (von wo er sich erst langsam
und Anfang des 20. Jahrhunderts noch nicht überall auf dem Land ver-
breitet habe); und drittens wird er nicht mit bäuerlichen, sondern ausschließlich mit sozial höhergestellten Kreisen (Bildungsbürgertum, Ari-
stokratie) in Verbindung gebracht. Weiser zollt dieser Sachlage zwar
Respekt, meint aber zum einen, dass damit noch nicht die Abstammung
des Weihnachtsbaums geklärt sei, da ihn die Quellen „ohne deutliche
Beziehung zu einer öffentlichen Religion, ohne deutliche Beziehung zum
Volks- und Aberglauben" verhandeln, dass sie also „eine[ ] gewisse[ ]
Unsicherheit" gegenüber der Herkunft dieses Brauchs zeigen. (Weiser
1923, 51) Zum anderen ist sie der Ansicht, dass es möglich sei, den
Weihnachtsbaum trotz seiner Darstellung als junge, urbane, elitäre An-
gelegenheit auf eine Volkssitte zurückzuführen. Dafür bedürfe es nur des
Beweises, dass „unabhängig von dem städtischen Weihnachtsbaum [...] in
dem breiten Strom der Volksüberlieferungen auch sonst Ansätze vorhanden sind, die zu einem Weihnachtsbaum hätten führen können". Dabei

würde die „Einzigartigkeit der Sitte" freilich wegfallen und es müssten mehrere ‚Wurzeln' ausgemacht werden können. (Weiser 1923, 53)

Eine dieser Wurzeln sieht Weiser in der ländlichen Sitte des Maibaums, der „in allen seinen Formen als Frühlings-, Ernte-, Bau- und Brautmai […] auffallende Ähnlichkeit" mit dem Weihnachtsbaum zeige. Beide seien mit Bändern, Früchten, oft auch mit Lichtern geschmückt. Doch obwohl eine gemeinsame Verbreitung und ähnliche Handhabung „in so verschiedenen Gegenden […] Anhaltspunkte [gäben], daß beide Bäume zusammen gehören könnten", so zeige sich auf den ersten Blick keine „innere Verwandtschaft" der beiden Bräuche, da sich beim Weihnachtsbaum zunächst „keine[ ] Beziehung zum Volksglauben" ausmachen lasse (im Gegensatz zum Maibaum, der die „Vegetationskraft und Fülle, den Vegetationsdämon dar[stelle]", das „Gedeihen" sichere und „Geister" vertreibe). „Gewißheit", dass auch der Weihnachtsbaum einem Volksbrauch entstamme, bringe, laut Weiser, die Analyse schwedischer und norwegischer Bräuche. (Weiser 1923, 59–60) Zu diesen zählt sie zum Beispiel die schwedische Sitte, zu Weihnachten Bäume im Hof aufzustellen. Vor allem im „Julrönn", einer geschmückten Eberesche, die über die gesamte Julzeit auf dem Misthaufen verbleibe, zeige sich „das Mittelglied zwischen dem Wintermai und dem eigentlichen Weihnachtsbaum". Das schließt Weiser aus der Zusammenschau folgender Beobachtungen: Zum einen werde im norwegischen Telemarken ebenfalls eine Eberesche benützt, aber als tatsächlicher, d. h. im Haus aufgestellter Weihnachtsbaum, zum anderen sei die Eberesche bei den Germanen immer schon heilig gewesen, da an ihr der Glaube hing, dass sie „gegen alle Arten bösen Zaubers schütze, daß sie gegen Krankheiten helfe und […] besonders geeignet sei, Kraft und Fülle zu mehren". Dadurch, dass man „die seit jeher bei den Germanen heilige Eberesche […] zu Weihnachten in die Stube holte", entwickelte sich eine „Art Weihnachtsbaum", der „im Volk und nicht in der Stadt" entstanden sei. (Weiser 1923, 61–62)

Komplizierter wird der Fall, wie soll es auch anders sein, jedoch auch diesmal für die Überlieferung in Deutschland.[79] Hier geht Weiser zunächst von dem Brauch der Lebensrute aus. Darunter versteht sie das Berühren oder Schlagen eines Tiers, von Menschen oder Bäumen mit einem (Segens-)Zweig, dessen „Lebenskraft" dadurch übertragen werden soll. Dadurch dass diese Sitte, wie der Maibaum selbst, „Fruchtbarkeit, Gesundheit und Glück" sichere, sei sie Weiser zufolge mit diesem inhaltlich identisch.

---

79 Soweit sich das aus der Arbeit erschließen lässt, verstand Weiser unter Deutschland einfach den gesamten deutschsprachigen Raum.

Aus dieser Erkenntnis konstruiert Weiser den ersten, wenn auch nicht unmittelbar einleuchtenden Zusammenhang des Maibaums mit den deutschen Weihnachtssitten, denn: Den gleichen Segenszweig, der auch für die Lebensrute verwendet werde, „findet man in der Hand unsrer Weihnachtsgestalten, des Nikolo und seiner Angehörigen, bei den Perchtenläufern". (Weiser 1923, 63) Um aber tatsächlich zu einem Baum, der als Schmuck zu Weihnachten im Haus aufgestellt wird, zu gelangen, bedarf es noch einiger weiterer Wendungen. Weisers in dieser Hinsicht nächstes Anliegen besteht darin, auch die Weihnachtszweige in Deutschland mit der Lebensrute, d. h. vor allem mit einem Aberglauben, in Verbindung zu bringen. Sowohl für den städtischen als auch für den ländlichen Bereich findet sie ab dem 15. Jahrhundert Belege, dass zu Weihnachten die Räume mit Zweigen geschmückt werden, die allesamt mit dem „Glauben an eine gute Vorbedeutung" verbunden seien. Die Vermutung, dass diese Zweige „ursprünglich nicht als leerer Festschmuck" galten, sieht Weiser gestützt durch die Verwendung von „seit alters heilige[n] Holzarten", wie der Mistel, der Eberesche und dem Wacholder, oder der Verwendung von „durch Wärme zum Grünen oder Blühen gebrachte[n] Zweige[n]", die „für die Segenswirkung besonders geeignet" erscheinen. Während das „Entstehen" der Mistel laut Weiser bereits „von den keltischen Druiden Göttern zugeschrieben" wurde, zeige sich die Bedeutung der Eberesche in ihrem Namen: Die Eberesche heißt im Rheinischen auch noch ‚quike' und im Englischen ‚quickbeam' (‚quicken' bedeutet im Mittelhochdeutschen ‚lebendig machen, beleben, erwecken, erfrischen').[80] (Weiser 1923, 65–66)

Wie es aber dazu kam, dass auch „der Baum als göttliches Wesen, und nicht nur der Segenszweig, vom Landvolk ins Haus geholt wird", dafür findet Weiser im deutschsprachigen Raum weder eine plausible Ableitung noch einen Beleg. (Weiser 1923, 67) Vielmehr behilft sie sich mit einem, nicht weiter begründeten Exkurs über „kaukasische Parallelsitten". So erfährt man, dass die Tscherkessen „zugleich mit unserem Weihnachtsfest ein Fest zu Ehren des Sozeris", „des Beschützer[s] des Ackerbaus, der Familie und des Wohlstandes", feiern, und dass sie dafür „als Abbild dieses Gottes" einen Holzstamm mit sieben, mit Lichtern geschmückten Ästen im Haus aufstellen. Das Ritual, das die Ernte des kommenden Jahrs sichern soll, bestehe aus einem Gebet und einer „Art Tanz um den Baum". Dass dieses Ritual dem des Maifests ähnlich ist, und vor allem dass die „Segenswirkung, die man sich von diesem als Gott verehrten Baum erwartet", „genau die-

---

80 Vgl. Lexer: Mittelhochdeutsches Handwörterbuch. Bd. 2 (1876), Sp. 325; Müller (Hg.): Rheinisches Wörterbuch. Bd. 6 (1944), S. 1342.

selbe" ist, die auch der Brauch des Maibaums bringen soll (Weiser 1923, 68–69), sieht Weiser endlich als Beleg dafür, dass „eine Wurzel des Christbaumes auf den eigentlichen Maibaum zurückgeht" (Weiser 1923, 67).[81]

Trotz all der Um- und Abwege, die Weiser in diesem Kapitel beschreitet, bleibt der Beweis für den germanischen Ursprung des Weihnachtsbaums in Deutschland aus. Vielmehr behilft sich Weiser in ihrer, die Dissertation abschließenden Zusammenfassung damit, ihn letztendlich, wenn auch nicht unbedingt beabsichtigt, doch auf das Christentum zurückzuführen, indem sie bemerkt, dass „[d]er Wintermai in seinen verschiedenen Formen […] durch christliche Anregungen […] zum Weihnachtsbaum in unserem Sinne" wurde. (Weiser 1923, 74)

Rudolf Much gefiel die Arbeit seiner Schülerin. In seinem Gutachten vom 13. Juni 1922 attestierte er Weiser, „[o]hne Voreingenommenheit" ans Werk gegangen zu sein, er lobte die „überzeugende[ ] Kraft ihrer Argumentation" und ihr „kritisches Urteil".[82] Fünf Jahre später, in seinem Vorschlag, Weiser zu habilitierten, bezeichnete Much die Arbeit sogar als „das Beste, was bi[s]her über diesen Gegenstand geschrieben worden ist"[83]. Diese überaus positive Beurteilung Muchs verwundert nicht, enthält Weisers Arbeit doch alle Bestandteile einer deutschen Volkskunde, wie sie Much vorschwebte: Durch ihre Verwendung etymologischer Erklärungen und sprachgeschichtlicher Ableitungen legte Weiser die Nähe ihrer, wie es im Untertitel heißt, *Volkskundlichen Untersuchung* zur Germanistik fest. Gleichzeitig ging sie davon aus, dass skandinavische Quellen – ob diese nun aus Texten oder ‚gelebtem Brauchtum' bestanden – für den ‚Germanenbeweis' herangezogen werden können, was der Annahme der Germanenkundler entsprach, dass alles ‚Nordische' auch ‚germanisch' ist. Neben der voraussetzungslos angenommenen germanischen Kulturkontinuität war die Vereinnahmung der nordischen Tradition nämlich die zweite Setzung, ohne die eine derartige Beweisführung, bei der es – trotz Fehlens zuverlässiger Quellen über Jahrhunderte hinweg – um den Zugang zum ‚Ur-

---

81 Darauf, dass es sich dabei aber nicht um die erwünschte abergläubische Erklärung für die Weihnachtsbäume im deutschsprachigen Raum handelt, geht Weiser nicht direkt ein. Man findet nur eine kurze, in diese Richtung weisende Bemerkung, nämlich dass „[b]ei unseren abgeschliffenen und durch das Christentum beeinflußten Sitten […] jener Glaube an die im Baume anwesende Gottheit geschwunden" sei. Weiser: Jul (1923), S. 69.

82 Beurteilung der Dissertation der cand. phil. Elisabeth Weiser von Rudolf Much vom 13. Juni 1922; UAW, Phil. Fak., Rigorosenakt 5387 Elisabeth Weiser.

83 Kommissionsbericht über das Habilitationsgesuch von Dr. Lily Weiser vom 26. Mai 1927; UAW, Phil. Fak., Zl. 267 ex 1926/27, PA 3686 Lily Weiser.

sprünglichen', zum ‚Urgermanischen' ging, nicht möglich.[84] Zuletzt entzog Weiser mit ihrer akademischen Arbeit die zeitgenössisch äußerst populäre Beschäftigung mit deutschen Alltagsbräuchen dem Dilettantismusdiskurs, gegen den sich Much immer wieder zur Wehr setzte.[85]

Auch der Zweitgutachter, der Ethnologe Arthur Haberlandt, beurteilte die Arbeit äußerst positiv, er unterstrich Weisers „gründliche[ ] Beherrschung der Litteratur" und hob ihre „stets logische und klare Vergleichung" hervor.[86] In der von Michael Haberlandt, dem Vater Arthur Haberlandts, herausgegebenen *Wiener Zeitschrift für Volkskunde* zeitigte die Dissertation ebenfalls eine kurze Notiz. Darin wird aber weniger die akademische Leistung als vielmehr die ‚Alltagstauglichkeit' der Arbeit gelobt, wenn es heißt, dass „[b]ei dem regen, gerade heute in Deutschland hinsichtlich […] seiner alten Bräuche zeigenden Interesse" das Buch „dem Gelehrten wie dem Laien […] besonders auch dann willkommen sein wird, wenn es sich darum handelt, bei Weihnachtsfestlichkeiten einschlägiges Stoffgebiet zu verwerten".[87]

Lily Weiser selbst setzte sich mit dem Thema Weihnachten ihr ganzes Leben lang auseinander. In ihrer Publikationsliste finden sich bis in die 1960er Jahre – neben ihrer Dissertation – zehn Aufsätze, ein Lexikonartikel und vier Rezensionen dazu.[88] Vor 1945 ging es ihr darin, auch wenn sie anders als die ihr nachfolgenden Much-Schüler ab und an Zweifel anmeldete,[89] doch zumeist um eine „germano-esoterische Psychologisierung", also um eine antichristliche „Neudeutung kultureller Erscheinun-

---

84 Von den Germanenkundlern wurde auch deshalb alles ‚Nordische' als ‚germanisch' angenommen, weil die Skandinavier auf bedeutend mehr schriftliche Quellen zurückgreifen konnten. Umgekehrt war das jedoch nicht unbedingt der Fall. Vgl. See: Das ‚Nordische' in der deutschen Wissenschaft des 20. Jahrhunderts (1983); ders., Deutsche Germanen-Ideologie (1970).

85 Vgl. u. a. Much: Mondmythologie und Wissenschaft (1941/1942).

86 Gutachten von Arthur Haberlandt über die von cand. phil. vorgelegte Dissertation von Elisabeth Weiser vom 15. Juni.1922. UAW, Phil. Fak., Rigorosenakt 5387 Elisabeth Weiser.

87 [Anonym:] Lily Weiser, Jul [Rez.] (1923), S. 96.

88 Verzeichnisse von Weisers Publikationen finden sich bei Niem: Lily Weiser-Aall 1898–1987 (1998), S. 46–52; Kvideland: Lily Weiser-Aall 85 Jahre (1983), S. 256–261.

89 In ihrem Beitrag zur Festschrift von John Meier meinte sie 1934, dass der Weihnachtsbaum „weder ein Wintermai noch ein übelabwehrender Baum" sei. Im *Handwörterbuch des deutschen Aberglaubens* von 1941 führte Weiser die weihnachtlichen Bräuche aber wieder auf altgermanische Zeit zurück. Weiser: Zur Geschichte des Weihnachtsbaumes (1934), S. 8; dies.: Weihnacht (1941).

gen".[90] Diese Umkodierung europäischer Bräuche war, wie auch die Rezension in der *Zeitschrift für Volkskunde* nahelegt, nicht nur ein akademisches Interesse, sondern vor allem auch ein zeitgenössisches Bedürfnis, das darauf abzielte, den Lebensalltag im ‚alldeutschen Haus' zu gestalten. Nach 1945 änderte Weiser nicht ihren Forschungsschwerpunkt, nur dessen Vorzeichen, indem sie – zumindest nach außen – die „germanischen Wurzeln [...] [ ]kappt[e]"[91] und sich auf weihnachtliche Spezial- und Einzelerscheinungen wie das Weihnachtsstroh, die Weihnachtsziege oder die Weihnachtskarten konzentrierte.

IV.3. Archaische Potenzfeiern als Ursprung der deutschen Kultur – *Altgermanische Jünglingsweihen und Männerbünde* (1927)

Anders als das Weihnachtsthema, das Lily Weiser nicht nur in ihrer Dissertation behandelte, sondern das auch in ihren weiteren Forschungen über Jahrzehnte hinweg immer wiederkehrte, zeugt die Wahl ihres Habilitationsgebiets *Altgermanische Jünglingsweihen und Männerbünde* nicht unbedingt von einem nachhaltigem Interesse der Wissenschaftlerin. Vor Erlangung der Venia Legendi 1927 beschäftigte sich Weiser nicht mit diesem Thema, sondern mit Fragen der Brauchtumspflege, der bäuerlichen Sitten und mit dem germanischen Volksglauben und übersetze volkskundliche Arbeiten aus dem Schwedischen. Aber auch nach ihrer Habilitation verfolgte Weiser das Männerbundthema, obwohl dieses zusehends an Attraktivität gewann, nicht mit eigenen Forschungen weiter. In ihrer Veröffentlichungsliste, die immerhin bis 1976 reicht, finden sich dazu nur zwei Rezensionen: 1932 zu Kurt Meschkes *Schwerttanz und Schwerttanzspiele im germanischen Kulturkreis* und 1934 zu Otto Höflers *Kultische Geheimbünde der Germanen*.[92] Trotzdem ist es gerade ihre Habilitationsschrift, die von allen Veröffentlichungen Lily Weisers fachgeschichtlich am interessantesten erscheint und die sowohl zeitgenössisch als auch in der Forschungsliteratur die meisten Reaktionen hervorrief.[93] Doch worum

---

90   Wallnöfer: Spirituelles, Mythologisches, Psychologisches (2008), S. 74.
91   Niem: Lily Weiser-Aall 1898–1987 (1998), S. 15.
92   Weiser: Kurt Meschke, Schwerttanz und Schwerttanzspiele im germanischen Kulturkreis [Rez.] (1932); dies.: Otto Höfler, Kultische Geheimbünde der Germanen [Rez.] (1934).
93   Vgl. u. a. die weiter unten zitierte Literatur, außerdem (in Auswahl) Much: Lily Weiser, Altgermanische Jünglingsweihen und Männerbünde [Rez.] (1928); Peuckert: Geheimkulte (1951). – Der antisemitische und faschistische Religionswis-

ging es bei diesem Thema überhaupt? Und welchen Stellenwert hatte es in der Germanistik der späten 1920er und der 1930er Jahre?

In ihrer Habilitationsschrift möchte Weiser, wie der Herausgeber Eugen Fehrle in seiner Einführung der Druckfassung schreibt, der Frage nachgehen, „ob und inwieweit die über die ganze Erde verbreiteten Jünglingsweihen und Männerbünde den Germanen bekannt waren"[94]. Außerdem will sie herausfinden, ob man die „Spuren" der „altgermanische[n] Überlieferung [...]" als Grundlage der neueren deutschen und nordischen Volkssitten ansehen" darf. (Weiser 1927, 11) In drei Abschnitten geht Weiser zunächst auf „Männerbünde und Jünglingsweihen bei den Tiefkulturvölkern" ein, im zweiten Teil, dem Hauptteil, konzentriert sie sich auf das eigentliche Thema „Altgermanische Männerbünde und Jünglingsweihen", um abschließend „Schichten der Überlieferung" zu analysieren, zu denen sie zum Beispiel den Schwerttanz zählt. Als Quellen dienen Weiser, wie schon bei ihrer Dissertation, altnordische Sagas, diesmal aber auch, vor allem für den Hauptteil, die *Germania* des Tacitus bzw. deren Auslegungen (und Übersetzungen) von Eduard Schwyzer und Heinrich Schweizer-Sidler sowie von Eugen Fehrle.[95]

Während Weiser in ihrer Promotionsschrift noch an sprachgeschichtliche und etymologische Forschungen anknüpfte, stellt sie nun fest, dass sie „mit der philologisch-historischen Methode [...] nicht weiter kommen kann". Als Grund dafür gibt sie die „Beschaffenheit der literarischen Quellen" an, deren „Motive [...] gewöhnlich als Motive der Phantasie" gesehen werden, denen laut Weiser aber vielmehr „wirkliches und zwar religiöses Leben zu Grunde liegt". Die von ihr benutzten Texte sieht Weiser demnach nicht als Resultat der literarischen „Fabulierkunst", sondern deutet sie als Geschichtsschreibung. Jedoch, und das macht für Weiser den interpretatorischen Reiz aus, handle es sich bei den „Motive[n]" des alten Erzählstoffes [...] um Dinge, die zur Entstehungszeit dieser Berichte im wesentlichen überwunden waren und daher schon damals

senschaftler Mircea Eliade lobte Weiser noch 1961, dass sie die „Rituale der germanischen Männerbünde [...] auf so glänzende Weise" untersucht habe. Eliade: Das Mysterium der Wiedergeburt (1988), S. 157. – Für diesen Hinweis danke ich Werner Michler, Salzburg.

94 Weiser: Altgermanische Jünglingsweihen und Männerbünde (1927), S. 7. – Im Folgenden im Fließtext zitiert als (Weiser 1927, [Seitenangabe]).

95 Schwyzer/Schweizer-Sidler: Tacitus' Germania (1923). – Die *Germania*-Edition von Eugen Fehrle erschien zwar erst 1929, Fehrles Übersetzungen waren Weiser aber zugänglich und bilden die Grundlage ihrer Interpretationen, Weiser selbst scheint des Lateinischen unkundig gewesen zu sein. Weiser: Altgermanische Jünglingsweihen und Männerbünde (1923), S. 33 (Anm. 18).

nicht mehr ganz verstanden wurden". (Weiser 1927, 10–11) Man sieht, es geht Weiser erneut um eine verschüttete, überformte (Ur-)Bedeutung, die es freizulegen gilt.

Tatsächlich stammen die vorhandenen literarischen Quellen ausschließlich aus dem 12. bis 15. Jahrhundert, nur Tacitus' *Germania* von 98 n. Chr. bildet eine Ausnahme. Die dazwischen liegende Lücke von über tausend Jahren ist aber gerade die Zeit, die Weiser interessiert, denn diese bestimmt sie mit Andreas Heusler nicht nur als altgermanische Zeit, sondern auch als nicht-christlichen, nicht-römischen Kulturbegriff: Es geht ihr um „[d]as von der Kirche und antiker Bildung nicht greifbar bestimmte Germanentum" (Weiser 1927, 10). Neben Heusler, dem „wohl bedeutendsten Repräsentanten der deutschsprachigen Nordistik jener Jahrzehnte"[96], rekurriert Weiser in ihrem *Beitrag zur deutschen und nordischen Altertums- und Volkskunde*, so der Untertitel der Arbeit, sowohl auf die Germanisten Karl Müllenhoff und Rudolf Much sowie den Ethnologen Arthur Haberlandt als auch auf Jakob Wilhelm Hauers ekstatischen Religionsbegriff, Wilhelm Wundts völkerpsychologische Schriften, Arnold van Genneps *Les rites de passage*, Heinrich Schurtz' *Altersklassen und Männerbünde*, Hutton Websters Studien zu Geheimbünden in ‚primitiven' Gesellschaften und Lucien Lévy-Bruhls *Das Denken der Naturvölker*.[97] In Fußnoten verweist sie aber auch auf den Psychoanalytiker Theodor Reik, der „die unterbewußten Vorgänge im Seelenleben der Primitiven" als Grundlage der „Pubertätsweihen" sieht und diese wiederum als „feindliche Handlungen der Väter gegen die Jungen" deutet. (Weiser 1927, 22–23)[98]

Soweit zum wissenschaftlichen Kontext der Arbeit. Weiser geht im ersten Teil ihrer Habilitationsschrift ganz selbstverständlich und deshalb ohne Erklärung von der Vorstellung der „Tiefkulturvölker"[99] aus, die ihr

---

96 Engster: Germanisten und Germanen (1986), S. 71.

97 Zu Weisers disziplinenübergreifendem Ansatz vgl. See: Das ‚Nordische' in der Wissenschaft des 20. Jahrhunderts (1983), S. 29–32.

98 Vgl. Reik: Die Pubertätsriten der Wilden (1915/1916); ders.: Probleme der Religionspsychologie (1919). – Weiser ist mit Reiks Interpretation freilich nicht ganz einverstanden und degradiert die Psychoanalyse zu einem wissenschaftlichen Fundbüro oder, wenn man so will, zu einer Quellensammlung der Seele, wenn sie schreibt, dass man „zwischen dem reichen Tatsachenmaterial, das die Freud'sche Schule für das Verständnis des primitiven Menschen bietet, und ihren Deutungen scheiden" muss. Weiser: Altgermanische Jünglingsweihen und Männerbünde (1923), S. 23 (Anm. 18).

99 Unter ‚Tiefkulturvölker' verstand man, zumindest theoretisch, nicht ein bestimmtes Volk und auch keine bestimmte Zeit, sondern eine soziale Entwicklungsstufe im Bereich der materiellen Kultur. Nach dieser Vorstellung sind Tief-

dazu dienen, die Jünglingsweihen, die, wie sie behauptet, bei „fast allen Völkern" vorkommen, in ihren „Haupterscheinungen" zu skizzieren. (Weiser 1927, 12) Anhand Genneps Werk *Les rites de passage* (1909) ordnet sie den Jünglings- oder Pubertätsweihen drei Hauptteile zu. Der erste besteht aus dem Ritus der Trennung, bei dem der Knabe von seiner Mutter und seiner früheren Umgebung separiert wird. Darauf folgen die Riten der Zwischenzeit, in denen dieser „an geheiligter Stelle", an einem „Geister-platz", verschiedene Prüfungen bestehen, Quälereien erdulden muss, in die religiösen und staatlichen Überlieferungen seiner Gemeinschaft eingeweiht wird, Disziplin und Gehorsam lernt, kultische Tänze auszuführen hat, beschnitten wird und vor allem Zugang zu Geistern und überirdischen Kräften findet. Der Jüngling ist in dieser Zwischenzeit, die einen „Aus-nahmezustand" darstellt, „allen Einwirkungen geheimnisvoller Mächte preisgegeben" und hält „Verbindung mit dem Weltgeist". (Weiser 1927, 15) Der letzte Teil besteht aus Weihe- und Anschlussriten, in denen der Knabe stirbt, als Jüngling wiedergeboren wird (bzw. sein Tod und seine Auferstehung symbolisch inszeniert werden), um danach wieder in die Gesellschaft integriert zu werden. Diese Isolierung des Jungen dauert laut Weiser „zwischen einigen Monaten und mehreren Jahren" und hat na-türlich die Funktion den Knaben „zum Manne" zu machen. (Weiser 1927, 12–13)

Auf Gennep bezieht sich Weiser deshalb, weil er, wie sie betont, eine „ganz neue psychologische Grundeinstellung den Initiationsriten gegen-über" an den Tag legt und „das religiöse Moment", das den „Hauptbe-

---

kulturvölker nicht mehr wie die Naturvölker vollständig von der Natur abhängig, sondern haben gelernt, auf diese einzuwirken, sie haben das Pflanzensammeln zum Ackerbau und die Jagd zur Viehzucht entwickelt. Sie wissen aber noch nichts von Metallbearbeitung wie die ‚Mittelkulturvölker' oder von der Schrift, die erst die ‚Hochkulturvölker' erfinden. Dieser Begriff ist, wie weiter unten gezeigt wird, jedoch keineswegs egalitär gemeint, sondern beruht im Gegenteil auf einer Kopplung von Evolutionsbiologie und Rassismus. Die Einteilung in Naturvölker und Halbkulturvölker (Tiefkulturvölker, Mittelkulturvölker, Hochkulturvölker) stammt von dem Geographen Friedrich Ratzel (1844–1904). – Weiser selbst möchte, wie sie schreibt, durch die Verwendung der Bezeichnung ‚Tiefkulturvolk' zum einen das Wort „primitiv" weitestgehend vermeiden, zum anderen kann sie mit „Tiefkulturvolk" eine Art Zwischenstadium zwischen Natur und Kultur be-zeichnen, um das es ihr geht. Diese „Tiefkulturvölker" dienen Weiser dazu, „das Wesen" der Jünglingsweihen und Männerbünde zu bestimmen, und diese Be-stimmung wiederum „als breite Unterlage für die Untersuchung und Fragestellung für die altgermanische Zeit" zu verwenden. Weiser: Altgermanische Jünglings-weihen und Männerbünde (1923), S. 12.

standteil der Knabenweihe" ausmache, hervorhebt. Weiser ist nämlich der Ansicht, dass eine Interpretation dieser Weihen, vor allem der Übergangsriten, „nicht nach den logischen Gesetzen der heutigen Denkweise erfolgen kann", sondern „von dem prälogischen und mystischen Zustand der Primitiven ausgeh[en]" muss. (Weiser 1927, 14–15) Es geht Weiser um die „Erlebnisse[ ], die jene Übergänge in der menschlichen Seele […] auslösen", um „ein Berührtwerden oder Ergriffensein von einer übermenschlichen Macht", das einen „Wendepunkt", eine „innere Umwandlung" im Leben des Knaben vollzieht. Der „Kern dieser Erlebnisse" ist ihres Erachtens also „ekstatischer Art". (Weiser 1927, 17)[100]

Neben der religiösen Komponente verleihen die Initiationen aber auch soziale Rechte, haben also gemeinschaftsbildende Funktion. In der „Blütezeit der Stammesweihe" war die Führung des Stammes und die der Weihen, so Weiser, in den Händen der Ältesten, der Stamm bestand „aus allen initiierten Männern, eingeteilt in die Klassen der Junggesellen, verheirateten Männer und der Alten, und bildet[e] so in seiner Gesamtheit eine Gesellschaft". Im Laufe der Zeit, d. h. mit dem Wachsen der Bevölkerung, mit zunehmendem Ackerbau und anderen kulturellen Errungenschaften zeigten sich aber Weiser zufolge „verschiedene Verfalls- und Entwicklungserscheinungen" dieser Initiationen und Weihen. Diese führten dazu, dass im Unterschied „zur äußerlichen Gemeinschaft" eines Stammes verstärkt die innere Gemeinschaft, also eine „seelische Verwandtschaft als Bundesmacht", hervortrat. Dieser „große[ ] innere[ ] Fortschritt" war laut Weiser aber freilich nur „bei religiös hochbegabten Völkern" möglich und hatte, darauf will sie hinaus, einen Grund: nämlich, dass sich „ein Führer über den Stamm erhebt". Die Folgen der Installierung eines „Führers", der auch die Jünglingsweihen durchzuführen hatte, zeigten sich laut Weiser darin, dass aus „Altersklassen" „geheime Gesellschaften" wurden, dass die „Grundlage einer Art Gefolgschaft" geschaffen wurde und dass sich die einzelnen Gesellschaften zu „religiösen Bruderschaften", „Sozialen Klubs" oder „Berufsverbänden" entwickeln konnten, dass es also zu einer Art Arbeitsteilung kam. (Weiser 1927, 24–25) Demnach waren die Jünglingsweihen, das ergibt sich aus Weisers Aus-

---

100 Nachdem Weiser klargestellt hat, dass es sich bei Jünglingsweihen vor allem um religiöse und psychische Phänomene der Ekstase handelt, bringt sie verschiedene Beispiele von Stammesweihen aus Sibirien, Neuguinea, Afrika, von den Tungusen, den Burjaten und den „Fitischi-Insulanern" [!]. Diese Beispiele, die sie allesamt nicht mit Quellen versieht, zeigen, dass die Bezeichnung ‚Tiefkulturvölker', obwohl theoretisch scheinbar wertfrei entworfen, doch nur auf bestimmte Gegenden und Menschen angewendet wird.

führungen, die Grundbedingung allen sozialen Zusammenlebens, der Errichtung von differenzierten Gemeinschaften und auch von Staaten.

Ideologisch und politisch bedeutsam werden Weisers Ausführungen am Schluss des ersten Teils. Dort behauptet sie, dass „gleichgültig, welche Entwicklung das Staatsleben nimmt", die „psychischen Kräfte", die die ursprünglichen Jünglingsweihen in einem Volk freigesetzt haben, immer bestehen bleiben, sodass „ohne historischen Zusammenhang [...] jederzeit aus sich selbst heraus neue Verbände [ge]schaffen" werden können. (Weiser 1927, 26–27)

Diese angenommenen, ahistorischen und bei allen Völkern verbreiteten „psychischen Grundlagen der Übergangsriten und -weihen" sind es auch, die die Voraussetzung für den zweiten Teil der Arbeit bilden, denn aus ihnen schließt Weiser, dass man „die Frage", ob „auch die alten Germanen eine Initiation und mit ihr in Verbindung kultische Verbände besessen" hatten, „mit ja beantworten" muss. Nachdem Weiser dieses Problem durch einen – auf der Konstruktion von Tiefkulturvölkern beruhenden – Analogieschluss für sich gelöst hat, widmet sie sich dem Punkt, „[w]ie [...] diese Einrichtung in altgermanischer Zeit beschaffen war". (Weiser 1927, 28) Dafür betrachtet sie sowohl „Südgermanische Bünde und Weiheriten" bei den Chatten und Hariern als auch die „Nordische Überlieferung", hier vor allem die Berserker, die aber, wie Klaus von See 1981 nachgewiesen hat, überhaupt nie existiert haben.[101] Für den Süden bezieht sich Weiser – in Ermangelung anderer Quellen – ausschließlich auf die *Germania* des Tacitus und zwar nur auf die Kapitel 13, 20, 31, 38 und 43, da sich dort, wie Weiser betont, „eindeutige Zeugnisse über Jünglingsweihen, Altersklassen und Verbände bei den alten Germanen" finden lassen. (Weiser 1927, 31)

Zunächst sucht Weiser aus verstreuten Textpassagen Hinweise und Eigenschaften zusammen, die ihres Erachtens eine altgermanische „Jungmannschaft [...] ziemlich deutlich hervortreten" lassen. Aus Kapitel 20 liest sie, dass Kinder aus verschiedenen sozialen Schichten gemeinsam aufwuchsen, nackt gingen und erst im Jünglingsalter nach Knechten und Freien getrennt wurden; der Freie erhielt daraufhin eine Waffe. Kapitel 13 wiederum zeigt Weiser, dass der Knecht zu Hause blieb und der Freie fortzog, und in Kapitel 38 wird davon berichtet, dass die freien Sweben eine besondere Haartracht hatten. Aus diesen kurzen und teilweise weit auseinanderliegenden Bemerkungen schließt Weiser, dass es bei den alten Germanen erstens einen Männerbund, und zwar den der Jungmannschaft, gab; zweitens, dass es sich bei der Überreichung der Waffe um „eine fei-

---

101 See: Exkurs zum Haralskvaedi: Berserker (1981).

erliche Angelegenheit" handelte, „die den jungen Mann zum Staatsbürger" erhob; drittens, dass sich dieser durch seine Kleidung und sein Haar von den anderen unterschied; und viertens schließlich, dass „die jungen Männer einen Verband stets kampfbereiter Krieger" bildeten, wie es bei „Völkern, die häufig Krieg führen", eben immer der Fall gewesen sei. (Weiser 1927, 32)

Als Beispiel behandelt Weiser zunächst die „Chattenkrieger", die in Kapitel 31 der *Germania* beschrieben werden: Diese lassen sich Haar und Bart wachsen und schneiden sie erst, wenn sie einen Feind getötet haben, Ähnliches gilt für einen eisernen Ring, den sie tragen müssen und von dem sie auch erst nach der Tötung eines Feindes befreit werden. Die Chatten eröffnen alle Kämpfe, sind unverheiratet und kämpfen, bis sie sterben oder alt sind.[102] Diese „mitgeteilten Tatsachen" sind laut Weiser in ihrer „Bedeutung für die germanische Jünglingsweihe noch nicht klar gewürdigt worden". Die „Sitte, in dem verwilderten Zustand zu verharren", wie auch das Tragen des Rings deutet Weiser mit Karl Müllenhoff so, dass sich die Krieger damit „weihen, und zwar, wie man annehmen muß, dem Kriegs- oder Totengotte; bei den Chatten war es Wodan". (Weiser 1927, 34 – 35) Wie diese Weihe aussah, und dass es sich beim Haarewachsenlassen um den zweiten Teil, den Hauptteil der Jünglingsweihe, also um die Zwischenzeit, handelt, sieht Weiser durch Parallelstellung zweier Grimm'scher Märchen, nämlich „Des Teufels rußiger Bruder" (Nr. 100) und „Der Bärenhäuter" (Nr. 101), als bewiesen an. In beiden Märchen geht ein armer Soldat einen Bund mit dem Teufel ein, der ihm verspricht, reich zu werden, wenn er ein paar Jahre in der Hölle ausharrt und sich weder wäscht noch die Haare schneidet. Der Teufel, dem sich die Soldaten weihen, ist Weiser zufolge Wodan, durch den Vertrag mit ihm „sind alle diese Menschen in einem Ausnahmezustand und gehören einer anderen Welt als der gewöhnlichen

---

102 Der lat. Text lautet: „Et aliis Germanorum populis usurpatum, raro et privata cuiusque audentia, apud Chattos in consensum vertit, ut primum adoleverint, crinem barbamque summittere, nec nisi hoste caeso exuere votivum obligatumque virtuti oris habitum. super sanguinem et spolia revelant frontem, seque tum demum pretia nascendi rettulisse dignosque patria ac parentibus ferunt; ignavis et imbellibus manet squalor. fortissimus quisque ferreum insuper anulum (ignominiosum id genti) velut vinculum gestat, donec se caede hostis absolvat. plurimis Chattorum hic placet habitus, iamque canent insignes et hostibus simul suisque monstrati. omnium penes hos initia pugnarum; haec prima semper acies, visu nova; nam ne in pace quidem cultu mitiore mansuescunt. nulli domus aut ager aut aliqua cura: prout ad quemque venere, aluntur, prodigi alieni, contemptores sui, donec exsanguis senectus tam durae virtuti impares faciat." Schwyzer/Schweizer-Sidler: Tacitus' Germania (1923), S. 74–75.

an", und das „bewußt geübte Vernachlässigen des Körpers ist eine weit-
verbreitete Übung zur Herbeiführung ekstatischer Zustände". Damit hat
man es „bei den Chatten mit einem Reste höchst altertümlicher Religions-
form zu tun", bei der die „Zugehörigkeit zur anderen Welt [...] auf eksta-
tischem Wege [...] angestrebt wurde". Mit diesen Erläuterungen hat Weiser
alle Zutaten zusammen, um festzustellen, dass „[a]us dem Gesagten [...] klar
[wird], daß die Chatten eine Jünglings- und Männerweihe besessen haben,
die wie die ausgebildete Weihe drei Teile umfaßt" – erstens: Trennung,
Wachsenlassen der Haare; zweitens: Verharren im Verwilderungszustand,
Lehr- und Probezeit im Krieg; drittens: Haar- und Bartscheren als An-
gliederung an die vollberechtigten Männer. (Weiser 1927, 36)

Damit aber nicht genug. Für Weiser machen ihre eigenen Konstruk-
tionen und Hypothesen schließlich außerdem noch „den Eindruck, als ob
es sich bei den lebenslänglichen Kriegern um einen Männerbund handle,
der, wie von den nichtzivilisierten Völkern her bekannt ist, die Jünglingsweihe ausführte". Genauer: Der „Bericht des Tacitus" sei so aufzu-
fassen, dass das Volk der Chatten „einen kriegerischen Männerbund mit
religiöser Grundlage besaß, der die Jünglings- und Männerweihe und
damit die Ausbildung der Jünglinge zu volltauglichen Staatsbürgern
übernahm". In dieser Logik macht Weiser einzig die „religiöse Bedeutung
des Chattenbundes" Sorgen, die in der *Germania* „nicht so ganz offen zu
Tage" tritt wie angeblich alles andere, die anhand der Märchen „aber leicht
erschlossen werden" konnte. (Weiser 1927, 38)

Ähnlich geht Weiser mit dem 43. Kapitel von Tacitus' Schrift um, in
dem er über die Harier schreibt, dass sie wild und stark waren, schwarze
Schilder besaßen, ihre Körper bemalten, nur in der Nacht kämpften und
„durch das unheimliche düstere Aussehen ihres Totenheeres Schrecken"
erregten.[103] Weisers Interpretation ist folgende: Beim nächtlichen, kör-
perbemalten „Auftreten der Harier" handelt es sich „nicht um eine ein-
malige Kriegslist, sondern um einen feststehenden Brauch", wonach „ihm
eine Vereinbarung zu Grunde" liegt, „eine Art Verpflichtung oder Ver-
löbnis", das „sowohl untereinander" als auch „gegenüber den Mächten der

---

103 Der lat. Text lautet: „Ceterum Harii super vires, quibus enumeratos paulo ante
     populos antecedunt, truces insitae feritati arte ac tempore lenocinantur: nigra
     scuta, tincta corpora; atras ad proelia noctes legunt ipsaque formidine atque umbra
     feralis exercitus terrorem inferunt [...]." Schwyzer/Schweizer-Sidler: Tacitus'
     Germania (1923), S. 96–97. – Karl Müllenhoff erklärte „feralis exercitus" als
     „Gespensterheer"; Fehrle bezog „feralis exercitus" auf „terrorem", übersetzte also:
     „wie wenn sie ein Totenheer wären". Weiser: Altgermanische Jünglingsweihen und
     Männerbünde (1927), S. 39 (Anm. 28).

Geisterwelt, deren Rolle sie spielten", galt. (Weiser 1927, 39–40) Es ist also nach Weiser „wahrscheinlich", dass neben den Chatten auch „die Harier einen religiösen Verband gebildet haben". Und da sie außerdem „die Kerngruppe" des Heers darstellten, „läßt sich schließen, daß sie auch die Jungmannschaft feierlich weihten". (Weiser 1927, 41–42) Zusammengefasst lässt sich sagen, dass Weiser aus vereinzelten Stellen der *Germania* eine Konstruktion entwirft, nach der die Germanen im 1. Jahrhundert n. Chr. „Kriegerbünde [...] mit religiöser Grundlage" bildeten, diese „die Erziehung der männlichen Jugend in der Hand" hatten, also differenzierte Männerbünde mit Jünglingsweihen zu ihrem Gesellschaftssystem gehörten. (Weiser 1927, 43)

Dass Weisers Interpretation der *Germania* einer Feinanalyse nicht standhält, wurde schon zeitgenössisch angemerkt. Jost Trier schrieb in seiner Rezension von 1929, dass Weiser „im analogisch erschlossenen, im reich der vermutungen" verweile und dass „vieles [...] mehr geahnt als bewiesen" sei.[104] Auch Harald Spehr ging 1931 in seinem umfassenden Literaturbericht zum „Frühgermanentum" auf Weisers Habilitationsschrift ein. Er urteilte, dass Weiser „Tacitus [...] nach einer kühnen Konjektur ausleg[e], deren Berechtigung man anzweifeln kann", überhaupt war er der Ansicht, dass „Jünglingsweihe und Männerbund als kultische Einrichtungen [...] bei den Germanen keine Rolle gespielt" haben.[105] In der Forschungsliteratur setzen mit Bezug auf Weisers Arbeit in den 1990er Jahren sowohl Allan Lund und Anna Mateeva als auch Mischa Meier auseinander, welche Bewandtnis es mit der lateinischen Textgrundlage hat, über die gerade im Hinblick auf die von Weiser herangezogenen Stellen bis heute Unklarheit herrscht. Für Lund und Mateeva waren Weisers Interpretationen auf dieser Basis schlicht unhaltbar, Meier setzte in Teilen zu einer vorsichtigen Verteidigung an.[106] Für den Erfolg der Germanenkunde der späten 1920er Jahre und der Folgezeit war es aber unerheblich, ob Weisers Germanenauffassung ein Phantasiegebilde darstellte oder, wie sie selbst schreibt, einem „Analogiezauber"[107] entsprang.

---

104 Trier: Lily Weiser, Altgermanische Jünglingsweihen und Männerbünde [Rez.] (1929), S. 3–4.

105 Spehr: Literaturberichte. Frühgermanentum (1931), S. 108.

106 Lund/Mateeva: Gibt es in der Taciteischen ‚Germania' Beweise für kultische Geheimbünde der frühen Germanen? (1997); Meier: Zum Problem der Existenz kultischer Geheimbünde bei den frühen Germanen (1999).

107 Dieser Begriff Weisers findet sich in der Zusammenfassung am Ende der Habilitationsschrift. Weiser: Altgermanische Jünglingsweihen und Männerbünde (1927), S. 84. – Jost Trier hegt in seiner Rezension überhaupt Zweifel, ob Weiser

Wesentlich für die Germanenkunde Much'scher Prägung war nur, dass Weiser als Erste überhaupt mit diesem „völlig neue[n] Germanenbild"[108] hervortrat.

Mit Blick auf das jeweilige zeitpolitische Milieu lassen sich, wie Klaus von See feststellte, drei verschiedene Germanenbilder in der ‚deutschen' Wissenschaft des späten 19. und frühen 20. Jahrhunderts unterscheiden. Das erste war das von Wilhelm Scherer und dem humanistisch geprägten Bildungsbürgertum, das einem „Fortschrittsoptimismus" huldigte, „unter dem Eindruck des antiken Barbarenklischees" entworfen wurde und den Germanen vor allem „ungebärdige[ ] Urwüchsigkeit" attestierte. Das zweite war mit der Lebensreformbewegung der Jahrhundertwende eng verbunden und von Modernitäts- bzw. Zivilisationskritik sowie von der Suche „nach einer neuen, von Traditionen unbelasteten Unmittelbarkeit" geprägt. Es entwarf den „nüchtern-ehrlichen, unpathetisch-kargen, aber seelisch reichen Germanen der isländischen Sagazeit".[109] Einer der Protagonisten dieses Germanenbilds war Andreas Heusler, der den Germanen „eine beherrschte Ruhe, eine gehaltene Vornehmheit", ihnen keine Affinität zur Religion, dafür aber „Freidenkertum" zuschrieb.[110] Das dritte Germanenbild ist jenes, mit dem Lily Weiser 1927 an die Öffentlichkeit trat. Es konstruiert einen militärisch-heldenhaften Germanentyp, der ekstatische Kulte pflegte und Kriegergemeinschaften einging. Weiser applizierte für diese Sichtweise ein religionsethnographisches Modell auf die Germanen, das Jakob Wilhelm Hauer 1923 in seinem Hauptwerk *Die Religion. Ihr Werden, ihr Sinn, ihre Wahrheit* entworfen hatte. In diesem Buch erklärte Hauer das ekstatische Erlebnis zum Ursprung aller Religion und Religiosität und schrieb den Männerbünden und Jünglingsweihen eine besondere Rolle zu. Neben der Übertragung auf das Germanentum fügte Weiser diesem Modell außerdem noch die Beziehung zu den von ihr angenommenen militärischen Kern- bzw. Elitetruppen hinzu, was „der ger-

---

hinter ihren eigenen Ergebnissen stand: „[N]icht alles ist geklärt. L.W. wird das selbst am wenigsten glauben." Trier: Lily Weiser, Altgermanische Jünglingsweihen und Männerbünde [Rez.] (1929), S. 4.

108 See: Das ‚Nordische' in der deutschen Wissenschaft des 20. Jahrhunderts (1983), S. 30.

109 Alle Zitate: See: Das ‚Nordische' in der deutschen Wissenschaft des 20. Jahrhunderts (1983), S. 37.

110 Heusler: Germanentum (1934), S. 13 und S. 104.

manischen Kultur nicht nur einen eminent religiösen, sondern auch einen kriegerischen Charakter"[111] verlieh.

Weiser selbst baute in ihrer Arbeit keine Brücke zu zeitgenössischen realhistorischen Fragen. Eine ‚Aktualisierung' des Männerbundthemas vollzog erst der nächste Much-Habilitand, Otto Höfler, sieben Jahre später. Höfler übernahm 1934 in seiner Habilitationsschrift *Kultische Geheim-bünde der Germanen* Weisers methodische Prämissen bis ins Detail, legte seinen Schwerpunkt aber vor allem auf die politischen und völkischen Aspekte und verkündete mit Verweis auf eine angeblich fortdauernde germanische Kultur: „Die eigenste Begabung der nordischen Rasse, ihre staatenbildende Kraft, fand in den Männerbünden ihre Stätte."[112] Mit seiner zu Weiser thematisch parallelen Arbeit wurde Höfler in Wien 1934 zum Privatdozenten für *Geschichte der deutschen Sprache und Volkskunde* ernannt. Ein weiterer Much-Schüler, Richard Wolfram, habilitierte sich 1936 mit der Schrift *Schwerttanz und Männerbund* für *Germanisch-deut-sche Volkskunde*. Rudolf Much war es mit seiner ‚Männerbundschule' Mitte der 1930er Jahre also endgültig gelungen, die Volkskunde in seine, nämlich die german(ist)ische Richtung zu ziehen. Tatsächlich wurde 1939, als man an der Universität Wien die erste systemisierte Volkskundeprofessur in-stallierte, kein Ethnologe berufen, sondern ein treuer Anhänger des „Meisters"[113] Much, der Germanenkundler und Skandinavist Richard Wolfram.[114]

IV.4. Konkurrenzen und Netzwerke

Dass die Volkskunde an der Universität Wien bei ihrer offiziellen Grün-dung 1939 als Germanen- und Männerbundkunde betrieben wurde, war während der jahrzehntelangen Bemühungen um die Etablierung einer

---

111 See: Das ‚Nordische' in der deutschen Wissenschaft des 20. Jahrhunderts (1983), S. 31. – Zu den zeitgenössischen Germanenbildern vgl. auch Engster: Germanisten und Germanen (1986), S. 69–93.

112 Höfler: Kultische Geheimbünde der Germanen (1934), S. VIII.

113 Rudolf Much wurde unter den Germanenkundlern „Meister" genannt. Fehrle (Hg.): Ernte aus dem Gebiete der Volkskunde als Festgabe dem verehrten Meister Much zum 70. Geburtstag (1932); Höfler: Dietrich von Kralik [Nekrolog] (1960), S. 47. – Richard Wolfram behauptete in seinem Nachruf, dass Much „seine Freunde und Mitstreiter immer nur ‚Heerkönig' nannten". Wolfram: Rudolf Much [Nekrolog] (1936), S. 476.

114 Zu den politischen Umständen der Berufung Wolframs vgl. Bockhorn: „Die Angelegenheit Dr. Wolfram, Wien" (2010).

eigenen akademischen Volkskunde nicht von Beginn an vorgezeichnet. Neben der germanistischen Altertumskunde der Much-Schule gab es in Wien noch zwei weitere Richtungen, die seit der Jahrhundertwende und verstärkt ab den 1920er Jahren um die Volkskunde konkurrierten: die der ‚Mythologen‘, die aus Religionswissenschaft, Wagner-Kult und vergleichender Mythenforschung im Umkreis Leopold von Schroeders, der 1899 als ordentlicher Professor für *Altindische Philologie und Altertumskunde* von Innsbruck nach Wien berufen worden war, entstand; und die der Ethnographie, deren erster Vertreter Michael Haberlandt war, der sich 1892 in Wien für *Ethnographie* habilitiert hatte. Alle drei Richtungen wiesen „personell wie ideologisch vielfach Berührungspunkte"[115] auf, die sich sowohl in ihren Beziehungen zur *Anthropologischen Gesellschaft*, zum *Verein für Volkskunde*, zur Jugendbewegung und zum Nationalsozialismus zeigten; waren aber, wenn es um die Vertretung der Volkskunde an der Universität Wien ging, erbitterte Gegner.[116] Den Kampf um die Volkskunde entschied, wie sich zeigen wird, trotz fachlicher und wissenschaftlicher Auseinandersetzungen im Endeffekt doch die Beherrschung der höheren akademischen Kabinettskunst.

Die Wiener ‚Mythologen‘ standen der Much-Schule inhaltlich und ideologisch sehr nahe, sie beschäftigten sich mit dem ‚nordischen Menschen‘, mit der indogermanischen und altgermanischen Frühzeit und waren auf der Suche nach der „aine[n] deutsche[n] Kultur" in der Absicht, „ain deutsches Volk werden [zu] wollen".[117] Während jedoch unter den Much-Anhängern die Auffassung vertreten wurde, dass „mythologische Erzählungen […] nur sekundäre Spiegelungen von altertümlichen Kulten geheimnisvoller Bünde" seien, also „der ekstatische Kult immer die Priorität vor der mythischen Sage" hatte, hing man unter den ‚Mythologen‘ „der umgekehrten Überzeugung" an, dass „alles Brauchtum" nur ein „sekundäre[s] Abbild vorher ausgebildeter Mythen" sei.[118] Dass „keine der beiden Hypothesen historisch-empirisch zu beweisen war, vor allem die […] Existenz geheimer kultischer Männerbünde in der germanischen Frühzeit nie glaubhaft gemacht werden konnte"[119], störte den Streit zwi-

---

115 Bockhorn: Von Ritualen, Mythen und Lebenskreisen (1994), S. 477.

116 Zur Frühzeit der Volkskunde an der Universität Wien vom Ende des 19. Jahrhunderts bis 1938 vgl. ausführlich Bockhorn: Von Ritualen, Mythen und Lebenskreisen (1994), S. 477–526; ders.: „Volkskundliche Quellströme" in Wien (1994).

117 Hüsing: Die deutschen Hochgezeiten (1927), S. XII.

118 Emmerich: Zur Kritik der Volkstumsideologie (1971), S. 153.

119 Emmerich: Zur Kritik der Volkstumsideologie (1971), S. 153–154.

schen den beiden Richtungen nicht, im Gegenteil. Am deutlichsten lassen sich Nähe und Distanz der konkurrierenden Unternehmungen an einem Buch zeigen, das der Schroeder-Schüler Georg Hüsing – seines Zeichens „Begründer[ ] der Wiener Mythologenschule im engeren Sinn"[120] – 1927 veröffentlichte. Es handelt sich dabei um Hüsings, für die volkskundliche Anhängerschaft wichtige Aufsatzsammlung *Die deutschen Hochgezeiten* von 1927. Darin vertrat er, wie Lily Weiser in ihrer Dissertation, die Ansicht, dass der „Sinn" der deutschen Feste wie Weihnachten, Perchtenlauf etc. durch „falsche Ausdeutungen der römischen Kirche" verloren gegangen sei und „nun neu erschlossen werden" müsse. Diese Feste waren selbstredend aus der germanischen Vorzeit zu erklären, darin war man sich noch einig. Aber, so Hüsing, „[a]uf das entschiedenste müssen wir uns dagegen verwahren, daß die deutschen Hochgezeiten aus dem Bauernleben hervorgegangen wären", vielmehr entstanden sie aus einem – nicht näher bestimmten – „arischen Mythos".[121] Eine direkte Reaktion Rudolf Muchs darauf findet sich in einem nachgelassenen, posthum veröffentlichten Aufsatz, in dem er fragte, „womit unsere Feste […] zusammenhängen sollen, wenn nicht mit dem Bauernleben […]. Wir stoßen dabei ja überall auf alte Vegetationsriten […]."[122] Weisers (und selbstverständlich Muchs) Auffassung, dass deutsches Brauchtum und deutsche Feste auf altgermanische Totenkulte und Vegetationsriten zurückzuführen seien, stand Hüsings Ansicht gegenüber, dass der Mythos der Ursprung alles Brauchtums sei.[123]

---

120 Schmidt: Geschichte der österreichischen Volkskunde (1951), S. 134.

121 Hüsing: Die deutschen Hochgezeiten (1927), S. 124.

122 Much: Mondmythologie und Wissenschaft (1942), S. 243.

123 Diese Auseinandersetzung zwischen den ‚Mythologen' und der Much-Schule findet seine ideologische Grundlage in den Schriften des Bonner Germanisten Hans Naumann, der mit *Primitive Gemeinschaftskultur* (1921) und *Grundzüge der deutschen Volkskunde* (1922) die in der zeitgenössischen Volkskunde populärsten und einflussreichsten Bücher zur Konstruktion eines ‚deutsch-germanischen Volkstums' veröffentlichte. Darin unterscheidet Naumann zwischen ‚gesunkenem Kulturgut' und ‚gehobenem Primitivgut', um eine klare Grenze zwischen ‚geistig aktiver, historisch bewusster und formbildender Oberschicht' und ‚nicht individualisierter, historisch unbewusster, reflexionsloser Unterschicht' zu ziehen. Die Much-Leute hielten Naumann entgegen, dass „das Bild der primitiven Gemeinschaft in dieser extremen Zeichnung keineswegs richtig" sei, dass es sich dabei um die „städtisch-hochmütige Betrachtungsweise der ‚Geistigen'" handle und dass es sehr wohl „Volksgut" gebe, das „direkt aus der primitiven Gemeinschaft stamme [ ]". Wolfram: Gesunkenes Kulturgut und gehobenes Primitivgut (1932), S. 187–188.

Offensichtliche Unterschiede dieser beiden Vertretungsinstanzen germanischer Kontinuität zeigen sich in ihrem öffentlichen Auftreten bzw. in ihrem ‚Sendungsbewusstsein'. Die ‚Mythologen' sahen sich – im Gegensatz zu den Much-Leuten, die bis 1933/1938 peinlichst darauf bedacht waren, nur innerhalb der Grenzen der universitären Wissenschaft zu agieren – als Erzieher und Former der deutschen Jugend. Hüsing und ein weiterer Anhänger Leopold von Schroeders, Wolfgang Schultz[124], gründeten 1918 den universitären Lehrgang ‚Deutsche Bildung', der seine Teilnehmer aus Akademikern, Laien und vor allem aus den Jugendbewegungen, besonders dem ‚Wandervogel', bezog.[125] Bei diesem Lehrgang ging es darum, wie die nationalsozialistische Zeitschrift *Volk und Rasse* 1936 anerkennend feststellte, „für die völkische deutsche Jugend der Bünde und der Studentenschaft die geistigen Waffen für den Weltanschauungskampf [zu] schmieden", da „nur das Volk den Anstürmen standhalten werde, das sich seiner rassischen Kraft und seiner völkischen Geschichte ganz bewußt sei".[126] Das Bemühen um eine möglichst hohe Breitenwirkung kann man auch zwei weiteren Vertretern der Wiener ‚Mythologen' zuschreiben, Karl von Spieß und Edmund Mudrak. Spieß, der 1903 in Wien zum Botaniker promovierte, leitete den Lehrgang ‚Deutsche Bildung' von 1928 bis 1938 und holte durch seine Beziehungen zu Josef Strzygowski, der seit 1909 Professor für Kunstgeschichte an der Wiener Universität war, die Kunsthistoriker mit ins Boot. Edmund Mudrak, der bei Hüsing und Schroeder studierte und als seine drei Bezugspunkte die Rassenkunde, Wilhelm Heinrich Riehls Volkskunde und Grimms Mythologie ansah, stellte Beziehungen zur Stadtverwaltung her: Er war bis 1943 Beamter im Kulturamt der Stadt Wien.

Bescheiden und nüchtern nimmt sich dagegen die dritte Bewerbergruppe um die universitäre Volkskunde in Wien aus. Michael Haberlandt studierte bei dem Sprachwissenschaftler Friedrich Müller und dem In-

---

124 Wolfgang Schultz (1881–1936) studierte Klassische Philologie in Wien, promovierte 1904, musste als früher Nationalsozialist 1923 Österreich verlassen und wurde ohne Habilitation 1934 Professor für *Germanische Weltanschauung* am Lehrstuhl für Philosophie in München. Vgl. Bockhorn: Von Ritualen, Mythen und Lebenskreisen (1994), S. 496.

125 Bockhorn: Von Ritualen, Mythen und Lebenskreisen (1994), S. 495.

126 [Anonym:] Wolfgang Schultz zum Gedächtnis (1936), S. 443. – Die ‚Mythologen' waren im Nationalsozialismus im ‚Amt Rosenberg' tätig, während sich die Much-Leute im ideologiebildenden Konkurrenzunternehmen *Ahnenerbe* hervortaten. Zu dieser Konstellation vgl. Olaf Bockhorn: „Mit all seinen völkischen Kräften deutsch" (1994).

dologen Georg Bühler, promovierte 1882 und wurde 1892 zum ersten Privatdozenten der *Ethnographie* in Wien ernannt. Er gründete gemeinsam mit Wilhelm Hein, seinem Kollegen an der ethnographischen Abteilung des Naturhistorischen Museums, 1894 in Wien den *Verein für Volkskunde* und 1895 das Museum für Volkskunde, gleichzeitig gab er die *Zeitschrift für österreichische Volkskunde* heraus. Haberlandts Auffassung von ethnographischer Wissenschaft bestand in der „vergleichende[n] Erforschung und Darstellung des Volksthums in Österreich", wobei er „[e]rsteres durch die Mittel und Methoden der Wissenschaft" und „letzteres […] durch die Bergung und Aufsammlung in einem Museum" zu erreichen trachtete.[127] Das bedeutet zum einen, dass diese volkskundliche Richtung die einzige war, die auch tatsächlich Feldforschung betrieb, d. h. in den österreichischen Kronländern und ab 1918 in den österreichischen Bundesländern Hausgeräte, Werkzeuge und Objekte der Volkskunst sammelte (der Bestand des Museums umfasste 1895 600 Exponate, 1898 bereits 11.000 und noch vor dem Ersten Weltkrieg 25.000).[128] Zum anderen waren sie aber auch, im Unterschied zu den Mythologen und der Much-Schule, zumindest bis 1918, nicht deutschnational orientiert.[129] Es ging nicht um einen nordischen Menschen oder eine germanische Kontinuität, sondern um eine Art Fortsetzung der liberalen, verschiedene Nationen integrierenden Idee der späten Monarchie: So gab Haberlandt 1927 *Österreich, sein Land und Volk und seine Kultur* heraus, einen Prachtband, der sich in seiner Anlage am ‚Kronprinzenwerk' orientierte, aber freilich auf ‚Klein-Österreich' konzentriert war. Weder die Toten- und Vegetationsritenversessenheit der Much-Schule noch der Mythosglaube der ‚Mythologen' waren seine Sache,[130] dafür ging es dem Ethnographen zu sehr um Realien und weniger um Texte oder nur daraus erschlossenes Brauchtum.

Mit Schülern Michael Haberlandts, die an der Universität reüssieren konnten, sah es eher schlecht aus. Zwar zählten Rudolf Trebitsch und auch Eugenie Goldstern zu seinen Anhängern, akademisch Fuß fassen konnte aber nur sein Sohn Arthur Haberlandt, der 1911 promovierte, bereits 1914

---

127 Michael Haberlandt: Zum Beginn (1895), S. 1.
128 Vgl. Bockhorn: Von Ritualen, Mythen und Lebenskreisen (1994), S. 502.
129 Vielmehr war den „deutschnationalen Kreisen die ‚internationale', ja ‚slawophile' Ausrichtung von Verein und Zeitschrift einigermaßen suspekt". Bockhorn: Von Ritualen, Mythen und Lebenskreisen (1994), S. 504.
130 Michael Haberlandt hielt „schon 1911 den Grundgedanken, daß bei der Entstehung und Ausgestaltung der Volkskunst die mythische Überlieferung des Volkes beteiligt gewesen sei, für ‚vollständig irrig'". Bockhorn: Von Ritualen, Mythen und Lebenskreisen (1994), S. 502 (Anm. 282).

aufgrund seiner Arbeit *Die Trinkwasserversorgung primitiver Völker* die Venia Legendi für *Ethnographie* verliehen bekam und 1924 außerdem zum außerordentlichen Professor ernannt wurde. Arthur Haberlandt führte Museum, Verein und Zeitschrift seines Vaters weiter und entwickelte 1926 die „Theorie der Lebenskreise", die er als „Inbegriff der stetigen Erlebnisse einer Menschengruppe in Hauswirtschaft, Beschäftigung und geselligem Dasein, aus denen ihre Bräuche, Sitten und Anschauungen erwachsen",[131] bestimmte. Diese „Lebenskreise", die an das völkerkundliche Kulturkreis-Konzept angelehnt waren, versah er jedoch mit einer Weltanschauung, die seinem Vater immer fremd geblieben war: Ab den späten 1920er Jahren insistierte er nämlich zusehends auch auf der „Bedingtheit nach [...] Rassenentwicklung"[132].

Zur offiziellen Vertretung der universitären Volkskunde in Wien wurde bis Mitte der 1920er Jahre trotz vielfacher Bemühungen niemand ernannt. An den Universitäten in Köln, Marburg, Breslau, Heidelberg, Würzburg, Hamburg, Frankfurt am Main, Jena, Königsberg, Basel und Prag gab es schon eigene Lehrstühle oder zumindest Lehraufträge.[133] Dass es in Wien bis 1939 nicht zur Einrichtung eines Lehrstuhls kam, lag zu einem Gutteil daran, dass sich die konkurrierenden Unternehmungen gegenseitig in Schach hielten und darauf bedacht waren, dass die jeweils andere Richtung keine universitären Titel oder Ämter zugesprochen bekam, die ihnen selbst verwehrt blieben. Bei diesen Auseinandersetzungen, deren Verlauf im Folgenden in seiner Chronologie skizziert wird, ging es vor allem darum, wer offiziell die Bezeichnung *Volkskunde* bzw. *Deutsche Volkskunde* zugesprochen bekam. Lily Weiser war dabei, das soll vorweggenommen werden, eine Karte im Spiel um die Volkskunde des Altertums- und Germanenkundlers Rudolf Much.

Der erste Austragungsort, an dem der Machtkampf zwischen Rudolf Much, den ‚Mythologen' und der Volkskunde Haberlandt'scher Ausrichtung zutage trat, war das Habilitationsverfahren Arthur Haberlandts. Am 10. Dezember 1912 reichte dieser ein Gesuch um Verleihung der Venia Legendi für *Allgemeine Ethnographie und Ethnologie sowie die Prähistorie der*

---

131 Arthur Haberlandt: Taschenwörterbuch der Volkskunde Österreichs. Bd. 1 (1953), S. 99.

132 Arthur Haberlandt: Die volkstümliche Kultur Europas in ihrer geschichtlichen Entwicklung (1926); zit. n. Bockhorn: Von Ritualen, Mythen und Lebenskreisen (1994), S. 510.

133 Michael Haberlandt: Zur Stellung der Volkskunde im akademischen Unterricht (1926), S. 73–76.

außereuropäischen Erdteile ein.[134] Die Behandlung des Gesuchs wurde aber von der Kommission, der auch Much angehörte, hinausgezögert: zunächst mit dem Argument, dass es in Anbetracht der erst zwei Jahre zuvor erfolgten Promotion „verfrüht eingereicht war", und danach mit der Forderung, dass Arthur Haberlandt mehr wissenschaftliche Publikationen vorzulegen habe.[135] Erst bei der dritten Kommissionssitzung am 9. Dezember 1913, also fast ein Jahr nach Antragstellung, wurde schließlich eine Entscheidung gefällt. Diese nun fiel zwar formal zugunsten des Habilitationswerbers aus, beinhaltete jedoch wesentliche Einschränkungen. Zum einen wurde der Zusatz *Ethnologie sowie die Prähistorie der außereuropäischen Erdteile* gestrichen, mit der Erklärung, dass „aus den vorliegenden Arbeiten eine besondere ethnologische Betätigung des Petenten noch nicht genügend hervorgeht"[136]. Zum anderen wurde unter den Kommissionsmitgliedern darüber diskutiert, ob die Venia Haberlandts um den Zusatz *Volkskunde* erweitert werden sollte. Doch auch das wurde abschlägig entschieden, sodass Haberlandts Lehrbefugnis anstatt der beantragten Bezeichnung *Allgemeine Ethnographie und Ethnologie sowie die Prähistorie der außereuropäischen Erdteile* schlussendlich stark verkürzt nur auf *Ethnographie* lautete.[137] Damit war Arthur Haberlandt 1914 mit seiner Habilitation der offiziellen universitären Zuerkennung der akademischen Volkskunde um keinen Schritt näher gekommen als bereits sein Vater Michael Haberlandt bei seiner Habilitation Ende des 19. Jahrhunderts. Dessen Lehrbefugnis war 1892 nämlich ebenfalls auf *Ethnographie* festgesetzt worden.

Mit diesem Rückschlag ließen sich Vater und Sohn Haberlandt von ihren Institutionalisierungsbemühungen um die Volkskunde aber nicht abbringen. Der nächste Versuch erfolgte 1922 mit der Beantragung des Titels eines Extraordinarius und eines eigenen mehrstündigen Lehrauftrags

---

134 Habilitationsgesuch von Arthur Haberlandt vom 10. Dezember 1912; UAW, Phil. Fak., Zl. 656 ex 1912/13, PA 1843 Arthur Haberlandt.

135 Berichterstattung über das Habilitationsgesuch des Herrn Dr. Arthur Haberlandt vom 12. Dezember 1913; UAW, Phil. Fak., Zl. 656 ex 1912/13, PA 1843 Arthur Haberlandt.

136 Berichterstattung über das Habilitationsgesuch des Herrn Dr. Arthur Haberlandt vom 12. Dezember 1913; UAW, Phil. Fak., Zl. 656 ex 1912/13, PA 1843 Arthur Haberlandt.

137 Die Habilitation Arthur Haberlandts wurde am 6. Mai 1914 vom Ministerium bestätigt. Brief des Ministeriums für Kultus und Unterricht an das Dekanat der philosophischen Fakultät vom 6. Mai 1914, UAW, Phil. Fak., Zl. 656 ex 1912/13, PA 1843 Arthur Haberlandt.

für Volkskunde für Arthur Haberlandt.[138] Während die Auseinandersetzungen um die Bezeichnung der Venia Legendi von Arthur Haberlandt
zwar nicht unbedingt in seinem Sinne verliefen, aber doch relativ rasch ein
Ergebnis zeitigten, so führte dieser erneute Versuch, die universitäre
Volkskunde in Richtung Ethnographie zu ziehen, zu ungewöhnlich langwierigen Verhandlungen und schließlich zur wissenschaftlichen Denun-
zierung Arthur Haberlandts, was sich bereits in der ersten Sitzung der
Kommission am 26. Februar 1923 ankündigte: Das einzige Kommissi-
onsmitglied, das für Haberlandt eintrat, war der Klassische Philologe
Ludwig Radermacher, der es wichtig fand, dass „Volkskunde an d. Universität gelesen werde, wie in Deutschland Vk. gelesen wird". Er äußerte
„keine Bedenken gegen Lehrauftrag", da er der Meinung war, dass das
Professorenkollegium sonst „keinen Ersatz" gefunden hätte. Die anderen
Professoren bescheinigten Haberlandts Arbeiten aber „große[ ] Flüchtig-
keit" und attestierten ihnen, dass sie in ihrer „historische[n] Zusammenstellung nichtgenügend" seien. Am vehementesten gegen Haberlandt tra
ten Rudolf Much und sein Gesinnungsgenosse bei der *Deutschen
Gemeinschaft*, der Prähistoriker Oswald Menghin, auf: Much hielt Haberlandts Veröffentlichungen nicht nur für „nicht reif genug", sondern
bezeichnete sie sogar als „ärgerniserregend", vor allem beanstandete er, dass
Haberlandt „keine histor. und sprachw. Bildung [hatte], die genügte" –
und die in Muchs Verständnis nur ein Germanist aufbringen konnte.
Menghin schlug in dieselbe Bresche: „In deutscher Volkskunde fehlen ihm
die Voraussetzungen [...]." Die Verhandlung wurde daraufhin auf unbe-
stimmte Zeit vertagt.[139]

Bis zur nächsten Zusammenkunft verging fast ein ganzes Jahr. Am
22. Jänner 1924 beschloss die Kommission, dass Arthur Haberlandt der
Titel eines außerordentlichen Professors verliehen werden sollte, über die
Verleihung eines Lehrauftrags wurde aber nicht verhandelt, mit der Begründung, dass „bei Abwesenheit v. Much" keine Entscheidung getroffen
werden könne.[140] Much schien sich seiner Sache sicher gewesen zu sein,
denn er hatte sich erst am selben Tag für die Sitzung mit einem Schreiben
entschuldigt, in dem er anmerkte, dass er wegen dieser „Zwischenfälle" für

---

138 Antrag an das Dekanat der philosophische Fakultät für die Verleihung des Titels
   eines Extraordinarius an Arthur Haberlandt vom 13. Dezember 1922; UAW, Phil.
   Fak., Zl. 378 ex 1922/23, PA 1843 Arthur Haberlandt.
139 Alle Zitate: Protokoll der Kommissionssitzung vom 26. Februar 1923; UAW, Phil.
   Fak., Zl. 378 ex 1922/23, PA 1843 Arthur Haberlandt.
140 Protokoll der Kommissionssitzung vom 22. Jänner 1924; UAW, Phil. Fak., Zl. 378
   ex 1922/23, PA 1843 Arthur Haberlandt.

sein Kolleg „schon so viele Stunden verloren habe", dass er sich „nicht entschließen" könne, „ohne zwingende Umstände eine weitere abzusagen". „Gegen die geplante Titelverleihung habe [er]", so Much abschließend, „übrigens nichts einzuwenden [...]."[141]

Daraufhin wurde Arthur Haberlandt zwar der Titel eines außerordentlichen Professors verliehen,[142] aber bezüglich des Lehrauftrags passierte erneut über ein Jahr lang nichts, bis sich der von Michael Haberlandt, also dem Vater, geleitete *Verein für Volkskunde* der Sache annahm. In einem vierseitigen Brief vom 17. Februar 1925 forderten Michael Haberlandt als Präsident des Vereins, Eugen Oberhummer als Vizepräsident und Josef Weninger als Generalsekretär den damaligen Rektor der Wiener Universität, den Juristen Hans Sperl, dazu auf, „für eine angemessene Vertretung der Volkskunde an den Hochschulen Vorsorge zu treffen". Dabei handelte es sich um einen „Wunsch", so die Absender weiter, der „schon oft und von sehr beachtenswerten Stellen geäussert" worden sei. Darüber hinaus wurde betont, dass auch „in studentischen Kreisen selbst der Wunsch seit Jahr und Tag rege ist über Fragen der Volkskunde und des Volkstums überhaupt, wie insbesondere der heimischen deutschen Volkskunde, wissenschaftlichen Aufschluss zu erhalten". Der Hinweis auf deutsche Volkskunde war dazu geeignet, Rudolf Muchs Aufmerksamkeit zu erregen. Michael Haberlandt war aber klug genug, einen „Lehrauftrag[ ] für Volkskunde mit besonderer Berücksichtigung ihrer Realien" zu fordern.[143] Der Zusatz „mit besonderer Berücksichtigung ihrer Realien" hatte freilich zu bedeuten, dass der Lehrauftrag eng an das Museum für Volkskunde und somit an Arthur Haberlandt gebunden werden sollte.

Und tatsächlich trat die Kommission daraufhin, am 23. Mai 1925, erneut zusammen und entschloss sich, Arthur Haberlandt beim Ministerium für einen Lehrauftrag für *Europäische Volkskunde mit besonderer Berücksichtigung ihrer Realien* in Vorschlag zu bringen. „Europäische" wurde deshalb eingefügt, da Rudolf Much alles daran setzte, die „deutsche [Volkskunde, E.G.] nicht betont [zu] wissen"; zum einen, weil Arthur Haberlandt, so Much, „nicht in der Lage [sei], solch spezialisiertes Gebiet gut zu behandeln", und zum anderen, weil sonst die Gefahr bestünde, den

---

141 Brief von Much an den Dekan der philosophischen Fakultät vom 22. Jänner 1924; UAW, Phil. Fak., Zl. 378 ex 1922/23, PA 1843 Arthur Haberlandt.
142 Bescheid des Bundesministeriums für Unterricht vom 4. April 1924; UAW, Phil. Fak., Zl. 378 ex 1922/23, PA 1843 Arthur Haberlandt.
143 Alle Zitate: Brief von Michael Haberlandt, Eugen Oberhummer und Josef Weninger an den Rektor der Wiener Universität vom 17. Februar 1925; UAW, Universitätskanzlei, Zl. 573 ex 1924/25, PA 1843 Arthur Haberlandt.

„Weg einem anderen [zu] versperren".[144] Arthur Haberlandt schien nach über drei Jahre andauernden Auseinandersetzungen sein Ziel erreicht zu haben, nur das Ministerium spielte nicht mit und verweigerte im November 1925 mit Hinweis auf die finanzielle Lage des Staats einen bezahlten Lehrauftrag.[145]

Während sich die Haberlandt-Fraktion noch um einen Lehrauftrag bemühte, hatte sich Rudolf Much schon darum gekümmert, den „anderen", dem „der Weg" nicht „versperrt" werden sollte, zu finden. Ganz einfach kann das jedoch nicht gewesen sein, da Much Mitte der 1920er Jahre zwar einen immer größer werdenden Studierendenkreis um sich scharte, aber erst mit einem einzigen habilitierten Schüler aufwarten konnte. Dieser Schüler war Anton Pfalz, der sich 1919 für *Geschichte der deutschen Sprache und der älteren deutschen Literatur* habilitiert hatte, mit einer volkskundlichen Ausrichtung der Germanistik aber eigentlich nichts anfangen konnte.[146] Dessen ungeachtet beantragte Much (mit Unterstützung von Walther Brecht und Dietrich Kralik) am 5. November 1925, also noch bevor der Lehrauftrag für Arthur Haberlandt offiziell vom Ministerium abgelehnt worden war, für Pfalz einen systemisierten volkskundlichen Lehrauftrag im Umfang von drei Stunden.[147] Die daraufhin gebildete Kommission trat bereits am 27. November 1925 zusammen und musste von Much vorher informell zusammengestellt worden sein, denn ihr gehörte kein einziger Vertreter oder Unterstützer der konkurrierenden volkskundlichen Richtungen an. Sie bestand zum Großteil aus Muchs Kollegen am Institut für Germanistik.[148] Angesichts dieser Zusammensetzung verwundert es nicht, dass ohne Diskussion, in nur einer einzigen Sitzung, einstimmig beschlossen wurde, für Pfalz einen Lehrauftrag für

144 Alle Zitate: Sitzungsprotokoll vom 23. Mai 1925; UAW, Phil. Fak., Zl. 607 ex 1925, PA 1843 Arthur Haberlandt.

145 Vgl. Brief des Dekans der philosophischen Fakultät an das Bundesministerium für Kultus und Unterricht vom 14. November 1925; UAW, Phil. Fak., Zl. 607 ex 1924/25, PA 1843 Arthur Haberlandt.

146 Anton Pfalz hatte sich 1919 mit der Arbeit *Suffigierung der Personalpronomina im Donaubairischen, Reihenschritte im Vokalismus* habilitiert und beschäftigte sich vor allem mit österreichischen und bayerischen Dialekten.

147 Antrag von Walther Brecht, Dietrich von Kralik und Rudolf Much an die philosophische Fakultät vom 5. November 1925; UAW, Phil. Fak., Zl. 242 ex 1925/26, PA 2872 Anton Pfalz.

148 Der Kommission gehörten die Germanisten Robert Franz Arnold, Walther Brecht, Eduard Castle, Max Hermann Jellinek und Rudolf Much sowie der Mineraloge Friedrich Johann Becke, der Romanist Karl Ettmayer, der Linguist Paul Kretschmer und der Anglist Karl Luick an.

Deutsche Mundartenforschung und Volkskunde zu beantragen.[149] Und tatsächlich bewilligte das Ministerium bereits mit Entscheid vom 11. März 1926 den Antrag der philosophischen Fakultät – von der angespannten staatlichen Finanzlage war nicht mehr die Rede.[150] Anton Pfalz, der Dialektforscher, war damit der erste offiziell vom Ministerium eingesetzte Lehrende der Volkskunde an der Universität Wien.

Die öffentliche Aufregung über diese wissenschaftlich nicht begründbare Entscheidung ließ nicht lange auf sich warten. Michael Haberlandt reagierte bereits in der darauffolgenden Ausgabe der *Wiener Zeitschrift für Volkskunde* mit einer heftigen Kritik:

> Es muß dazu nun allerdings zunächst festgestellt werden, daß Prof. Dr. Anton Pfalz im eigentlichen Arbeitsbereich der wissenschaftlichen Volkskunde überhaupt und so auch der deutschen Volkskunde [...] bisher mit keiner Leistung hervorgetreten ist. Und war bisher davon öffentlich abzusehen, daß der genannte Vertreter der Wiener Germanistik in einer ganz auffälligen Oratio pro domo (im Rahmen eines am 24. Februar d. J. im Verein der Germanisten an der Universität Wien gehaltenen Vortrages) [–] nicht ohne persönlich verletzende Bemerkungen – das wissenschaftliche Zusammenarbeiten mit dem Kreise um das Wiener Museum für Volkskunde abgetan hat, sofern er sich zu der Behauptung verstieg, nur der Germanist könne in wissenschaftlichem Sinne Volkskunde betreiben, so muß nun doch allen Ernstes die Frage erhoben werden, ob Laut- und Wortforschung auf dem Gebiet der österreichischen Mundarten, wie sie dieser Forscher vertritt, als ein „Hauptgebiet der Volkskunde" angesehen werden kann.[151]

Haberlandt bestritt weiters, dass sich „das Arbeitsgebiet der germanischen Philologie auch nur entfernt mit dem Arbeitsgebiet selbst der deutschen Volkskunde, geschweige der Volkskunde überhaupt" decke, und zielte damit auf dem Umweg über Pfalz auf Much, der in den einzelnen Kommissionssitzungen immer die Ansicht vertreten hatte, dass nur ein philologisch geschulter Wissenschaftler auch Volkskundler sein könne. Haberlandt machte sich in seinem Artikel für die Selbständigkeit der Volkskunde als Disziplin stark und erklärte, dass diese „auf dem Gebiet der materiellen Kultur [...] vollkommen auf eigenen Füßen steh[e]", wodurch sie „in Oesterreich zu jener umfassenden und methodisch fundierten

---

149 Protokoll der Kommissionssitzung betreffend die Verleihung des Titels eines Extraordinarius und Lehrauftrages an den Privatdozenten Dr. Anton Pfalz vom 27. November 1925, UAW, Phil. Fak., Zl. 242 ex 1925/26, PA 2872 Anton Pfalz

150 Brief des Ministeriums für Unterricht an das Dekanat der philosophischen Fakultät vom 26. März 1926; UAW, Phil. Fak., Zl. 242 ex 1925/26, PA 2872 Anton Pfalz.

151 Michael Haberlandt: Zur Stellung der Volkskunde im akademischen Unterricht (1926), S. 75.

Wissenschaft vom Volke in allen seinen Lebensäußerungen der Arbeit, der Kunst, des Brauchtums und der geistigen Ueberlieferungen gelangt" sei.[152] Den Haberlandts nützte dieses letzte Aufbegehren gegen die Übermacht der Germanistik im Bereich der Volkskunde in Wien jedoch nichts mehr. Rudolf Much antwortete darauf mit einer kurzen, nüchtern gehaltenen Replik, in der er feststellte, dass „Dr. Pfalz [...] anhand von Beispielen gezeigt [habe], daß sprachgeschichtliche, historische und geographische Kenntnisse auf dem Gebiet der volkskundlichen Forschung unbedingt nötig sind", und wenn Pfalz „gegen den Dilettantismus scharf Stellung nahm [...], so war dies alles sachlich gerechtfertigt".[153] Unterschreiben ließ Much diese Erklärung, die Vater und Sohn Haberlandt zwar indirekt, aber unübersehbar der Unwissenschaftlichkeit bezichtigte, von einer ganzen Riege an Universitätsprofessoren, unter ihnen der Ägyptologe Wilhelm Czermak, der Altgermanist Dietrich von Kralik, der Prähistoriker Oswald Menghin, der Romanist Karl Ettmayer und der Slawist und Altertumskundler Carl Patsch.

Der letzte Schritt in Sachen Alleinvertretung der Volkskunde durch die Germanistik an der Universität Wien fehlte Much aber noch: Bislang war es keinem der konkurrierenden Unternehmen gelungen, eine Venia Legendi für Volkskunde für sich in Anspruch zu nehmen. Much kümmerte sich 1926 auch darum. Die von ihm geförderten, volkskundlich interessierten Studierenden waren aber zum großen Teil noch zu jung: Otto Höfler, Robert Stumpfl und Richard Wolfram hatten gerade erst promoviert,[154] Siegfried Gutenbrunner stand noch am Anfang seines Studi-

---

152 Alle Zitate: Michael Haberlandt: Zur Stellung der Volkskunde im akademischen Unterricht (1926), S. 75–76.

153 Much u. a.: Erklärung (1927), S. 15.

154 Alle drei promovierten 1926 (im selben Jahr, in dem Weiser ihr Habilitationsgesuch einreichte) bei Much und habilitierten sich danach (ebenfalls wie Weiser) zu germanischen Männerbünden. Das Jahr 1926 kann also als Beginn des von Much systematisch und planmäßig betriebenen Aufbaus einer Schule angegeben werden. Otto Höfler schrieb seine Dissertation *Über das Genus der deutschen Lehnwörter im Altwestnordischen und Altschwedischen* (1926), Robert Stumpfl über *Das evangelische Schuldrama in Steyr im 16. Jahrhundert* (1926) und Richard Wolfram über *Ernst Moritz Arndt und Schweden* (1926). – Die Nähe der ‚Männerbündler' untereinander zeigte sich nicht nur in ihrem Forschungsprogramm, sondern auch im privaten Bereich: So heiratete Otto Höfler 1939 – nach dem tödlichen Verkehrsunfall Robert Stumpfls zwei Jahre zuvor – dessen Witwe Hanna Stumpfl, geb. Spitzy.

ums.[155] So blieb ihm Lily Weiser, die ihre ungewöhnlich dünne, mit 96 Seiten im Vergleich mit allen anderen zeitgenössischen germanistischen Habilitationsschriften um durchschnittlich 250 Seiten kürzere Arbeit[156] *Altgermanische Jünglingsweihen und Männerbünde* am 6. November 1926 als Manuskript im Dekanat der philosophischen Fakultät der Universität Wien einreichte und sogleich mit dem Gesuch verband, ihr die Lehrbefugnis für *Germanische Altertums- und Volkskunde* zu verleihen.[157] Dabei handelte es sich um Gebiete, die, wie Much in seinem Bericht betonte, „in gleicher Umgrenzung und Bezeichnung an einer deutschen, der Hamburger Universität durch eine besondere Lehrkanzel vertreten sind"[158]. Die zur Beratung eingesetzte Kommission bestand erneut, wie es bei Ansuchen von Rudolf Much meist der Fall war, nur aus freundlich gesinnten Kollegen. Dietrich von Kralik, Max Hermann Jellinek, Paul Kretschmer, Oswald Menghin, Friedrich Johann Becke, Ludwig Radermacher, Alfons Dopsch, Othenio Abel und Anton Pfalz beschlossen in ihrer ersten Sitzung am 24. Mai 1927 jeweils einstimmig, dass „das gewählte Fach […] zu den Fachgebieten der Fakultät" gehöre, dass „Frau Dr Weiser für das Hochschullehramt persönlich qualifiziert" sei und dass sie auch „die fachliche Eignung hiezu" besitze.[159] Damit war die Zusammenkunft nach 45 Minuten beendet und Weiser zum Habilitationskolloquium, bei dem Rudolf Much, Dietrich von Kralik und Max Hermann Jellinek als Prüfer fun-

---

155 Gutenbrunner begann sein Studium im Wintersemester 1925/26 und promovierte 1931 bei Much mit der Arbeit *Müllenhoffs Altertumskunde im Lichte der heutigen Wissenschaft. Die Germanen und Kelten. Stammeskunde.*

156 Zum Vergleich die Seitenzahlen der anderen Habilitationsschriften, die in den 1920er Jahren an der Wiener Germanistik eingereicht wurden: Christine Touaillon: Der Frauenroman des 18. Jahrhunderts (1919), 664 Seiten; Marianne Thalmann: Der Trivialroman und der romantische Roman (1923), 326 Seiten; Herbert Cysarz: Deutsche Barockdichtung (1924), 311 Seiten; Heinz Kindermann: J.M.R. Lenz und die deutsche Romantik (1925), 367 Seiten; Franz Koch: Goethe und Plotin (1925), 263 Seiten; Walter Steinhauser: Die Genetivischen Ortsnamen in Österreich (1927), 213 Seiten; Edmund Wießner: Heinrich Wittenwilers Ring (1931), 345 Seiten. Der einzige Habilitand, dessen Arbeit dünner als 200 Seiten geriet, war Hans Rupprich: Willibald Pirckheimer und Albrecht Dürers erste Reise nach Italien (1930), 137 Seiten.

157 Habilitationsgesuch von Lily Weiser vom 6. November 1926; UAW, Phil. Fak., Zl. 267 ex 1926/27, PA 3686 Lily Weiser.

158 Kommissionsbericht vom 26. Mai 1927, UAW, Phil. Fak., Zl. 267 ex 1926/27, PA 3686 Lily Weiser. – Die Professur für *Deutsche Altertums- und Volkskunde* in Hamburg hatte seit 1919 der germanophile Volkskundler Otto Lauffer inne.

159 Protokoll der Kommissionssitzung vom 24. Mai 1927, UAW, Phil. Fak., Zl. 267 ex 1926/27, PA 3686 Lily Weiser.

gierten,[160] und zum Probevortrag mit dem Titel „Zur Psychologie der mündlichen Tradition" zugelassen.[161] Und nachdem alles „den gesetzlichen Bestimmungen entsprechend" befunden worden war, bestätigte das Ministerium am 4. August 1927 die Verleihung der Lehrbefugnis an Lily Weiser.[162] Rudolf Much konnte trotz des so reibungslos verlaufenden Verfahrens in seinem offiziellen Kommissionsbericht nicht umhin, darauf hinzuweisen, dass mit der Habilitation Lily Weisers bezüglich der Volkskunde „die Gefahr des Dilettantismus" nun gebannt sei, weil Weiser „ihre streng wissenschaftliche Schulung auf dem Boden einer älteren, gut ausgebauten wissenschaftlichen Disziplin gewonnen hat".[163] Diesen Seitenhieb auf Michael und Arthur Haberlandt wiederholte Much in einer Rezension, die er Weisers *Altgermanischen Jünglingsweihen und Männerbünden* am 15. April 1928 in der *Oberdeutschen Zeitschrift für Volkskunde* widmete, indem er dort die Ethnographie zur Hilfswissenschaft der Germanistik degradierte.[164]

Diese akademischen Spitzen waren kurz darauf aber nicht mehr notwendig. Vielmehr stellte Rudolf Much in den folgenden Jahren den anderen Volkskundeanwärtern „die Garde der [von ihm, E.G.] germanistisch ausgebildeten Volkskundler gegenüber[ ]"[165], die sich allesamt mit dem Thema ‚Männerbund' beschäftigten: Otto Höflers Habilitationsschrift von 1931 erschien unter dem Titel *Kultische Geheimbünde der Germanen*, Robert Stumpfl widmete sich 1934 den *Kultspielen der Germanen*[166] und

---

160 Das Habilitationskolloquium fand am 24. Juni 1927 statt. Sitzungsprotokoll vom 24. Juni 1927, UAW, Phil. Fak., Zl. 267 ex 1926/27, PA 3686 Lily Weiser.

161 Der Probevortrag fand am 5. Juli 1927 statt. Sitzungsprotokoll vom 5. Juli 1927, UAW, Phil. Fak., Zl. 267 ex 1926/27, PA 3686 Lily Weiser.

162 Brief des Ministeriums für Kultus und Unterricht an das Dekanat der philosophischen Fakultät vom 4. August 1927; UAW, Phil. Fak., Zl. 267 ex 1926/27, PA 3686 Lily Weiser.

163 Kommissionsbericht vom 26. Mai 1927 (Berichterstatter: Rudolf Much); UAW, Phil. Fak., Zl. 267 ex 1926/27, PA 3686 Lily Weiser.

164 Much: Lily Weiser, Altgermanische Jünglingsweihen und Männerbünde [Rez.] (1928).

165 Bockhorn: Von Ritualen, Mythen und Lebenskreisen (1994), S. 514.

166 Robert Stumpfl wechselte nach seinem Wiener Studium nach Berlin, blieb der Much'schen ‚Männerbundschule' aber treu: Er habilitierte sich 1934 bei Julius Petersen mit der Arbeit *Kultspiele der Germanen als Ursprung des mittelalterlichen Dramas* (Druck: Berlin 1936) und machte in der Folge in der Theaterwissenschaft Karriere. – Zum Einfluss des germanischen Forschungskonzepts der Much-Schüler auf die Theaterwissenschaft vgl. Kröll: Theater- und Kulturgeschichtsschreibung für eine ‚germanische Zukunft Europas' (2009).

Richard Wolfram erhielt die Venia Legendi 1936 für seine Arbeit *Schwerttanz und Männerbund.*

Auf Muchs Nachwuchsforscher waren weder die Ethnographen noch die ‚Mythologen' mit eigenen Schülern zu reagieren im Stande, weil ihnen der universitäre Status fehlte. Als Mitte der 1930er Jahre Otto Höfler und Richard Wolfram lautstark die Vertretung der germanistischen Volkskunde im Sinne Muchs übernahmen, war Lily Weiser aber längst in Oslo und kümmerte sich, so hat es den Anschein, nicht mehr um ihren ehemaligen Lehrer und dessen ‚Männerbundschule'. Sie ist weder in den Festgaben zu Muchs 70. Geburtstag 1932 mit einer Gratulationsadresse vertreten,[167] noch hat sie wie alle anderen ‚Männerbündler' vier Jahre später einen Nachruf auf ihn verfasst.

---

167 Als Festschriften sind erschienen: Verzeichnis der Schriften von Rudolf Much (1932); Zschocke: Das urzeitliche Bergbaugebiet von Mühlbach-Bischofshofen (1932); Neustein: Der Mythos der Flaminganten (1932).

Resümee

1933 war die erste Phase der Privatdozentur von Frauen an der Wiener Germanistik nach nur zwölf Jahren wieder zu Ende. Lily Weiser war 1928 nach Oslo ausgewandert, Christine Touaillon im selben Jahr gestorben und Marianne Thalmann emigrierte 1933 in die USA. Eine Nachfolge oder Kontinuität in der Lehr- und Forschungstätigkeit von Wissenschaftlerinnen am Institut für Germanistik bildete sich nicht. Erst 1955, mehr als zwanzig Jahre später, wurde mit der Altgermanistin Blanka Horacek erneut einer Wissenschaftlerin die Venia Legendi verliehen.

Dass in den 1920er Jahren überhaupt drei Frauen dem Lehrkörper der Wiener Germanistik angehören konnten, hing mit einer besonderen Konstellation, d. h. mit der Gemengelage tiefgreifender institutioneller, fachlicher und personalpolitischer Veränderungen zusammen. Gerade zu dieser Zeit kam es an der Wiener Germanistik zu einem Bruch der professoralen Erbfolge und des germanistischen Schulzusammenhangs, zu einer krisenhaft erfahrenen Konfusion und Differenzierung der wissenschaftlichen und methodischen Ausrichtung des Fachs, zu einem bedeutenden Prestigeverlust der Privatdozentur und zu einer Vervielfachung der Studierendenzahlen. Das Zusammentreffen dieser Veränderungen, die für sich genommen keinen oder nur geringen Einfluss auf die Geschlechterverteilung an der Universität hatten, bestimmte, wie gezeigt wurde, durch seine Gleichzeitigkeit die Positionierungsmöglichkeiten und die Anerkennung von Frauen im Wissenschaftsbetrieb wesentlich mit.

Zunächst ließ sich feststellen, dass die Lehrstuhlbesetzungen an der Wiener Germanistik nach einer Konsolidierungsphase, die von 1848 bis 1868 dauerte, einem klaren Berufungsmechanismus folgten. Dabei wurden sowohl die Professuren für das neuere als auch für das ältere Fach nach denselben Kriterien besetzt: In beiden Fachbereichen wurde der Nachfolger vom jeweiligen Vorgänger gezielt ausgesucht, er hatte in Wien oder an einer anderen Universität bei Wilhelm Scherer studiert, musste Österreicher sein und einem von der Fakultät vertretenen Konzept der schulischen Kontinuität entsprechen, das die wissenschaftliche und ethische Ausrichtung auf philologische Prämissen des Fachs mit einschloss. Bis zum Jahr 1912 standen damit alle Berufungen an der Wiener Germanistik im Zeichen selbstverständlicher, d. h. auch konfliktfreier Traditionsbewahrung, die auch ein klares Innen und Außen des akademischen Betriebs definierte. Diese Ordnung der Professorenfolge änderte sich grundlegend, als 1912 Jakob Minor, Inhaber der neugermanistischen Professur, starb. In den darauffolgenden äußerst konfliktreichen Verhandlungen um seine Nachfolge entstand eine Art Patt-Situation zwischen Vertretern der philologisch orientierten Germanistengeneration, die für die Weiterführung der bisherigen Berufungskriterien eintrat, und Vertretern moderner wissenschaftlicher Strömungen, die die auf Österreicher und Scherer-Schüler konzentrierten Auswahlmechanismen zu durchbrechen suchten. Darüber hinaus wurden von einzelnen, am Auswahlprozess beteiligten Wissenschaftlern mit Nachdruck eigene Interessen vertreten, sodass trotz zäher, zwei Jahre dauernder Auseinandersetzungen dem Ministerium kein mehrheitliches Ergebnis übermittelt werden konnte. Schließlich wurde 1914 ein für Fakultät und publizistische Öffentlichkeit überraschender Kompromisskandidat nach Wien berufen: der deutsche Geistesgeschichtler Walther Brecht. Dabei handelte es sich um eine Entscheidung, die innerhalb der Universität und von der Tagespresse, die sich massiv in den Auswahlprozess einschaltete, als Katastrophe und Bankrotterklärung der Wissenschaft wahrgenommen wurde.

Tatsächlich beendete die Amtszeit Walther Brechts, der bis 1926 die neugermanistische Professur in Wien bekleidete, einen Schulzusammenhang, in dem unter Berufung auf Wilhelm Scherer eine philologisch orientierte und auf Österreich konzentrierte Wissenschaftsauffassung vertreten wurde. Walther Brecht selbst hatte, wie die Analyse seiner Publikationen zeigte, in Bezug auf den Widerstreit zwischen Positivismus und Geistesgeschichte kein klar definiertes eigenes wissenschaftliches Profil. Vielmehr lässt er sich als Integrations- und Übergangsfigur in einer Zeit scharfer innerfachlicher Positions- und Generationskonflikte begreifen. Gerade seine Offenheit, was methodische Ausrichtungen und thematische Schwerpunktsetzungen anging, führte aber auch dazu, dass aus seinen Lehrveranstaltungen eine große Zahl späterer Universitätsgermanisten hervorging, die dann sehr unterschiedliche wissenschaftliche Schwerpunkte setzten. Nicht zuletzt ermöglichte Brechts wissenschaftliche und habituelle Offenheit denn auch die im deutschen Sprachraum zeitgenössisch singuläre Integration von Frauen in die Universitätsgermanistik.

Hinzu kam, dass es in der Zeit von Brechts Professur zu einer zunehmenden Disproportion von Lehrenden und Lernenden kam: Während sich die Zahl der Studierenden seit der Jahrhundertwende mehr als versechsfacht hatte, blieb die Anzahl der Professuren nahezu gleich. Das bedeutete zum einen, dass die Aufrechterhaltung des laufenden Lehrbetriebs nur aufgrund der Privatdozenten gewährleistet werden konnte, zum anderen führte diese Disproportion aber auch zu einer klaren Statusschwächung dieser akademischen Berufsgruppe. War die Privatdozentur bis zum Beginn des 20. Jahrhunderts eine zeitlich begrenzte Übergangsphase gewesen, auf die mit hoher Wahrscheinlichkeit nach Ablauf weniger Jahre die Professur folgte, so erhielt in den 1920er Jahren nur noch ein Bruchteil der Privatdozenten tatsächlich einen Lehrstuhl. Dass die Privatdozentur im ersten Drittel des 20. Jahrhunderts keine Aussicht mehr auf eine Universitätskarriere garantierte, führte zu einem massiven Prestigeverlust, der mitverantwortlich dafür war, dass nun auch Frauen zur Privatdozentur zugelassen wurden.

Walther Brecht verließ die Wiener Universität 1926 aufgrund der hohen Arbeitsbelastung an der Germanistik, woraufhin sein langjähriger Freund und Kollege Paul Kluckhohn seine Nachfolge antrat. Kluckhohn förderte Brechts Schüler, Privatdozenten und Privatdozentinnen in dessen Sinne weiter und führte einen von Brechts Schülern, Hans Rupprich, zur Habilitation. Habilitationen von Frauen fanden während Kluckhohns kurzer Wiener Amtszeit, die nur bis 1931 andauerte, nicht mehr statt. Ein klares Ende der Privatdozentur von Frauen lässt sich aber erst mit der Berufung Josef Nadlers im selben Jahr erkennen. Nadler galt als unkollegial und schwierig; tatsächlich versuchte er bereits kurz nach seinem Amtsantritt, die den Extraordinarien vorbehaltenen Proseminare an sich zu ziehen und die Schüler seiner Vorgänger zu behindern. Mit Ausnahme von Hans Rupprich verließen sie dann auch alle zu Beginn der 1930er Jahre die Wiener Universität. Mit den Anforderungen des Massenstudiums konnte Nadler jedoch ausgezeichnet umgehen; er hielt seine Vorlesungen in den größten Hörsälen der Universität, und die Attraktivität seiner Lehrveranstaltungen für Studierende war mit ausschlaggebend dafür, dass 1935 das Auditorium Maximum gebaut wurde. Doch obwohl Nadler weit mehr Dissertationen betreute als alle seine Vorgänger, konnte sich im neueren Fach während der 14 Jahre seiner Wiener Professur nicht nur keine Frau habilitieren, sondern überhaupt kein Wissenschaftler.

Die erste in Wien habilitierte Germanistin war Christine Touaillon, die im Wintersemester 1897 zu den ersten Studentinnen der Universität gehörte und ihr Studium 1905 bei Jakob Minor abschloss. Touaillon versuchte zunächst, an der Universität Graz zur Privatdozentur zugelassen zu werden. Wie die Analyse dieses Verfahrens zeigt, scheiterte ihr Ansinnen nicht nur an der explizit misogynen Haltung der Grazer Fakultät, sondern auch an einem Machtkampf zwischen Universität und staatlicher Unterrichtsbehörde. Während man sich staatlicherseits für die Gleichberechtigung von Männern und Frauen bei Habilitationsverfahren einsetzte, beanspruchte die Universität Graz für sich einen Autonomiestatus, der die alleinige Auswahl des akademischen Personals durch die Universität – ungeachtet rechtlicher Vorgaben – mit einschloss. Dass Touaillons Ansinnen in Wien 1921 schließlich Erfolg beschieden war, hing zum einen damit zusammen, dass mit der Romanistin Elise Richter 1907 bereits einer Frau an der philosophischen Fakultät die Venia Legendi verliehen worden war, demnach keine grundsätzlich ablehnende Haltung gegenüber der rechtlichen und politischen Gleichstellung von Frauen und Männern mehr eingenommen werden konnte; zum anderen aber auch mit der Bereitschaft Walther Brechts, Touaillons Habilitationsverfahren zu betreuen. Nicht zuletzt waren auch Touaillons Forschungsthema und Titel der Habilitationsschrift *Der deutsche Frauenroman des 18. Jahrhunderts* entscheidend. So war Literatur von Frauen innerhalb der Deutschen Philologie in Wechselwirkung mit der Professionalisierung des literarischen Feldes ab dem späten 18. und frühen 19. Jahrhundert zunehmend marginalisiert worden. In der universitären Forschung waren Frauen vor allem als Musen, Geliebte und Briefpartnerinnen kanonisierter Autoren oder unter dem Prädikat ‚weiblich‘ als Gruppe von Eigenschaften, die die ‚Natürlichkeit‘ einer Entwicklung anzeigen sollte, präsent. Touaillons wissenschaftliche Spezialisierung bedeutete, dass sie sich nicht in den Kanon der ‚bedeutenden‘ Forschungsthemen einschrieb und damit nicht mit ihren männlichen Kollegen in Konkurrenz trat, was zeitgenössisch als durchweg positiv wahrgenommen wurde und zu ihrer Akzeptanz als Privatdozentin beitrug, ihr es gleichzeitig aber auch verunmöglicht hat, sich außerhalb dieses Nischenthemas zu profilieren.

Die ambivalenteste Figur unter den Wiener Privatdozentinnen war Marianne Thalmann, die sich 1924 mit der Arbeit *Der Trivialroman und der romantische Roman* ebenfalls für das neuere Fach habilitierte. Thalmann markierte mit der Titelgebung ihrer Habilitationsschrift und der prominenten Setzung des Begriffs ‚Trivialroman‘, den sie als Fachterminus einführte, ebenfalls die Behandlung eines Nischenthemas. Diese wissenschaftliche Selbsteinordnung Thalmanns mag mit strategischen Überlegungen zur Zulassung von Frauen zur Privatdozentur zu tun gehabt haben. Tatsächlich beschäftigt sich ihr Buch nämlich mit der literarischen Romantik, die in den 1920er Jahren zur meistbehandelten Epoche innerhalb der Germanistik avancierte. Darüber hinaus schrieb sie sich mit ihrer Studie in die zeitgenössisch vielbeachtete Auseinandersetzung um eine geistesgeschichtlich ausgerichtete Literaturwissenschaft ein, in der davon ausgegangen wurde, dass nicht nur der Inhalt, sondern vor allem die

Darstellung eine besondere Form der Erkenntnis ermöglichte. Diese
zwischen Kunst und Wissenschaft angesiedelte Arbeit fand ihre stärkste
Rezeption demgemäß auch nicht innerhalb des universitären Feldes,
sondern in Thomas Manns Roman *Der Zauberberg* von 1924, in den
einzelne Passagen der Habilitationsschrift teilweise wörtlich übernommen
wurden. Nach ihrer Habilitation konzentrierte sich Thalmann auf den
innersten Kanon der germanistischen Forschungsgegenstände, sie schrieb
über Johann Wolfgang Goethe und Adalbert Stifter und näherte sich in *Die
Anarchie im Bürgertum* (1932) den antidemokratischen, ansonsten fast
ausschließlich von Männern getragenen intellektuellen Ideen der ‚Konservativen Revolution'. In Wien wurde ihr inzwischen als erster Frau der
Titel eines außerordentlichen Professors verliehen, 1933 nahm sie indes
einen Ruf ans Wellesley College in Massachusetts an, wo sie bis zu ihrer
Emeritierung 1953 als Full Professor of German lehrte.

Die einzige der drei Privatdozentinnen der Wiener Germanistik in den
1920er Jahren, die sich nicht im neueren Fach habilitierte, war Lily Weiser,
der 1927 für ihre Arbeit *Altgermanische Jünglingsweihen und Männerbünde*
die Venia Legendi für *Germanische Altertums- und Volkskunde* verliehen
wurde. Weiser kam aus der Schule des Altgermanisten Rudolf Much, der
eine frühe Zelle des akademischen Antisemitismus bildete. Much war
daran gelegen, die Germanistik nicht als Literaturwissenschaft zu betrei-
ben, sondern als eine an einzelnen Wörtern und archäologischen Gegenständen interessierte Germanenforschung, in der es vor allem darum ging,
eine seit dem Altertum kontinuierlich bestehende Überlieferung germanischer Sitten und Bräuche zu behaupten. Dass große Lücken in der
Quellenlage diesem Ansinnen keinen Abbruch taten, zeigte bereits Weisers
Dissertationsschrift *Jul. Weihnachtsgeschenke und Weihnachtsbaum* (1923),
in der sie zu beweisen suchte, dass das zeitgenössische Weihnachtsfest von
Fruchtbarkeitsriten einer vorchristlich-germanischen Zeit abstammte. Im
Zentrum von Muchs wissenschaftlichen und institutionellen Bemühungen
stand aber Weisers Habilitationsschrift *Altgermanische Jünglingsweihen und
Männerbünde*, in der sie behauptete, dass jegliche moderne Gemein-
schaftsbildung ihren Ursprung in germanischen Potenzfeiern hatte.

Institutionell von Bedeutung war diese Habilitationsschrift, da sie den
jahrzehntelangen Streit um die Vorherrschaft innerhalb der universitären
Volkskunde, die Much allein als Germanenkunde betrieben sehen wollte,
vorerst beendete. Die mit Much konkurrierenden Ethnologen hatten jedenfalls das Nachsehen, als der Germanistin Weiser 1927 die Venia Legendi für *Germanische Altertums- und Volkskunde* verliehen und somit das
erste Mal in der Geschichte der Wiener Universität der Begriff *Volkskunde*

nominell festgeschrieben wurde. Weiser selbst verließ die Universität bereits 1928, zog nach Oslo und trat erst wieder im Nationalsozialismus als Mitarbeiterin und Vertrauensfrau der ‚Wissenschaftsorganisation' der SS, des *Ahnenerbes*, in Erscheinung. Die ‚Männerbundschule', als deren erste Habilitandin Weiser fungierte, wurde schließlich mit zahlreichen weiteren, von Much betreuten Habilitationen in den 1930er Jahren zu einer universitätspolitisch mächtigen Ideologie- und Forschungsgemeinschaft.

Das 1933 mit Marianne Thalmanns Emigration anzusetzende Ende der universitären Lehrtätigkeit von Frauen an der Wiener Germanistik ging einher mit der zunehmenden Politisierung der Professorenschaft, die spätestens ab Ende der 1920er Jahre überwiegend antisemitische und deutschnationale Ideologien vertrat. Wie Studien zur Wiener Germanistik im Nationalsozialismus zeigen, hatten die Veränderungen der akademischen Landschaft im Nationalsozialismus auch wesentlichen Einfluss auf die Auswahl der als Mitglieder der Universität akzeptierten Wissenschaftler.

Welche Rolle den Frauen an der Wiener Germanistik dabei zukam, bedürfte einer weiteren Untersuchung. Zum einen war es für Frauen im Nationalsozialismus gerade durch eine explizite ideologische Haltung möglich, universitär Karriere zu machen, zum anderen endete die relative Offenheit der Wiener Germanistik mit Beginn der 1930er Jahre und der gleichzeitig stattfindenden Entdemokratisierung des Universitätsbetriebs. Doch nicht nur über den Status und die Akzeptanz von Wiener Germanistinnen während des Nationalsozialismus fehlen eingehende Analysen, sondern auch über die Zeit nach 1945. Besonderes Augenmerk müsste dabei der Rolle und Aufgabe der Privatdozentur gewidmet werden. Erschwert werden diese Forschungen durch die (damalige) Sammlungspolitik maßgeblicher Archive, die sich vor allem um Nachlässe erfolgreicher Männer bemühten. So war es trotz intensiver Recherchen in verschiedenen Universitäts-, Literatur- und historischen Archiven, in Amtsgerichten, bei noch lebenden Familienangehörigen und in Privatsammlungen nicht möglich, die Nachlässe von Christine Touaillon und Marianne Thalmann ausfindig zu machen. Interessant wären diese Nachlässe vor allem für explizit biographische Forschungen. Eine multiperspektivisch angelegte Analyse des Wissenschaftsbetriebes der Wiener Germanistik, ihrer Fach- und Institutionengeschichte, wie sie in der vorliegenden Studie unternommen wurde, beruht hingegen auf der Zusammenschau einer Vielzahl komplexer Quellen aus unterschiedlichen Sammlungen.

Anhang

Siglen

AdR	Archiv der Republik
AVA	Allgemeines Verwaltungsarchiv
BSB	Bayerische Staatsbibliothek (München)
DLA	Deutsches Literaturarchiv (Marbach)
H.I.N.	Handschrifteninventarnummer
Jur. Fak.	Juristische Fakultät
MCU	Ministerium für Kultus und Unterricht
Med. Fak.	Medizinische Fakultät
ÖStA	Österreichisches Staatsarchiv
PA	Personalakt
Phil. Fak.	Philosophische Fakultät
Rez.	Rezension
SoSe	Sommersemester
Theol. Fak.	Theologische Fakultät
UAG	Universitätsarchiv Graz
UAM	Universitätsarchiv München
UAW	Universitätsarchiv Wien
UB	Universitätsbibliothek
WiSe	Wintersemester
WStLA	Wiener Stadt- und Landesarchiv
Zl.	Zahl

Literatur- und Quellenverzeichnis

1. Archivquellen

1.1. Universitätsarchiv Wien

Personalakten der Philosophischen Fakultät:
- PA 1113 Walther Brecht
- PA 1843 Arthur Haberlandt
- PA 3844 Theodor Georg von Karajan
- PA 2216 Paul Kluckhohn
- PA 2647 Jakob Minor
- PA 2681 Rudolf Much
- PA 2713 Josef Nadler
- PA 2872 Anton Pfalz
- PA 3282 Wilhelm Scherer
- PA 3328 Erich Schmidt
- PA 3135 Josef Seemüller
- PA 3433 Marianne Thalmann
- PA 3450 Karl Tomaschek
- PA 3462 Christine Touaillon
- PA 3686 Lily Weiser

Rigorosenakten der Philosophischen Fakultät:
- RA 4532 Marianne Thalmann
- RA 1887 Christine Touaillon, geb. Auspitz
- RA 5387 Elisabeth Weiser

Rigorosenprotokolle der Philosophischen Fakultät:
- 1914–1927

Sitzungsprotokolle des Professorenkollegiums der Philosophischen Fakultät:
- 1848–1933

Weitere Dokumente:
- Verweis für Stefan Hock wegen Vernachlässigung der Amtsverschwiegenheit; Phil. Fak., Zl. 868 ex 1913/14
- Denkschrift der Privatdozenten der Universität Wien vom 12. Jänner 1919; Phil. Fak., S 29 Privatdozenten
- Kommissionsbericht betreffend die Habilitation von Frauen an der philosophischen Fakultät der Universität Wien vom 21. November 1919; Phil. Fak., S 03 Frauenstudium (Erlässe)
- Akademischer Verein der Germanisten in Wien; Senat, S 164.72

1.2. Andere österreichische Archive und Bibliotheken

Adalbert-Stifter-Institut des Landes Oberösterreich
- Nachlass Franz Koch

Institut für Geschichte der Universität Wien, Sammlung Frauennachlässe
- Internationale Frauenliga für Frieden und Freiheit, Zweig Österreich, NL. I/ 39a, 523–1–4

Österreichische Nationalbibliothek
- Brief von Christine Touaillon an Elise Richter vom 8. März 1920; Handschriftensammlung, Autogr. 266/47–1 Han.
- Brief von Christine Touaillon an Elise Richter vom 30. Mai 1923; Handschriftensammlung, Autogr. 266/47–2 Han.
- Postkarte von Marianne Thalmann an Josef Nadler vom 20. März 1923; Handschriftensammlung, Autogr. 409/30–1 Han.
- Brief von August Sauer an Bernhard Seuffert vom 29. April 1923; Handschriftensammlung, Autogr. 423/1–624 Han.
- Brief von Marianne Thalmann an Josef Nadler vom 20. Oktober 1926; Handschriftensammlung, Autogr. 409/30–2 Han.

Österreichisches Staatsarchiv
    Allgemeines Verwaltungsarchiv:
    - Unterlagen zur Nachfolge Jakob Minors; MCU, Zl. 32739 ex 1913, Zl. 37083 ex 1913, Zl. 38890 ex 1913, Zl. 39831 ex 1913, Zl. 45157 ex 1913, Zl. 55234 ex 1913
    - Unterricht allgemein, Professoren und Lehrkräfte: Anstellungen, Rang, Entlassungen 1912–1914
    - Unterricht allgemein, Universität Wien, Philosophie Professoren, PA Walther Brecht
    - Unterricht allgemein, Universität Wien, Philosophie Professoren, PA Christine Touaillon
    - Unterricht allgemein, Universität Wien, Philosophie Professoren, PA Rudolf Much
    Kriegsarchiv:
    - Nachlass Walther Heydendorff B/844/11

Universitätsarchiv Graz
- Habilitationsgesuch und Nachtrag zum Habilitationsgesuch von Christine Touaillon vom 24. und vom 30. Juni 1919; Phil. Fak., Zl. 1529 ex 1918/19
- Protokoll der 8. ordentlichen Sitzung des Professorenkollegiums der philosophischen Fakultät der Universität Graz vom 11. Juli 1919 (Schriftführer: Richard Meister); Phil. Fak., Zl. 1640 ex 1918/19
- Habilitationsausweis der philosophischen Fakultät der Universität Graz für das Studienjahr 1919/20; Phil. Fak., Zl. 2007 ex 1919/20
- Brief von Otto Glöckel an die österreichischen Universitäten vom 18. Oktober 1919; Rek., Zl. 474 ex 1918/19

– Brief des Rektors Cuntz an die theologische Fakultät der Universität Graz vom 30. Oktober 1919; Theol. Fak., Zl. 73 ex 1919/20
– Protokoll der 2. ordentlichen Sitzung des Professorenkollegiums der rechts- und staatswissenschaftlichen Fakultät der Universität Graz vom 7. November 1919; Jur. Fak., Zl. 303 ex 1919/20
– Stellungnahme der medizinischen Fakultät der Universität Graz zur Zulassung von Frauen zur Privatdozentur, o.D. [November 1919]; Med. Fak., Zl. 300 ex 1918/19
– Protokoll der 2. ordentlichen Sitzung des Professorenkollegiums der theologischen Fakultät der Universität Graz vom 24. November 1919 (Schriftführer: Anton Michelitsch); Theol. Fak., Zl. 118 ex 1919/20
– Stellungnahme der philosophischen Fakultät der Universität Graz zur Zulassung von Frauen zur Privatdozentur o.D. [2. Dezember 1919]; Phil. Fak., Zl. 558 ex 1919/20
– Protokoll der 3. ordentlichen Sitzung des Professorenkollegiums der philosophischen Fakultät der Universität Graz vom 5. Dezember 1919 (Schriftführer: Franz Faltis); Phil. Fak., Zl. 580 ex 1919/20
– Brief von Christine Touaillon an das Dekanat der philosophischen Fakultät in Graz vom 3. Oktober 1920; Phil. Fak., Zl. 72 ex 1920/21

Wienbibliothek im Rathaus
– Nachlass Wilhelm Börner
– Nachlass Auguste Fickert
– Nachlass Rosa Mayreder
– Nachlass August Sauer

Wiener Stadt- und Landesarchiv
– Akademischer Verein der Germanisten; M. Abt. 119, A 32:92/1926

1.3. Archive und Bibliotheken in Deutschland und den USA

Bayerische Staatsbibliothek München
– Nachlass Carl von Kraus

Deutsches Literaturarchiv Marbach
– Bestand: Deutsche Vierteljahrsschrift für Literaturwissenschaft und Geistesgeschichte
– Bestand: Paul Kluckhohn
– Brief von Heinrich Touaillon an J.-G.-Cotta'sche Buchhandlung Stuttgart vom 11. September 1929

Universitätsbibliothek Heidelberg
– Nachlass Lili Fehrle-Burger

Wellesley College Archive
– Biographical Files Marianne Thalmann

2. Gesetzestexte

Verordnung des Ministers für Cultus und Unterricht an die Rectorate sämmtlicher Universitäten vom 6. Mai 1878 betreffend die Zulassung von Frauen zu Universitäts-Vorlesungen. In: *Verordnungsblatt für den Dienstbereich des Ministeriums für Cultus und Unterricht* Stk. 11 (1878) Nr. 15, S. 47–48.

Verordnung des Ministers für Cultus und Unterricht vom 11. Februar 1888 betreffend die Habilitirung [!] der Privatdozenten an Universitäten. In: *Reichsgesetzblatt für die im Reichsrathe vertretenen Königreiche und Länder* Stk. 6. (1888) Nr. 19, S. 41–43.

Vollzugsanweisung des Staatsamtes für Inneres und Unterricht vom 2. September 1920 betreffend die Zulassung und die Lehrtätigkeit der Privatdozenten an den Hochschulen (Habilitationsnorm). In: *Staatsgesetzblatt für die Republik Österreich* Stk. 124 (1920) Nr. 415, S. 1643–1647.

Verordnung des Bundesministeriums für Unterricht […] vom 23. Mai 1934 […] betreffend die Zulassung und die Lehrtätigkeit der Privatdozenten an den Hochschulen (Habilitationsnorm). In: *Bundesgesetzblatt für den Bundesstaat Österreich* Stk. 16 (1934) Nr. 34, S. 100–101.

3. Vorlesungs- und Dissertationsverzeichnisse der Universität Wien

Alker, Lili: *Verzeichnis der an der Universität Wien approbierten Dissertationen 1937–1944*. Wien: Kerry 1954.

[Gebauer, Franz:] *Verzeichnis über die seit dem Jahre 1872 an der philosophischen Fakultät der Universität in Wien eingereichten und approbierten Dissertationen*. 4 Bde., hg. vom Dekanate der Philosophischen Fakultät der Universität in Wien. Wien: Gerold 1935–1937.

Öffentliche Vorlesungen an der K.K. Universität zu Wien. Wien: Holzhausen 1897–1918.

Öffentliche Vorlesungen an der Universität zu Wien. Wien: Holzhausen 1919–1938.

4. Literatur

[Anonym:] Hofrat Professor Dr. Minor. In: *Neue Freie Presse* (Nr. 17289) vom 10. Oktober 1912, S. 12.

[Anonym:] Eine Neuberufung an die Wiener philosophische Fakultät. In: *Neue Freie Presse* (Nr. 17383) vom 14. Jänner 1913, S. 9.

[Anonym:] Vom Wiener germanistischen Seminar. In: *Neue Freie Presse* (Nr. 17384) vom 15. Jänner 1913, S. 6.

[Anonym:] Die Besetzung der Lehrkanzel Minors. In: *Neue Freie Presse* (Nr. 17794) vom 10. März 1914 (Abendblatt), S. 5.

[Anonym:] Zur Neubesetzung der Lehrkanzel Professor Minors. In: *Neue Freie Presse* (Nr. 17795) vom 11. März 1914, S. 9.

[Anonym:] Der Nachfolger Minors in Wien. In: *Reichspost* (Nr. 116) vom 11. März 1914, S. 8.

[Anonym:] Vereinsvorstand 1917 [des Allgemeinen Österreichischen Frauenvereins]. In: *Neues Frauenleben* 20 (1918) H. 4/5, S. 92.

[Anonym:] Verband der akademischen Frauen Oesterreichs [1]. In: *Neue Freie Presse* (Nr. 20727) vom 14. Mai 1922, S. 10.

[Anonym:] Verband der akademischen Frauen Oesterreichs [2]. In: *Neue Freie Presse* (Nr. 20735) vom 22. Mai 1922, S. 5.

[Anonym:] Lily Weiser, Jul [Rez.]. In: *Wiener Zeitschrift für Volkskunde* 28 (1923), S. 96.

[Anonym/Verlagsprospekt:] Deutsche Kultur. In: Akademischer Verein der Germanisten in Wien (Hg.): *Germanistische Forschungen. Festschrift anlässlich des 60semestrigen Stiftungsfestes des Wiener Akademischen Germanistenvereins.* Wien: Österreichischer Bundesverlag 1925, S. 257–258.

[Anonym:] Konferenz über Gleichberechtigung der Frauen in Oesterreich. In: *Mitteilungen der Ethischen Gemeinde* Nr. 11 (Mai 1927), S. 111–121.

[Anonym:] Gedenkfeier für Dr. Christine Touaillon [1]. In: *Mitteilungen der Ethischen Gemeinde* Nr. 14 (Mai 1928), S. 151.

[Anonym:] Gedenkfeier für Dr. Christine Touaillon [2]. In: *Mitteilungen der Ethischen Gemeinde* Nr. 15 (September 1928), S. 172.

[Anonym:] Die Wahlbewegung. In: *[Linzer] Tages-Post* (Nr. 245) vom 21. Oktober 1930 (Mittagblatt), S. 7.

[Anonym:] Oesterreicherin als Universitätsprofessorin in Amerika. In: *Neues Wiener Journal* (Nr. 13891) vom 23. Juli 1932, S. 4.

[Anonym:] „Volksentscheid" für einen neuen Hörsaal. In: *Wiener Neueste Nachrichten* (Nr. 3513) vom 23. Dezember 1934, S. 5.

[Anonym:] Wolfgang Schultz zum Gedächtnis. In: *Volk und Rasse* 11 (1936), S. 442–444.

[Anonym:] Marianne Thalmann. In: *Frauen-Rundschau. Organ des Bundes österreichischer Frauenvereine* 6 (1951), S. 1 und S. 4.

Abbott, Scott H.: „Der Zauberberg" and the German Romantic Novel. In: *Germanic Review* 55 (1980) H. 4, S. 139–145.

Akademischer Verein der Germanisten in Wien (Hg.): *Germanistische Forschungen. Festschrift anlässlich des 60semestrigen Stiftungsfestes des Wiener Akademischen Germanistenvereins.* Wien: Österreichischer Bundesverlag 1925.

Alker, E[rnst]: Marianne Thalmann, Henrik Ibsen [Rez.]. In: *Zeitschrift für deutsche Philologie* 54 (1929), S. 487–488.

Allmayer-Beck, Johann Christoph: Die bewaffnete Macht in Staat und Gesellschaft. In: Wandruszka, Adam; Urbanitsch, Peter (Hg.): *Die Habsburgermonarchie 1848–1918.* Bd. 5: Die bewaffnete Macht. Wien: Verlag der Österreichischen Akademie der Wissenschaften 1987, S. 1–141.

Arnold, Robert Franz: Jakob Minor [Nekrolog]. In: *Euphorion* 20 (1913), S. 789–801.

Arnold, Robert Franz: Christine Touaillon [Nekrolog]. In: *Die Literatur* 30 (1928), S. 643–644.

Auspitz, Christine [d.i. Christine Touaillon]: *Zacharias Werners „Attila, König der Hunnen. Eine romantische Tragödie".* Wien: Univ. Diss. (handschr.) 1904.

Baeumler, Alfred: Walter Brecht, Konrad Ferdinand Meyer und das Kunstwerk seiner Gedichtsammlung [Rez.]. In: *Zeitschrift für Ästhetik und Allgemeine Kunstwissenschaft* 15 (1921), S. 468–470.

Ballin, Fritz: Thomas Mann und die Freimaurer. In: *Eklektisches Bundesblatt* 6 (1930), S. 238–242.

Barner, Wilfried: Zwischen Gravitation und Opposition. Philologie in der Epoche der Geistesgeschichte. In: König, Christoph; Lämmert, Eberhard (Hg.): *Literaturwissenschaft und Geistesgeschichte 1910 bis 1925.* Frankfurt/Main: Fischer 1993, S. 201–231.

Bartsch, Karl: Franz Pfeiffer. Eine Biographie. In: *Briefwechsel zwischen Joseph Freiherrn von Laßberg und Ludwig Uhland.* Hg. von Franz Pfeiffer (†). Wien: Braumüller 1870, S. XVII–CVIII.

Bausinger, Hermann: *Volkskunde. Von der Altertumsforschung zur Kulturanalyse.* Berlin u. a.: Habel [1971].

Becker-Cantarino, Barbara: *Schriftstellerinnen der Romantik. Epoche – Werke – Wirkung.* München: Beck 2000.

Becker-Cantarino, Barbara: *Meine Liebe zu Büchern. Sophie von La Roche als professionelle Schriftstellerin.* Heidelberg: Winter 2008.

Behrs, Jan: *Der Dichter und sein Denker. Wechselwirkungen zwischen Literatur und Literaturwissenschaft in Realismus und Expressionismus.* Stuttgart: Hirzel 2013 (= Beiträge zur Geschichte der Germanistik 4).

Benda, Oskar: *Der gegenwärtige Stand der deutschen Literaturwissenschaft. Eine erste Einführung in ihre Problemlage.* Wien u. a.: Hölder-Pichler-Tempsky 1928.

Benzenhöfer, Udo: Freimaurerei und Alchemie in Thomas Manns ‚Zauberberg' – ein Quellenfund. In: *Archiv für das Studium der neueren Sprachen und Literaturen* 222 (1985), S. 112–121.

[Beyer-]Fröhlich, Marianne: *Johann Jakob Moser in seinem Verhältnis zum Rationalismus und Pietismus.* Wien: Österreichischer Bundesverlag 1925 (= Deutsche Kultur, Literarhistorische Reihe 3).

Beyer, Martin: *A Wet World. Memoirs.* Princeton: [Selbstverlag] 1997.

Bilfinger, Gustav: *Untersuchungen über die Zeitrechnung der alten Germanen.* Teil 2: Das Germanische Julfest. Stuttgart: Liebich 1901.

Binder, W.: Paul Kluckhohn [Nekrolog]. In: *Euphorion* 52 (1958), S. 223–225.

Birkhan, Helmut: *Germanen und Kelten bis zum Ausgang der Römerzeit. Der Aussagewert von Wörtern und Sachen für die frühesten keltisch-germanischen Kulturbeziehungen.* Wien u. a.: Böhlau 1970.

Birkhan, Helmut: „Altgermanistik" und germanistische Sprachwissenschaft. In: Acham, Karl (Hg.): *Geschichte der österreichischen Humanwissenschaften.* Bd. 5: Sprache, Literatur und Kunst. Wien: Passagen 2003, S. 115–192.

Birn, Marco: *Bildung und Gleichberechtigung. Die Anfänge des Frauenstudiums an der Universität Heidelberg (1869–1918).* Heidelberg: Kurpfälzischer Verlag 2012.

Bockhorn, Olaf: Der Kampf um die „Ostmark". Ein Beitrag zur Geschichte der nationalsozialistischen Volkskunde in Österreich. In: Heiß, Gernot u. a. (Hg.): *Willfährige Wissenschaft. Die Universität Wien 1938 bis 1945.* Wien:

Verlag für Gesellschaftskritik 1989 (= Österreichische Texte zur Gesellschaftskritik 43), S. 17–38.

Bockhorn, Olaf: „Mit all seinen völkischen Kräften deutsch". Germanisch-deutsche Volkskunde in Wien. In: Jacobeit, Wolfgang; Lixfeld, Hannjost; Bockhorn, Olaf (Hg.): *Völkische Wissenschaft. Gestalten und Tendenzen der deutschen und österreichischen Volkskunde in der ersten Hälfte des 20. Jahrhunderts.* Wien u. a.: Böhlau 1994, S. 559–575.

Bockhorn, Olaf: „Volkskundliche Quellströme" in Wien: Anthropo- und Philologie, Ethno- und Geographie. In: Jacobeit, Wolfgang; Lixfeld, Hannjost; Bockhorn, Olaf (Hg.): *Völkische Wissenschaft. Gestalten und Tendenzen der deutschen und österreichischen Volkskunde in der ersten Hälfte des 20. Jahrhunderts.* Wien u. a.: Böhlau 1994, S. 417–424.

Bockhorn, Olaf: Von Ritualen, Mythen und Lebenskreisen. Volkskunde im Umfeld der Universität Wien. In: Jacobeit, Wolfgang; Lixfeld, Hannjost; Bockhorn, Olaf (Hg.): *Völkische Wissenschaft. Gestalten und Tendenzen der deutschen und österreichischen Volkskunde in der ersten Hälfte des 20. Jahrhunderts.* Wien u. a.: Böhlau 1994, S. 477–526.

Bockhorn, Olaf: Wien, Wien, nur Du allein. In: Dow, James R.; Bockhorn, Olaf (Hg.): *The Study of European Ethnology in Austria.* Burlington: Ashgate 2004, S. 57–109.

Bockhorn, Olaf: „Die Angelegenheit Dr. Wolfram, Wien" – Zur Besetzung der Professur für germanisch-deutsche Volkskunde an der Universität Wien. In: Ash, Mitchell G.; Nieß, Wolfram; Pils, Ramon (Hg.): *Geisteswissenschaften im Nationalsozialismus. Das Beispiel der Universität Wien.* Göttingen: V&R unipress 2010, S. 199–224.

Böckmann, Paul: Ein Jahrzehnt Romantikforschung. In: *Zeitschrift für deutsche Bildung* 9 (1933), S. 47–53.

Boden, Petra: Julius Petersen. Ein Wissenschaftsmanager auf dem Philologenthron. In: *Euphorion* 88 (1994), S. 82–102.

Bonk, Magdalena: *Deutsche Philologie in München. Zur Geschichte des Faches und seiner Vertreter an der Ludwig-Maximilians-Universität vom Anfang des 19. Jahrhunderts bis zum Ende des Zweiten Weltkrieges.* Berlin u. a.: Duncker & Humblot 1995 (= Ludovico Maximilianea Forschungen und Quellen 16).

Bourdieu, Pierre: *Die männliche Herrschaft.* Aus dem Französischen von Jürgen Bolder. Frankfurt/Main: Suhrkamp 2005.

Bovenschen, Silvia: *Die imaginierte Weiblichkeit. Exemplarische Untersuchungen zu kulturgeschichtlichen und literarischen Präsentationsformen des Weiblichen.* Frankfurt/Main: Suhrkamp 1979.

Brecht, Erika: *Erinnerungen an Hugo von Hofmannsthal. Mit einem Bild des Dichters als Kunstbeilage.* Innsbruck: Österreichische Verlagsanstalt 1946.

Brecht, Walther: *Die Verfasser der Epistolae obscurum virorum.* Straßburg: Trübner 1904 (= Quellen und Forschungen zur Sprach- und Culturgeschichte der germanischen Völker 93).

Brecht, Walther: Ulrich von Lichtenstein als Lyriker. In: *Zeitschrift für deutsches Altertum und deutsche Literatur* 49 (1907/1908), S. 1–122.

Brecht, Walther: *Heinse und der ästhetische Immoralismus. Zur Geschichte der italienischen Renaissance in Deutschland.* Berlin: Weidmannsche Buchhandlung 1911.

Brecht, Walther: *Deutsche Kriegslieder sonst und jetzt.* Berlin: Weidmannsche Buchhandlung 1915.

Brecht, Walther: *Conrad Ferdinand Meyer und das Kunstwerk seiner Gedichtsammlung.* Wien u. a.: Braumüller 1918.

Brecht, Walther: Wesen und Werden der deutsch-österreichischen Literatur. In: *Zeitschrift für Deutschkunde* 34 (1920), S. 337–350.

Brecht, Walther: Grundlinien im Werke Hugo v. Hofmannsthals. In: *Festschrift für Bernhard Seuffert zum 23. Mai 1923.* Leipzig u. a.: Fromme 1923 (= Euphorion, Ergänzungsheft 16), S. 164–179.

Brecht, Walther: Die Vorläufer von Hofmannsthals „Jedermann". In: *Österreichische Rundschau* 20 (1924) H. 4, S. 271–287.

Brecht, Walther: Einleitung. In: Meyer, Conrad Ferdinand: *Gedichte.* Taschenausgabe. 171.–175. Aufl., Leipzig: Haessel 1924, S. VII–XVI.

Brecht, Walther: Fragmentarische Betrachtung über Hofmannsthals Weltbild. In: Borchardt, Rudolf (Hg.): *Eranos. Hugo von Hofmannsthal zum 1. Februar 1924.* München: Verlag der Bremer Presse 1924, S. 18–24.

Brecht, Walther: Wien und die deutsche Literatur. In: Abel, Othenio (Hg.): *Wien, sein Boden und seine Geschichte. Vorträge, gehalten als außerordentlicher volkstümlicher Universitätskurs der Universität Wien.* Wien: Wolfrum-Verlag 1924, S. 457–474.

Brecht, Walther: Heine, Platen, Immermann. Aus einer Darstellung des 19. Jahrhunderts. In: Akademischer Verein der Germanisten in Wien (Hg.): *Germanistische Forschungen. Festschrift anlässlich des 60semestrigen Stiftungsfestes des Wiener Akademischen Germanistenvereins.* Wien: Österreichischer Bundesverlag 1925, S. 177–201.

Brecht, Walther: Oesterreichische Geistesform und oesterreichische Dichtung I. In: *Die Einkehr. Unterhaltungsbeilage der Münchner Neuesten Nachrichten* (Nr. 48) vom 1. Dezember 1929, S. 191–192.

Brecht, Walther: Die Wesensart des Oesterreichers. Oesterreichische Geistesform und oesterreichische Dichtung II. In: *Die Einkehr. Unterhaltungsbeilage der Münchner Neuesten Nachrichten* (Nr. 49) vom 8. Dezember 1929, S. 195–196.

Brecht, Walther: Hugo von Hofmannsthals „Ad me ipsum" und seine Bedeutung. In: *Jahrbuch des Freien Deutschen Hochstifts Frankfurt am Main* (1930), S. 319–353.

Brecht, Walther: Über den literarischen Nachlaß Hugo von Hofmannsthals. In: *Sitzungsberichte der philosophisch-philologischen und der historischen Klasse der Bayerischen Akademie der Wissenschaften* (1930), S. 13.

Brecht, Walther: Österreichische Geistesform und österreichische Dichtung. Nach einem Vortrage. In: *Deutsche Vierteljahrsschrift für Literaturwissenschaft und Geistesgeschichte* 9 (1931), S. 609–627.

Brecht, Walther: Über Hugo von Hofmannsthals „Bergwerk zu Falun". In: *Corona* 3 (1932/1933) H. 2, S. 210–235.

Brecht, Walther: Student und Professor. In: *Kölnische Zeitung* (Nr. 262) vom 24. Mai 1941, S. 2.

Brecht, Walther: Gespräch über die „Ägyptische Helena". In: Fiechtner, Helmut A. (Hg.): *Hugo von Hofmannsthal. Die Gestalt des Dichters im Spiegel seiner Freunde.* Wien: Humboldt 1949, S. 339–342.

Brentano, Clemens; Mereau, Sophie: *Briefwechsel. Nach den in der Königlichen Bibliothek zu Berlin befindlichen Handschriften.* Hg. von Heinz Amelung. 2 Bde., 2. Aufl., Leipzig: Insel 1908.

Brinker-Gabler, Gisela: Die Schriftstellerin in der deutschen Literaturwissenschaft: Aspekte ihrer Rezeption von 1835 bis 1910. In: *Die Unterrichtspraxis/ Teaching German* 9 (1976) H. 1, S. 15–28.

Brüggemann, Fritz: Psychogenetische Literaturwissenschaft. In: *Zeitschrift für Deutschkunde* 39 (1925), S. 755–763.

Bubeniček, Hanna: Wissenschaftlerin auf Umwegen. Christine Touaillon, geb. Auspitz (1878–1928). Versuch einer Annäherung. In: Frakele, Beate; List, Elisabeth; Pauritsch, Gertrude (Hg.): *Über Frauenleben, Männerwelt und Wissenschaft. Österreichische Texte zur Frauenforschung.* Wien: Verlag für Gesellschaftskritik 1987 (= Österreichische Texte zur Gesellschaftskritik 29), S. 5–17.

Bürger, Christa: Literarischer Markt und Öffentlichkeit am Ausgang des 18. Jahrhunderts in Deutschland. In: dies.; Bürger, Peter; Meyer, Reinhart; Schulte-Sasse, Jochen (Hg.): *Aufklärung und literarische Öffentlichkeit.* Frankfurt/Main: Suhrkamp 1980, S. 162–212.

Burger, Christa; Bürger, Peter; Schulte-Sasse, Jochen (Hg.): *Zur Dichotomisierung von hoher und niederer Literatur.* Frankfurt/Main: Suhrkamp 1982.

Bürger, Christa: *Leben Schreiben. Die Klassik, die Romantik und der Ort der Frauen.* Stuttgart: Metzler 1990.

Castle, Eduard: Jakob Minor. Ein Nachruf. In: *Das Wissen für alle* 12 (1912) H. 22, S. 402–404.

Castle, Eduard: Die Lage der Hochschullehrer. In: *Neues Wiener Tagblatt* (Nr. 21828) vom 28. November 1926, S. 2–3.

Castle, Eduard: Zu Jakob Minors 100. Geburtstag (15. April). Briefe von Erich Schmidt an Jakob Minor, aus dessen Nachlaß im Besitz v. Margarete Zoebl-Minor. In: *Chronik des Wiener Goethe-Vereins* 59 (1955), S. 77–95.

Cohen, Gary B.: *Education and Middle-Class Society in Imperial Austria 1848– 1918.* West Lafayette: Purdue University Press 1996.

Cysarz, Herbert: *Deutsche Barockdichtung. Renaissance, Barock, Rokoko.* Leipzig: Haessel 1924.

Cysarz, Herbert: Jahrhundertwende und Jahrhundertwehen. Zur Erforschung der Literatur seit dem Naturalismus. In: *Deutsche Vierteljahrsschrift für Literaturwissenschaft und Geistesgeschichte* 7 (1929), S. 745–796.

Cysarz, Herbert: *Vielfelderwirtschaft. Ein Werk- und Lebensbericht. Mit vollständiger Bibliographie von Rudolf Jahn und einem Geleitwort des Freundeskreises.* Bodman: Hohenstaufen-Verlag 1976.

Dainat, Holger: Deutsche Literaturwissenschaft zwischen den Weltkriegen. In: *Zeitschrift für Germanistik* N.F. 1 (1991), S. 600–608.

Dainat, Holger: Überbietung der Philologie. Zum Beitrag von Wilfried Barner. In: König, Christoph; Lämmert, Eberhard (Hg.): *Literaturwissenschaft und Geistesgeschichte 1910 bis 1925.* Frankfurt/Main: Fischer 1993, S. 232–239.

Dainat, Holger: Von der Neueren Deutschen Literaturgeschichte zur Literaturwissenschaft. Die Fachentwicklung von 1890 bis 1913/14. In: Fohrmann, Jürgen; Voßkamp, Wilhelm (Hg.): *Wissenschaftsgeschichte der Germanistik im 19. Jahrhundert.* Stuttgart u.a.: Metzler 1994, S. 494–537.

Dainat, Holger; Fiedeldey-Martyn, Cornelia: Literaturwissenschaftliche Selbstreflexion. Eine Bibliographie 1792–1914. In: Fohrmann, Jürgen; Voßkamp, Wilhelm (Hg.): *Wissenschaftsgeschichte der Germanistik im 19. Jahrhundert.* Stuttgart u. a.: Metzler 1994, S. 538–549.

Dainat, Holger; Kolk, Rainer: Das Forum der Geistesgeschichte. Die Deutsche Vierteljahrsschrift für Literaturwissenschaft und Geistesgeschichte (1923–1944). In: Harsch-Niemeyer, Robert: *Beiträge zur Methodengeschichte der neueren Philologien. Zum 125jährigen Bestehen des Max-Niemeyer-Verlages.* Tübingen: Niemeyer 1995, S. 111–134.

Dainat, Holger: Literaturwissenschaftliche Selbstthematisierungen 1915–1950. Eine Bibliographie. In: ders.; Danneberg, Lutz (Hg.): *Literaturwissenschaft und Nationalsozialismus.* Tübingen: Niemeyer 2003 (= Studien und Texte zur Sozialgeschichte der Literatur 99), S. 369–385.

Dickmann, Elisabeth; Schöck-Quinteros, Eva (Hg.): *Barrieren und Karrieren. Die Anfänge des Frauenstudiums in Deutschland. Dokumentationsband der Konferenz „100 Jahre Frauen in der Wissenschaft" im Februar 1997 an der Universität Bremen.* Berlin: Trafo-Verlag 2000 (= Schriftenreihe des Hedwig-Hintze-Instituts Bremen 5).

Dilthey, Wilhelm: Die dichterische und philosophische Bewegung in Deutschland 1770–1800 [1876]. In: ders.: *Gesammelte Schriften.* Bd. 5: Die geistige Welt. Hg. von Karlfried Gründer. 3. Aufl., Stuttgart u. a.: Teubner 1961, S. 12–27.

Dilthey, Wilhelm: Das Erlebnis und die Dichtung. Lessing, Goethe, Novalis, Hölderlin [1906]. In: ders.: *Gesammelte Schriften.* Bd. 26. Hg. von Gabriele Malsch. Göttingen: Vandenhoeck & Ruprecht 2005.

Dittmann, Ulrich: Carl von Kraus über Josef Nadler. Ein Nachtrag zur Muncker-Nachfolge 1926/27. In: *Jahrbuch der Deutschen Schillergesellschaft* 43 (1999), S. 433–444.

Dittmann, Ulrich: Walther Brecht. In: König, Christoph (Hg.): *Internationales Germanistenlexikon 1800–1950.* Bd. 1: A–G. Berlin u. a.: de Gruyter 2003, S. 266–268.

Doppler, Bernhard: Über das Kunstschaffen der Frau. „Weiblich" – „männlich" in der katholischen Kulturkritik am Beispiel eines unveröffentlichten Essays von Enrica von Handel-Mazzetti. In: *Vierteljahresschrift des Adalbert-Stifter-Instituts* 35 (1986), S. 191–211.

Dopsch, Alfons: Der Anschluß Deutsch-Österreichs an das Deutsche Reich. In: Christ, Alfred (Hg.): *Deutschland, wir kommen! Stimmen aus dem geistigen Deutsch-Österreich für den Anschluß an Deutschland.* Halle/Saale: Mühlmann 1919, S. 22–24.

Eckert, Brita; Berthold, Werner: *Joseph Roth 1894–1939. Eine Ausstellung der Deutschen Bibliothek Frankfurt am Main.* Frankfurt/Main: Buchhändler-Vereinigung 1979 (= Sonderveröffentlichungen der Deutschen Bibliothek 7).

Egglmaier, Herbert H.: Die Einrichtung von Lehrkanzeln für Deutsche Philologie in Österreich nach der Universitätsreform der Jahre 1848/49. In: Höflechner, Walter (Hg.): *Beiträge und Materialien zur Geschichte der Wissenschaften in Österreich.* Graz: Akademische Druck- und Verlagsanstalt 1981 (= Publikationen aus dem Archiv der Universität Graz 11), S. 359–411.

Egglmaier, Herbert H.: Entwicklungslinien der neueren deutschen Literaturwissenschaft in Österreich in der zweiten Hälfte des 19. Jahrhunderts und zu

Beginn des 20. Jahrhunderts. In: Fohrmann, Jürgen; Voßkamp, Wilhelm (Hg.): *Wissenschaftsgeschichte der Germanistik im 19. Jahrhundert.* Stuttgart u.a.: Metzler 1994, S. 204–235.

Ehs, Tamara: Das extramurale Exil. Vereinsleben als Reaktion auf universitären Antisemitismus. In: Adunka, Evelyn; Lamprecht, Gerald; Traska, Georg (Hg.): *Jüdisches Vereinswesen in Österreich im 19. und 20. Jahrhundert.* Innsbruck u.a.: Studienverlag 2011 (= Schriften des Centrums für Jüdische Studien 18), S. 15–29.

Eliade, Mircea: *Das Mysterium der Wiedergeburt. Versuch über einige Initiationstypen.* Frankfurt/Main: Insel 1988.

Elkuß, Siegbert: *Zur Beurteilung der Romantik und zur Kritik ihrer Erforschung.* Hg. von Franz Schultz. München u.a.: Oldenbourg 1918 (= Historische Bibliothek 39).

Emmerich, Wolfgang: *Zur Kritik der Volkstumsideologie.* Frankfurt/Main: Suhrkamp 1971 (= Edition Suhrkamp 502).

Engelbrecht, Helmut: *Geschichte des österreichischen Bildungswesens. Erziehung und Unterricht auf dem Boden Österreichs.* Bd. 4: Von 1848 bis zum Ende der Monarchie. Wien: Österreichischer Bundesverlag 1986.

Engster, Hermann: *Germanisten und Germanen. Germanenideologie und Theoriebildung in der deutschen Germanistik und Nordistik von den Anfängen bis 1945 in exemplarischer Darstellung.* Frankfurt/Main: Lang 1986.

Faerber, Sigfrid: *Theodor Georg Ritter von Karajan. Monographie mit Materialien und Nachweisen zu seiner philologischen Arbeit.* Wien: Univ. Dipl. 1997.

Faerber, Sigfrid: *Ich bin ein Chinese. Der Wiener Literarhistoriker Jakob Minor und seine Briefe an August Sauer.* Frankfurt/Main u.a.: Lang 2004 (= Hamburger Beiträge zur Germanistik 39).

Fehrle, Eugen (Hg.): *Ernte aus dem Gebiete der Volkskunde als Festgabe dem verehrten Meister Much zum 70. Geburtstag am 7. Oktober 1932. Dargebracht von reichsdeutschen Mitforschern.* Bühl: Konkordia 1932.

Fohrmann, Jürgen: *Das Projekt der deutschen Literaturgeschichte. Entstehung und Scheitern einer nationalen Poesiegeschichtsschreibung zwischen Humanismus und Deutschem Kaiserreich.* Stuttgart: Metzler 1989.

Fohrmann, Jürgen: Organisation, Wissen, Leistung. Konzeptuelle Überlegungen zu einer Wissenschaftsgeschichte der Germanistik. In: *Internationales Archiv für die Sozialgeschichte der Literatur* 16 (1991) H. 1, S. 110–125.

Friedrichs, Elisabeth: *Die deutschsprachigen Schriftstellerinnen des 18. und 19. Jahrhunderts. Ein Lexikon.* Stuttgart: Metzler 1981.

Fritsch-Rößler, Waltraud: *Bibliographie der deutschen Literaturgeschichten. Mit Kommentar, Rezensionsangaben und Standortnachweisen.* Bd. 1: 1835–1899. Frankfurt/Main: Lang 1994.

Fronius, Helen: „Nur eine Frau wie ich konnte so ein Werk schreiben". Reassessing German Women Writers and the Literary Market 1770–1820. In: Bland, Caroline; Müller-Adams, Elisa (Hg.): *Frauen in der literarischen Öffentlichkeit 1780–1918.* Bielefeld: Aisthesis 2007, S. 29–52.

Fuchs, Heide: *Die Geschichte der germanistischen Lehrkanzel von ihrer Gründung im Jahre 1850 bis zum Jahre 1912. Ein Beitrag zur Geschichte der Wiener Universität.* Wien: Univ. Diss. 1967.

Fulda, Ludwig: Ueber historische und ästhetische Betrachtung. In: *Das Magazin für die Litteratur des In- und Auslandes* 54 (1885), S. 675–677.

Gallas, Helga; Runge, Anita: *Romane und Erzählungen deutscher Schriftstellerinnen um 1800. Eine Bibliographie.* Stuttgart: Metzler 1993.

Gehmacher, Johanna: *„Völkische Frauenbewegung". Deutschnationale und nationalsozialistische Geschlechterpolitik in Österreich.* Wien: Döcker 1998.

Gelber, Mark H.: Stephen D. Dowden, Meike G. Werner, German Literature, Jewish Critics [Rez.]. In: *The Jewish Quarterly Review* 95 (2005) H. 4, S. 763–767.

Gernot, Fritz [Red.]: *Fünf Jahre Grazer Urania. Almanach 1924. Im Auftrage des Vorstandes des Volksbildungshauses „Grazer Urania" zusammengestellt und redigiert von Direktor Dr. Fritz Gernot.* Graz: [Selbstverlag der „Grazer Urania"] 1924.

Gervinus, Georg Gottfried: *Geschichte der poetischen National-Literatur der Deutschen.* 5 Bde., Leipzig: Engelmann 1835–1844.

Giese, Fritz: *Der romantische Charakter.* Langensalza: Wendt & Klauwell 1919.

Glockner, Hermann: Marianne Thalmann, Probleme der Dämonie in Ludwig Tiecks Schriften [Rez.]. In: *Zeitschrift für Ästhetik und Allgemeine Kunstwissenschaft* 17 (1924), S. 123–126.

Goethe, Johann Wolfgang: *Briefe Goethe's an Sophie La Roche und Bettina Brentano. Nebst dichterischen Beilagen.* Hg. von Gustav von Loeper. Berlin: Hertz 1879.

Goethe, Johann Wolfgang: Anonym, Bekenntnisse einer schönen Seele; Anonym, Melanie das Findeskind; Eleutherie Holberg, Wilhelm Dumont [Rez., 1806]. In: ders.: *Weimarer Ausgabe* [Abt. I.]. Bd. 40. Weimar: Böhlau 1901, S. 367–384.

Gohl, Astrid: Die ersten Ordinarien am Germanischen Seminar: Gustav Roethe. In: *Wissenschaftliche Zeitschrift der Humboldt-Universität zu Berlin* 36 (1987), S. 785–787.

Gönner, Rudolf: Die Lehrerbildung in Österreich von der Aufklärung bis zum Liberalismus, nebst einem Ausblick bis zur Gegenwart. In: Mraz, Gerda (Red.): *Österreichische Bildungs- und Schulgeschichte von der Aufklärung bis zum Liberalismus.* Eisenstadt: Institut für österreichische Kulturgeschichte 1974 (= Jahrbuch für österreichische Kulturgeschichte 4), S. 71–90.

Gottlieb, Dr.: Christine Touaillon, Der deutsche Frauenroman des 18. Jahrhunderts [Rez.]. In: *Arbeiter-Zeitung* (Nr. 300) vom 1. November 1919, S. 2–3.

Gottschall, Rudolf: *Die deutsche Nationalliteratur in der ersten Hälfte des neunzehnten Jahrhunderts. Literarhistorisch und kritisch dargestellt.* 2 Bde., Breslau: Trewendt & Granier 1855.

Grabenweger, Elisabeth: „Ein durch und durch weibliches Buch". Christine Touaillons Habilitationsschrift „Der deutsche Frauenroman des 18. Jahrhunderts" (1919) und die neuere deutsche Literaturwissenschaft. In: Blumesberger, Susanne (Hg.): *Frauen schreiben gegen Hindernisse. Zu den Wechselwirkungen von Biografie und Schreiben im weiblichen Lebenszusammenhang.* Bd. 2. Wien: Praesens 2010, S. 11–34.

Grabenweger, Elisabeth: Germanistik an der Universität Wien. Zur wissenschaftlichen und politischen Geschichte des Faches von 1848 bis in die 1960er Jahre. In: Stadler, Friedrich (Hg.): *650 Jahre Universität Wien – Aufbruch ins neue Jahrhundert.* Bd. 4: Reflexive Innensichten aus der Universität. Disziplinengeschichte zwischen Wissenschaft, Gesellschaft und Politik. Göttingen: V&R unipress 2015, S. 297–310.

Grabenweger, Elisabeth: Literatur – Politik – Universität. Jura Soyfer als Beobachter des Wiener Hochschulbetriebes in den 1930er Jahren. In: Lethen, Helmut; Pelz, Annegret (Hg.): *Beobachtung aufzeichnen*. Göttingen: V&R unipress [erscheint 2016].

Greiner, Martin: *Die Entstehung der modernen Unterhaltungsliteratur. Studien zum Trivialroman des 18. Jahrhunderts*. Reinbek bei Hamburg: Rowohlt 1964 (= Rowohlts deutsche Enzyklopädie 207).

Grimm, Horst; Besser-Walzel, Leo: *Die Corporationen. Handbuch zu Geschichte, Daten, Fakten, Personen*. Frankfurt/Main: Umschau-Verlag 1986.

Grolman, [Adolf] v[on]: Christine Touaillon, Der deutsche Frauenroman des 18. Jahrhunderts [Rez.]. In: *Literaturblatt für Germanische und Romanische Philologie* 43 (1922) H. 1/2, Sp. 14–17.

Grolman, A[dolf] v[on]: Marianne Thalmann, Gestaltungsfragen der Lyrik [Rez.]. In: *Die Neueren Sprachen* 34 (1926), S. 140–141.

Gruber, Christine: Rudolf Wolkan. In: König, Christoph (Hg.): *Internationales Germanistenlexikon 1800–1950*. Bd. 3: R–Z. Berlin u. a.: de Gruyter 2003, S. 2067–2068.

Grützmacher, Richard: Thomas Mann und das Freimaurertum. In: *Geisteskultur* 36 (1927), S. 360–365.

Gundolf, Friedrich: *Shakespeare und der deutsche Geist*. Berlin: Bondi 1911.

Haberlandt, Arthur: *Taschenwörterbuch der Volkskunde Österreichs*. Bd. 1: Sachkultur. Wien: Österreichischer Bundesverlag 1953.

Haberlandt, Michael: Zum Beginn. In: *Zeitschrift für Österreichische Volkskunde* 1 (1895), S. 1–3.

Haberlandt, Michael: Zur Stellung der Volkskunde im akademischen Unterricht. In: *Wiener Zeitschrift für Volkskunde* 31 (1926), S. 73–76.

Hacker, Hanna: Wer gewinnt? Wer verliert? Wer tritt aus dem Schatten? Machtkämpfe und Beziehungsstrukturen nach dem Tod der „großen Feministin" Auguste Fickert (1910). In: *L'Homme. Zeitschrift für feministische Geschichtswissenschaft* 7 (1996) H. 1, S. 97–106.

Haider-Pregler, Hilde: Stefan Hock. In: *Neue Deutsche Biographie*. Bd 9: Hess–Hüttig. Berlin: Duncker & Humblot 1972, S. 295.

Harders, Levke: *Studiert, promoviert: Arriviert? Promovendinnen des Berliner Germanischen Seminars (1919–1945)*. Frankfurt/Main u. a.: Lang 2004 (= Berliner Beiträge zur Wissenschaftsgeschichte 6).

Hassencamp, Robert (Hg.): *Neue Briefe Chr[istoph] Mart[in] Wielands vornehmlich an Sophie von La Roche*. Stuttgart: Cotta 1894.

Hausen, Karin: Die Polarisierung der ‚Geschlechtscharaktere'. Eine Spiegelung von Dissonanzen von Erwerbs- und Familienleben. In: Conze, Werner (Hg.): *Sozialgeschichte der Familie in der Neuzeit Europas*. Stuttgart: Klett 1976, S. 363–393.

Hausmann, Frank-Rutger: Irene Ranzmaier, Germanistik an der Universität Wien zur Zeit des Nationalsozialismus [Rez.]. In: *Informationsmittel (IFB). Digitales Rezensionsorgan für Bibliothek und Wissenschaft* 14 (2006) H. 1. http://swbplus.bsz-bw.de/bsz114874573rez.htm; zuletzt aufgerufen am 22. Februar 2016.

Haym, Rudolf: *Die romantische Schule.* Berlin: Gaertner 1870.

Heindl, Waltraud: Zur Entwicklung des Frauenstudiums in Österreich. In: dies., Tichy, Marina (Hg.): *„Durch Erkenntnis zu Freiheit und Glück ..." Frauen an der Universität Wien (ab 1897).* Wien: WUV 1990 (= Schriftenreihe des Universitätsarchivs Wien 5), S. 17–26.

Heindl, Waltraud; Tichy, Marina (Hg.): *„Durch Erkenntnis zu Freiheit und Glück ..." Frauen an der Universität Wien (ab 1897).* Wien: WUV 1990 (= Schriftenreihe des Universitätsarchivs Wien 5).

Heinzel, Richard: *Über den Stil der altgermanischen Poesie.* Straßburg: Trübner 1875 (= Quellen und Forschungen zur Sprach- und Culturgeschichte der germanischen Völker 10).

Heinzel, Richard: *Beschreibung der isländischen Saga.* Wien: Gerold 1880.

Heinzel, Richard: Rede auf Wilhelm Scherer. Gehalten am 30. October 1886 im kleinen Festsaale der Universität Wien. In: *Zeitschrift für die österreichischen Gymnasien* 37 (1886), S. 801–813.

Heinzel, Richard; Scherer, Wilhelm: *Die Korrespondenz Richard Heinzels mit Wilhelm Scherer.* Hg. und komm. von Felix Oehmichen und Hans-Harald Müller [in Vorbereitung].

Heusler, Andreas: *Germanentum. Vom Lebens- und Formgefühl der alten Germanen.* Heidelberg: Winter 1934 (= Kultur und Sprache 8).

Heydebrand, Renate von; Winko, Simone: Geschlechterdifferenz und literarischer Kanon. Historische Beobachtungen und systematische Überlegungen. In: *Internationales Archiv für Sozialgeschichte der deutschen Literatur* 19 (1994) H. 2, S. 96–172.

Hille, Curt: Marianne Thalmann, Gestaltungsfragen der Lyrik [Rez.]. In: *Literarische Wochenschrift. Kritisches Zentralblatt für die gesamte Wissenschaft* [2] (1926) H. 12, Sp. 340–341.

Hock, Stefan: Jakob Minor [Nekrolog]. In: *Neue Freie Presse* (Nr. 17292) vom 13. Oktober 1912, S. 31–33.

Hock, Stefan: Die Nachfolge Jakob Minors. In: *Neue Freie Presse* (Nr. 17759) vom 3. Februar 1914 (Morgenblatt), S. 1–2.

Höflechner, Walter: *Die Baumeister des künftigen Glücks. Fragment einer Geschichte des Hochschulwesens in Österreich vom Ausgang des 19. Jahrhunderts bis in das Jahr 1938.* Graz: Akademische Druck- und Verlagsanstalt 1988 (= Publikationen aus dem Archiv der Universität Graz 23).

Höflechner, Walter: *Die österreichische Rektorenkonferenz 1911–1938, 1945–1969.* Wien: Verein zur Förderung der Rektorenkonferenz 1993.

Höflechner, Walter: Mathilde Uhlirz. In: Kernbauer, Alois; Schmidlechner-Lienhart, Karin (Hg.): *Frauenstudium und Frauenkarrieren an der Universität Graz.* Graz: Akademische Druck- und Verlagsanstalt 1996 (= Publikationen aus dem Archiv der Universität Graz 33), S. 196–209.

Höfler, Otto: *Kultische Geheimbünde der Germanen.* Frankfurt/Main: Dieserweg 1934.

Höfler, Otto: *Das germanische Kontinuitätsproblem. Nach einem Vortrag.* Hamburg: Hanseatische Verlagsanstalt 1937 (= Schriften des Reichsinstituts für Geschichte des neuen Deutschlands).

Höfler, Otto: Rudolf Much [Nekrolog]. In: *Wörter und Sachen* 18 (1937), S. VII–XV.

Höfler, Otto: Dietrich von Kralik [Nekrolog]. In: *Die Feierliche Inauguration des Rektors der Wiener Universität für das Studienjahr 1960/61.* Wien: [Selbstverlag der Universität] 1960, S. 46–48.

Hofmannsthal, Hugo von: Notate für einen Aufsatz über Walther Brecht. In: ders.; Brecht, Walther: *Briefwechsel. Mit Briefen Hugo von Hofmannsthals an Erika Brecht.* Hg. von Christoph König und David Oels. Göttingen: Wallstein 2005 (= Marbacher Wissenschaftsgeschichte 6), S. 181–184.

Hofmannsthal, Hugo von; Brecht, Walther: *Briefwechsel. Mit Briefen Hugo von Hofmannsthals an Erika Brecht.* Hg. von Christoph König und David Oels. Göttingen: Wallstein 2005 (= Marbacher Wissenschaftsgeschichte 6).

Hofmannsthal, Hugo von: *Sämtliche Werke.* Bd. 34: Reden und Aufsätze 3 (1910–1919). Hg. von Klaus E. Bohnenkamp, Katja Kaluga und Klaus-Dieter Krabiel. Frankfurt/Main: Fischer 2011.

Hohendahl, Peter Uwe: *Literarische Kultur im Zeitalter des Liberalismus 1830–1870.* München: Beck 1985.

Hohlbaum, Robert: Jakob Minor [Nekrolog]. In: *Fremden-Blatt* (Nr. 278) vom 10. Oktober 1912, S. 9–10.

Höhne, Steffen (Hg.): *August Sauer (1855–1926). Ein Intellektueller in Prag zwischen Kultur- und Wissenschaftspolitik.* Köln u. a.: Böhlau 2011 (= Intellektuelles Prag im 19. und 20. Jahrhundert 1).

Hopf, Karl: [Erinnerungen an Josef Nadler]. In: Wörster, Peter (Hg.): *Gedenkschrift für Josef Nadler aus Anlaß seines 100. Geburtstages 1884–1984.* Siegen: [Selbstverlag] 1984 (= Schriften der J.G.-Herder-Bibliothek Siegerland e.V. 14), S. 18–19.

Höppner, Wolfgang: *Das „Ererbte, Erlebte und Erlernte" im Werk Wilhelm Scherers. Ein Beitrag zur Geschichte der Germanistik.* Wien u. a.: Böhlau 1993.

Höppner, Wolfgang: Eine Institution wehrt sich. Das Berliner Germanische Seminar und die deutsche Geistesgeschichte. In: König, Christoph; Lämmert, Eberhard (Hg.): *Literaturwissenschaft und Geistesgeschichte 1910 bis 1925.* Frankfurt/Main: Fischer 1993, S. 362–380.

Höppner, Wolfgang: Ein „verantwortungsbewußter Mittler": Der Germanist Franz Koch und die Literatur in Österreich. In: Baur, Uwe; Gradwohl-Schlacher, Karin; Fuchs, Sabine (Hg.): *Macht Literatur Krieg. Österreichische Literatur im Nationalsozialismus.* Wien u. a.: Böhlau 1998 (= Fazit 2), S. 163–177.

Höppner, Wolfgang: Die regionalisierte Nation. Stamm und Landschaft im Konzept von Literaturgeschichtsschreibung bei August Sauer und Josef Nadler. In: Balogh, András F.; Schütz, Erhard (Hg.): *Regionalität und Fremde. Literarische Konstellationen, Visionen und Konzepte im deutschsprachigen Mitteleuropa.* Berlin: Weidler 2007, S. 27–50.

Höppner, Wolfgang: Wissenschaft und Macht. Julius Petersen (1878–1941) und Franz Koch (1888–1969) am Germanischen Seminar in Berlin. In: *Zeitschrift für Germanistik* N.F. 20 (2010), S. 324–338.

Hupka, Josef: Die Studentenordnung der Universität Wien. In: *Neue Freie Presse* (Nr. 23566) vom 23. April 1930 (Morgenblatt), S. 1–2.

Hüsing, Georg: *Die deutschen Hochgezeiten.* Wien: Eichendorff-Haus 1927.

Janssen, Albrecht: Thomas Mann und die Freimaurer. In: *Die Bruderschaft* 3 (1961), S. 209–215.

Joël, Karl: *Nietzsche und die Romantik.* Jena: Diederichs 1905.

Judersleben, Jörg: „Philister" contra „Dilettant". Gustav Roethe als Antipode des modernen Intellektuellen. In: Bey, Gesine (Hg.): *Berliner Universität und deutsche Literaturgeschichte. Studien im Dreiländereck von Wissenschaft, Literatur und Publizistik.* Frankfurt/Main u. a.: Lang 1998 (= Berliner Beiträge zur Wissenschaftsgeschichte 1), S. 71–88.

Judersleben, Jörg: *Philologie als Nationalpädagogik. Gustav Roethe zwischen Wissenschaft und Politik.* Frankfurt/Main u. a.: Lang 2000 (= Berliner Beiträge zur Wissenschaftsgeschichte 3).

Kater, Michael H.: *Das „Ahnenerbe" der SS 1935–1945. Ein Beitrag zur Kulturpolitik des Dritten Reiches.* 4. Aufl., München: Oldenbourg 2006.

Kellermann, Hermann (Hg.): *Der Krieg der Geister 1914. Eine Auslese deutscher und ausländischer Stimmen zum Weltkriege 1914.* Dresden u. a.: Francksche Verlagsbuchhandlung 1915.

Kellner, Rolf: Trivialliteratur. In: Schweikle, Günther; Schweikle, Irmgard (Hg.): *Metzler Literatur Lexikon. Stichwörter zur Weltliteratur.* Stuttgart: Metzler 1984, S. 448–449.

Kernbauer, Alois: Die ersten akademischen Lehrerinnen. Zur Frage der Habilitation von Frauen. In: ders.; Schmidlechner-Lienhart, Karin (Hg.): *Frauenstudium und Frauenkarrieren an der Universität Graz.* Graz: Akademische Druck- und Verlagsanstalt 1996 (= Publikationen aus dem Archiv der Universität Graz 33), S. 193–195.

Kiesant, Knut: Die Wiederentdeckung der Barockliteratur. Leistungen und Grenzen der Barockbegeisterung der zwanziger Jahre. In: König, Christoph; Lämmert, Eberhard (Hg.): *Literaturwissenschaft und Geistesgeschichte 1910 bis 1925.* Frankfurt/Main: Fischer 1993, S. 77–91.

Kindermann, Heinz: Walther Brecht [Nekrolog]. In: *Wissenschaft und Weltbild* 3 (1950), S. 413.

Kirsch, Mechthild: Heinz Kindermann – ein Wiener Germanist und Theaterwissenschaftler. In: Barner, Wilfried; König, Christoph (Hg.): *Zeitenwechsel. Germanistische Literaturwissenschaft vor und nach 1945.* Frankfurt/Main: Fischer 1996, S. 47–59.

Kirschstein, Corinna: „Der Berufensten einer". Albert Köster und die Leipziger Theaterwissenschaft zu Beginn des 20. Jahrhunderts. In: Hulfeld, Stefan; Peter, Birgit (Hg.): *Theater / Wissenschaft im 20. Jahrhundert. Beiträge zur Fachgeschichte.* Wien u. a.: Böhlau 2009 (= Maske und Kothurn 55, 1/2), S. 83–98.

Klausnitzer, Ralf: *Blaue Blume unterm Hakenkreuz. Die Rezeption der deutschen literarischen Romantik im Dritten Reich.* Paderborn u. a.: Schöningh 1999.

Kluckhohn, Paul: *Die Ministerialität in Südostdeutschland vom 10. bis zum Ende des 13. Jahrhunderts.* Weimar: Böhlau 1910.

Kluckhohn, Paul: *Die Auffassung der Liebe in der Literatur des 18. Jahrhunderts und in der deutschen Romantik.* Halle/Saale: Niemeyer 1922.

[Kluckhohn, Paul; Rothacker, Erich:] Vorwort. In: *Deutsche Vierteljahrsschrift für Literaturwissenschaft und Geistesgeschichte* 1 (1923), S. V–VI.

Kluckhohn, Paul: Christine Touaillon [Nekrolog]. In: Universität Wien (Hg.): *Die feierliche Inauguration des Rektors der Wiener Universität für das Studienjahr 1928/29.* Wien: [Selbstverlag der Universität Wien] 1928, S. 23–24.

Kluckhohn, Paul: Geistesgeschichte. In: Kohlschmidt, Werner; Mohr, Wolfgang (Hg.): *Reallexikon der deutschen Literaturgeschichte.* Bd. 1: A–K. 3. Aufl., Berlin: de Gruyter 1958, S. 537–540.

Kofler, Walter: Das Ende einer wunderbaren Freundschaft. Der Briefwechsel Holtzmann – Pfeiffer – Zarncke – Bartsch. In: *Zeitschrift für deutsches Altertum und deutsche Literatur* 127 (1998), S. 247–270.

Kolk, Rainer: Reflexionsformel und Ethikangebot. Zum Beitrag von Max Wehrli. In: König, Christoph; Lämmert, Eberhard (Hg.): *Literaturwissenschaft und Geistesgeschichte 1910 bis 1925.* Frankfurt/Main: Fischer 1993, S. 38–45.

König, Christoph: „Geistige, private Verbündung". Brecht, Nadler, Benjamin und Hugo von Hofmannsthal. In: ders.; Lämmert, Eberhard (Hg.): *Literaturwissenschaft und Geistesgeschichte 1910 bis 1925.* Frankfurt/Main: Fischer 1993, S. 156–171.

König, Christoph; Lämmert, Eberhard (Hg.): *Literaturwissenschaft und Geistesgeschichte 1910 bis 1925.* Frankfurt/Main: Fischer 1993.

König, Christoph: Hofmannsthal als Interpret seiner selbst: Das „Ad me ipsum". In: *Euphorion* 93 (1999), S. 61–73.

König, Christoph: *Hofmannsthal. Ein moderner Dichter unter den Philologen.* Göttingen: Wallstein 2001 (= Marbacher Wissenschaftsgeschichte 2).

Korn, Uwe Maximilian; Stockinger, Ludwig: „Ist das Gehirn so eng, daß nur eine Betrachtungsweise darin Platz hat?" Albert Köster und Georg Witkowski als Vertreter der historisch-philologischen Methode in Leipzig. In: Öhlschläger, Günther u. a. (Hg.): *Leipziger Germanistik. Beiträge zur Fachgeschichte im 19. und 20. Jahrhundert.* Berlin u. a.: de Gruyter 2013, S. 78–140.

Körner, Josef: Deutsche Philologie. In: Nagl, Johann Willibald; Zeidler, Jakob; Castle, Eduard (Hg.): *Deutsch-Österreichische Literaturgeschichte.* Bd. 3.1: Geschichte der deutschen Literatur in Österreich-Ungarn im Zeitalter Franz Josefs I. 1848–1890. Wien: Carl Fromme [1935], S. 48–89.

Kosch, Wilhelm: *Deutsches Literatur-Lexikon. Biographisches und bibliographisches Handbuch.* Bd. 2. Halle/Saale: Niemeyer 1930.

Köster, Albert (Hg.): *Probefahrten. Erstlingsarbeiten aus dem Deutschen Seminar in Leipzig.* Leipzig: Voigtländer 1905–1930.

Köster, Albert: Kurt Gassen, Sybille Schwarz [Rez.]. In: *Anzeiger für deutsches Altertum und deutsche Literatur* 41 (1922), S. 149–150

Kralik, Dietrich von: Rudolf Much zum 70. Geburtstage. In: *Forschungen und Fortschritte* 8 (1932), S. 364.

Kralik, Dietrich von: Rudolf Much [Nekrolog]. In: *Almanach der Akademie der Wissenschaften in Wien* 86 (1936), S. 284–318.

Kralik, Dietrich von: *Die geschichtlichen Züge der deutschen Heldendichtung.* Wien: Verlag der Ringbuchhandlung 1943 (= Wiener wissenschaftliche Vorträge und Reden 8).

Kraus, Carl [von] (Hg.): *Deutsche Gedichte des zwölften Jahrhunderts.* Halle/Saale: Niemeyer 1894.

Kraus, Carl von: Rudolf Much [Nekrolog]. In: *Jahrbuch der Bayerischen Akademie der Wissenschaften* (1935/1936), S. 34–38.

Kraus, Carl von: Walther Brecht [Nekrolog]. In: *Jahrbuch der Bayerischen Akademie der Wissenschaften* (1949/1950), S. 183–185.

Kraus, Karl: Wenn die Lehrkanzel nicht besetzt ist. In: *Die Fackel* 15 (1914) H. 393–394 (7. März 1914), S. 18–21.

Kraus, Karl: Die Katastrophe. In: *Die Fackel* 15 (1914) H. 395–397 (28. März 1914), S. 60.

Kraus, Karl: Besetzt. In: *Die Fackel* 15 (1914) H. 399 (18. Mai 1914), S. 24–26.

Kreuzer, Helmut: Trivialliteratur als Forschungsproblem. Zur Kritik des deutschen Trivialromans seit der Aufklärung. In: *Deutsche Vierteljahrsschrift für Literaturwissenschaft und Geistesgeschichte* 41 (1967), S. 173–191.

Kriegleder, Wynfrid: Eduard Castle. In: König, Christoph (Hg.): *Internationales Germanistenlexikon 1800–1950*. Bd. 1: A–G. Berlin u. a.: de Gruyter 2003, S. 322–324.

Kröll, Katrin: Theater- und Kulturgeschichtsschreibung für eine ‚germanische Zukunft Europas'. Theorien und Methoden der Wiener Much-Schule (Weiser, Höfler, Wolfram, Stumpfl) und das Konstrukt eines ‚anderen' Mittelaltertheaters. In: Hulfeld, Stefan; Peter, Birgit (Hg.): *Theater / Wissenschaft im 20. Jahrhundert. Beiträge zur Fachgeschichte*. Wien u. a.: Böhlau 2009 (= Maske und Kothurn 55, 1/2), S. 133–174.

Kruckis, Hans-Martin: Goethe-Philologie als Paradigma neuphilologischer Wissenschaft im 19. Jahrhundert. In: Fohrmann, Jürgen; Voßkamp, Wilhelm (Hg.): *Wissenschaftsgeschichte der Germanistik im 19. Jahrhundert*. Stuttgart: Metzler 1994, S. 451–493.

Kuntze, Friedrich: Vom Stilwandel in der modernen wissenschaftlichen Methodik und von dessen Verständnisschwierigkeiten. In: *Deutsche Rundschau* 205 (1925), S. 60–66, S. 169–179.

Kurzke, Hermann: *Romantik und Konservatismus. Das „politische" Werk Friedrich von Hardenbergs (Novalis) im Horizont seiner Wirkungsgeschichte*. München: Fink 1983.

Kvideland, Reimund: Lily Weiser-Aall 85 Jahre. In: *Österreichische Zeitschrift für Volkskunde* 86 (1983), S. 256–261.

Lachs, Minna: *Warum schaust du zurück. Erinnerungen 1907–1941*. Wien u. a.: Europaverlag 1986.

La Roche, Sophie von: *Geschichte des Fräuleins von Sternheim*. Hg. von Kuno Ridderhoff. Berlin: Behr 1907 (= Deutsche Literaturdenkmale des 18. und 19. Jahrhunderts 138).

Lebensaft, Elisabeth: Christine Touaillon. In: Keintzel, Brigitta; Korotin, Ilse (Hg.): *Wissenschaftlerinnen in und aus Österreich. Leben – Werk – Wirken*. Wien u. a.: Böhlau 2002, S. 757–759.

Leitner, Erich: Christine Touaillon. In: ders.: *Die neuere deutsche Philologie an der Universität Graz 1851–1954. Ein Beitrag zur Geschichte der Germanistik in Österreich*. Graz: Akademische Druck- und Verlagsanstalt 1973 (= Publikationen aus dem Archiv der Universität Graz 1), S. 166–169.

Leitner, Rainer: *Christine Touaillon, geb. Auspitz. Gelehrte und Feministin (1878–1928). Versuch eines Portraits*. Graz: Univ. Dipl. (masch.) 1991.

Lexer, Matthias: *Mittelhochdeutsches Handwörterbuch. Zugleich als Supplement und alphabetischer Index zum Mittelhochdeutschen Wörterbuch von Benecke – Müller – Zarncke*. Bd. 2: N–U. Leipzig: Hirzel 1876.

Leyen, Friedrich von der: *Leben und Freiheit der Hochschule. Erinnerungen*. Köln: Verlag Der Löwe 1960.

Lichtenberger-Fenz, Brigitte: „… *deutscher Abstammung und Muttersprache".* *Österreichische Hochschulpolitik in der Ersten Republik.* Wien u. a.: Geyer 1990 (= Veröffentlichungen des Ludwig-Boltzmann-Institutes für Geschichte der Gesellschaftswissenschaften 19).

Lund, Allan A.: *Germanenideologie im Nationalsozialismus. Zur Rezeption der „Germania" des Tacitus im „Dritten Reich".* Heidelberg: Winter 1995.

Lund, Allan A.; Mateeva, Anna S.: Gibt es in der Taciteischen ‚Germania' Beweise für kultische Geheimbünde der frühen Germanen? In: *Zeitschrift für Religions- und Geistesgeschichte* 49 (1997), S. 208–216.

Lützeler, Heinrich: Marianne Thalmann, Henrik Ibsen [Rez.]. In: *Die Bücherwelt. Zeitschrift des Borromäusvereins* 25 (1928) H. 3, S. 221–222.

Lützeler, Heinrich: Probleme der Literatursoziologie. Zu einem Buch von Marianne Thalmann [Die Anarchie im Bürgertum]. In: *Die Neueren Sprachen* 40 (1932), S. 473–478.

m.: Christine Touaillon, Der deutsche Frauenroman des 18. Jahrhunderts [Rez.]. In: *Neue Freie Presse* (Nr. 20094) vom 6. August 1920, S. 8.

Mann, Thomas: *Briefe.* Bd. 2: 1937–1947. Hg. von Erika Mann. Frankfurt/ Main: Fischer 1963.

Mann, Thomas: Briefe aus Deutschland [I]. In: ders.: *Große kommentierte Frankfurter Ausgabe.* Bd. 15.1: Essays II 1914–1926. Hg. und textkritisch durchges. von Hermann Kurzke. Frankfurt/Main: Fischer 2002, S. 563–575.

Mann, Thomas: *Der Zauberberg. Kommentar von Michael Neumann.* Frankfurt/ Main: Fischer 2002 (= *Große kommentierte Frankfurter Ausgabe* Bd. 5.2).

Mann, Thomas: *Der Zauberberg. Roman* [1924]. Hg. und textkritisch durchges. von Michael Neumann. Frankfurt/Main: Fischer 2002 (= *Große kommentierte Frankfurter Ausgabe* Bd. 5.1).

Mann, Thomas: Vom Geist der Medizin. Offener Brief an den Herausgeber der Deutschen Medizinischen Wochenschrift über den Roman „Der Zauberberg" [1925]. In: ders.: *Große kommentierte Frankfurter Ausgabe.* Bd. 15.1: Essays II 1914–1926. Hg. und textkritisch durchges. von Hermann Kurzke. Frankfurt/ Main: Fischer 2002, S. 996–1002.

Marggraf, Stefanie: Sonderkonditionen. Habilitationen von Frauen in der Weimarer Republik und im Nationalsozialismus an den Universitäten Berlin und Jena. In: *Feministische Studien* 1 (2002), S. 40–56.

Mahrholz, Werner: *Deutsche Literatur der Gegenwart. Probleme – Ergebnisse – Gestalten.* Durchges. und erw. von Max Wieser. Berlin: Sieben-Stäbe-Verlag 1930.

Martus, Steffen: Die Geistesgeschichte der Gegenwartsliteratur. In: Ansel, Michael; Friedrich, Hans-Edwin; Lauer, Gerhard u. a. (Hg.): *Die Erfindung des Schriftstellers Thomas Mann.* Berlin u. a.: de Gruyter 2009, S. 47–84.

Maync, Harry: Christine Touaillon, Der deutsche Frauenroman des 18. Jahrhunderts [Rez.]. In: *Das literarische Echo* 22 (1920), Sp. 1171–1175.

Mayreder, Rosa: Christine Touaillon [Nekrolog]. In: *Die Österreicherin* 1 (1928) H. 5, S. 8.

Mayreder, Rosa: *Tagebücher 1873–1937.* Hg. und eingel. von Harriet Anderson. Frankfurt/Main: Insel 1988.

Meier, Mischa: Zum Problem der Existenz kultischer Geheimbünde bei den frühen Germanen. Tacitus, „Germania" Kap. 31, 38 und 43. In: *Zeitschrift für Religions- und Geistesgeschichte* 51 (1999), S. 322–341.

Meissl, Sebastian: Germanistik in Österreich. Zu ihrer Geschichte und Politik 1918–1938. In: Kadrnoska, Franz (Hg.): *Aufbruch und Untergang. Österreichische Kultur zwischen 1918 und 1938*. Wien u. a.: Europaverlag 1981, S. 475–496.

Meissl, Sebastian: Zur Wiener Neugermanistik der dreißiger Jahre: Stamm, Volk, Rasse, Reich. Über Josef Nadlers literaturwissenschaftliche Position. In: Amann, Klaus; Berger, Albert (Hg.): *Österreichische Literatur der dreißiger Jahre*. Wien u. a.: Böhlau 1985, S. 130–146.

Meissl, Sebastian: Wiener Ostmark-Germanistik. In: Heiß, Gernot u. a. (Hg.): *Willfährige Wissenschaft. Die Universität Wien 1938–1945*. Wien: Verlag für Gesellschaftskritik 1989, S. 133–154.

Meister, Richard: *Die staatlichen Ersparungsmaßnahmen und die Lage der Wissenschaft*. Wien: Vereinigung deutscher Hochschullehrer 1933.

Meister, Richard: Paul Kluckhohn [Nekrolog]. In: *Almanach der Österreichischen Akademie der Wissenschaften* 110 (1961), S. 356–361.

Mendheim, Max: Christine Touaillon, Der deutsche Frauenroman des 18. Jahrhunderts [Rez.]. In: *Illustrirte Zeitung* [Leipzig] (Nr. 3999) vom 19. Februar 1920, S. 230–231.

Merker, Paul: *Neue Aufgaben der deutschen Literaturgeschichte*. Leipzig u. a.: Teubner 1921 (= Zeitschrift für Deutschkunde, Ergänzungsheft 16).

Meves, Uwe: „Wir armen Germanisten …" Das Fach ‚deutsche Sprache und Literatur' auf dem Weg zur Brotwissenschaft. In: Fohrmann, Jürgen; Voßkamp, Wilhelm (Hg.): *Wissenschaft und Nation. Zur Entstehungsgeschichte der deutschen Literaturwissenschaft*. München: Fink 1991, S. 165–193.

Michel, Hermann: Christine Touaillon, Der deutsche Frauenroman des 18. Jahrhunderts [Rez.]. In: *Literaturblatt. Beilage zur Frankfurter Zeitung* (Nr. 10) vom 11. Mai 1921, S. 1–2.

Michler, Werner: „Das Materiale für einen österreichischen Gervinus". Zur Konstitutionsphase einer „österreichischen Literaturgeschichte" nach 1848. In: Schmidt-Dengler, Wendelin; Sonnleitner, Johann; Zeyringer, Klaus (Hg.): *Literaturgeschichte: Österreich. Prolegomena und Fallstudien*. Berlin: Schmidt 1995 (= Philologische Studien und Quellen 132), S. 181–212.

Michler, Werner: An den Siegeswagen gefesselt. Wissenschaft und Nation bei Wilhelm Scherer. In: Amann; Klaus; Wagner, Karl (Hg.): *Literatur und Nation. Die Gründung des Deutschen Reiches 1871 in der deutschsprachigen Literatur. Mit einer Auswahlbibliographie*. Wien u. a.: Böhlau 1996 (= Literatur in der Geschichte, Geschichte in der Literatur 36), S. 233–266.

Michler, Werner: Lessings „Evangelium der Toleranz". Zu Judentum und Antisemitismus bei Wilhelm Scherer und Erich Schmidt. In: Betten, Anne; Fliedl, Konstanze (Hg.): *Judentum und Antisemitismus. Studien zur Literatur und Germanistik in Österreich*. Berlin: Schmidt 2003 (= Philologische Studien und Quellen 176), S. 151–166.

Michler, Werner; Schmidt-Dengler, Wendelin: Germanistik in Österreich. Neuere deutsche und österreichische Literatur. In: Acham, Karl (Hg.): *Geschichte der* österreichischen *Humanwissenschaften.* Bd. 5: Sprache, Literatur und Kunst. Wien: Passagen 2003, S. 193–228.

Minor, Jakob: Emil Palleske (Hg.), Charlotte. Gedenkblätter von Charlotte von Kalb [Rez.]. In: *Anzeiger für deutsches Alterthum und deutsche Litteratur 6* (1880) H. 2, S. 181–186.

Minor, Jakob: Centralanstalten für die literaturgeschichtlichen Hilfsarbeiten. In: *Euphorion* 1 (1894), S. 17–26.

Minor, Jakob: Die Aufgaben und Methoden der neueren Literaturgeschichte. In: *Neue Freie Presse* (Nr. 14455) vom 20. November 1904, S. 35–39.

Minor, Jakob: Erich Schmidt [Nekrolog]. In: *Das literarische Echo* 13 (1910/ 1911), Sp. 39–46.

Mohler, Armin; Weißmann, Karlheinz: *Die Konservative Revolution in Deutschland 1918–1932.* 6. völlig überarb. und erw. Aufl., Graz: Ares-Verlag 2005.

Möhrmann, Renate: Feministische Ansätze in der Germanistik seit 1945. In: *Jahrbuch für internationale Germanistik* 11 (1979), S. 63–84.

Much, Rudolf: *Deutsche Stammsitze. Ein Beitrag zur ältesten Geschichte Deutschlands.* Halle/Saale: Niemeyer 1892.

Much, Rudolf: *Deutsche Stammeskunde.* 3. Aufl., Leipzig u.a.: Göschen 1900 (= Sammlung Göschen 126).

Much, Rudolf: *Der Name Germanen. Separatdruck aus den Sitzungsberichten der Akademie der Wissenschaften in Wien.* Wien: Hölder 1920.

Much, Rudolf: Der Eintritt der Germanen in die Weltgeschichte. Kaspar Zeuß zum Gedächtnis. In: Akademischer Verein der Germanisten in Wien (Hg.): *Germanistische Forschungen. Festschrift anlässlich des 60semestrigen Stiftungsfestes des Wiener Akademischen Germanistenvereins.* Wien: Österreichischer Bundesverlag 1925, S. 7–66.

Much, Rudolf u.a.: Erklärung. In: *Wiener Zeitschrift für Volkskunde* 32 (1927), S. 14–15.

Much, Rudolf: Lily Weiser, Altgermanische Jünglingsweihen und Männerbünde [Rez.]. In: *Oberdeutsche Zeitschrift für Volkskunde* 2 (1928), S. 170–172.

Much, Rudolf: *Die Germania des Tacitus.* Erläutert von Rudolf Much. Heidelberg: Winter 1937.

Much, Rudolf: Mondmythologie und Wissenschaft. In: *Archiv für Religionswissenschaft* 37 (1941/1942), S. 231–261.

Müllenhoff, Karl: *Deutsche Altertumskunde.* 5 Bde., Berlin: Weidmann 1870–1900.

Müller, Dorit: Das Konzept einer „Gesamtwissenschaft" bei Herbert Cysarz. In: *Euphorion* 100 (2006), S. 79–108.

Müller, Hans-Harald: *Barockforschung: Ideologie und Methode. Ein Kapitel deutscher Wissenschaftsgeschichte 1870–1930.* Darmstadt: Thesen 1973.

Müller, Hans-Harald: Wilhelm Scherer (1841–1886). In: König, Christoph; Müller, Hans-Harald; Röcke, Werner (Hg.): *Wissenschaftsgeschichte der Germanistik in Porträts.* Berlin u.a.: de Gruyter 2000, S. 80–94.

Müller, Hans-Harald: Die Lebendigen und die Untoten. Lassen sich Auseinandersetzungen zwischen Wissenschaftskonzeptionen als „Kontroversen" rekonstruieren? Am Beispiel von Positivismus und Geistesgeschichte. In: Klausnitzer, Ralf; Spoerhase, Carlos (Hg.): *Kontroversen in der Literatur-*

theorie – Literaturtheorie in der Kontroverse. Berlin u.a.: Lang 2007 (= Publikationen zur Zeitschrift für Germanistik N.F. 19), S. 171–182.

Müller, Hans-Harald; Nottscheid, Mirko (Hg.): *Disziplinentwicklung als „community of practice".* Der Briefwechsel Wilhelm Scherers mit August Sauer, Bernhard Seuffert und Richard Maria Werner aus den Jahren 1876 bis 1886. Stuttgart: Hirzel 2016 (= Beiträge zur Geschichte der Germanistik 6).

Müller, Josef (Hg.): *Rheinisches Wörterbuch.* Bd. 6: N–Q. Bonn: Klopp 1944.

Nadler, Josef: *Literaturgeschichte der deutschen Stämme und Landschaften.* 3 Bde. Regensburg: Habbel 1912–1918.

Nadler, Josef: Die Wissenschaftslehre der Literaturgeschichte. Versuche und Anfänge. In: *Euphorion* 21 (1914), S. 1–63.

Nadler, Josef: *Die Berliner Romantik 1800–1814. Ein Beitrag zur gemeinvölkischen Frage: Renaissance, Romantik, Restauration.* Berlin: Reiss [1920].

Nadler, Josef: Walther Brecht [Nekrolog]. In: *Almanach der Österreichischen Akademie der Wissenschaften* 101 (1952), S. 375–383.

Nagl, Johann Willibald; Zeidler, Jakob; Castle, Eduard (Hg.): *Deutsch-Österreichische Literaturgeschichte.* 4 Bde., Wien u.a.: Fromme 1899–1937.

Nebrig, Alexander: *Disziplinäre Dichtung. Philologische Bildung und deutsche Literatur in der ersten Hälfte des 20. Jahrhunderts.* Berlin, Boston: de Gruyter 2013 (= Quellen und Forschungen zur Literatur- und Kulturgeschichte 77).

Neustein, Erwin: *Der Mythos der Flaminganten. Prof. Rudolf Much zu seinem 70. Geburtstag.* Wien: Heideck 1932.

Newald, Richard: Marianne Thalmann, Gestaltungsfragen der Lyrik [Rez.]. In: *Bayerische Blätter für das Gymnasial-Schulwesen* 62 (1926), S. 113–115.

Niem, Christina: Lily Weiser-Aall (1898–1987). Ein Beitrag zur Wissenschaftsgeschichte der Volkskunde. In: *Zeitschrift für Volkskunde* 94 (1998), S. 25–52.

Nimmervoll, Eduard: *Der Heimatblock im Nationalrat der Ersten österreichischen Republik. Der Heimatblock als ein Ausdruck der Heimwehren bezüglich ihrer Intentionen nach faschistischer Umgestaltung des parlamentarisch-demokratischen Systems der Ersten Republik.* Wien: Univ. Dipl. 1993.

Nottscheid, Mirko: Franz Pfeiffers Empfehlungskarte für Wilhelm Scherer bei Jacob Grimm (1860). Eine Ergänzung zum Briefwechsel zwischen Grimm und Pfeiffer. In: *Brüder-Grimm-Gedenken* 15 (2003), S. 36–41.

Nunes, Maria Manuela: *Die Freimaurerei. Untersuchungen zu einem literarischen Motiv bei Heinrich und Thomas Mann.* Bonn u.a.: Bouvier 1992.

Oehlke, Waldemar: Christine Touaillon, Der deutsche Frauenroman des 18. Jahrhunderts [Rez.]. In: *Literarisches Zentralblatt für Deutschland* 71 (1920), Sp. 571–572.

Oels, David: „… denn unsere Berufe sind doch so ineinander verhäkelt". Hugo von Hofmannsthal und sein Germanist Walther Brecht. In: *Zeitschrift für Germanistik* N.F. 17 (2007) H. 1, S. 50–63.

Oels, David: *„Denkmal der schönsten Gemeinschaft". Rudolf Borchardt und der Germanist Walther Brecht. Mit unveröffentlichten Briefen und Dokumenten 1898–1950.* München: Stiftung Lyrik-Kabinett 2007 (= Titan. Mitteilungen des Rudolf Borchardt Archivs 11).

Osterkamp, Ernst: „Verschmelzung der kritischen und der dichterischen Sphäre". Das Engagement deutscher Dichter im Konflikt um die Muncker-Nachfolge

1926/27 und seine wissenschaftsgeschichtliche Bedeutung. In: *Jahrbuch der deutschen Schillergesellschaft* 33 (1989), S. 348–369.

Osterkamp, Ernst: Formale, inhaltliche und politische Akzeptanz von Gegenwartsliteratur. Zum Beitrag von Christoph König. In: König, Christoph; Lämmert, Eberhard (Hg.): *Literaturwissenschaft und Geistesgeschichte 1910 bis 1925*. Frankfurt/Main: Fischer 1993, S. 172–176.

Osterkamp, Ernst: Friedrich Gundolf zwischen Kunst und Wissenschaft. Zur Problematik eines Germanisten aus dem George-Kreis. In: König, Christoph; Lämmert, Eberhard (Hg.): *Literaturwissenschaft und Geistesgeschichte 1910 bis 1925*. Frankfurt/Main: Fischer 1993, S. 177–198.

Pataky, Sophie: *Lexikon deutscher Frauen der Feder. Eine Zusammenstellung der seit dem Jahre 1840 erschienen Werke weiblicher Autoren, nebst Biographien der lebenden und einem Verzeichnis der Pseudonyme*. 2 Bde., Berlin: Pataky 1898 [Nachdruck: Frankfurt/Main 1971].

Peter, Birgit; Payr, Martina (Hg.): *„Wissenschaft nach der Mode"? Die Gründung des Zentralinstituts für Theaterwissenschaft an der Universität Wien 1943*. Wien: LIT 2008.

Peter, Birgit: Theaterwissenschaft als Lebenswissenschaft. Die Begründung der Wiener Theaterwissenschaft im Dienst nationalsozialistischer Ideologieproduktion. In: Hulfeld, Stefan; Peter, Birgit (Hg.): *Theater / Wissenschaft im 20. Jahrhundert. Beiträge zur Fachgeschichte*. Wien u.a.: Böhlau 2009 (= Maske und Kothurn 55, 1/2), S. 193–212.

Petersen, Julius: *Wesensbestimmung der deutschen Romantik. Eine Einführung in die moderne Literaturwissenschaft*. Leipzig: Quelle & Meyer 1926.

Petsch, Robert: Zur deutschen Geistesgeschichte im Zeitalter des Idealismus. In: *Preußische Jahrbücher* 183.1 (1921) H. 1, S. 245–260.

Peuckert, Will-Erich: *Geheimkulte*. Heidelberg: Pfeffer 1951.

Pineau, Léon: Marianne Thalmann, Henrik Ibsen, ein Erlebnis der Deutschen [Rez.]. In: *Revue germanique* 20 (1929), S. 309–310.

Planer, Franz (Hg.): *Das Jahrbuch der Wiener Gesellschaft*. Wien: Friedrich Beck 1928.

Posch, Herbert; Ingrisch, Doris; Dressel, Gert: *„Anschluß" und Ausschluss 1938. Vertriebene und verbliebene Studierende der Universität Wien*. Wien: LIT 2008 (= Emigration – Exil – Kontinuität 8).

Prilipp, Beda: Christine Touaillon, Der deutsche Frauenroman des 18. Jahrhunderts [Rez.]. In: *Konservative Monatsschrift für Politik, Literatur und Kunst* 78 (1921) H. 1, S. 246–251.

Prutz, Robert: *Die deutsche Literatur der Gegenwart. 1848–1858*. Bd. 2. Leipzig: Voigt & Günther 1859.

Ranzmaier, Irene: *Germanistik an der Universität Wien zur Zeit des Nationalsozialismus. Karrieren, Konflikte und die Wissenschaft*. Wien u.a.: Böhlau 2005 (= Literaturgeschichte in Studien und Quellen 10).

Ranzmaier, Irene: *Stamm und Landschaft. Josef Nadlers Konzeption der deutschen Literaturgeschichte*. Berlin, New York: de Gruyter 2008 (= Quellen und Forschungen zur Literatur- und Kulturgeschichte 48).

Rausse, Hubert: Marianne Thalmann, Probleme der Dämonie in Ludwig Tiecks Schriften [Rez.]. In: *Das literarische Echo* 22 (1919/1920), Sp. 1390–1391.

Rausse, Hubert: Christine Touaillon, Der deutsche Frauenroman des 18. Jahrhunderts [Rez.]. In: *Literarischer Handweiser* [Freiburg i.Br.] 56 (1920), Sp. 285–292.

[Redaktion:] Viktor Junk. In: Österreichische Akademie der Wissenschaften: *Österreichisches Biographisches Lexikon 1815–1950.* Bd. 3: Hüb–Knoll. Wien: Verlag der Österreichischen Akademie der Wissenschaften 1965, S. 152–153.

[Redaktion:] Robert Franz Arnold. In: König, Christoph (Hg.): *Internationales Germanistenlexikon 1800–1950.* Bd. 1: A–G. Berlin u. a.: de Gruyter 2003, S. 47–49.

Reichert, Hermann: Allan A. Lund, Die ersten Germanen. Ethnizität und Ethnogenese (1998) [Rez.]. In: *Göttingische Gelehrte Anzeigen* 252 (2000), S. 139–175.

Reik, Theodor: Die Pubertätsriten der Wilden. Über einige Übereinstimmungen im Seelenleben der Wilden und der Neurotiker. In: *Imago. Zeitschrift für Anwendung der Psychoanalyse auf die Geisteswissenschaft* 4 (1915/1916), S. 125–144, S. 189–222.

Reik, Theodor: *Probleme der Religionspsychologie.* Bd. 1: Das Ritual. Mit einer Vorrede von Sigmund Freud. Leipzig u. a.: Internationaler Psychoanalytischer Verlag 1919 (= Internationale Psychoanalytische Bibliothek 5).

Richter, Elise: Erziehung und Entwicklung. In: Kern, Elga (Hg.): *Führende Frauen Europas. In sechzehn Selbstschilderungen.* München: Reinhardt 1928, S. 70–93.

Richter, Elise: *Summe des Lebens* [1940]. Hg. vom Verband der Akademikerinnen Österreichs. Wien: WUV 1997.

Riemann, Rob[ert]: Christine Touaillon, Der deutsche Frauenroman des 18. Jahrhunderts [Rez.]. In: *Anzeiger für deutsches Altertum und deutsche Literatur* 40 (1921), S. 59–62.

Roethe, Gustav: Nibelungias und Waltharius. In: *Sitzungsberichte der Königlich-Preußischen Akademie der Wissenschaften. Philologisch-historische Klasse* (1909), S. 649–691.

Roethe, Gustav: Gedächtnisrede auf Erich Schmidt. In: Sitzungsberichte der Königlich-Preußischen Akademie der Wissenschaften. Philologisch-historische Klasse (1913), S. 617–624.

Roethe, Gustav: *Wir Deutschen und der Krieg. Rede am 3. September 1914.* Hg. von der Zentralstelle für Volkswohlfahrt und dem Verein für volkstümliche Kurse von Berliner Hochschullehrern. Berlin: Heymann 1914 (= Deutsche Reden in schwerer Zeit 1).

Roethe, Gustav: Leipziger Seminarerinnerungen. In: *Zum fünfzigjährigen Jubiläum des Germanistischen Instituts der Universität Leipzig 1873–1923.* Leipzig: Spamer [1923], S. 5–12.

Roethe, Gustav; Schröder, Edward: *Regesten zum Briefwechsel.* Bearb. von Dorothea Ruprecht und Karl Stackmann. 2 Bde., Göttingen: Vandenhoeck & Ruprecht 2000 (= Abhandlungen der Akademie der Wissenschaften in Göttingen, Philologisch-historische Klasse N.F. 237).

Rosar, Wolfgang: *Deutsche Gemeinschaft. Seyss-Inquart und der Anschluß.* Wien u. a.: Europaverlag 1971.

Rosenberg, Rainer: *Literaturwissenschaftliche Germanistik. Zur Geschichte ihrer Probleme und Begriffe.* Berlin: Akademischer Verlag 1989.

Rothacker, Erich: Rückblick und Besinnung. In: Kuhn, Hugo; Sengle, Friedrich (Hg.): *Paul Kluckhohn zum siebzigsten Geburtstag. Eine Festgabe der Deutschen Vierteljahrsschrift für Literaturwissenschaft und Geistesgeschichte.* Stuttgart: Metzler 1956, S. 1–12.

Rupprich, Hans: *Willibald Pirckheimer und die erste Reise Dürers nach Italien.* Wien: Schroll 1930.

Sarnetzki, Detmar Heinrich: Literaturwissenschaft und die Dichtung und Kritik des Tages. In: Ermatinger, Emil (Hg.): *Philosophie der Literaturwissenschaft.* Berlin: Junker und Dünnhaupt 1930, S. 442–478.

Sauer, August: *Literaturgeschichte und Volkskunde. Rektoratsrede. Gehalten in der Aula der k.k. Deutschen Karl-Ferdinands-Universität in Prag am 18. November 1907.* Prag: Calve 1907.

Sauer, August: Die besonderen Aufgaben der Literaturgeschichtsforschung in Österreich. In: *Österreich. Zeitschrift für Geschichte* 1 (1917), S. 63–68.

Sauer, August: Christine Touaillon, Der deutsche Frauenroman des 18. Jahrhunderts [Rez.]. In: *Euphorion* 23 (1921), S. 737–742.

Sauer, August; Seuffert, Bernhard: *Der Briefwechsel zwischen August Sauer und Bernhard Seuffert (1880–1926). Kommentierte Auswahlausgabe.* In Verbindung mit Bernhard Fetz und Hans-Harald Müller hg. von Marcel Illetschko und Mirko Nottscheid [in Vorbereitung].

Sauerland, Karol: Paradigmawechsel unter dem Zeichen der Philosophie. In: König, Christoph; Lämmert, Eberhard (Hg.): *Literaturwissenschaft und Geistesgeschichte 1910 bis 1925.* Frankfurt/Main: Fischer 1993, S. 255–264.

Schabert, Ina: *Der historische Roman in England und Amerika.* Darmstadt: Wiss. Buchgesellschaft 1981 (= Erträge der Forschung 156).

Scheer, Rainer; Seppi, Andrea: Etikettenschwindel? Die Rolle der Freimaurerei in Thomas Manns „Zauberberg". In: Wißkirchen, Hans (Hg.): *„Die Beleuchtung, die auf mich fällt, hat ... oft gewechselt." Neue Studien zum Werk Thomas Manns.* Würzburg: Königshausen & Neumann 1991, S. 54–84.

Schenda, Rudolf: *Volk ohne Buch. Studien zur Sozialgeschichte der populären Lesestoffe 1770–1910.* Frankfurt/Main: Klostermann 1970 (= Studien zur Philosophie und Literatur des 19. Jahrhunderts 5).

Scherer, Wilhelm: *Jacob Grimm. Zwei Artikel der Preußischen Jahrbücher aus deren vierzehnten, fünfzehnten und sechzehnten Bande besonders abgedruckt.* Berlin: Reimer 1865.

Scherer, Wilhelm: *Zur Geschichte der deutschen Sprache.* Berlin: Duncker 1868.

Scherer, Wilhelm: *Vorträge und Aufsätze zur Geschichte des geistigen Lebens in Deutschland und Oesterreich.* Berlin: Weidmannsche Buchhandlung 1874.

Scherer, Wilhelm: *Geschichte der deutschen Dichtung im elften und zwölften Jahrhundert.* Straßburg: Trübner 1875.

Scherer, Wilhelm: Die deutsche Literatur an den österreichischen Universitäten. In: *Neue Freie Presse* (Nr. 5162) vom 10. Jänner 1879 (Abendblatt), S. 4.

Scherer, Wilhelm: *Jacob Grimm.* 2. verbesserte Aufl., Berlin: Weidmannsche Buchhandlung 1885.

Scherer, Wilhelm: Wissenschaftliche Pflichten. Aus einer Vorlesung Wilhelm Scherers. Redaktion Erich Schmidt. In: *Euphorion* 1 (1894), S. 1–4.

Scherer, Wilhelm; Schmidt, Erich: *Briefwechsel. Mit einer Bibliographie der Schriften von Erich Schmidt.* Hg. von Werner Richter und Eberhard Lämmert. Berlin: Schmidt 1963.

Scherer, Wilhelm: *Briefe und Dokumente aus den Jahren 1853–1886.* Hg. und komm. von Mirko Nottscheid und Hans-Harald Müller unter Mitarb. von Myriam Richter. Göttingen: Wallstein 2005 (= Marbacher Wissenschafts-geschichte 5).

Schiller, Friedrich; Cotta, Friedrich: *Briefwechsel.* Hg. von Wilhelm Vollmer. Stuttgart: Cotta 1876.

Schindel, Carl Wilhelm Otto August von: *Die deutschen Schriftstellerinnen des 19. Jahrhunderts.* 3 Bde., Leipzig: Brockhaus 1823–1825 [Nachdruck: Hildesheim 1978].

Schmidt, Erich: *Richardson, Rousseau und Goethe. Ein Beitrag zur Geschichte des Romans im 18. Jahrhundert.* Jena: Frommann 1875.

Schmidt, Erich: Die literarische Persönlichkeit. Rede zum Antritt des Rektorates der Berliner Universität, gehalten am 15. Oktober 1909. In: *Deutsche Rundschau* 141 (1909), S. 188–199.

Schmidt, Erich (Hg.): *Caroline. Briefe aus der Frühromantik.* 2 Bde., Leipzig: Insel 1913.

Schmidt, Leopold: *Geschichte der österreichischen Volkskunde.* Wien: Österreichi-scher Bundesverlag 1951 (= Buchreihe der Österreichischen Zeitschrift für Volkskunde N.S. 2).

Schmidt-Dengler, Wendelin: Germanistik in Wien 1945 bis 1960. In: Grandner, Margarete; Heiß, Gernot; Rathkolb, Oliver (Hg.): *Zukunft mit Altlasten. Die Universität Wien 1945 bis 1955.* Innsbruck u.a.: Studienverlag 2005 (= Querschnitte 19), S. 211–221.

Schneider, Eulogius: *Die ersten Grundsätze der schönen Künste überhaupt, und der schönen Schreibart insbesondere.* Bonn: Abshoven 1790.

Schneider, Ferdinand Josef: *Die Freimaurerei und ihr Einfluß auf die geistige Kultur in Deutschland am Ende des XVIII. Jahrhunderts. Prolegomena zu einer Ge-schichte der deutschen Romantik.* Prag: Taussig & Taussig 1909.

Schücking, Levin L.: Literaturgeschichte und Geschmacksgeschichte. In: *Ger-manisch-Romanische Monatsschrift* 5 (1913), S. 561–577.

Schücking, Levin L.: *Die Soziologie der literarischen Geschmacksbildung.* München: Rösl 1923.

Schulte-Sasse, Jochen: Trivialliteratur. In: Kanzog, Klaus (Hg.): *Reallexikon der deutschen Literaturgeschichte.* Bd. 4: Sl–Z. 2. Aufl., Berlin u.a.: de Gruyter 1984, S. 562–583.

Schultz, Franz: Die Entwicklung der Literaturwissenschaft von Herder bis Wil-helm Scherer. In: Ermatinger, Emil (Hg.): *Philosophie der Literaturwissen-schaft.* Berlin: Junker und Dünnhaupt 1930, S. 1–42.

Schultz, Theodor: Marianne Thalmann, J.W. Goethe. Der Mann von fünfzig Jahren [Rez.]. In: *Wiener Literarisches Echo* 1 (1949), S. 82.

Schumann, Andreas: *Bibliographie zur deutschen Literaturgeschichtsschreibung 1827–1945.* München: Saur 1994.

Schumann, Andreas: „Mach mir aber viel Freude". Hugo von Hofmannsthals Publizistik während des Ersten Weltkriegs. In: ders.; Schneider, Uwe (Hg.):

„Krieg der Geister". Erster Weltkrieg und literarische Moderne. Würzburg: Königshausen & Neumann 2000, S. 137–151.

Schwyzer, Eduard; Schweizer-Sidler, Heinrich: *Tacitus' Germania.* 8. Aufl., Halle/Saale: Buchhandlung des Waisenhauses 1923.

See, Klaus von: *Deutsche Germanen-Ideologie. Vom Humanismus bis zur Gegenwart.* Frankfurt/Main: Athenäum 1970.

See, Klaus von: *Kontinuitätstheorie und Sakraltheorie in der Germanenforschung. Antwort an Otto Höfler.* Frankfurt/Main: Athenäum 1972.

See, Klaus von: Exkurs zum Haralskvaedi: Berserker. In: ders.: *Edda, Saga, Skaldendichtung. Aufsätze zur skandinavischen Literatur des Mittelalters.* Heidelberg: Winter 1981 (= Skandinavische Arbeiten 6), S. 311–317.

See, Klaus von: Das ‚Nordische‘ in der deutschen Wissenschaft des 20. Jahrhunderts. In: Jahrbuch für Internationale Germanistik 15 (1983) H. 2, S. 8–38.

See, Klaus von: Gustav Roethe und Edward Schröder. Ein Germanisten-Briefwechsel 1881–1926. In: ders.: *Ideologie und Philologie. Aufsätze zur Kultur- und Wissenschaftsgeschichte.* Heidelberg: Winter 2006, S. 147–164.

Seuffert, Bernhard: Der älteste dichterische Versuch von Sophie Gutermann-La Roche. In: *Euphorion* 13 (1906), S. 468 473.

Speiser, Wolfgang: *Die sozialistischen Studenten Wiens 1927–1938. Mit einem Vorwort von Bundesminister Dr. Heinz Fischer.* Wien: Europaverlag 1986 (= Materialien zur Arbeiterbewegung 40).

Spehr, Harald: Literaturberichte. Frühgermanentum I. In: *Archiv für Kulturgeschichte* 22 (1931), S. 92–116.

St.: Marianne Thalmann, Die Anarchie im Bürgertum [Rez.]. In: *Deutsches Volkstum. Monatsschrift für das deutsche Geistesleben* 14 (1932), S. 334.

Stefansky, Georg: Die Macht des historischen Subjektivismus. In: *Euphorion* 25 (1924), S. 153–169.

Steiger, Meike: „Schöpferische Restauration". Zur politischen Romantikrezeption. In: *Athenäum. Jahrbuch für Romantik* 13 (2003), S. 147–162.

Stephan, Inge: Frauenliteratur. In: Weimar, Klaus (Hg.): *Reallexikon der deutschen Literaturwissenschaft.* Bd. 1: A–G. Berlin: de Gruyter 1997, S. 625–629.

Stephan, Inge: Vorwort. In: Institut für deutsche Literatur der Humboldt-Universität zu Berlin (Hg.): *„lasst uns, da es uns vergönnt ist, vernünftig seyn! –"* *Ludwig Tieck (1773–1853).* Bern u.a.: Lang 2003 (= Publikationen zur Zeitschrift für Germanistik N.F. 9), S. 9–12.

Stern, Julius: Literaturforschung und Verwandtes. In: *Zeitschrift für Deutschkunde* 36 (1920), S. 315–321.

Stichweh, Rudolf: *Zur Entstehung des modernen Systems wissenschaftlicher Disziplinen. Physik in Deutschland 1740–1890.* Frankfurt/Main: Suhrkamp 1984.

Strauss, Herbert A.; Röder, Werner (Hg.): *International Biographical Dictionary of Central European Emigrés 1933–1945.* Bd. 2: The Arts, Scienes, and Literature. Teil 2: L–Z. München u.a.: Saur 1983.

Taschwer, Klaus: *Hochburg des Antisemitismus. Der Niedergang der Universität Wien im 20. Jahrhundert.* Wien: Czernin 2015.

Tatzreiter, Herbert: Theodor Maria Ritter von Grienberger. In: König, Christoph (Hg.): *Internationales Germanistenlexikon 1800–1950.* Bd. 1: A–G. Berlin u.a.: de Gruyter 2003, S. 602–603.

Thaler, Jürgen: „Die so sehr aus Leben und Zeit herausgefallene deutsche Philologie". Über ihren institutionellen Beginn in der Habsburgermonarchie. In: Lepper, Marcel; Müller, Hans-Harald (Hg.): *Disziplinenentstehung, Disziplinenkonfiguration 1750–1920.* Stuttgart: Hirzel [erscheint 2016].

Thalmann, Marianne: *Probleme der Dämonie in Ludwig Tiecks Schriften.* Weimar: Duncker 1919 (= Forschungen zur neueren Literaturgeschichte 53).

Thalmann, Marianne: *Der Trivialroman des 18. Jahrhunderts und der romantische Roman. Ein Beitrag zur Entwicklungsgeschichte der Geheimbundmystik.* Berlin: Ebering 1923 (= Germanische Studien 24) [Nachdruck: Nendeln 1967].

Thalmann, Marianne: *Gestaltungsfragen der Lyrik.* München: Hueber 1925.

Thalmann, Marianne: Josef Nadler, Literaturgeschichte der deutschen Stämme und Landschaften [Rez.]. In: *Die Neueren Sprachen* 34 (1926), S. 462–464.

Thalmann, Marianne: Nietzsche als Dichter. In: *Radio-Wien. Illustrierte Wochenschrift der österreichischen Radioverkehrs A.G.* 3 (1926) H. 2, S. 61–62.

Thalmann, Marianne: *Henrik Ibsen, ein Erlebnis der Deutschen.* Marburg: Elwert 1928 (= Beiträge zur deutschen Literaturwissenschaft 29).

Thalmann, Marianne: Wassermanns Caspar Hauser und seine Quellen. In: *Deutsches Volkstum. Monatsschrift für das deutsche Geistesleben* 10 (1929), S. 208–218.

Thalmann, Marianne: Wstęp. In: Rilke, Rainer Maria: *Elegje Duinezyjskie.* Hg. von Stefan Napierski. Warszawa: Hoesicky 1930, S. 5–7.

Thalmann, Marianne: *Die Anarchie im Bürgertum. Ein Beitrag zur Entwicklungsgeschichte des liberalen Dramas.* München: Müller 1932.

Thalmann, Marianne: Jakob Wassermann. In: *Die Neue Literatur* 34 (1933), S. 132–137.

Thalmann, Marianne: Jean Pauls Schulmeister. In: *Modern Language Notes* 52 (1937), S. 341–347.

Thalmann, Marianne: Weltanschauung im Puppenspiel von Doktor Faust. In: *Publications of the Modern Language Association of America* 52 (1937) H. 3, S. 675–681.

Thalmann, Marianne: Hans Breitmann. In: *Publications of the Modern Language Association of America* 54 (1939), S. 579–588.

Thalmann, Marianne: *Romantik in kritischer Perspektive. Zehn Studien.* Hg. von Jack Zipes. Heidelberg: Stiehm 1976.

Tieck, Ludwig: *Werke in vier Bänden. Nach dem Text der Schriften von 1828–1854, unter Berücksichtigung der Erstdrucke, mit Nachworten und Anmerkungen.* Hg. von Marianne Thalmann. München: Winkler 1963–1966.

Tille, Alexander: *Geschichte der deutschen Weihnacht.* Leipzig: Keil 1893.

Touaillon, Christine: Zur Psychologie des Familienblattes. In: *Die Gegenwart. Wochenschrift für Literatur, Kunst und öffentliches Leben* 68 (1905), S. 278–283.

Touaillon, Christine: Ein Revolutionsroman. Anastasia Verbickaja, Aus Sturmeszeit [Rez.]. In: *Dokumente des Fortschritts* 3 (1910), S. 197–203.

Touaillon, Christine: Der Schrei nach dem Genie. In: *Der Kunstwart. Halbmonatsschau für Ausdruckskultur auf allen Lebensbereichen* 24 (1911) H. 3, S. 281–283.

Touaillon, Christine: Die Lage der Telephonistinnen. In: *Neues Frauenleben* 23 (1911) H. 3, S. 61–64.

Touaillon, Christine: Ferdinand von Saars Altersdichtung und die Moderne. In: *Wissen für alle* 11 (1911), S. 301–305, S. 331–334.

Touaillon, Christine: Emil Marriot [d.i. Emilie Mataja], Der abgesetzte Mann [Rez.]. In: *Neues Frauenleben* 24 (1912) H. 3, S. 47–51.

Touaillon, Christine: Literarische Strömungen im Spiegel der Kinderliteratur. In: *Zeitschrift für den deutschen Unterricht* 26 (1912), S. 90–97, S. 145–158.

Touaillon: Weltkrieg. In: *Neues Frauenleben* 26 (1914) H. 8/9, S. 229–232.

Touaillon, Christine: Karoline Auguste Fischer. In: *Festschrift für Wilhelm Jerusalem zu seinem 60. Geburtstag von Freunden, Verehrern und Schülern.* Wien u.a.: Braumüller 1915, S. 211–242.

Touaillon, Christine: Das Wahlrecht und die Frauen. In: *Arbeiterinnen-Zeitung* (Nr. 5) vom 4. März 1919, S. 5–6.

Touaillon, Christine: *Der deutsche Frauenroman des 18. Jahrhunderts.* Wien u.a.: Braumüller 1919 [Nachdruck: Bern u.a.1979].

Touaillon, Christine: Frauenprosa. In: *Das Literarische Echo* 25 (1922/1923) H. 11/12, S. 599–610.

Touaillon, Christine: An die Musik. In: *Arbeiter-Zeitung* (Nr. 288) vom 18. Oktober 1924, S. 9.

Touaillon, Christine: Werktage. In: *Deutsch-österreichischer Arbeiterkalender für das Jahr 1925.* Hg. im Auftrage der Parteivertretung der deutschösterreichischen Sozialdemokratie. Wien: Verlag der Wiener Volksbuchhandlung o. J. [1924], S. 2.

Touaillon, Christine: *Das Katzenbüchlein.* Wien: Konegens Jugendschriftenverlag 1925 (= Konegens Kinderbücher 52).

Touaillon, Christine: Frauendichtung. In: Merker, Paul; Stammler, Wolfgang (Hg.): *Reallexikon der deutschen Literaturgeschichte.* Bd. 1. Berlin: de Gruyter 1925, S. 371–377.

Touaillon, Christine: Helene Voigt-Diederichs, Auf Marienhoff. Vom Leben und von der Wärme einer Mutter [Rez.]. In: *Die Literatur* 28 (1925/1926), S. 240.

Touaillon, Christine: Neue Frauenromane. In: *Die Literatur* 28 (1925/1926), S. 469–472.

Touaillon, Christine: Artur Pfungst. In: *Arbeiter-Zeitung* (Nr. 225) vom 16. August 1926, S. 6–7.

Touaillon, Christine: Hochschulen. In: *Mitteilungen der Ethischen Gemeinde* Nr. 11 (Mai 1927), S. 116.

Touaillon, Christine: Die Kroismichelin und ihr Cäsar. In: *Arbeiter-Zeitung* (Nr. 133) vom 15. Mai 1927, S. 18–19.

Touaillon, Christine: Sigrid Undsets historischer Roman. In: *Arbeiter-Zeitung* (Nr. 161) vom 13. Juni 1927, S. 7.

Touaillon, Christine: Blut und Liebe. Zum Schaffen Enrica Handel-Mazzettis. In: *Literaturblatt. Beilage zur Frankfurter Zeitung* (Nr. 32) vom 7. August 1927, S. 10.

Touaillon, Christine: Ada Christen. In: Nagl, Johann Willibald; Zeidler, Jakob; Castle, Eduard (Hg.): *Deutsch-Österreichische Literaturgeschichte.* Bd. 3.1: Geschichte der deutschen Literatur in Österreich-Ungarn im Zeitalter Franz Josefs I. 1848–1890. Wien: Carl Fromme [1935], S. 709–716.

Touaillon, Christine: Bertha von Suttner. In: Nagl, Johann Willibald; Zeidler, Jakob; Castle, Eduard (Hg.): *Deutsch-Österreichische Literaturgeschichte.*

Bd. 3.1: Geschichte der deutschen Literatur in Österreich-Ungarn im Zeitalter Franz Josefs I. 1848–1890. Wien: Fromme [1935], S. 770–772.

Trier, Jost: Lily Weiser, Altgermanische Jünglingsweihen und Männerbünde [Rez.]. In: *Anzeiger für deutsches Altertum und deutsche Litteratur* 48 (1929), S. 1–4.

Trommler, Frank: Geist oder Gestus? Ursprünge und Praxis der Geistesgeschichte in der Germanistik. In: Boden, Petra; Dainat, Holger (Hg.): *Atta Troll tanzt noch. Selbstbesichtigungen der literaturwissenschaftlichen Germanistik im 20. Jahrhundert.* Berlin: Akademie-Verlag 1997, S. 59–80.

Unger, Rudolf: Vom Sturm und Drang zur Romantik. Eine Problem- und Literaturschau. In: *Deutsche Vierteljahrsschrift für Literaturwissenschaft und Geistesgeschichte* 6 (1928), S. 144–178.

Urban, Gisela: Die Entwicklung der österreichischen Frauenbewegung. Im Spiegel der wichtigsten Vereinsgründungen. In: Brau, Martha (Hg.): *Frauenbewegung, Frauenbildung und Frauenarbeit in Österreich.* Im Auftrag des Bundes österreichischer Frauenvereine. Wien: [Selbstverlag des Bundes österreichischer Frauenvereine] 1930, S. 25–64.

Urlichs, Ludwig von (Hg.): *Briefe an Schiller.* Stuttgart: Cotta 1877.

Verein Feministische Wissenschaft Schweiz (Hg.): *„Ebenso neu als kühn". 120 Jahre Frauenstudium an der Universität Zürich.* Zürich: eFeF-Verlag 1988 (= Schriftenreihe des Vereins Feministische Wissenschaft 1).

Verzeichnis der Schriften von Rudolf Much. Als Festgabe zu seinem siebzigsten Geburtstag dargebracht von Freunden, Kollegen und Schülern. Wien: Holzhausen 1932.

Voges, Michael: *Aufklärung und Geheimnis. Untersuchungen zur Vermittlung von Literatur- und Sozialgeschichte am Beispiel der Aneignung des Geheimbundmaterials im Roman des späten 18. Jahrhunderts.* Tübingen: Niemeyer 1987 (= Hermaea N.F. 53).

Volkshochschule Wien Volksheim: *Bericht der Volkshochschule Wien Volksheim über ihre Tätigkeit vom 1. Oktober 1926 bis zum 30. September 1927. Erstattet in der Jahresversammlung vom 7. Jänner 1928.* Wien: [o.V.] 1928.

Volkshochschule Wien Volksheim: *Bericht der Volkshochschule Wien Volksheim über ihre Tätigkeit vom 1. Oktober 1927 bis zum 30. September 1928. Erstattet in der Jahresversammlung vom 5. Jänner 1929.* Wien: [o.V.] 1929.

Waldinger, Ernst: My Vienna University Career. In: *Yearbook of the Summer School of the University of Vienna. Special Issue published for the 600th Anniversary of the Foundation of the University of Vienna.* Wien: Verein der Freunde der Sommerhochschule der Universität Wien 1965, S. 83–87.

Wallnöfer, Elsbeth: Spirituelles, Mythologisches, Psychologisches. Lily Weiser-Aall (1898–1987). In: dies. (Hg.): *Maß nehmen Maß halten. Frauen im Fach Volkskunde.* Wien u. a.: Böhlau 2008, S. 63–78.

Walzel, Oskar (Hg.): *Friedrich Schlegels Briefe an seinen Bruder August Wilhelm.* Berlin: Speyer & Peters 1890.

Walzel, Oskar: Jacob Minor. Ein Nachruf. In: *Frankfurter Zeitung und Handelsblatt* (Nr. 286) vom 15. Oktober 1912, S. 1–2.

Walzel, Oskar: Christine Touaillon, Der deutsche Frauenroman des 18. Jahrhunderts [Rez.]. In: *Göttingische Gelehrte Anzeigen* 183 (1921) H. 1–3, S. 127–128.

Weber, Georg: *Geschichte der deutschen Literatur von ihren Anfängen bis zur Gegenwart. Nebst einem Abriß der neuesten Kunst und Wissenschaft in Deutschland.* 11. Aufl., Leipzig: Engelmann 1880.

Weigel, Sigrid: Frau und „Weiblichkeit". Theoretische Überlegungen zur feministischen Literaturkritik. In: dies.; Stephan, Inge (Hg.): *Feministische Literaturwissenschaft. Dokumentation der Tagung in Hamburg vom Mai 1983.* Berlin: Argument-Verlag 1984 (= Literatur im historischen Prozess N.F. 11), S. 103–113.

Weilen, Alexander von: Die Persönlichkeit Jakob Minors. In: *Neue Freie Presse* (Nr. 17287) vom 8. Oktober 1912, S. 13.

Weilen, Alexander von: Jakob Minor [Nekrolog]. In: *Die feierliche Inauguration des Rektors der Wiener Universität auf das Studienjahr 1913/14.* Wien: [Selbstverlag der Universität Wien] 1913, S. 26–29.

Weilen, Alexander von: Jakob Minor [Nekrolog]. In: *Jahrbuch der Grillparzer-Gesellschaft* 24 (1913), S. 164–187.

Weimar, Klaus: *Geschichte der deutschen Literaturwissenschaft bis zum Ende des 19. Jahrhunderts.* München: Fink 1989.

Weimar, Klaus: Das Muster geistesgeschichtlicher Darstellung. Rudolf Ungers Einleitung zu „Hamann und die Aufklärung". In: König, Christoph; Lämmert, Eberhard (Hg.): *Literaturwissenschaft und Geistesgeschichte 1910 bis 1925.* Frankfurt/Main: Fischer 1993, S. 92–105.

Weiser, Lily: *Jul. Weihnachtsgeschenke und Weihnachtsbaum. Eine volkskundliche Untersuchung ihrer Geschichte.* Stuttgart u.a.: Perthes 1923.

Weiser, Lily: *Altgermanische Jünglingsweihen und Männerbünde. Ein Beitrag zur deutschen und nordischen Altertums- und Volkskunde.* Bühl: Verlag der Konkordia A.G. 1927 (= Bausteine zur Volkskunde und Religionswissenschaft 1).

Weiser-Aall, Lily: Kurt Meschke, Schwerttanz und Schwerttanzspiele im germanischen Kulturkreis [Rez.]. In: *Niederdeutsche Zeitschrift für Volkskunde* 10 (1932) H. 1/2, S. 221–222.

Weiser-Aall, Lily: Der seelische Aufbau religiöser Symbole. In: *Zeitschrift für Volkskunde* 43 (1933), S. 15–46.

Weiser-Aall, Lily: Otto Höfler, Kultische Geheimbünde der Germanen [Rez.]. In: *Zeitschrift für Volkskunde* 44 (1934), S. 293–296.

Weiser-Aall, Lily: Zum Aufbau religiöser Symbolerlebnisse. Eine ergänzende Untersuchung durch Fragebogen. In: *Zeitschrift für Religionspsychologie* 7 (1934), S. 129–148, S. 208–230.

Weiser-Aall, Lily: Zur Geschichte des Weihnachtsbaumes. In: Seemann, Erich; Schewe, Harry (Hg.): *Volkskundliche Gaben. John Meier zum siebzigsten Geburtstag dargebracht.* Berlin u.a.: de Gruyter 1934, S. 1–8.

Weiser-Aall, Lily: *Volkskunde und Psychologie. Eine Einführung.* Berlin u.a.: de Gruyter 1937.

Weiser-Aall, Lily: Weihnacht. In: Bächtold-Stäubli, Hanns; Hoffmann-Krayer, Eduard (Hg.): *Handwörterbuch des deutschen Aberglaubens.* Bd. 9. Berlin: de Gruyter 1941, Sp. 864–967.

Wichtl, Friedrich: *Weltmaurerei, Weltrevolution, Weltrepublik. Eine Untersuchung über Ursprung und Endziele des Weltkrieges.* München: Lehmann 1919.

Wieland, Christoph Martin: An D. F. G. R. V. ******* [Vorwort des Herausgebers]. In: La Roche, Sophie von: *Geschichte des Fräuleins von Sternheim* [1771].

Hg. von Barbara Becker-Cantarino. Stuttgart: Reclam 1983 (= RUB 7934), S. 9–17.

Wiesinger, Peter; Steinbach, Daniel: *150 Jahre Germanistik in Wien. Außeruniversitäre Frühgermanistik und Universitätsgermanistik.* Wien: Edition Praesens 2001.

Wittlin, Józef: Erinnerungen an Josef Roth. In: Linden, Hermann (Hg.): *Joseph Roth. Leben und Werk. Ein Gedächtnisbuch.* Köln u. a.: Kiepenheuer 1949, S. 48–58.

Wladika, Michael: *Hitlers Vätergeneration. Die Ursprünge des Nationalsozialismus in der k.u.k. Monarchie.* Wien u. a.: Böhlau 2005.

Wolf, Norbert Christian: „Hybrid wie die Dichtkunst". Hofmannsthal und die Germanistik seiner Zeit. In: Kurz, Stephan; Rohrwasser, Michael; Strigl, Daniela (Hg.): *Der Dichter und sein Germanist. Symposium in Memoriam Wendelin Schmidt-Dengler.* Wien: new academic press 2012 (= Zur neueren Literatur Österreichs 26), S. 131–154.

Wolfram, Richard: Gesunkenes Kulturgut und gehobenes Primitivgut. In: *Josef Strzygowski-Festschrift. Zum 70. Geburtstag dargebracht von seinen Schülern.* Klagenfurt: Kollitsch 1932 (= Beiträge zur vergleichenden Kunstforschung 10), S. 185–189.

Wolfram, Richard: Rudolf Much [Nekrolog]. In: *Rasse. Monatsschrift der Nordischen Bewegung* 3 (1936), S. 476–477.

Wolfram, Richard: *Schwerttanz und Männerbund.* 3 Lieferungen. Kassel: Bärenreiter 1936/1937.

Wolzogen, Karoline von: *Agnes von Lilien. Roman in zwei Bänden von Karoline von Wolzogen, Schillers Schwägerin* [1796/1797]. Hg. von Ludwig Salomon. Stuttgart: Levy & Müller 1881.

Wörster, Peter (Hg.): *Gedenkschrift für Josef Nadler aus Anlaß seines 100. Geburtstages 1884–1984.* Siegen: [Selbstverlag] 1984 (= Schriften der J.G.-Herder-Bibliothek Siegerland e.V. 14).

Wundt, Max: Literaturwissenschaft und Weltanschauungslehre. In: Ermatinger, Emil (Hg.): *Philosophie der Literaturwissenschaft.* Berlin: Junker und Dünnhaupt 1930, S. 398–421.

Wysling, Hans (Hg.): *Thomas Mann 1889–1917.* München: Heimeran 1975 (= Dichter über ihre Dichtungen 14.1).

Wyss, Ulrich: *Die wilde Philologie. Jacob Grimm und der Historismus.* München: Beck 1979.

Zeman, Herbert: Der Weg zur österreichischen Literaturforschung – ein wissenschaftsgeschichtlicher Abriß. In: ders. (Hg.): *Die österreichische Literatur. Ihr Profil von den Anfängen im Mittelalter bis ins 18. Jahrhundert (1050–1750).* Teil 1. Graz: Akademische Druck- und Verlagsanstalt 1986, S. 1–47.

Zeuß, Kaspar: *Die Deutschen und die Nachbarstämme.* München: Lentner 1837.

Zikulnig, Adelheid: *Restrukturierung, Regeneration und Reform. Die Prinzipien der Besetzungspolitik der Lehrkanzeln in der Ära des Ministers Leo Graf Thun-Hohenstein.* Graz: Univ. Diss. 2002.

Zipes, Jack D.: Geleitwort. In: Thalmann, Marianne: *Romantik in kritischer Perspektive. Zehn Studien.* Hg. von Jack D. Zipes. Heidelberg: Stiehm 1976, S. 9–16.

Zoitl, Helge: *„Student kommt von Studieren!" Zur Geschichte der sozialdemokratischen Studentenbewegung in Wien.* Wien u. a.: Europaverlag 1992 (= Materialien zur Arbeiterbewegung 62).

Zschocke, Karl: *Das urzeitliche Bergbaugebiet von Mühlbach-Bischofshofen. Rudolf Much zum 70. Geburtstage gewidmet.* Wien: Anthropologische Gesellschaft 1932.

Personenregister